赵馥洁文集

第四卷

赵馥洁 著

中华智慧的价值意蕴

中国社会科学出版社

图书在版编目(CIP)数据

赵馥洁文集. 第四卷，中华智慧的价值意蕴／赵馥洁著. —北京：中国社会科学出版社，2022.5

ISBN 978 - 7 - 5203 - 8997 - 6

Ⅰ. ①赵… Ⅱ. ①赵… Ⅲ. ①价值(哲学)—中国—文集 Ⅳ. ①B2 - 53

中国版本图书馆 CIP 数据核字(2021)第 172805 号

出 版 人 赵剑英
责任编辑 朱华彬
责任校对 张爱华
责任印制 张雪娇

出 版 中国社会科学出版社
社 址 北京鼓楼西大街甲 158 号
邮 编 100720
网 址 http://www.csspw.cn
发 行 部 010 - 84083685
门 市 部 010 - 84029450
经 销 新华书店及其他书店

印刷装订 北京市十月印刷有限公司
版 次 2022 年 5 月第 1 版
印 次 2022 年 5 月第 1 次印刷

开 本 710 × 1000 1/16
印 张 26
插 页 2
字 数 373 千字
定 价 158.00 元

凡购买中国社会科学出版社图书，如有质量问题请与本社营销中心联系调换
电话：010 - 84083683

前　言

　　这部文集是我平生从事哲学教学和研究的记录。我与哲学结缘始于1960年，这一年夏天，我高中毕业报考大学时选择了哲学专业。当时，考哲学专业必须加试数学，而我的数学学得并不好，尽管如此，我还是报考了哲学。

　　那一年，在我的家乡富平县招收哲学专业学生的大学只有西北政法学院，于是我毫不犹豫地报考了这所院校。入学后，适逢大学贯彻落实"高教六十条"，教学秩序良好，读书气氛浓郁，师生关系融洽，同学关系和谐，总之，学习环境非常好。1964年毕业后，我留校从事教学工作。这时，社会主义教育运动（"四清运动"）开始，我被抽调到农村参加"社教"，直到1966年8月下旬即"文化大革命"已开始两个多月才回到学校。回校后因为学校已停课"闹革命"，所以，我未从事任何教学工作。直到1972年5月，西北政法学院遵照上级指示停办、解散。解散时，学校的教职人员被分配到陕西多所高校和机关单位，我被分配到陕西师范大学。到师大后我先在宣传部工作数月，9月师大开始招收工农兵大学生，我即到政教系哲学教研室教学。当时由于旧教材不能用，又无新教材，政教系的马克思主义哲学课主要是辅导学生选读马克思主义经典著作，我先后辅导学生读的著作有：马克思的《关于费尔巴哈的提纲》、恩格斯的《反杜林论》、列宁的《哲学笔记》（选）和《国家与革命》、毛泽东的《实践论》《矛盾论》。收入本文集第七卷的哲学讲义，有的就是当时为教学而写的。

在师大工作七年后，适逢"文化大革命"结束，西北政法学院复校，我又于 1979 年 5 月被调回。复校后的西北政法学院设置了法律系和政治理论系，政治理论系又设立了哲学和经济学两个专业，我被安排在哲学专业从事教学工作。此年 9 月政法学院招收了复校后的首届大学生，我即给这一年级哲学专业的学生讲授马克思主义哲学课。1980 年 9 月我由教研室派往武汉大学哲学系进修，有幸跟萧萐父、唐明邦、李德永等先生学习中国哲学史，期满归来后我就专心从事中国哲学史的教学和研究。开设的课程主要有"中国哲学（史）原著选读""中国哲学史研究法"（包括史料学）等。20 世纪 80 年代初，价值哲学在中国蔚然兴起，我即将自己的治学重点确定为中国传统哲学价值论研究，我给哲学专业的硕士研究生开设了"价值哲学研究""中国传统哲学价值论研究"等课程，撰写关于中国传统哲学价值论的论文，参加有关价值哲学的学术会议，特别是申报了 1989 年的国家社会科学基金课题：中国传统哲学价值论研究。1991 年由陕西人民出版社出版了该课题的最终成果——《中国传统哲学价值论》。该书出版后受到了学术界的关注和鼓励，1994 年 12 月该书获陕西省社会科学优秀成果一等奖，1995 年 9 月荣获国家教委全国高等学校人文社会科学研究优秀成果二等奖。此后，我继续在这一领域进行探索和拓展：一是深化对中国传统哲学价值论之思维特征的研究，发表了一系列探讨中国哲学中价值论与本体论、认识论、历史观、人性论相融通的论文，这些论文合编为《中华智慧的价值意蕴》一书，该书由中国政法大学出版社于 2002 年出版。二是探索了中国传统价值观的历史演变，并以此报批了陕西省社会科学基金项目，其最终成果为《价值的历程——中国传统价值观的历史演变》一书，该书由中国社会科学出版社于 2006 年出版。

作为陕西的学者，我十分关注陕西历史上的哲学遗产，因此在研究中国传统哲学价值论的过程中，我把张载及其关学作为自己治学的重要内容，既将关学研究作为一门课程给哲学专业的研究生开设，又撰写发表了不少学术论文，这些论文运用的仍然是价值论方法，其主题则聚焦于关学的基本精神，在此基础上撰成《关学精神论》一书，该书 2015 年由西北大学出版社出版。其后，我又编著了《关学哲人诗传》一书，于 2020 年 1 月由陕西人民出版社出版，在这次汇编文集时我对上述两部著作进行了增订、修改和充实，取名"关学研究"。

在从事教学和研究的同时，我还参与了诸多社会性学术活动和学术组织工作，兼任了一些学会的职务，参加了多次学术会议，举办过多场学术讲座，撰写了不少有关学术发展和社会发展的论文、评论、发言、讲话，这方面的成果汇集成了《哲苑耘言》和《中华文化的价值观念》两个论文集。

阅读和吟咏诗词是我平生的爱好，也是我业余调剂精神生活的重要方式，我的诗词习作曾编为《静致斋诗》，于 2015 年由上海中西书局出版，今又增入新作，辑成《静致斋诗稿》收入文集。静致斋是我的书斋名，此文集中冠以"静致斋"的著述还有《静致斋哲话》，这是我多年来写的哲理性札记，因记述的所感所思为零散无主线、零碎无体系、零杂无统摄的随时心得，类似古代的诗话、词话、文话之属，故名曰"哲话"。与上述著作一起编入文集第八卷的还有我为《中国儒学辞典》《中国儒学百科全书》所写的辞条的汇总，因为所撰写的条目都是按主编所分派的任务而定的，亦属于无系统之作，故以"静致斋释辞"名之。

需要说明的是，在将上述著述收录本文集时，我尽量按照现在的出版要求进行了修改，特别是修改了一些现在看来不合时宜的内容，补充完善了脚注的版本信息，改用最新的版本等。同时，一些原来常用的词语包括一些地名等专有名词，则保留了原著的用法，未做更改，这样更能体现时代感。

从进入大学算起，我在哲学这片园地里已经耕耘了整整 60 年，从留校任教到现在，也已度过 56 年。回顾半个多世纪的治学历程，回望自己在教学和科研方面所留下的雪泥鸿爪，真可谓浮想联翩，感慨良多！而凝结到一点就是：虽然逝者如斯夫，人生的时光已进入桑榆晚景，然而对我来说，思想和学业都还行进在漫漫的长路上！书籍在阅读的路上，文章在撰写的路上，著作在修改的路上，讲义在充实的路上，诗词在推敲的路上……既有的一切，都还没有达到自己所期望的高标准，还未进入自己所追求的高境界。自己已经形成的学术观点和治学成果，都还有待深化、拓展和完善。学术研究只有无限绵延的进路和不断升高的阶梯，但却没有顶峰，永远都不能达到"会当凌绝顶"的境地。所谓的至善之域、至美之境，其实都是学人们持续努力的志向和不懈追求的理想。既然人生和治学永远都处在一个不断追求、不断提升的过程中，那么，自己几十年来所感所思所写而形成的这些著作，只可放在思想认识和学术探索的历史过程中去阅读，只能当作一道在旅途中未臻至境的风景去观赏。在这个意义上，方可引用李白"却顾所来径，苍苍横翠微"之诗句，来表达自己的自慰之情和自觉之识！

本文集的编辑出版是西北政法大学和西北政法大学哲学与社会发展学院的无量功德。学校和学院为了推进学科建设，弘扬学术创新，积累学术成果，延续学脉传承，在经费十分困难的情况下，决定筹措资金，编辑出版这部文集，实在令人感戴无既。学校的孙国华书记、杨宗科校长及其他各位领导十分关心、大力支持文集的编辑出版，并尽力帮助解决困难；哲学与社会发展学院的周忠社书记、寇汉军书记、山小琪院长，亲自领导文集的编辑出版工作，郭明俊副院长负责各项具体事务包括落实手稿录入、清样校对、联系出版等诸多繁重而琐细的事宜。在此，我首先对西北政法大学各位领导和哲学与社会发展学院各位领导表示诚挚的感谢！博士生朱凤翔为收集论文、择取编排、校勘文字、编订目录，付出了巨大辛劳；博士生张雪侠为哲学讲义的文稿修正、文字校对等做了大量工作；博士生李伟弟为《静致斋诗稿》的编目和繁简字体的转换和统一，反复编排核对；我的硕士生刘亚玲研究员，多年前就认真仔细地阅读和校对了《静致斋哲话》；哲学与社会发展学院的不少硕士研究生也参加了繁重的手稿录入和清样校对工作。对这些为文集付出过辛勤劳动和珍贵汗水的青年学子们，我特表衷心谢意！而文集所凝结的中国社会科学出版社大力支持的珍贵情义和责任编辑朱华彬先生精心编校的辛勤劳绩，更值得铭记、致谢和赞佩！

　　最后，我为能给中国哲学的学术发展尽一点绵薄之力而由衷地感到高兴，也诚恳欢迎读者不吝批评指正！

赵馥洁

2021 年 11 月 27 日

于西北政法大学静致斋

目　　录

中华文化的价值内涵

传统价值观的现代意义

中华智慧的世界意义

卷首自题

浩荡神州日月新，
千秋圣哲铸龙魂。
孔仁孟义超生死，
老静庄游亘古今。
德盛业宏人至贵，
民胞物与道长存。
凤凰浴火金声振，
更向寰球送好音。

（注：①《周易·系辞》："盛德大业至矣哉！"
②张载《正蒙》："民，吾同胞；物，吾与也。"）

赵馥洁

2002 年 5 月 31 日

中国哲学的价值思维

中国哲学价值思维的融通性特征

价值论是中国传统哲学的核心。与西方哲学的异隔性、分析性思维方式不同，中国哲学价值思维的突出特征是融通性、综合性。无论是对价值与本体、价值与历史、价值与人生、价值与认识的关系，还是对价值各类型间的关系，中国哲人都将其视为相互贯通，相互渗透，相互融合的。这种融通性价值思维有着其产生的深刻根源，它所蕴涵的思维经验和思维教训，至今仍有着重要的启示意义。

一　价值至境与宇宙本体的融通

中国哲学中标志宇宙本体的有五大范畴，即道、气、无、理、心。这五大范畴，都不是纯粹的本体范畴，而是价值与本体融通的范畴。"道"是道家建构的宇宙本体，老子最早以"道"为最高的哲学范畴，他的"道"，既是"万物之奥"又是"善人之宝"（《老子》第六十二章）。"万物之奥"是本体义，"善人之宝"是价值义。作为"万物之奥"的本体，"道"指的是天地万物产生、存在、变化的根本依据和普遍规律；作为"善人之宝"的价值，"道"则是指人应该追求的崇高境界和达到的理想目标。作为价值至境，老子赋予"道"以自然、虚静、柔弱、独立等价值品格，因此它是利、真、善、美的统一体。可见，价值至境与宇宙本体在"道"中是融通的。

"无"是魏晋贵无玄学派所设定的宇宙本体，它是对老子"道"本体论的改造。何晏论"无"，明确地将本体与价值合而言之，"天地万物皆以无为为本。无也者，开物成务，无往不存者也。阴阳恃以化生，万物恃以成形，贤者恃以成德，不肖恃以免身。故无之为用，无爵而贵矣！"（《王弼集校释·附录》）"开物成务""化生""成形"是"无"的本体功能；"成德""免身"则是"无"的价值功能。而"贵"乃是对"无"的价值地位的评定。王弼也提出，"以无为体""以无为用"不但是万物生成的规律，所谓"无物而不由"；而且是价值实现的通道，所谓"不求而得，不为而成"，既可"得德"，也可"尽德"（《老子注》）。可见，玄学家在"无"中也将价值至境与宇宙本体相融通。

"气"是中国哲学中源远流长的范畴，儒、道两家皆用之。先秦时期，"气"还未上升为本体范畴，道家言"自然之气"，儒家言"浩然之气"。"自然之气"是构成万物的原始材料，不具有价值意味，但"浩然之气"则是"配义与道""集义所生"的"至大至刚"的道德精神，纯粹是价值气象。直至北宋，"气"才升华为宇宙本体，张载是哲学史上第一位明确地以气为宇宙本体建构气一元论理论体系的哲学家。他认为气是宇宙万物的本根，而无形的"太虚"是气的本然状态，即所谓"太虚无形，气之本体"（《正蒙·太和》）。张载的"太虚之气"，本体意义昭然，但也并非无价值意味。他说："太虚之气"乃是人性和物性的本原，这种本原之性就是"天性"（"天地之性"），而天性是"无不善"的。张载赋予气的本性以纯善、至善的品质，就把本体范畴和价值范畴合而为一了。此外，张载又以"太和""不偏""诚明"等词形容"太虚之气"，也蕴含着鲜明的价值意味。

"理"作为本体范畴，始于北宋二程，完成于南宋朱熹。朱熹认为理是宇宙本体，"宇宙之间，一理而已。天得之而为天，地得之而为地，而凡生于天地之间者，又各得之以为性。"（《朱文公文集》卷七十《读大纪》）同时，又明确地指出："理便是仁义礼智""天理只是仁义礼智之总名，仁义礼智便是天理之件数。"（《朱文公文集》卷四十《答何叔京》正由于理是仁义礼智之"总名"，所以"理"是"至善"，即最高的价值境界。以本体言之，理是"至极""太极"；以价值境界言之，理是"纯善""至善"。价值与本体在理本论中融通得紧密无间，合而为一。

南宋陆九渊、明代王阳明都是心本体论的筑构者。他们提出，"宇宙便是吾心，吾心即是宇宙"（《陆九渊集·杂说》），"心者，天地万物之主也"（《王文成公全书·答李明德》），"心外无物，心外无事，心外无理"[《与王纯甫》（二）] 等命题来说明"心"的本体意义，同时，他们也明确地赋予"心"以伦理道德的价值内涵，陆九渊云："仁义者，人之本心也"（《与赵监》），"其本心无有不善"[《与王顺伯》（二）]。王阳明云："心一而已，以其全体恻怛而言，谓之仁；以其得宜而言，谓之义；以其条理而言，谓之理，不可外心以求仁"（《传习录》中）。又云："至善者，心之本体也，心之本体，那有不善？"（《传习录》下）可见，在心本论中，"心"既是天地万物之"主"，又是仁义道德之"本"，既是终极的本体又是至善的境界，总之也是本体与价值的合一。

由此可以看出，中国传统哲学中标志本体的范畴无一不具有价值内涵，无一不是万物根源与价值渊源、宇宙本体与价值至境的融通合一。这种合一，是本体价值化和价值本体化的结果。遵循这种融通合一的思路，中国哲学特别是儒家哲学普遍认为，自然界的万物都有其自身的价值，金、木、水、火、土五行自身就具有仁义礼智信五德；东西南北四方、春夏秋冬四季都有与仁义礼智四德相应的价值内涵。

二　价值追求与历史规律的融通

中国哲学在思考历史的本质和规律时，也从不脱离价值问题。自历史观从以"神意为本"的天命史观转向以"人事为本"的人本史观之后，哲学家们大都用价值追求与历史规律相融通的思路来说明历史的本质和历史的发展。这主要表现为：

1. "以德配天"——道德价值与历史的融通。夏殷统治者把天命神意视为人的主体意志不可改变的历史决定力量，周初的统治者在灭纣伐商的过程中，多少认识到了人在历史变革中的力量。他们提出了"皇天无亲，惟德是辅；民心无常，惟惠之怀"（《尚书·蔡仲之命》）的观点，认为历史并非绝对地由天命决定，"人德"对历史发展有重要作用。这种"以德配天"观点蕴含着客观的神秘天命和主体的现实道德价值相融合以推动历史发展的思想，就是说统治者有好的德行，能赐惠于民，就会得到民心的支持，进而也会得到天命的辅助。尽管"天命"这种神秘的必然性与客观规律有性质上的不同，但这种以"德"为枢纽将"天"与"民"相贯通、相联结的历史观，为以后的思想家将价值追求与历史法则融合起来考察历史，提供了重要的思想渊源，它是哲学史上价值与历史融通的最初形式。后来儒家把历史的演变与道德价值的转换结合起来的思路，就是对这一观点的发挥。

2. "生意成势"——生存价值与历史的融通。把生存价值与历史规律相融通的代表人物是唐代的柳宗元，他通过"意"和"势"关系的讨论表达了这一思路。柳宗元认为历史发展有着"不得已"的客观必然之"势"。例如，"封建非圣人意也，势也"（《封建论》），而后代郡县制取代封建制也是历史发展的必然结果。然而，在柳宗元看来，历史发展之"势"并不是脱离人活动的外在力量，它表现了人类对生存价值的追求。柳宗元把人们这种对生存价值的追求叫作"生人之意"。他说，人们的生存价值追求引起了获取物质资料的斗争，正是这种斗争造成了社会历史发展的客观必然趋势。可见，历史之"势"，实质乃是人类为满足生存需要、维护生存价值而进行主体活动表现出来的必然趋势。历史之"势"，虽不由"圣人"的个人之"意"支配，但却"受命于生人之意"（《柳宗元集·贞符序》），因此，某个杰出人物（"圣人"）要在历史上发挥作用，不在于"穷异以为神""引天以为高"，而完全在于"心乎生民"，做到"利于人、备于事"①。柳宗元这种"生民之意""成势"的观念，鲜明地体现了价值追求与历史法则融通的思路。

3. "同然即理"——公义价值与历史的融通。明末清初的王夫之继承发展了柳宗元的"生意成势"观，提出了"人之所同然者即为天"②的光辉命题。王夫之所谓的"天"，即人类历史发展的客观趋势

---

① 《柳宗元集》卷二、卷十九。

② （清）王夫之，舒士彦点校：《读通鉴论》卷七，中华书局 2013 年版。

（"势"）和必然规律（"理"）的统一。"理依于势""势中见理""势字精微，理字广大，合而名之曰'天'"①；"天"即是历史发展的客观力量的总称。王夫之所谓的"人之所同然""民心之大同"即民众共同的价值追求、价值意向或普遍认同的价值，大体相当于我们现在所说的"公义"——人们普遍认同的道义。由此不难看出，王夫之"人之所同然者即为天""民心之大同者，理在是"的观点，体现了把历史客观法则与人们普遍追求的价值（公义）相融合的思想。更值得重视的是，王夫之对公义即"人之同然""心之大同"的基础作了深刻揭示。他认为，"同然""同心"的基础乃是"欲之所得"，即人们共同的物质生活欲求的普遍满足。他说："人欲之各得，即天理之大同：天理之大同，无人欲之或异"②。这显然是对柳宗元"生民之意"的进一步发展。于是，普遍的价值的追求和普遍的物质利益需要的满足与历史的客观规律达到了高度的统一。

从"以德配天"到"生意成势"再到"同然即理"，表明了中国传统哲学关于历史与价值融通的价值思维发展的基本环节。

三　价值意识与认识活动的融通

对于中国传统哲学来说，纯粹的独立的认识活动是不存在的，也是没有意义的。中国古代哲人把求真与闻道，穷理与尽性，致知与崇德视为不可分的统一过程，认为价值意识与认识活动是相互融通、合为一体的。在这种融通中，价值意识在认识中的主要表现是：

1. 对认识对象的价值选择。在以探求真理为认识目的的西方认识论中，客观事物对于人来说，都具有同等的认识意义，都可以作为认识对象。因此，对于西方哲学家来说，"认识什么"并不是认识论中的重要问题。然而，对于把求真作为得道手段的中国哲人来说，选择认识对象却是至关重要的问题，从孔子、老子开始，哲人们就主张对认识对象进

---

① （清）王夫之：《读四书大全说》卷九，中华书局1975年版，2018年重印。
② （清）王夫之：《读四书大全说》卷四，中华书局1975年版，2018年重印。

行价值选择。《论语》云："子不语怪、力、乱、神。"（《述而》）又云："务民之义，敬鬼神而远之，可谓知矣。"（《雍也》）这不但表明了孔子对鬼神问题的回避、存疑态度，而且也表现了孔子以"人事""人生""民务"为重点认识对象的价值取向。从《论语》中可以明显看出，孔子所确定的"知"的对象多是为人、修德、治国之道，对于自然现象的认知，他很少言及。荀子则指出，凡是未选为认识对象的事物，人就不会去注意、去认识，即使遇到了这些事物，也会视而不见，充耳不闻。"心不使焉，则白黑在前而目不见，雷鼓在侧而耳不闻"（《荀子·解蔽》）。老子则反对一切对象性认识，认为通过感官门户去认识现象界的种种事物，只能给人带来危害。他主张把"道"作为唯一的认识目标，要人们通过"涤除玄览"、"致虚守静"的方式去"为道"、"得道"、"同于道"、"从事于道"。老子所谓的"知"，只是对道的"知"，这也是对认识对象的价值选择。此后，儒家哲人主张知人伦之理，道家哲人主张求天地本体，形成了中国哲学史上两个不同的认识对象的选取方向。这种不同的认识方向乃是儒家崇仁义，道家尚自然的不同价值观念在选择认识对象上的表现。

　　2. 对认识主体的价值要求。中国哲学不但对认识对象有价值选择，而且对认识主体有价值要求。所谓对主体的价值要求，就是要求认识主体具有崇高的品德修养，成为崇高的价值人格。早在西周初年，《尚书·洪范》就对认识主体的修养提出了明确的要求："敬用五事""貌曰恭，言曰从，视曰明，听曰聪，思曰睿。恭作肃，从作义，明作哲，聪作谋，睿作圣。"这些要求包括了能力和道德两个方面，《洪范》认为达到这些要求，乃是成为一个好的认识主体的先决条件。后来，孔子提出要成为智者，首先得成为仁者，"择不处仁，焉得智"（《论语·里仁》）；"知及之，仁不能守之，虽得之，必失之"（《论语·卫灵公》）。孟子也说："不仁，是不智也"（《孟子·公孙丑上》）。荀子则提出，认识主体应该有"虚一而静"的修养，才能把握真理。他说："人何以知道？曰心。心何以知？曰虚一而静。"（《荀子·解蔽》）迄至宋明理学，儒家对认识主体的修养更为重视，亦更为严格。张载

"崇德"，曰："崇德而外，君子未或致知也"（《正蒙·神化》）；程朱"主敬"，曰："未有致知而不在敬者"（《伊川语录》）。不仅儒家对认识主体有严格的价值人格要求，即使在认识对象的选择上与儒家有异的道家，也认为认识主体的修养是取得真知的前提。庄子云："且有真人而后有真知"（《庄子·大宗师》）。所谓真人就是无好恶爱憎之情感，忘生死善恶之区别的人。庄子认为，必有真人之修养，而后才能获得真知。由此可见，对认识主体提出价值修养的要求，乃是中国哲学的重要特征。

3. 认识过程中的价值参与。中国哲学认为，人的认识活动并非纯粹的主观反映客观的超情感、超利害过程，而是受人的爱恶之情、利害之心、苦乐之趣、取舍之志的影响过程。不同的价值意识对认识的方向、得失、正误、深浅、偏全会产生不同的影响。据此，孔子提出应以"乐之"的心境对待认识，他说："知之者不如好之者，好之者不如乐之者"（《论语·雍也》）；孟子提出要以"自得"的态度深造求道："君子深造之以道，欲其自得之也，自得之则居之安，居之安则资之深，资之深则取之左右适其源，故君子欲其自得之也。"（《孟子·离娄》）荀子提出须从"公心"出发认识事物，他说："公生明，偏生暗"（《荀子·不苟》）。先秦道家的宋钘、尹文学派注意到了"私欲"对认识的干扰作用，认为利欲熏心的人不可能取得对事物的认识，"嗜欲充溢，目不见色，耳不闻声""夫心有欲者，物过而目不见，声至而耳不闻也。"（《管子·心术上》）这种观点，略似于俗语所说的"利令智昏"。与宋、尹学派只看到私欲的消极作用不同，韩非则看到了积极的情感对认识的促进作用，他说："母之慈于弱子也，务致其福，务致其福则事除其祸，事除其祸则思虑熟，思虑熟则得事理。"（《韩非子·解老》）宋明时代的哲人更是普遍地强调正确的价值意识对于认识的重要性，张载有"大其心则能体天下物"（《正蒙·大心篇》）的名言；苏洵有"为一身谋则愚，而为天下谋则智"（《审敌》）的警语；程朱以"居敬持志"为"穷理之本"；王阳明反对"只求其聪明而不知养之以善"。这些认为认识过程必有情感、意志、利心等价值意识参与的看法和主张用端正的积极的价值意识以促进认识的观点，对中华民族的价值思维和认识观念有广泛的影响。

4. 认识目标中的价值意蕴。中国古代哲学关于认识目标的实现，也不仅仅局限于对客观事物的本质和规律的把握上，而是把事实认知和价值认识，把求真与求善都融通于认识目标之内，儒家与道家都把"道"作为最终的认识目标，孔子曰："朝闻道夕死可矣"；老子说："唯道是从"。孔、老所谓的"道"尽管内涵有异，但都是宇宙法则和价值准则的统一。在他们看来，宇宙万物的最后本质和社会人生的终极价值是合二为一的统一体。《大学》一书，讲述"为学次第"，明确地把"格物致知"的认识和实现人生价值一以贯之地融会贯通，使认识目标从属于价值目标。宋明时期，程朱讲"穷理"，陆王讲"知心"，"理"和"心"既是宇宙本体，又是价值境界，"穷理"和"知心"的指向目标，都是真理和价值的合一。可见，在中国传统哲学中认识的目标中融合着价值意境，追求真理和追求价值，是人的认识活动一体之两面。

四 价值实现与生命历程的融通

中国道家重视人的自然生命，而儒家则重视人的价值生命，道家主"养生"，儒家主"成人"。"养生"是为了肉体生命的延续，"成人"是为了价值生命的实现。由于儒家哲学在中国传统思想中处于主导地位，所以，价值实现与生命历程的融通就成为中国哲学价值思维的突出特征之一。儒家关于价值与生命融通的主要观点是：

1. "人性本善"。先秦孟子一派的儒家哲人认为，人的本性是善的，人一生下来就具有先验的道德本性。孟子说："恻隐之心，仁之端也；羞恶之心，义之端也；辞让之心，礼之端也；是非之心，智之端也。人之有是四端也，犹其有四体也。"（《孟子·公孙丑》）"仁义礼智，非由外铄我也，我固有之也。"（《孟子·告子》）由于仁义礼智四端是人人生来固有的，所以孟子称之为"良知""良能"。由此看来，孟子言"善端"，指的是人之所以为人的特性，而非指人生来具有的一切本能。这种观点，到了宋明儒学，就形成了"天地之性"与"气质之性"二元并存的人性说，"天地之性"是纯善，而"气质之性"有善有不善。张载、二程、朱熹、陆九渊都持此观点。然而，无论是孟子的性善论还是理学家的"天地之性""气质之性"二元论，都给人的自然生命中注入了价值（道德）的种子，都使价值生命与自然生命相融通。

2. "生以载义"。既然人的生命中包含着价值因素，那么，人的生命当然就是价值的载体了。明末清初的王夫之提出了"生以载义"和"义以立生"的命题，他说："生以载义，生可贵"；"义以立生，生可舍。"① 就是说，人的生命承担了道义，所以生命是可贵的；道义确立了人生的价值，所以道义是可贵的。王夫之这种观点，其实在先秦时代就出现了，荀子说："人有气有生有知亦且有义，故最为天下贵也。"（《王制》）但是，荀子仅将"生"与"义"并列，只说明了人兼有"生命"和"道义"两种因素，并没有指出生命和道义的内在关系，而王夫之从生命和道义的相互联结、相互作用上阐明了生命和道义的价值，这显然是一种价值和生命融合贯通的运思方式。

3. "成身成性"。儒家认为，人的一生不只是肉体生命的成长过程，同时也是人生价值的开拓、追求和实现的过程。在先秦哲学中，道家追求人的自然生命的延长，弘扬"长生久视"之道，认为生命有宝贵的价值。墨家和儒家都认为人除了重视生命之外，还应重视社会道义价值，并特别指出生命价值是由道义所赋予的，如果离开了道义，生命本身就失去了价值，于是，他们都主张把生命成长和价值追求二者统一起来。尤其是儒家哲人对这个问题的阐发相当充分。孟子提出，如果以肉体生命为人生的最高价值，那么人就会为了保全生命而无所不为，为了享乐生命而无恶不作。由此，孔、孟提出仁义价值高于生命价值，当仁义与生命发生冲突时，人应该"杀身成仁""舍生取义"；人的一生就是弘扬和实现仁义价值的过程，就是"修身、齐家、治国、平天下"的一生。后代儒家都继承和发展了这一基本观点。宋儒张载说："富贵福泽，将

① （清）王夫之：《尚书引义》卷五，岳麓书社2011年版。

厚吾之生也；贫贱忧戚，庸玉汝于成也"存，吾顺事；没，吾宁也。"
（《正蒙·乾称》）明末王夫之云："身者道之用，性者道之体。合气质攻
取之性，一为道用，则以道体身而身成。大其心以尽性，熟而安焉，则
性成"（《张子正蒙注》卷四）。他还认为人生一方面"有仁义礼智以正
其德"；另一方面"有声色臭味以原其生"，两者是"互为体"而不可分
割的。人的一生就是在"成身"的过程中"成性"，在"成性"的过程
中"成身"。张载和王夫之所说的"厚生玉成""成身成性""原生正
德"，就是生命与价值相融通的人生过程。

上述中国传统哲学中关于价值与本体、价值与历史、价值与认识、
价值与生命相互关系的思想表明，中国哲学特别是儒家哲学的价值思维
乃是一种典型的融通性思维。正是这几个方面的融通决定了中国古代的
价值类型论中也体现着各类型间相互蕴含、相互融通的观点。儒家以善
统真、美，凡是善的价值即是真的、美的；道家以真统善、美，凡是真
的价值即是善的、美的。虽然，儒家崇善，道家贵真，价值取向不同，
但其融通真、善、美的思维路径则是相同的。

中国传统哲学价值思维的融通性特征的最大的缺陷是将价值泛化，
即以价值存在掩盖客观事实甚至取代客观事实，以价值评价制约事实认
知甚至代替事实认知。然而，这种价值思维的突出优势是追求价值与事
实、"应然"与"实然"的统一。中国古代的多数哲人几乎都赋予客观
事实以价值意义，都赋予事实判断以价值涵义。他们融通价值与事实的
方法主要是将主体人的价值意识和价值因素如情感、意志、信念、理想、
德性、情操、美感等等直接投射到客观事物之上，从而使主体与客体融
合为一。如果说，现代西方哲学中的一些哲学家是在承认事实客观性和
肯定价值主观性的支点上将价值与事实分离开来的话，那么中国古代的
哲学家则是在把客体主体化和主体客体化的基点上将价值和事实融通的。

（原载于《人文杂志》1998 年第 2 期，
全文转载于《新华文摘》1998 年第 7 期）

论中国哲学中价值理性与
工具理性的统合意识

　　价值理性与工具理性的矛盾虽然是近现代哲学家、社会学家所揭示的，但它却是世界各民族文化中共同存在、由来已久的矛盾。在不同的文化和哲学中，对待这一矛盾的态度和处理这一矛盾的方式，颇有差异，这种差异是不同文化价值观差异的重要内容。中国传统文化和传统哲学主张价值理性和工具理性相统合，即主张在统一和结合中把握人的生存意义、终极价值和人的生存手段、谋生工具，而不同意将二者分离开来、对立起来。这种结合意识具有鲜明的文化优势，对人类迈向新的世纪具有重要的启示意义。本文拟初步论述中国哲学中关于价值理性与工具理性结合的形式、统合的特征等观念以及这种统合意识的现代意义。

一　统合的形式

　　价值理性与工具理性最初是德国社会学家马克斯·韦伯提出的用以区分社会行动的概念。价值理性是指由激情、理想、信仰所驱使的，本身即具有绝对价值的行动；工具理性是指仅由功利目的所驱使并以能够计算和预测后果为条件来实现目的的行动。后来德国哲学家霍克海默等人进一步发挥了韦伯的思想，用"工具理性"指称一种科学技术至上的观念，认为"工具理性"使科学技术由解放的工具变为奴役的工具；工具理性优先是现代资本主义的基本精神。本文借用价值理性和工具理性概念，表示的是关于人的生存意义、生存理想、终极价值的思想与关于人的谋生手段、谋生工具、科技知识的思想二者的关系。

在中国传统哲学中，从先秦始，哲学家就注意到了价值理性与工具理性的关系问题并进行了深入的思考，提出了一系列富有特色的见解，其主导性的观点是主张将二者统合起来，他们提出的价值理性与工具理性的统合方式主要有四种：

1. "正德、利用、厚生"的生存统合。这种统合方式的论述最早见于《左传》。文公七年载晋国郤缺言："九功之德，皆可歌也，谓之九歌。六府三事，谓之九功。水、火、金、木、土、谷，谓之六府。正德、利用、厚生，谓之三事。义而行之，谓之德礼。"又成公十六年载楚国申叔时说："民生厚而德正，用利而事节，时顺而物成。上下和睦，周旋不逆，求无不具，各知其极。"襄公二十八年载齐国晏子云："夫民生厚而用利，于是乎正德以幅之，使无黜嫚，谓之幅利。"后出的伪古文《尚书·大禹谟》正是根据这些论述剿袭为文，将六府、三事之说附会于夏代："德惟善政，政在养民。水、火、金、木、土、谷惟修，正德、利用、厚生惟和，九功惟序，九叙惟歌，……地平天成，六府三事允治，万世永赖。"由此可见，正德、利用、厚生之说，是春秋时期广为流行的观念，颇为各国政治家所重视。那么，这"三事"的具体内涵是什么呢？南宋蔡沈在《书经集传》中对此有如下解释："正德者，父慈子孝、兄友弟恭、夫义妇听，所以正民之德也。利用者，工作什器、商通货财之类，所以利民之用也。厚生者，衣帛食肉，不饥不寒之类，所以厚民之生也。"关于做好"三事"的原则，他说："惇典敷教以正其德，通功易事以利其用，制节谨度以厚其生，使皆当其理而无所乖，则无不和也。"这就是说，"正德"是通过教化，推广道德，以端正人们的德行；"利用"是提高技术，创制器物，流通财货，以便于人民使用；"厚生"是发展生产，充实生活，以满足人们的生存需要。由此可以看出，"正德"属于价值理性，"利用"属于工具理性，而"厚生"则是作为二者归宿点的生存理性。"三事"说集中表现了春秋时代的思想家、政治家对价值理性和工具理性统一性的理解。在他们看来，只有兼顾价值理性和工具理性，并将二者和谐地统合（"惟和"）起来，人们才会处于最和谐、最幸福的生存状态。所谓"上下和睦，周旋不逆，求无不具，各知其极"，所谓"幅（福）利"，就是对这种生存状态的赞美。

春秋时的"三事"说尽管还失之笼统，但却产生了深远的影响。孔子虽然崇仁贵德，主张"义以为上"，特重价值理性，但也有"工欲善其事，必先利其器"的工具理性，也主张通过"足食""富之"来满足人们的物质生活需要；墨子主张"兼爱""交利"，强调"赖力者生""富国利民"，并精研守御之器，表现了价值理性和工具理性兼顾并重的思想。《易传·系辞》主张"崇德广业"并举，强调"备物致用，立成器以为天下利"；"观象制器""以利天下"，其价值理性和工具理性兼顾的意识更为鲜明。这些观念虽然没有如《左传》那样将"三事"统合一体，但是显然受到正德、利用、厚生的影响。

2. "格物、致知、正心、诚意"的人生统合。《大学》提出，人生的崇高使命和远大理想应该是"在明明德，在亲民，在止于至善"。而实现这一理想的途径是格物—致知—诚意—正心—修身—齐家—治国—平天下。在这一递进的程序中，"修身"是中间环节，是格物、致知、诚意、正心的凝聚点，又是齐家、治国、平天下的起始点。也就是说，"修身"统合了格物、致知、诚意、正心，而又奠定了齐家、治国、平天下的基础。因此，"自天子以至庶人，壹是皆以修身为本"（《大学》）。既然修身是人生之道的核心，那么它所统合的四个环节或四个步骤的涵义何在呢？所谓"格物""致知"，在哲学史上历来有经验知识和先验良知两种解释思路，前者以朱熹为代表，后者以王阳明为代表，这是取朱熹之意。朱熹认为，"格物"即"即物而穷理"；"致知"即"推极吾之知识"。"格物致知"就是通过接触事物，积累经验，进而获得对客观事物和宇宙法则的认识。遵循这一思路，明末至近代的不少学者则将"格物致知"引申、发展为科学认识和科学知识，把物理学、化学、博物学等自然科学统称"格致"之学，因之，明代编的《格致丛书》，清代编的《格致镜原》，汇辑的多是科学技术方面的著述。所谓"诚意""正心"，虽后儒亦有歧解，但都认为是指真诚其意、端正其心、实用其力、为善去恶的道德修养功夫。由此看来，《大学》的"格物、致知、诚意、正心"蕴涵着工具理性和价值理性的涵义。而且，《大学》提出："欲修其身者，先正其心；欲正其心者，先诚其意；欲诚其意者，先致其知；致知，在格物""物格而后知至，知至而后意诚，意诚而后心正，心正而后身修"。这就从修身的程序次第和递进过程上将"格物致知"的工具理性和"诚意正心"的价值理性统一了起来。

《大学》的价值理性和工具理性的统合意识是以个体为本位、以实现人生价值为目标的统合，它与"正德利用厚生"以群体为本位、以群体生存为目标的统合显然不同。所以，它是一种新的统合形式。它标志着中国哲学中关于价值理性与工具理性关系的思考已从维护人类生存发展到了实现人生价值、追求人生意义的新水平。

3."德力俱足"的政治统合。道德和实力的关系是中国哲学史上的一个重要问题，孔子是德力问题的最早提出者，但论述简略，孟子继承和发挥了孔子的德力观，认为德力分别是实行王道和霸道的工具，但仍然坚持孔子崇德非力的观念，将德力绝对对立起来。荀子的德力观与孔孟有异有同，在伦理道德上，他奉行重德轻力的儒家传统，但在政治主张上，却主张"全力凝德"。他说："全其力，凝其德。力全则诸侯不能弱也，德凝则诸侯不能削也。"（《荀子·王制》）这一观念对后世有重要影响，西汉的政治观念中基本上是在德的基础上德力兼重的。然而，真正对德力兼重提出比较全面系统看法的是东汉的王充。他在《论衡·非韩》篇中，对尚德轻力和务力废德两种极端都进行了批评，明确提出："治国之道，所养有二：一曰养德，二曰养力。养德者，养名高之人，以示能敬贤；养力者，养气力之士，以明能用兵。此所谓文武张设，德力具足者也。"他不但认为，德力二者都有重要意义，而且还主张将二者结合起来，统一起来。他说，德和力不但各自有独立的价值，而且二者之间是相辅相成的关系。一方面，德能助力，道德对人力的发挥有规范指导的作用，如果没有道德推动和引导，那么"农不得耕，士不得战"。另一方面，力能助德，实力对道德水平的提高和道德理想的实现有辅助作用，如果有道德而无实力，那么再好的道德理想"何时能达"。因此，他说："事或可以德怀，或可以力推。外以德自立，内以力自备。……德不可独任以治国，力不可直任以御敌也。"（同上）"德力具足"是最佳的治国方略。

王充所说的德主要指儒家的仁义道德，他所谓的力，虽主要指武力、兵力而言，但其涵义却很广泛，既指物质性的体力、气力、劳力、勇力、兵力；又指精神性的智力、财力。他说："垦草殖谷，农夫之力也；勇猛攻战，士卒之力也；构架斫削，工匠之力也；治书定簿，佐史之力也；论道议政，贤儒之力也"；"文吏以理事为力，而儒生以学问为力"；"人有知学，则有力矣"（《论衡·效力》）。他认为，"力"的作用，不仅在于能御侮胜敌，还在于能脱贫致富，"力胜贫，……勉力勤事以致富"（《论衡·命禄》）；能建功立业，"文力之人，助有力之将，乃能以力为功"（《论衡·效力》）。

由此不难看出，中国古代的德力观中蕴含着价值理性与工具理性的意识，王充的"德力具足"包含着价值理性和工具理性统合的深刻思想，而且从其涵义的明确性而言，"力"与前两种统合观念中的"利用""格物致知"概念相比，更鲜明地具有工具理性的涵义。王充的价值理性与工具理性统合的方式，其出发点既不是"养民""厚生"，也不是人生的"修身"，而是"治国"，他是从"治国之道"的政治视角提出价值意识和工具意识的统合的。于是，就形成了一种有别于生存统合和人生统合的政治统合方式。

4. "格物穷理尽性"的道德统合。宋明理学的程朱学派是儒学发展的新阶段，在其建立的系统严密、内容丰富的理学哲学体系中，不但对儒家的本体论、认识论、心性论等有重大发展，而且也大大推进了儒家的价值论。价值理性与工具理性统合形式的创新就是其中的重要成果。程、朱关于价值理性与工具理性的统合集中表现在"格物穷理尽性"的命题上。这一命题的核心是"穷理"，"穷理"既是"格物"的实质和目的，又是"尽性"的前提和途径。朱熹说："所谓致知在格物者，言欲致吾之知，在即物而穷其理也"（《大学章句·格物传》），"格物致知只是穷理"（《答黄子耕书》）。这即是说，穷究宇宙天地之理乃是"格物"的实质和目的，也是其根本意义所在。他又说：理是"天命之性"的本体和根源，"只是这理，在天则曰命，在人则曰性"①。因此，一旦穷尽了事物的理，也就极尽了人的本性，认识到了人的至善本质，此之谓"穷理尽性"。由于朱熹所谓的"理"是宇宙本体、事物法则和终极价值的统一体，所谓的"性"是作为人的百行万善之源的天地之性。所以，"格物穷理""穷理尽性"就包括知识追求和价值实现的双重意义。就知识追求而言，这一过程是指通过接触事物，积累知识，达到对宇宙本质和规律的认识；就价值实现而言，这一过程是指通过接触事物，积累知识，达到对本体价值、终极价值的把握，进而提升和实现自身的价值。于是，"格物穷理""穷理尽性"就成了价值与认知、价值理性与工具理性合一的命题。

由于朱熹哲学中"理"和"性"的价值内涵是儒家的仁义道德。所谓"天理只是仁义礼智之总名""性即天理，未有不善""本然之性，只是至善""天地之性亦仁而已"。因此，他的价值理性与工具理性的统合乃是一种道德统合。道德是价值理性的实质内容，又是工具理性的最终追求目标。

中国古代价值理性与工具理性的统合形式，既是类型上的区别，也是发展阶段上的划分。生存统合形式表现了战国以前在生产力比较低下、经济还不很发达的历史条件下，人们对满足生存需要的重视；人生统合形式反映了战国时期在政治多元、文化繁荣、学术争鸣时代，学者们对人生意义和人生理想的追求；政治统合形式标志着中央集权封建王国建成初期，思想家对治国方略的思考；道德统合形式体现了封建社会后期，面对着国势衰落的趋势，哲学家对强化道德力量的探索。总之，不同时

---

① （宋）黎靖德编，王星贤点校：《朱子语类》卷五，中华书局 1986 年版，第 83 页。

代的历史背景和时代课题，以及中国社会的发展演变趋向，决定了中国哲学中价值理性与工具理性的统合，经历了始于生存统合形式，中经人生统合和政治统合，而终于道德统合形式的历程。

二　统合的特征

中国哲学中价值理性与工具理性的统合有着十分鲜明的特色和颇为独特的机制。分析和认识这些特征和机制，对于如何扬弃这一宝贵的智慧资源，有着重要的意义。贯通于中国哲学价值理性与工具理性的统合形式中的共同特征，主要有如下几点：

1. 以人为本。中国哲学主张价值理性与工具理性的统合，其出发点和制高点都是人，统合是为了人的生存和发展。中国哲学历来重视人的价值，孔子云："天地之性人为贵。"《老子》云："道大、天大、地大、人亦大，域中有四大，而人居其一焉。"《易传》以天地人并立为"三才"，且以人为中位。"人贵"的比较对象既相对"物"而言，所谓"人贵于物"；又相对"神"而言，所谓"未能事人焉能事鬼""敬鬼神而远之""子不语怪力乱神"（《论语》）。这种"贵人"观念，体现在价值理性上，首先是以人为价值主体，其次是以人的道德、理想、人格为价值取向，在其价值理性中没有宗教信仰，没有拜物主义；体现在工具理性上，则以能给人带来现实的方便、利益、功效为选择工具的准则。《易传·系辞》在讲到"观象制器"时，将一切工具的意义都归结到人的实际利益上，例如，作网罟是为了"以佃以渔"、作舟楫是为了"以济不通"、作牛车是为了"引重致远"、作宫室是为了"以待风雨"、建集市贸易是为了"交易而退，各得其所"，作书契是为了"百官以治，万民以察"，总之圣人作各种器用都是"以利天下""使民宜之""万民以济"，没有任何超现实的神秘主义的目的。

因此，在价值理性与工具理性的统合上，中国哲学也将人的生存和发展作为最高的宗旨。"正德利用厚生"的统合宗旨是"养民"（"德惟善政，政在养民"）；"格物致知诚意正心"的统合宗旨是"修身"，进而齐家、治国、平天下；"德力俱足"的统合宗旨在于"治国"；"格物穷理尽性"的统合宗旨在于达到"众物之表里精粗无不到，而吾心之全体大用无不明"的"至善"的"圣人"境界。总之，统合的宗旨在于人，或人的生存条件的保障，或人的人生价值的实现，或人的社会政治环境的优化，或人的道德人格的养成。

2. 以德为主。如果说以人为本是价值理性和工具理性统合的宗旨，那么以德为主则是二者统合的主导。就是说，在价值理性与工具理性统合的各种形式中，道德价值都处于主导和优先的地位，而工具理性则处于从属的地位。在"正德利用厚生"的统合形式中，"正德"为首，在"德力俱足"的统合形式中"道德"为先，在"格物致知诚意正心"的统合形式中，其"物格而后知至，知至而后意诚，意诚而后心正，心正而后身修"（《大学·经》）的顺序充分表明，"格物致知"的工具理性是为诚意—正心—修自身的道德修养服务的。至于"格物穷理尽性"的统合方式，更是把把握道德理性（"穷理"）作为最高的主导原则。尽管朱熹所说的"格物致知"，包括"动植大小""草木器用"等科学技术知识；尽管他也主张博学多识、重视探索自然现象的奥秘，还对天地结构、演化、日食、月食、潮汐、气象等现象提出了自己的解释，但是他的认识对象主要指向人伦道德领域，通过"格物"所穷的"理"主要是儒家的道德准则，而且他探索自然、认识事物的最终目的也是为了实现至善的道德理想。他说："不穷天理、明人伦、讲圣言、遍世故，乃兀然存心于一草木一器用之间，此是何学问？如此而望有所得，是炊沙而欲成饭也。"（《朱文公文集·答陈仲齐》）由此可见，"格物致知"的工具理性归根到底，不过是实现"天理"价值理性的途径和方式。

价值理性与工具理性统合中以道德为主导的特征源于西周初年兴起的"德治主义"思想，从学派影响上看，乃是儒家"义以为上"的道德价值至上论的突出表现。如果说道家是用"自然"来统合价值理性和工具理性，把"自然"作为价值理性的核心内涵，作为工具理性的基本准则，进而消解了工具理性（如"抱瓮灌园""民有什百之器而不用"）的话，那么儒家则是用道德来统合价值理性和工具理性的。

3. 以行为机。对于如何来统合价值理性和工具理性，通过什么机制来实现二者的统一，古代哲人也提出了自己的独特见解。在他们看来，人的实践活动是统合价值理性与工具理性的内在机制。《左传》在论述"正德利用厚生"三事时，明确提出"义而行之"，《尚书·大禹谟》论及三事时，也明确主张"三事允治"，就是要求统治者通过治国实践将三者兼顾统一，贯彻落实。《大学》提出的"格物、致知、诚意、正心、修身、齐家、治国、平天下"的八条目，其贯穿的线索和递进的动力也是实践。只有通过认识实践、道德实践和政治实践，才能实现八条目的要求。"八条目"的每一环节都是知和行的统一，都不脱离实践功夫。王夫之《读四书大全说》卷一云："先儒分致知、格物属知，诚意以下属行，是通将《大学》分作两节，大分段处且如此说。若逐项下手功夫，则致知、格物亦有行，诚意以下至平天下亦无不有知。"王充的"德力具足"论，本意即是"治国之道"，它必须通过治国实践才能落实，自不待论。朱熹的"格物穷理尽性"论也不是脱离实践的纯粹认知、修养活动，他一方面认为"论先后，知在先"；另一方面又提出"论轻重，行为重"。把"格物穷理"视为"知行相须"的过程，而且，就行是知的目的而论，他认为行比知更重要。他说："学之之博，未若知之之要。知之之要，未若行之之实。"① 又说："某之讲学，所以异于科举之文，正是要切己行之。"② 由此不难看出，"行"——实践是中国哲人关于价值理性与工具理性统合的内在机制。

4. 以合为思。从思维方式上看，中国哲学中价值理性与工具理性统合的思维特征是"合"。"合"就是把不同因素统一、结合起来，形成一个有内在联系的整体。"正德、利用、厚生"在春秋时就统称"三事"，"三事"之称，充分表明在当时的人们看来，三者是一个缺一不可的整体，并且有着内在的有机联系，而不是三个孤立的要素。齐国晏子在谈

---

① （宋）黎靖德编，王星贤点校：《朱子语类》卷十三，中华书局1986年版，第222页。

② （宋）朱熹撰，朱杰人主编：《朱子全书》卷四，上海古籍出版社2002年版。

到三事时说："民生厚而用利，于是乎正德以幅之，使无黜嫚"（《左传·襄公二十八年》）。南宋蔡沈在注释三事时说："使皆当其理而无所乖，则无不和也。"都认识到"三事"是有内在联系的统一整体。"格物致知"与"诚意正心"是求知和修德两个因素，然而，在《大学》中它们是作为统一的修身过程的不同阶段提出的，"八条目"是一个由八个环节构成的人生价值实现的链条，是一个前后衔接的有内在联系的整体。王充以"德力具足"作为治国之道，不仅认为二者应该兼顾，而且还认为德力相辅相成、互相促进，有内在的统一性，因此，他反对"独任"而强调"具足"。朱熹的"格物穷理尽性"更是一个统一的过程，是由感性到理性、由认知到道德、由天理到人心的认识、修养过程。总观以上四种统合形式，可以看出，辩证的统一"合"是其共同具有的思维方式。具体地说，"正德利用厚生"和"德力俱足"是横向的结构性"合"，"格物致知诚意正心"和"格物穷理尽性"是纵向的过程性的"合"。中国哲学家正是通过"合"——辩证统一的思维，将价值理性与工具理性统合起来。

中国传统哲学中价值理性与工具理性统合的四大特征（以人为本、以德为主、以行为机、以合为思）贯穿着一个重要思路，就是认为作为工具价值的"利用""格物""致知""力"与作为价值理性的"德""诚意正心""理"有着内在的同一性，为什么价值理性与工具理性之间有这种同一性呢？为什么能从对客观事物的认识、从科学知识中推导出道德价值和人生价值呢？且看朱熹对这一问题的解答。朱熹在解释《大学》"致知在格物""格物而后知至"时说："所谓致知在格物者，言欲致吾之知，在即物而穷其理也。"在阐释"穷理"时说："穷理者，欲知事物之所以然与其所当然者而已。知其所以然，故志不惑；知其所当然，故行不谬。"[1]"所以然"是指事物的内在本质和规律，"所当然"是指人的价值准则和行为准则；知"所以然"是认知理性，其意义在于"志

---

[1] （宋）朱熹撰，朱杰人主编：《朱子全书》卷三，上海古籍出版社 2002 年版。

不惑"；知"所当然"是价值理性，其意义在于"行不谬"。朱熹认为，"理"是"所以然之故与所当然之则"的统一体，所以通过"格物穷理"就既可把握作为工具理性的知识又可把握作为价值理性的道德。由此可见，在朱熹看来，工具理性与价值理性之间所以有同一性，其根源在于作为宇宙本体的"理"乃是宇宙规律和价值准则的统一体。这正是儒家哲学中价值理性与工具理性之所以能够统合的根本秘密所在。

三　统合的意义及其局限

价值理性与工具理性的矛盾，是当代十分突出的文化矛盾之一。美国哈佛大学教授丹认为，"美国文明之未来，系于一场'机器'与'花园'的双方搏斗。'机器'代表不断发达的科学技术，'花园'则象征日益萎缩的人文精神"①。他用形象语言所揭示的矛盾就是价值理性与工具理性的矛盾。当今世界，由人与自然的紧张对峙所引起的环境污染、生态失衡、能源短缺等全球性问题，从主体的角度看，在很大程度上与没有处理好这一矛盾有关。因此，在即将到来的21世纪，探索价值理性与工具理性的和谐统一将是人类面临的一个重要课题。以此言之，中国哲学中价值理性与工具理性的统合意识将会给人们提供有益的启迪。

1. 防止和克服科学技术的异化科学技术是推动社会发展特别是经济发展的重要动力。近代以来，西方人把经济发展看作至高无上的目标，认为经济发展了，人民就会满足一切生存需要，获得生活的幸福。在这种思想的指导下，能够为发展经济、创造财富提供有效工具和快捷手段的科学技术日益受到重视。随着科学技术在推动社会发展中取得的一次又一次成功，人们对它的崇拜日甚一日，认为科技可以创造一切，深信凭借科技力量人类可以无限制地征服自然，驾驭自然，由此而导致了20世纪五六十年代以来全球性环境问题和生态问题恶化，自然界以它强而有力、重而无情的报复一次又一次地处罚着人类。于

---

① 见《读书》杂志1995年第6期。

是，过去曾给人带来财富、文明和幸福的科学技术，而今却在某种意义上变成了奴役人的工具；本来属于工具理性的科学技术，摇身一变为价值理性，而关乎人类生存的终极意义和本真状态的价值理性却失落了。这就是科学技术的异化。面对科学技术异化过程的加剧而造成的恶果和危机，人们又提出了用人文主义纠正科学主义以防止和克服科技异化的时代要求。早在20世纪30年代，美国科学史家萨顿就在《科学史和新人文主义》一书中提出："人们必须找到把科学与我们的文化及其他部分结合起来的方法，而不能让科学作为一种与我们的文化无关的工具来发展。科学必须人性化，这意味着至少不能允许它横冲直撞。"正是相应于这一要求，中国哲学中价值理性和工具理性相统合的思想才显示了它独特的启发意义和文化优势。按中国哲学家的思路，包含着科学、知识、技能、器用涵义的"利用""格物致知""力"等工具理性，必须与"正德""诚意正心""天理"等价值理性相结合，才能正确地发挥其社会功能。而且，在二者的结合中，作为价值理性的"德""天理""诚意""正心"始终起着主导作用。这种价值理性与工具理性相统合，且价值理性高于工具理性的观念，集中表现了中国古代科技观中的人文主义精神。正如英国剑桥达尔文学院的研究员唐通1988年在其《中国的科学和技术》中所说的："中国传统是整体论的和人文主义的，不允许科学同伦理学和美学分离，理性不应与善和美分离。"可以设想，在未来世纪，体现人文与科技、目的与手段、道德与功业相统一的中国哲学理性，经过重解阐释和现代转换，一定会对克服和纠正当代社会所存在的人文与科技冲突、目的和手段颠倒、道德与功业倾斜等社会文化弊端发挥积极意义。

2. 推动和启迪价值系统的重建。美国文化思想家丹尼尔·贝尔说："每个社会都设法建立一个意义系统，人们通过它们来显示自己与世界的联系。"① 在现代化建设过程中，中国社会也面临着价值系统的重建问

---

① ［美］丹尼尔·贝尔：《资本主义文化矛盾》，严蓓雯译，江苏人民出版社2012年版，第197页。

题。重建中国的价值系统的基本思路是：我们所确立的价值，既要适应现代化的要求，又要避免和克服现代化过程中的弊端；既要体现时代精神，又能发扬民族特色；既要实现现代化的社会发展目标，又要提高人的素质。从这一要求考虑，我们的价值系统应该坚持物质文明、制度文明、精神文明的统一，富强、民主、文明的兼顾。中国古代"正德、利用、厚生"的价值系统中，虽于制度文明的价值未能言及，但主张物质文明与精神文明的兼顾，却十分可贵。张岱年先生说："三事将物质文明与精神文明统一起来，表现了全面的观点。"（《文化论·三事与诸子》）特别是在当前，随着市场经济的发展，社会上拜金主义、享乐主义甚为流行，见利忘义、为富不仁、贪污腐败、唯利是图的现象十分严重，因此在价值观的建设中，强调"正德"，强调"诚意""正心"，更具有特别重要的意义。

　　3. 突破和超越传统价值观的局限。中国古代儒家哲学中价值理性与工具理性相统合的思想诚然有许多优点，但也有其固有的局限。首先，在价值理性与工具理性的比值上，它过分强调价值理性的地位和作用，而把工具理性特别是科学认知置于较低的从属地位，甚至有以价值理性取代工具理性的趋向。这无疑不利于工具理性独立地位的确定，严重影响和束缚了古代科学技术的发展。其次，在价值理性中，它过分突出道德价值，坚持道德至上的原则，而对其他价值如审美的价值、信仰的价值等不够重视，特别是把超越性的理想价值和终极价值都予以道德化，这就造成了价值取向上过分现实化而超越精神不足的缺陷。再次，在工具理性中，它重视实用技术而忽视科学理论，认为没有实用性的科学理论不符合"利用、厚生"的标准，因此没有重要意义。这种始于日常应用又终于日常应用的思维路径形成了一种限制，使科学探索无法提升到理论建构和逻辑推演的层次。九十多年前，梁启超就指出：中国"多数人以为科学无论如何高深，总不过属于艺和器那部分。"（《科学精神与东西文化》）正是对这一局限的深刻揭示。总之，中国哲学在价值理性与工具理性的关系问题上，存在着以价值统摄认知、以人文包容科技、以实用消解理论的严重缺陷。这些缺陷显然不符合高科技飞速发展时代的要求，不利于现代化在中国的实现，因此必须突破和超越，而突破和超越的重要途径是借鉴和吸取西方哲学特别是西方近代哲学重工具理性的长处，以补救自己的不足。

中国哲学中价值理性和工具理性的统合意识是中华智慧的重要成果，也是中国哲学对人类智慧的重大贡献。只要我们以社会发展和科技发展的要求为依据，以当代的时代精神为标尺，以辩证扬弃为方法，对其进行新的诠释，新的转换，用其所长，弃其所短，它必定能在即将到来的21世纪，为人类处理价值理性和工具理性的矛盾，提供宝贵的智慧资源。

（原载于《人文杂志》2001 年第 4 期，

全文转载于人大报刊复印资料《中国哲学》2001 年第 11 期）

中国哲学认识论与价值论的融通

认识活动是主体对客观事物现象和本质的反映，其目的是求得主观与客观相符合，获得真理。价值活动是实现客体对主体需要的满足，其目的是求得客体与主体相一致，使主体健康发展。认识活动是主体走向客体，是主体的客体化过程；价值活动是客体走向主体，是客体的主体化过程。按照西方哲学的传统观念，在认识活动中不能把主体的需要和利益以及情感、兴趣、道德等价值因素掺杂到认识的过程和认识的成果之中，也就是说，要竭力排除价值因素对认识的干扰，以保证认识的客观性。然而，对于中国传统哲学来说，这种纯粹的不包含价值因素的认识是不可能的，也是没有意义的。中国古代哲人，总是把致知与崇德、穷理与尽性、求真与闻道视为不可分的统一过程，认为认识活动与价值活动、真理追求与价值追求是相互渗透、相互贯通、融为一体的。这种融通的基本特征是以价值统率认识、以价值统摄真理，即"以善统真"。其具体形式可以概括为以下几个方面：

一 认识主体的价值规定

中国哲学认为并不是任何人都能成为进行认识、掌握知识的主体，认识主体只是那些具有特定价值属性的人。据此，他们对认识主体提出了明确的价值要求，作出了明确的价值规定。这种要求和规定包括三个方面：一是认识主体必须具有良好的道德修养；二是认识主体必须养成高尚的价值人格；三是认识主体必须具备特定的社会资格。

关于认识主体的社会资格，孔子曾经提出"民可使由之，不可使知之"（《论语·泰伯》），又说："困而不学，民斯为下矣"（《论语·季氏》）。就是说，民是没有资格成为认识主体的，认识主体只能是那些圣人、治者和君子。这种规定，完全出于一种等级观念，即出于"唯上智与下愚不移"的价值意识。后来孟子从人性善出发，认为人生来都具有仁义礼智四端，所以"人皆可以为尧舜"。按照这一思路，人人都可以成为认识主体。然而，这只是一种可能性而已，就其现实性而言，由于"劳心者治人，劳力者治于人"的社会等级差别，成为认识主体的也只能是"劳心者"。孔孟对认识主体的社会资格规定对后代产生了深远的影响，从汉唐迄至宋明，儒家哲人大都把认识活动视为统治者和圣贤们的专利，所谓"如古之无圣人，人之类灭久矣"（韩愈《原道》）；所谓"天不生仲尼，万古如长夜"（《朱子语类》）。

关于认识主体的道德修养要求，早在西周初年《尚书·洪范》就提出了"敬用五事"的命题："貌曰恭，言曰从，视曰明，听曰聪，思曰睿。恭作肃，从作义，明作哲，聪作谋，睿作圣。"这些要求包括能力和道德两个方面，《洪范》认为达到这些修养要求，才会成为一个好的认识主体。后来，孔子提出：要成为智者，认识主体首先要成为仁者，"择不处仁，焉得智"（《论语·里仁》）；"智及之，仁不能守之，虽得之，必失之"（《论语·卫灵公》）。孟子也说"不仁，是不智也"（《孟子·公孙丑上》）。荀子则提出认识主体应该有"虚一而静"的修养，才能把握真理。他说："何以知道？曰心。心何以知？曰虚一而静"（《荀子·解蔽》）宋明理学时代，儒家对认识主体道德修养的要求更加重视，也更为严格，张载有"崇德"之说，曰："崇德而外，君子未或致知也。"（《正蒙·神化》）程颐有"主敬"之论，曰："未有致知而不在敬者。"（《伊川语录》）不仅儒家如此，道家对认识主体的修养也颇为重视，虽然他们提出的修养内容与儒家有异，但也认为认识主体的修养是取得真知的前提，老子认为要取得对道的认识，把握道的真理，认识主体必须"损之又损，以至于无为"（《老子》第四十八章），损的对象是"前识"和"物欲"。因为"前识"是邪伪愚钝的表现，所谓"前识者，道之华而愚之首"。而"物欲"会使感官产生病态，所谓"五色令人目盲，五音令人耳聋"（《老子》第十二章）。所以只有对二者不断损减，才会使心灵达到"致虚极、守静笃"的本然状态。而这种状态正是认识"道"的先决条件。庄子与老子的观点基本一致，认为要获得对道的认识，主体必须超越自我，破除"成心"，达到"以明"境界。这实际上就是老子所说的"涤除玄鉴"。可见儒道两家都对主体提出了明确的修养要求。

关于认识主体的价值人格，儒家提出了君子、圣人的人格要求，孔子说君子"博学于文"，而圣人则可以"知天命"，并且能"生而知之"。在他看来，具有圣人人格的人，可以"生知"；具有君子人格的人，可以"学知"；其他的人，既不学，也不知，即不具有认识主体资格。孟子虽然说人人都有"良知""良能"，都有成为认识主体的可能性，但实际上他认为仅仅运用"耳目之官"的小人是不能充当认识主体的，只有那些发挥"心之官则思"的大人才符合认识主体的人格要求。大人即是圣人，他说"大而化之之谓圣"。道家与儒家的人格标准不同，但对认识主体也有明确的人格规定，老子说百姓皆"注其耳目"（《老子》第四十九章），而"无欲无为"的圣人却保持着"虚极静笃"的心态，具有质朴自然的人格特征。因此只有他们才能做到"不出户，知天下，不窥牖，见天道"，成为认识主体。所以，老子说："圣人不行而知，不见而名，不为而成。"（《老子》第四十章）庄子也提出"有真人而后有真知"（《庄子·大宗师》）。所谓"真人"，就是无好恶爱憎之情感、忘生死善恶之区别的人。他认为具有"真人"人格才能成为认识主体，获得真知。

中国古代哲人关于认识主体的价值规定说明，中国哲学主张：作为认识主体的人，不应该是自在的而应该是自为的，不应该是自发的而应该是自觉的，不应该是自然的而应该是使然的。这种自为性、自觉性和使然性，正是人的主体性的表现，也是人之所以为人的标志。

二　认识对象的价值选择

在以探求真理为认识目的的西方认识论中，客观事物对于人来说都具有同等的认识意义，都可作为认识对象。因此，对于西方哲学家来说，认识什么并不是认识论中的重要问题。然而，对于把求真作为得道手段的中国哲人来说，选择认识对象却是至关重要的问题。从孔子老子开始，哲人们就主张对认识对象进行选择。

孔子指出认识的主要对象应是古代的礼乐和天命、现实的人伦和治道，而神秘的鬼神问题、玄虚的本体问题、自然界的现象和生产技术，都是不应属于认识的对象和范围。《论语》云："君子博学于文，约之以礼"（《雍也》），"不知命无以为君子也。"（《尧曰》）又云："务民之义，敬鬼神而远之可谓知也。"（《雍也》）又云："子不语怪力乱神"（《述而》）。充分表明了孔子以天命、礼乐、人事、民务、治道为认识对象的价值取向。孟子认为"万物皆备于我"，无须外求，只要"尽心、知性、知天"就可以穷尽真理。他把认识对象转向人的心性，由于心性的内涵是仁义礼智四端，因此孟子的认识对象选择是一种道德选择。

老子则反对一切对象性认识，认为通过感官门户去认识现象界的种种事物，只能给人带来危害。他主张把"道"作为唯一的认识目标，要人们通过"涤除玄鉴""致虚守静"的方式去"为道""得道""同于道""从事于道"。这也是对认识对象的价值选择。在庄子看来，一切对象性认识都没有是非之分，都是人们从一己"成心"出发所形成的观念，因而都是没有意义的。只有去"知道""得道"才有价值。这和老子的选择是一致的。

墨子以是否"中国家百姓人民之利"为选择认识对象的标准，因此他最关注的是国计民生问题。他对兼爱、非攻、节用、节葬、尚同、尚贤等问题的讨论，充分表现了他所选取的认识范围。

法家从君主专制和以法治国的价值追求出发，把自己的认识领域确定在社会政治和政权法律方面，而关于自然知识和思辨哲理则涉及较少。

这些关于认识对象的选择意识既表现在哲人们的认识活动之中，也体现于他们的认识理论之中。孔子说："多闻择其善者而从之，多见而识之"（《论语·述而》），主张对认识对象要"择善而从"。荀子则明确指出凡是未选为认识对象的事物，人就不会去注意，去认识，即使遇到了这些事物，也会视而不见，充耳不闻。他说："心不使焉，则白黑在前而目不见，雷鼓在侧而耳不闻"（《荀子·解蔽》）。又说："情然而心为之择，谓之虑"（《荀子·正名》），通过心的选择，"是之则受""非之则辞"（《荀子·解蔽》），从而确定认识对象。这是对认识对象进行价值选择的高度理论概括。

三　认识过程的价值参与

中国哲学认为，人的认识活动并非是纯粹的主观反映客观的超情感、超利益过程，而是受人的情感、心态、动机、欲利等价值意识参与的过程。不同的价值意识会对认识的方向、偏全、深浅、正误、得失产生不同的影响。

关于情感心态因素对认识的影响，孔子曾有较明确的认识，他说："知之者不如好之者，好之者不如乐之者。"（《论语·雍也》）就是说，要深入地认识对象，仅仅客观地去了解它不如对它产生喜好之情；对它产生喜好之情，不如从它那里获得快乐。"好之""乐之"都是价值意识，但在孔子看来"乐之"是进行认识的最好心境。以这种心境进行认识，才会深化认识程度，提高认识水平，获得最佳效果。朱熹在阐释这种价值意识对于认识的积极效应时说："乐之是好之已至，此理已得之于己。凡天地万物之理，皆具足于吾身，则乐莫大焉。"① 后来，孟子提出要以"自得"的态度深造求道，他说："君子深造之以道，欲其自得之也。自得之则居之安，居之安则资之深，资之深则取之左右逢其源。故君子欲其自得之也。"（《孟子·离娄下》）"自得"是指一种优游愉悦的心态，孟子认为，这种超然功利、不受强制的自得心态，才能深化认识。《学记》也指出人们要获得知识，必须心情舒畅，而不能拘谨、窘迫。它说："君子之于学也，藏焉修焉，息焉游焉。"这里虽然说的是学

---

① （宋）黎靖德撰，王星贤点校：《朱子语类》，转引自程树德《论语集释》（二），中华书局1997年版，第404页。

习心理，但也包含着对认识过程中情感心态作用的体认。不仅儒家认识到情感因素对认识的影响，法家韩非也看到了积极的情感对认识的促进作用。他说，母亲对幼子的慈爱之情，不仅是致福除祸的动力，而且还会推进对事理的深刻认识，"母之慈于弱子也，务致其福，务致其福则事除其祸，事除其祸则思虑熟，思虑熟则得事理。"（《韩非子·解老》）汉初的《淮南子》也认为，愉悦的情态，对认识有积极促进作用，所谓"同师而超群者，必其乐之者也"（《缪称训》）。

关于动机在认识中的作用，孔子更为重视，他反复强调要激发认识动机，坚定致学志向。他说："三军可夺帅也，匹夫不可夺志也。"（《论语·子罕》）只要"志于学""志于道"，那么，即使生活困难，环境艰苦，也会为追求真理，勇往直前，"不改其乐"。孟子继承和发展了孔子的思想，着力阐发"专心致志"在认识中的重大作用，他说："不专心致志，则不得也。"（《孟子·告子上》）所谓"专心致志"不仅是强调在认识过程中要集中注意力，更重要的是要求为实现自己认识的价值目标（"志"）而努力奋斗。荀子也提出："无冥冥之志者，无昭昭之明；无昏昏之事者，无赫赫之功。"（《荀子·劝学》）相较于儒家而言，墨家对认识过程中价值意识参与的认识，似乎更加具体，更为深刻。《墨辩》的作者提出认识和知识由"闻、说、亲、名、实、合、为"七种因素构成，其中的"为"指的是认识的目的、动机和行为。它又根据目的、动机的不同，把"为"分为六种，即"存、亡、易、荡、治、化"（《经上》）。"存"是指使某种对象存在的目的，"亡"是指使某种对象消亡的目的，"易"是指交换商品的目的，"荡"是指荡平某种现象的目的，"治"是指治理事物的目的，"化"是促使事物改变的目的。墨家认为，这种价值动机和价值目的意识是认识的构成要素，都会在认识过程中发挥作用，不同的目的、动机，对认识会产生不同的影响效果。这种观点显然是对古代认识论的突出贡献。

关于利欲对认识的影响，中国哲人们论述最多。春秋时的宋钘、尹文学派较早地看到了"私欲"对认识的干扰作用，认为利欲熏心的人不可能取得对事物的正确认识。他们说："嗜俗充溢，目不见色，耳不闻声"，又说"夫心有欲者，物过而目不见，声至而耳不闻也。"（《管子·心术上》）为此，他们主张在认识过程中要去掉私欲，达到心思纯一，认为只有心思纯一了，心情才会平静；心情平静了，注意力才会专一，从而也才能对所认识的客体明察秋毫，获得正确的认识和最高的智慧。所谓"世人之所职者精也，去欲则寡，寡则静矣。静则精，精则独立矣；独则明，明则神矣。"（《管子·心术上》）而为了"去欲"，他们提出要进行有目的的道德修养（"修此"），只有进行道德修养，才会正确、深刻地认识客观事物（"知彼"），"人皆欲知而莫索之。其所知，彼也；其所以知，此也。不修之此，焉能知彼？修之此，莫能（如）虚矣。虚者，无藏也。"（《管子·心术上》）宋钘、尹文对私欲这种价值意识在认识过程中消极作用的认识无疑是颇为深刻的，它对后代哲人颇多启迪。荀子提出必须从"公心"出发去认识事物，认为"公心""私心"两种不同的价值意识会导致不同的认识结果，所谓"公生明，偏生暗"（《荀子·不苟》）。为什么"公生明"而"偏生暗"呢？荀子指出，偏私之心会造成认识的片面性，因为从私意出发，就会只看到事物"可欲"的一面，而不考虑事物"可恶"的一面；只看到事物"可利"的一面，而不顾及事物"可害"的一面。荀子把这种认识的片面性称之为"蔽"，他指出，只有消除私欲干扰，使心处于"虚一而静"的"大清明"状态，才能"解蔽"。至宋明时代，哲人们更是普遍地强调正确的利欲观念对认识的重要意义，张载有"大其心则能体天下物"的名言，苏洵有"为一身谋则愚，而为天下谋则智"的警语，程朱以"灭欲"为"穷理"之本，王守仁反对"只求其聪明而不知养之以善"，这些观念明确地认识到了价值意识在认识中的重大影响，着力主张用端正的积极的利欲意识去促进认识。

正由于认识过程中有情感、动机、利欲等价值因素的参与，所以中国古代的哲人，尤其是儒家哲人，总是把认识活动与价值活动（特别是道德修养活动），视为统一的整体。先秦时期，孔孟以"仁智"并举、

《中庸》主"诚明"互动、《大学》将"格物致知"与"诚意正心"贯通、荀子把"为学"与"隆礼"结合。迄至宋明，程、朱视"穷理"与"灭欲"为一体，王阳明倡"知"与"行"相合一，都充分表现了认识与价值互渗、相融的思想。这种思想对中华民族的价值思维和认识观念有广泛深远的影响，"利令智昏""当局者迷，旁观者清""不识庐山真面目，只缘身在此山中"等成语、谚语、诗句，都体现着价值意识会参与、影响人们的认识活动这种哲理。

四　认识目标中的价值意蕴

中国古代哲学关于认识目标的实现并不仅仅局限于对客观事物本质和规律的把握上，而是把事实认识和价值评价、把真理获得与价值实现、把求真与求善都融通于认识目标之内。而且认为真理是从属于价值的。关于认识目标中的价值意蕴，儒、墨、道、法都按照自己的哲学立场，作了阐发：

1. 儒家认识目标中的道德价值内涵。孔子把认识的最高目标确立为"闻道"，曰："朝闻道夕死可矣"。他所谓的"道"虽然包涵宇宙法则的内容，但主要指治世之道和为人之道。作为治世之道，他主张"德政"（"为政以德"）；作为为人之道，他追求仁义道德和君子人格。孟子和孔子的思路基本一致，但他将认识的制高点置于内在的心性上，认为"知性知天""养性事天"是认识的最高目标。他所谓的"性"、"天"，其内涵仍是儒家的仁、义、礼、智道德，这种道德扩充于政治领域即是"仁政"。《大学》通过对"为学次第"的论述，提出认识的目标在于通过"格物致知"最终达到"明德""亲民""至善"的价值理想。《中庸》以"修道"为认识活动的内容，而"道"的本质是"性"，"性"的来源是"天"，其思路与孟子略同。荀子明确提出"学止于礼"的命题，把认识的意义统摄于价值。《易经》大力弘扬"探赜索隐"的认识和"崇德广业"的价值的内在统一，认为《易经》具有追求真理和实现价值的双重功能。先秦儒家关于认识目标的设定被汉儒、宋儒所继承和发展，董仲舒认为，认识的目的主要不是"察物"而是"知天"，认识事物本身只是认识"天意"的中介和手段。而所谓察"天意"的实质内容乃是"察仁义"。他说："察物之异以求天意""察于天之意，无穷极之仁也"（《春秋繁露·王道通三》）。程朱理学认为，认识的最高目的是"穷于理"，"格物致知"不过是"穷理"的途径和手段，而"天理"乃是"仁义礼智信"的总名。王阳明讲"知行合一""致良知"，把认识活动和道德自觉、道德实践完全融合一体。不难看出，儒家的认识目标内在地包含着真理内容和道德价值的统一，而且是以道德价值的实现为最终目的的。

2. 墨家认识目标中的实用价值追求。墨家虽然也重视道德，宣扬"兼爱"，但从认识目的的角度考察，墨家具有鲜明的功用意识。墨家认为，人们认识的价值，主要不在于形成一种理论观点进行言谈论辩，而在于指导人们的实际行为。他说："言足以迁行者常之，不足以迁行者勿常；不足以迁行而常之，是荡口也。"（《墨子·贵义》）又说："务言而缓行，虽辩而不听。"（《墨子·修身》）就是说，一种认识、言论，只有及之于行、见之于行、归之于行，才有意义，不然，只是一种毫无价值的空谈（"荡口"）。正是在这种意义上，他指出实行比认识更根本，所谓"士虽有学而行为本"（《墨子·修身》）。不仅如此，墨子还指出，对于人们的行为来说，其根本意义并不在于行为的动机，而在于行为的效果。所以，他主张考察人们的行为是否具有价值，应该"合其志功而观焉"（《墨子·鲁问》），即把动机（"志"）和效果（"功"）结合起来观察、评定。这就是说，评判"言"的价值要以"行"为标准，评判"行"的意义要以"用"（功用）为尺度，他说："用而不可，虽我亦将非之。且焉有善而不可用者？"（《墨子·兼爱下》）明确反对重言轻行、重志轻功的倾向。为了把认识目标中的知识价值和实用价值统一起来，墨子提出了检验和判断认识的是非、利害的三大标准——"三表法"：即"上本之于古者圣王之事""下原察百姓耳目之实""发以为刑政，观其中国家百姓人民之利"（《墨子·非命上》）。这三条标准体现了真理标准和价值标准的统一。由此可见，墨子的认识目标中蕴含着鲜明的实用价值内容，而"实用"的宗旨是"中国家百姓人民之利。"

3. 道家认识目标中的自然价值理想。道家的认识目标是"道"。"从道""从事于道""同于道"既然是人的全部精神归宿，当然也是认识的最终目的和最高目标。道家的"道"是宇宙之体、普遍规律和崇高理想的统一。作为规律而言，对道的认识具有追求客观真理的意义；作为理想而言，认识道就是对价值的追求。道的价值意蕴在道家哲学中包括诸多内涵，"自然"状态、"无为"态度、"虚静"品格、"大美"境界都是道的价值涵义，而其核心乃是"自然"，其他都是"自然"的展开，由"自然"来统摄。在道家看来，认识道以获得客观真理和体现道以实现自然价值，是统一的认识过程中的两个方面。庄子以"庖丁解牛"的寓言深刻地表达了这种思想。庖丁为文惠君解牛，一方面"依乎天理，批大郤，导大窾，因其固然"，这是对牛有深刻认识的表现；另一方面"手之所触，肩之所倚，足以所履，膝之所踦，砉然响然，奏刀騞然，莫不中音，合于桑林之舞，乃中经首之会"这是"解牛"所体现的"自然"境界。而这两个方面都融通于庖丁"以神遇而不以目视，官知止而神欲行"的对道的体悟和与道同一的过程之中。正由于"解牛"的活动中包含着对客观对象的正确认识，所以文惠君曰："譆，善哉！技盖至此乎？"然而，"解牛"又不单纯是一种基于认识的技术完成，还是一种价值实现，所以，庖丁说："臣之所好者道也，进乎技矣。"（《庄子·养生主》）"道"体现了价值和智慧，"技"体现了认识和技能，深刻地表明了道家把认识目标和价值目标合而为一的致思趋向，更表明了其以价值统摄认识的鲜明特征。

4. 法家认识目标中的功利价值意识。法家是中国古代的功利主义者，强烈的功利价值意识，内在地渗透到他们的认识目标论中。韩非明确指出："夫言行者，以功用为之的彀者也""今听言观行，不以功用为之的彀，言虽至察，行虽至贤，则妄发之说也。"（《韩非子·问辩》）这就是说，认识的目标仅仅在于"功用"，离开功用目的的认识活动是毫无意义的。为此，韩非明确提出"息文学""不听学者之言""无书简之文"的主张，认为这些不以"功用"为目的的认识、知识，是"多费"的、"杂反"的，甚至是"愚诬"的；为了实现认识的功用价值目标，韩非提倡"知道理""服从道理"。他所谓的"道理"指的是客观事物的规律。在他看来，人如果认识了客观事物的规律，就可以避免精神的浪费，"夫能啬也，是从于道而服于理者也"（《韩非子·观行》）；就能够摆脱自我的迷惑，"智短于自知，故以道正己。……身失道则无以知迷惑"（《韩非子·观行》），而节省精神、以道正己正是实现功用目的的条件。所以，他说："动弃理则无成功""弃道理而举动者"必"离（罹）于患，陷于祸"，而"得事理则必成功""夫缘道理以从事情，无不能成。"由此可见，"知道理""得事理"的认识活动完全是服务于功利目的的；认识的价值标准与认识的真理标准完全合而为一了。

　　由此可见，儒、墨、道、法都不把认识的目标确立在单纯的知识追求和真理把握上，而是赋予认识目标以深厚的价值意蕴。这与西方哲学为知识而认识、为真理而认识的致思趋向大相径庭。

　　综观中国哲学认识论与价值论的融通，我们可以获得深刻的启示。首先，这种融通表现了中国哲学从不把实然与应然、真理与价值割裂开来，对立起来。长期困扰西方哲学家的事实与价值分属两个不同领域的所谓"休谟问题"，在中国传统哲学中是根本不存在的。中国哲学中的综合整体思维，始终以"合真善"的方式思考认识问题和价值问题。从而使实然与应然、真理与价值的互渗、相融、贯通成为中国哲学的突出特征。其次，认识与价值的融通过程及其所形成的成果体现了科学精神与人文精神、工具理性与价值理性的统一。当代社会存在的科技与人文的矛盾、工具理性与价值理性的冲突，都可以从中国哲学中找到解决问题的智慧资源。中国哲学中"观乎天文以察时变，观乎人文以化成天下"的兼容、"格物致知"与"诚意正心"的贯通、"因诚致明"与"因明致诚"的互动，这些认识与价值融通的具体表现形式，对于协调科学与人文、工具理性与价值理性的关系，都有宝贵的启迪意义。再次，中国哲学关于认识与价值相融通的思想，在思想方式上具有直观性、笼统性、模糊性的特征，在价值取向上具有以善摄真、以德统智的倾向。因而，它对哲学认识论的发展和科学知识的发展都具有一定的制约性。在继承发扬其优点的同时，应该对其局限性进行克服。通过现代认识论的洗礼和吸取西方近现代哲学的积极成果，使它在新的哲学思维水平上，焕发生机，助益人类。"无可奈何花落去，似曾相识燕归来"，中国传统哲学的辉煌时代虽已过去，但它所蕴藏的智慧之光，必将在新的世纪中以新的形式重放异彩！

（2001 年 6 月）

中国传统历史哲学中的价值意识

历史哲学是从整体上对历史本质和规律的反思。历史哲学中的价值意识具有两个层次的意义：一是指哲学家思考历史本质和历史过程时对历史中所包含的价值因素的看法；二是指哲学家在评价历史事件和人物时所持的价值评价标准。本文中的"价值意识"主要指的是第一层次涵义。中国传统历史哲学中的价值意识主要体现在其历史本体论、历史主体论、历史规律论和历史发展论中。

一 历史本体论中的价值"本位意识"

历史的本质是什么？这是中国传统历史哲学思考的首要问题。夏殷时代的统治者皆以天命神权论回答，把"上帝""天命"视为历史的本质；西周统治者虽然已看到了人的力量，但其主导观念仍是天命史观。至春秋时代，随着"天道远，人道迩"思想的兴起，哲人们逐渐用人的活动来解释历史，此后人本史观遂成为历史哲学的主流。人本史观把历史的本质看成人的活动，历史以"人事为本"（仲长统），"成败以人事为主"（刘知己），历史就是"人事有代谢，往来成古今"的过程。然而，人的历史活动包括两个方面，一方面是活动的形式和规律；另一方面是活动的指向或目标。前者构成了历史的客观事实过程，后者构成了历史的主体价值目标。所谓历史本体论中的价值意识，就是指哲人们对历史活动过程中所包含的价值目标的看法。由于人们在历史活动中追求的价值目标是多方面、多层次的，构成了一个内容极其丰富的体系，因之就形成了价值目标体系中本位价值和非本位价值的区分。本位价值是占主导地位的、起决定作用的价值目标，非本位价值是处于从属地位、由本位价值决定并受其制约的价值目标。在中国历史哲学中，自春秋以降，哲学家们关于历史活动的本位价值目标问题有以下观点：

1. "利"本位。在中国传统历史哲学中，不少哲学家从人性"好利"的人性论出发，认为人在历史活动中的价值追求目标是"欲利"（《管子·形势篇》）、"索利"（《商君书·算地》）、"计利"（《商君书·算地》）、"急利"（《韩非子·难四》）。一部历史就是"天下熙熙，皆为利来；天下攘攘，皆为利往"（《史记·货殖列传》）的活动过程。由此，他们提出物质利益乃是历史价值体系中的本位价值，它决定着社会的政治价值、法律价值和道德价值。荀子说："养人之欲，给人以求，是欲必不穷乎物，物必不屈于欲，二者相持而长，是礼之所起也。"司马迁说："礼生于有而废于无。"（《史记·货殖列传》）《管子》、贾谊、《淮南子》、司马迁、王充、李觏都认为："仓廪实则知礼节，衣食足则知荣辱。"基于以"利"为价值本位的观念，这些思想家们纷纷提出"治国之道，必先富民"（《管子》）、"民事之急，无甚于食"（谭峭）、"治国之实，必本于财用"（李觏）的主张。以物质利益价值为本位，映射出了哲学家们重视社会物质生活、强调社会物质生产的历史本体观念。

2. "义"本位。历史上还有一些哲学家认为人类历史的价值本位是"义"而不是"利"。从孔子的"义以为上""民无信不立"、孟子的"有不忍人之心，斯有不忍人之政"，到朱熹的"必以仁义为先，而不以功利为急"，许多儒家哲人都认为："仁义"道德是人类历史中的本位价值。他们从"仁义根于人之心固有"（朱熹）的性善论出发，把仁义道德视为人类社会的基础和主导，认为道德不但可以衍生出知识价值、艺术价值，而且可以决定政治价值和物质利益价值。所谓"不处仁焉得智"（孔子）；"德者才之帅"（司马光）；"里仁为美"（孔子）；"为政以德"（孔子）；"利原义之所必得""离义而不得有利也"（王夫之）。可见，智、才、美、治、利等价值无不以"义"为基础和前提。由于他们认为"义之养生人，大于利而厚于财"①。所以，就把"正其谊（义）不谋其利，修其道不计其功"（董仲舒）作为治世和人生修养的基本原则，把端正帝王"心术"，使帝王具有实现仁义道德价值之心，视为"天下万事之大本"（朱熹）。

3. "礼"本位。礼是中国传统社会中长期存在的一种等级制度、伦理规范和礼仪程式。它是贯彻着伦理原则的政治制度。在传统历史哲学中，孔孟都重视礼，但强调的是礼的道德内容，并未以礼制为价值基础。真正以礼为价值本位的乃是荀子、《礼记》的作者以及汉代、宋代的一些儒者。他们或者把礼说成"体天地，法四时，则阴阳，顺人性"的天地人统一的体现（《礼记》）；或者认为礼是调节人的欲求同物质供应之间的矛盾的调节器（荀子）；或者视礼为"反本修古，不忘其初"，使人类得以延续的社会链条（《礼记》）；甚或把礼作为与动物相区分的"人之所以为人"的标志（《礼记》）。基于对礼的社会、政治、伦理等价值的认识，他们提出礼是人类社会的本位价值，其他一切价值都可以由礼派生出来。《礼记·曲礼》曰："夫礼者，所以定亲疏，决嫌疑，别同异，明是非也。道德人义，非礼不成；教训正俗，非礼不备；分争辩讼，非礼不决；君臣上下父子兄弟，非礼不定；宦学事师，非礼不亲；班朝治军，莅官行法，非礼威严不行；祷祠祭礼，供给鬼神，非礼不诚不庄。"司马光云："礼之为物大矣！用之于身，则动静有法而百行备焉；用之于家，则内外有别而九族睦焉；用之于乡，则长幼有伦而俗代美焉；用之于国，则君臣有叙而政治成焉；用之于天下，则诸侯顺颁而纲纪正焉。"② 一言以蔽之，礼为一切价值之本，治国必须以礼。

4. "人文"本位。"人文"一词源于《易传·象辞》："刚柔交错，天文也；文明以止，人文也。观乎天文，以察时变；观乎人文，以化成天下。""人文"与"天文"对言，以"文明"为内涵，约略相当于今时所用"文化"一词。然而，明确提出以"人文"为社会历史的价值本

---

① （西汉）董仲舒：《春秋繁露·身之养莫重于义》，中华书局 2011 年版，第 122—123 页。
② （宋）司马光：《资治通鉴·汉纪·汉纪三》，团结出版社 2018 年版。

位的乃是唐代的吕温，他撰有《人文化成论》，阐释和发挥《易传》之旨，首先把"人文"说成是圣人遵循天地大道和自然功能而建立的社会法则，"夫一二相生，大钧造物，百化交错，六气节宣，或阴阖而阳开，或天经而地纪，有圣作则，实为人文。"（《人文化成论》）其次，他认为"人文"具有"错综庶绩，藻绘人情，如成文焉"的美好价值。在此基础上，吕温指出，以人文化成天下，就可以"以致其理"，即实现社会各个领域中的价值目标。他把"人文"分为"室家之文""朝廷之文""官司之文""刑政之文"和"教化之文"，认为"人文"是家庭、朝廷、国家、社会各社会组织中的价值之本，是道德、政治、法律、教育、艺术等各种社会领域的价值之基，只有通过"人文化成"才能达到理想的社会境界。

"利"本位、"义"本位、"礼"本位和"人文"本位等观点，表现了古代思想家对什么是历史的本质、什么是历史的决定因素的不同理解。如果说"利"本位观把物质利益视为人的第一需要，从而认为物质生活是社会的基础，是社会的决定因素的话，那么，"义""礼""人文"本位观则分别看到了道德、政治、文化对社会历史的重大影响，但他们错误地把非决定因素夸大为决定因素了。因此，历史哲学中的价值本位意识和历史本体理论有着内在的统一性。

二 历史主体论中的圣人创价意识

自春秋以降，历史是人的活动的观念一直是中国历史哲学的主流。但究竟谁是历史活动的主体，即谁在历史活动中起主宰作用呢？古代哲学家一般都忽视普通人特别是劳动人民的历史作用，而错误地认为圣人是历史的主体。不仅儒家高扬圣人，墨、道、法家也依据自己的思想原则和价值观念塑造自己的圣人形象。而尤以儒家的圣人观念在历史上影响深远。

儒家把圣人奉为历史主体，其主要根据有二。

1. 圣人是美好价值的化身。儒家思想中的圣人是根据尧、舜、禹、汤、文、武、周、孔等历史人物所塑造出来的理想人格，一旦塑造出来之后圣人就成为一种价值象征、价值符号，在圣人身上凝聚着人类的一切美好价值。圣人的价值象征意义主要是：（1）宇宙人生"大道"的载体。"圣人之于道，命也"（《孟子·尽心下》）；"圣人者，道之管也"（《荀子·儒效》）；"道便是无躯壳的圣人，圣人便是有躯壳的道"（《朱子语类》卷一三〇）。（2）崇高智慧的化身。圣人"知通乎大道"（《荀子·哀公》）；"唯天下之至圣，为能聪明睿知"（《礼记·中庸》）；"圣人之称，明智之极名也"①；圣人"上知天，能用其时；下知地，能用其财；中知人，能安乐之"（《韩诗外传》卷一）。（3）人伦道德的象征。"圣也者，尽伦者也"（《荀子·解蔽》）；"圣人万善皆备，有一毫之失，此不足为圣人"（《朱子语类》卷十）。总之，圣人是尽善尽美的"至足"者，是体现一切美好价值的"人之至者"。

2. 圣人是文明价值的创造者。儒家不仅从"道德之谓圣"的价值人格意义上尊崇圣人，还从"作者之谓圣"的价值创造意义赞颂圣人。"作者之谓圣"最早见于《礼记》，意谓圣人是人类社会一切文明的创造制作者，后世儒者都继承和坚持这一观点。儒家认为圣人的价值创造有四个特征：

（1）"定天下之业"的创价成果。从《易传》《周礼》《礼记》和韩愈《原道》的论述看，圣人创造的价值包括：生产工具（如耜、来、罔、罟）、交通工具（如舟、车）、生活器用（如衣裳、宫室、杵臼、食物）、葬品丧仪（如棺椁、丧期）、商贾市场、符玺权衡、医药卫生、城郭甲兵、礼乐刑政、文化教育、书契文字等各类器具和各种制度。总之，人类社会的一切文明"皆圣人之所作也"（《周礼》）。"通天下之志，定天下之业，断天下之疑"乃是圣人为人类作出的"盛德大业"（《易传》）。假若没有圣人的价值创造，"人之类灭久矣"（韩愈）。

（2）"以利天下"的创价宗旨。《易传·系辞》说，伏羲氏作罔罟，

---

① （南北朝）刘劭：《人物志·八观》，中华书局2019年版，第190页。

为了使人们"以佃以渔"；作耒耜，为了使人们得"耒耨之利"；设市场交易财货，为了使人们"各得其所"。黄帝、尧、舜作舟车，为了"引重致远，以利天下"；作杵臼，为了"万民以济"；作击柝为了"以待暴客"；作宫室为了"以待风雨"；做弓矢为了"以威天下"；作书契为了使"百官以治，万民以察"。韩愈认为，圣人创价的宗旨无不是为了"生养之道"，亦即"害至而为之备，患生而为之防"（《原道》）。总之，圣人创造的物质文明，精神文明、社会制度，都是为了万民之利，百姓之福，国家之盛，天下之治。

（3）"法天地，依人性"的创价原则。《易传·系辞》说，伏羲氏"仰则观象于天，俯则观法于地，观鸟兽之文与地之宜，近取诸身，远取诸物"才创作了八卦和人类需要的器物、设施；《礼记·乐记》云；"圣人作乐以应天，制礼以配地。礼乐明备，天地官矣；天尊地卑，君臣定矣；卑高以陈，贵贱位矣。"所谓"观天""法地""应天""配地"，就是依据宇宙的根本法则来创造制作。司马迁在谈到圣人制礼作乐时说："缘人情而制礼，依人性而作仪。"（《史记·礼书》）所谓"缘人情""依人性"，就是根据人情的状态和人的本性需要，创立各种制度使人得到满足。正如荀子所说："人生而有欲，欲而不得，则不能无求；求而无度量分界，则不能不争。争则乱，乱则穷。先王恶其乱也，故制礼义以分之，以养人之欲，给人之求"（《荀子·礼论》）。礼乐制度的根本意义就在于给人的欲求确定"度量分界"，从而使"欲"和"物"、人和人的矛盾得到调节，获得高度平衡，实现人类生存和发展的根本目标，达到"人道之正"的最佳状态。可见，圣人创价原则中贯彻了客体法则与主体需要的统一，个体需要与群体需要的协调。

（4）"因世权行"的创价过程。儒家认为圣人创造价值并不是一次性的功业，而是随着历史发展、社会进化而不断进展的。汉初思想家陆贾在《新语》中，把圣人创价的历史过程分为"先圣""中圣""后圣"三个阶段。他说："先圣"创造的价值是"定人道""立百官""生王道"，即创立人类初始文明，确定政治机构，这大约相当于夏、商及其以前的传说时期；"中圣"创造的价值是"设辟雍庠序之教，以正上下之仪，明父子之礼，君臣之义"（陆贾《新语道基》），即建立教育制度，确定礼义规范，大约指西周时期；"后圣"创造的价值是"定五经，明六艺""绪人伦，修篇章"，即编辑文化典籍，建设人伦理论，概指孔子以后的春秋战国时期。陆贾把社会进化分为三个时期并不科学，但他认为圣人创造文明价值是一个历史过程，不失为一种辩证见解。这和他主张"制事者因其则""因世而权行"，反对只崇拜古代圣人的历史进步观是一致的。

正由于圣人是价值象征又是价值创造主体，所以儒家主张人人要加强修养成为"圣人"，君主要平治天下，成为"圣王"，这样就能在历史上发挥重大作用，成为历史主体。可见，儒家的历史主体论是建立在圣人创价论的基础之上的，历史主体和价值创造主体合一乃是儒家英雄（圣人）史观的特征。

三　历史规律论中的价值追求意识

中国历史哲学中的许多学者都认为历史发展是有规律的，但他们几乎都没有把历史规律视为自然的纯客体过程，而是寻求历史规律与人的主体活动的统一，反对离开人的价值追求孤立地肯定历史规律。从西周初年周统治者提出"以德配天"到明末王夫之阐发"理在欲中"，这种意识一直贯穿于传统历史哲学之中。它主要通过讨论以下几对范畴展示出来：

1. "天"与"德"。夏殷统治者把天命神权看作历史的决定力量和价值之源，各种祸福"有命在天"，非人力所能把握。周初统治者以"小邦国"取代"大国殷"，多少使他们看到了人的作用，于是他们提出了"皇天无亲，惟德是辅。民心无常，惟惠之怀"（《尚书·蔡仲之命》）的命题，对天命决定论作了修正。在他们看来，"人德"和"民心"对实现价值目标有着重要意义，所以要通过"敬德保民"以配合天命，接受天命的辅助，来实现价值。一个"德"字，表明了西周统治者对人的价值追求的肯定和对神秘的天命与人的价值追求关系的理解。此外，周人还认为天命的意志是靠人民的意志来体现的，人民的欲求会受到天命的回应，所谓"民之所欲，天必从之"（《尚书·泰誓》）"天视自我民视，天听自我民听"（《尚书·泰誓》）。这就使天命和民意统一了起来。这种以德配天的价值追求意识，为以后讨论历史规律与价值追求的关系问题提供了重要的思想渊源。

2."势"与"意"。唐代柳宗元以阐发"势"和"意"的关系，表达了其对于历史发展规律与主体价值追求关系的看法。他认为历史发展有其"不得已"的"势"，即客观必然趋势。他说，原始人类因自然压迫而有生产斗争，因物质欲望而起暴力争夺，从而逐渐形成了"封建"制，"封建，非圣人意也，势也"。这种封建制，经历了古代许多圣王，但谁都不能废除它，"盖非不欲去之也，势不可也"（《封建论》）。而封建制后来被郡县制所取代，也是历史发展的必然结果。可见，历史规律所决定的客观趋势是不依圣人个人的意愿为转移的。然而，在柳宗元看来，历史发展之"势"并不是完全脱离人的活动的外在力量，而是包含着、表现着人的生存需要和价值欲求，并受人的生存需要和价值欲求所支配。他把人的这种生存需要和价值欲求叫作"生人之意"。他说，人们的生存需要及其由此产生的价值意向引起了获取物质资料的斗争，正是这种斗争造成了社会历史向前发展的客观必然趋势。

可见，历史的"势"不是别的，它就是人类满足生存需要进行价值追求活动所表现出来的必然趋势。历史发展不由"圣人"的个人之"意"所支配，却"受命于生人之意"（《柳宗元集·贞符序》）。尽管柳宗元的"生人之意"概念还比较含混，没有把人的客观生存需要和主观价值欲求严格区分开来，但其"势意"统一观的确是对历史规律和人们价值追求关系的独到认识。据此，他还认为："圣人"之所以能在历史上发挥作用，有所建树，不在于"穷异以为神""引天以为高"，更不在于"夏、商其心"，而完全在于"利于人，备于事""心乎生民而已"（《柳宗元集》卷二、卷十九），也就是关心和重视人们的生存需要，满足人们的价值要求（"利于人"）。

3."天理"与"人心"。明末清初的王夫之继承了柳宗元"生人之意"的观点，对历史规律与人的价值追求的关系作了更为深入的论述。首先，他提出"理势合一"的规律论，认为人类历史不只有发展的必然趋势（"势"），而且这种必然趋势表现出一定的规律（"理"），"理依于势""势中见理"；"得理自然成势""势之顺者即理之当然"，"势"和"理"是统一不可分的。二者的统一就是"天"，"势"字精微，理字广大，合而名之曰"天"（《读四书大全说》卷九）。"天"就是支配历史发展的客观力量。其次，他提出了"即民见天"的动力说，认为历史发展的客观规律和动力与人民的要求和意愿（即价值追求）是统一的。他把人民的价值追求叫作"人之所同然""民心之大同""民之德怨好恶"。"同然"即价值认同，"好恶"即价值选择。他说人民合理的、共同的价值要求就表现为历史的客观力量和趋势，即所谓"人之所同然者即为天"①；"民心之大同者，理在是；天即在是"②。再次，他还借用"理欲"范畴，进一步论述了上述思想，提出"人欲之各得，即天理之大同；天理之大同，无人欲之或异"③。把人们的物质生活欲望的普遍满足即物质利益价值的实现（"人欲之各得"），视为与历史发展的普遍规律密切相关的因素。可见，在王夫之的历史规律论中，作为历史发展客观规律的"天""理"，与作为价值追求的"民心""人欲"是统一的，历史客观规律并不在主体的价值活动之外。值得注意的是，王夫之并不是说任何个人的主观价值意愿都合于"天理"，而是认为只有人民的"心之同然""欲之同得"才和历史的规律相一致。所以，他有时把历史发展的客观必然趋势叫作"天行其大公"④。王夫之比柳宗元更明确更深刻地看到了历史规律与人的价值追求的内在关系。

---

① （清）王夫之，舒士彦点校：《读通鉴论》卷七，中华书局2013年版。
② （清）王夫之，舒士彦点校：《读通鉴论》卷十九，中华书局2013年版。
③ （清）王夫之：《读四书大全说》卷四，中华书局1975年版，2018年重印。
④ （清）王夫之，舒士彦点校：《读通鉴论》卷一，中华书局2013年版。

从周初的"敬德保民""以德配天"，到柳宗元的"生人之意"以"成势"，再到王夫之的"心之同然"即"天理"，充分表明：中国传统历史哲学对历史发展客观规律和人的价值追求二者之间关系的探讨，经历了由含混到明确、由抽象到具体、由受缚于神权（西周初年的"以德配天"）到立足于理性的漫长历程，凝结了宝贵的思维成果。尽管其中还存在着许多内在矛盾和严重缺陷，但高扬人的价值追求的主体性，肯定历史规律与人的价值活动的内在统一性，这种致思趋向是难能可贵的。

四 历史发展论中的价值转换意识

历史运动不但是有规律的，而且是有发展阶段和发展趋向的。那么，历史发展阶段和趋向与人的价值活动是什么关系呢？中国历史哲学对这一问题也提出了许多独到见解，其基本看法是：历史发展是价值转换过程，不同的阶段、不同的方向表现着不同的价值取向和价值变化趋势。具体言之，有以下几种论点：

1. "世降物备"的价值增值说。商鞅把历史进化分为上世、中世、下世。"上世"的社会特点是"民知其母而不知其父"，其价值取向是"亲亲而爱私"；"中世"的社会特点是"贤者立中正，设无私"，其价值取向是"上贤而悦仁"；"下世"的社会特点是"作为土地货财男女之分"，其价值取向是"贵贵而尊官"。他认为不同时代"所重易也"，价值转变和上升乃是"必然之理"（《商君书·开塞》）。韩非以"上古""中古""近古"和"当今"描绘历史进程，明确指出了这一历史进程中价值的递进转换："上古竞于道德，中世逐于智谋，当今争于气力"。他认为这种价值进化乃是社会物质条件变化的必然结果。东汉王充在批评厚古薄今论者"上世质朴，下世文薄"的观点时指出，社会的物质文明是发展的。"上世之民饮血茹毛，无五谷之食；后世穿地为井，耕土种谷，饮井食粟，有水火之调。观上古岩居穴处，衣禽兽之皮；后世易以宫室，有布帛之饰"（《论衡·齐世》）。物质生活条件的改善表明了物质价值的升值。北宋王安石继承发展了这一观点，认为太古时代是人兽无别的野蛮、蒙昧时代，后来由于圣人制作其间才进入文明时代。不仅物质价值在进化，即使作为"礼""义"的精神价值也是新故相除、不断进步的。由此他提出"祖宗不足法""贵乎权时变"的革新主张。王夫之用"日新"说考察历史，认为人类经历了一个从野蛮到文明，从低级到高级的进化过程，从价值上看就是由"质"到"文"的上升。由此，他指出人类历史的进化是愈往后愈文明，历史就是"世益降，物益备"①的价值增值史。随着价值增值，中华民族的未来必定能够"休养厉精，士佻粟积，取威万方"（《黄书·宰制》）。

2. "百代同道"的价值因袭说。孔子可视为这一观点的最早发轫者。他说："殷因于夏礼，所损益可知也；周因于殷礼，所损益可知也。其或继周者，虽百世可知也。"（《论语·为政》）"礼"是一种制度性的规范价值，在孔子看来，这种价值固然在历史发展中会有增减，但基本的价值原则是因袭、继承，一成不变的。由于这种继承性，所以，历史的发展"万变不离其宗""虽百世可知"，这和他"述而不作"的文化主张是一致的。后来荀子一方面主张"厚今薄古"，另一方面又说"古今一度""虽久同理"。他所谓的"度""理"，就是儒家的"礼义"规范。"礼义者，……始则终，终则始，与天地同理，与万世同久，夫是之谓大本。"（《荀子·王制》）显然，这是孔子因袭说的重版。董仲舒以提倡"天不变道亦不变"著称于史，落实在历史观上就是"王者有改制之名，无易道之实"。他的"道"，具体说就是"大纲人伦、道理、政治、教化、习俗、文义"。对这些政治、伦理、文化价值，他明确主张"尽如故"。从价值原则的因袭延续性出发，董仲舒认为历史的本质是不变的，"古之天下，亦今之天下；今之天下，亦古之天下"（《汉书·董仲舒传》）。就是大力批判汉儒"今不如昔"论的王充，也没有摆脱价值因袭说的束缚，他说："夫上世治者，圣人也；下世治者，亦圣人也。圣人

---

① （清）王夫之，舒士彦点校：《读通鉴论》卷十九，中华书局2013年版。

之德，前后不殊，则其治世，古今不异。"又说："帝王治世，百代同道。"（《论衡·齐世》）"圣人之德"就是在圣人身上所体现的价值，这种价值予以客体化就成为"治世之道"。不仅圣人所体现的基本价值在历史上延续不变，而且，社会上流行的价值和人民的价值选择标准也是不变的。他说："今之声色，后世之声色也""人民好恶，以今而见古，以此而知来。"由于价值的因袭性，所以历史的本质是没有变异和进化的，"千岁之前，万世之后，无以异也"（《论衡·实知》）。王充显然没有觉察到这种论调和他的"汉盛于周""今胜于昔"的论断，何其矛盾！后来韩愈要维护儒家"道统"，清代张之洞要保持"中学之体"，其中都包含着因袭说的学脉。中国历史哲学中的价值因袭说，是一种价值保守主义，文化守成主义，它对中国社会的发展缓慢，尤其是近代的停滞落后，无疑产生了不良的影响。

3. "文质终始"的价值循环说。历史循环论创始于战国末期的阴阳家邹衍，他认为历史的发展和王朝的更替是"五行"之德的循环转移。"五德终始"观中已经渗透着一定的价值意识。邹衍说："五德转移，治各有宜。"（《史记·孟子荀卿列传》）"宜"就是各有自身的价值。但由于他直接利用五种自然物作为历史转移符号，其价值循环意识还不很鲜明。秦汉时期"五德终始"说影响颇大，秦始皇以"水德"自居，刘邦建国后开始自称水德，后来引起争论，汉武帝改称土德，其理由之一如董仲舒所云："五行莫贵于土""五色莫贵于黄"，即土在五行中价值最高。可见，如何确定汉朝在五行中的地位，已明显的是一场价值（"贵"）争论了。在此基础上，董仲舒又提出了"三统之变"的循环论，认为历史发展是在黑统、白统、赤统"三统"中依次循环。"三统"循环中的价值因素有二：一曰"质"；二曰"文"。他说："立天法质而王，其道佚阳，亲亲而多质爱""立地法文而王，其道进阴，尊尊而多礼文。""王者以制，一质一文""终而复始，穷则反本。"（《春秋繁露·三代改制质文》）由此他认为夏代属黑统，"法文"；殷代属白统，"法质"；周代，属赤统，"法文"。汉朝继周而起，应该复归黑统，又应以"质"为法。约与董仲舒同时而稍后的司马迁，虽然不同意邹衍的"五德终始"说，但却接受了董仲舒的"质文互变"观，并有所发挥。他说："物盛则衰，时极而转，一质一文，终始之变也。"(《史记·平准书》)他把"质文"互变与"忠、敬、文"的互相循环结合起来，认为夏尚"忠"、殷尚"敬"、周尚"文"。忠是提倡质补淳厚，"敬"是崇敬天帝祖先，"文"是重视礼乐制度。"忠""敬""文"表示着三种不同的价值取向，每种价值各有其"弊"，发展到极点就会由盛而衰，必须以另一种价值去扶救，于是就形成忠、敬、文的依次循环。东汉王充完全接受了这种循环论，但更强调三种价值取向的社会整合功能，他说：忠、敬、文三者都有其负效应，发展至一定程度必须由后继的价值去整合补救。"上教以'忠'，君子忠，其失也，小人野，救野莫如'敬'；……上教用'敬'，君子敬，其失也，小人鬼。救鬼莫如'文'……上教以文，君子文，其失也，小人薄，救薄莫如'忠'。"(《论衡·齐世》)这样，忠、敬、文三者，不但有其自身的价值，而且对于前一种价值也各有其"救失"功能。时至北宋邵雍，把"五德终始"和"三统"说纳入于一个体系，又提出以时间为坐标的"元、会、运、世"说，但其中的价值意蕴已经不是循环转换，而是不断衰退了。总之，上述"五德转移""三统循环""质、文交替"和"忠敬文反复"等历史论中，都明显地渗透着价值内容。以价值循环论证历史循环，乃是中国历史哲学的鲜明特点之一。

4. "道、德、功、力"的价值衰退说。道家鼻祖老子在历史发展问题上是一个退化论者，他不但具体设计了和太古时代甚为相似的"小国寡民"式的社会蓝图，而且认为人类历史是一个不断倒退的演变过程。对这一倒退过程的描述，他采取了两个视角：一是政治状态视角，一是价值视角。从政治视角看："太上，不知有之；其次，亲而誉之；其次，畏之；其次，侮之；"(《老子》第十七章)上古时代，百姓不知有统治者；其后的时代，百姓亲近赞扬统治者；再后的时代，百姓畏惧统治者；更后的时代，百姓轻侮统治者。社会政治状况可谓江河日下，今非昔比。

从价值视角看："失道而后德，失德而后仁，失仁而后义，失义而后礼。夫礼者，忠信之薄而乱之首。"（《老子》第三十八章）社会价值取向由自然之道的最高价值向"德""仁""义""礼"嬗递衰退，每况愈下，一代不如一代。老子认为，这种价值衰退是由于"奇物起""智慧出""贵货""尚贤"，即文明发展所造成的。而解决价值衰退的唯一办法是"绝巧弃利""绝仁弃义""绝圣弃智""反朴归根"，也就是复归到原始时代去。北宋邵雍受道家影响颇深，在历史观上也持退化论。他以"皇、帝、王、霸"划分历史阶段，对于四个阶段的价值特征，他分别从统治者的价值导向和人民的价值崇尚两个层次上予以说明。他认为，"三皇"之世，"以道化民者，民亦以道归之，故尚自然"；"五帝"之世，"以德教民者，民亦以德归之，故尚让"；"三王"之世，"以功劝民者，民亦以功归之，故尚政"；"五伯"之世，"以力率民者，民亦以力归之，故尚争"（《皇极经世·观物内篇》）。他说："皇、帝、王、霸"的历史阶段并非仅指历史上三皇、五帝、三王、五霸等特定时代，凡是符合上述价值标准的朝代都可以"皇、帝、王、霸"来称谓。"用无为则皇也，用恩信则帝也，用公正则王也，用智力则霸也。"由于"力"是最低层次的价值，所以"霸以下则夷狄，夷狄则是禽兽也"（《皇极经世·观物内篇》）。可见，邵雍的历史退化论完全是以价值的倒退特别是道德价值的倒退为标志的。朱熹将历史分为两大阶段：夏商周三代是"王道"盛世，三代以降是"霸道衰世"。而"王道"与"霸道"区分的价值标志是"理""欲"或"义""利"。王道盛世之所以一切"光明"是由于"天理流行""仁义昭著"；霸道衰世之所以处处黑暗，是因为"人欲横流""利欲之私"。他哀叹：由于"天道"失传，"道统"断线，"两千年间，有眼皆盲"，人们都在"利欲胶漆盆中"滚来滚去，越陷越深（《文集·答陈同甫书》）。如果说朱熹的价值退化历程的划分还失之宽泛的话，明代吕坤的说法就更为具体了。他在《呻吟语》中说："三皇是道德世界，五帝是仁义世界，三王是礼仪世界，春秋是威力世界，战国是智巧世界，汉以后是势利世界。"古代历史的步伐留下的就是这样一串道德日益堕落、价值日益倒退的足迹。

总之，中国历史哲学中的历史发展论，十分重视历史发展趋向和发展阶段中的价值问题。无论对历史发展持什么观点，进步的、因袭的、循环的还是退化的，都以价值的演变作为论证的重要依据；无论属于哪一派的历史哲学家，儒家的、法家的还是道家的，在历史发展观中都蕴含着浓厚的价值意识。尽管我们不同意历史因袭论者、历史循环论者和历史倒退论者关于历史运动趋向的观点，也不同意历史进化论者关于价值进化范式的设定，然而，他们关于历史发展与价值演变相关、历史发展的阶段必然表现为价值范式转移的思想无疑是十分深刻的。

（原载于《人文杂志》1994 年第 1 期）

中国古代智慧观的历史演变
及其价值论意义

随着生产力的发展和社会的进步，人们的智力不断提高，人们对智力的认识也逐步深化。自孔子奠定中国古代智力观的基础之后，先秦诸子、两汉经师、宋明理学和明清之际的实学思潮都对"智"进行了思考，提出了自己的看法。中国古代的智慧观犹如一条源远流长的清泉，蜿蜒曲折，奔流不息，灌注于中华文化的历史长河之中，滋养着中华民族的精神，为中华文明的繁荣昌盛，开发着源源不断的智力资源。至今，这智慧观念中的真理颗粒仍然熠熠生辉，特别是其中蕴涵的价值论意义，深刻地启迪着我们的哲思。

一 心性之智与认知之智

孔子论智，主要重在人文的、道德的知识，以智为成德成仁的手段。在智的来源问题上，他虽然认为有"生而知之者"，却着重强调"学而知之"，强调"好学近乎智"，主张由多闻、多见的经验获得知识，靠思维加以辨别，根据善的标准加以选择，然后付诸实践。

孔子之后，对智的内容和来源的看法开始分化。稍后于孔子的墨家以认知论智，认为智来源于人的认识能力与外界事物的接触，并如实地反映事物的形貌。根据具体来源的不同，后期墨家又把知识分为由传授得来（"闻知"）、由亲身经验得来（"亲知"）和由辨察推理得来（"说知"）三类。关于智的内容和范围，也远远超出孔子所侧重的道德领域，包括社会知识和自然知识，不但以顺"百姓之利"为智，还以"论物著明"为智。墨子价值观的核心是功利，所以，对于智能的价值也是放在功利的意义上来肯定的，认为智能的根本价值就在于为国家百姓人民兴利除害，说："利人多，功故又大，……此则知（智）者之道也。"（《墨子·非攻下》）根据对智的内容和价值的这种认识，墨家十分重视总结生产知识和应用技术，并热心积累和整理科学材料。《墨子》书中保存的有关点、线、面、体的几何知识，有关杠杆、天平、滑车、斜面等力学知识，有关阴影、倒影、平面镜、凹面镜、凸面镜等光学原理，就充分说明了墨子知识视野的广阔和科学意识的浓厚。

战国时，继承和发展孔子思想的孟子对智慧的思考却循着另一条路径。一是他把智作为人的基本道德之一，和仁、义、礼并列，提出仁、义、礼、智"四端"说；二是他把智视为人心固有的善性，"仁、义、礼、智，非由外铄也，我固有之也"（《孟子·告子上》）；三是他认为智是人心性中的对道德是非的分辨识别意识，所谓"是非之心，智也"（《孟子·告子上》）。在这些看法的基础上，孟子高度肯定智的价值，他说，智和仁、义、礼都是人之为人的根据，是人与动物区别的标志："无恻隐之心（仁），非人也；无羞恶之心（义），非人也；无辞让之心（礼），非人也；无是非之心（智），非人也。"（《孟子·公孙丑上》）由此看来，孟子的智慧观是和墨子的认知智慧观不同的心性智慧观，他以"是非之心"来规定智德，把孔子的"智者不惑"观念进一步向内心德性方面转化，强化了智在判断和评价道德善恶中的作用，开了宋明理学家弘扬德性之智的先河，对增强中华民族的道德修养的自觉性功不可没。

荀子是战国后期的儒学大师，他常以"仁厚"与"智能"并举，以"智"和"愚"相对。他所谓的智虽然也包括道德内容，但更多地突出了物理内容，有了较浓的知识才能意味。他说："凡以知，人之性也；可以知，物之理也。"（《荀子·解蔽》）肯定人有认识事物的能力，世界也可以被人所认识。在肯定世界可知性前提下，他指出"智"的来源是由后天获得的，"非生而具者也"，因之，任何人都可以有智。并提出，主观与客观的符合一致是智的标准，"知有所合谓之智"（《荀子·正名》)。从对智的这种看法出发，荀子着重在认知意义上肯定智的价值。他说，智的价值诚然也在于"是是非非""明事达数"，但更崇高的价值却是通晓各类事物的基本法则，掌握各种知识的纲领原则，即他所谓"智通统类"。由于荀子大力弘扬"智通统类"的认知之智，所以他非常重视外向性学习活动，重视经验知识，《荀子》一书中开宗明义的《劝学篇》全篇都在强调学习知识，这和孟子趋向于内心活动以提高道德觉悟的致思方向形成了鲜明的对比。

由孔子的智论，经墨、孟到荀子的智论，先秦的智慧观走完了它的演变历程。这一历程表现为由孔子的认知之智和心性之智的浑然不分，演变为墨子重认知之智和孟子重心性之知的双向分流，再综合为荀子在认知智的基础上，将二者统一起来的倾向。从此，中国古代智慧观的基本格局就奠定了。

二　"五常"之智与"知学"之智

汉代哲人论智继续沿着德性与认知两条思路走，形成了两水分流、双峰对峙的局面，但他们对于智的内容和价值别有新解，颇含新意。分别代表这两智慧观的，一是西汉的董仲舒，一是东汉的王充。

董仲舒是"三纲五常"道德思想的提出者，他对智力也是在这个框架之中来观照的。我们知道，孟子的"四端"（或"四心"）说已经提出仁、义、礼、智为基本的道德准则，董仲舒汲取了这一思想，但认为道德应该与"五行"相配，于是提出"仁、义、礼、智、信五常之道"。关于智，他解释说："何谓之知（智）？先言而后当。凡人欲舍行为，皆以其知（智）先规而后为之。"① 就是说，智是一种分辨道德是非、进行价值选择的价值判断的能力，它能指导人们言论和行为符合道德准则。人有智，则"其所为得，其所事当，其行遂，其身故利"。因此，他强调人应该"必仁且智""仁智双全"。仁是"爱人之心"，智是"分辨之

---

① （西汉）董仲舒：《春秋繁露·必仁且智》，中华书局 2011 年版，第 119 页。

能"，如果智而不仁就会像狂人操用锐利的兵器一样，危害事业；如果仁而不智，就会如盲人骑良马一样，陷入泥泽。因此，他指出"莫近于仁，莫急于智"，在仁主智从的关系中，仁智两种品德相辅相成，不可分割。可见董仲舒重视的主要是道德之智，他的"五常"之智的观点既发挥了孔子仁智并举的思想，又改造了孟子智为"是非之心"的观念，把仁智的关系论述得比较完整，把智的价值提高到永恒道德（五常）规范的高度。

东汉王充论智，另辟蹊径。他首先把智的对象和范围扩充到自然、社会、人生的广阔领域，特别重视人对外物认知的智慧和才能，突破了儒家着重从道德范围内说智的框架。其次，王充高度弘扬了知识智能的价值，提出了许多卓见。一是他认为知识是人与动物区别的标志，是人的价值依据。他说："天地之性人为贵，贵其识知也。"（《论衡·别通篇》）人没有知识才能，就"腹为饭坑，肠为酒囊"，与动物没有区别。二是他明确提出知识就是力量，说"人有知学，则有力也。文吏以理事为力，而儒生以学问为力"（《论衡·效力篇》）。他认为，知识作为一种力量，虽然与"壮士之力""农夫之力""工匠之力"有不同特点，但价值是一样的，在一定条件下，甚至比"劳力""勇力"更重要。汉高祖建功立业，既依靠了"以力为功"的樊哙，更依靠了"以知为力"的萧何。三是他指出知识才能是道德的基础。他说，知识学问的积累有利于人"反情治性，尽材成德"。知识转化为道德，如同"蒸谷成饭""铸铜为器"一样，是在一定基础上的升华过程。他认为当时社会上之所以"儒生不为非，而文吏好为奸""文吏少道德而儒生多仁义"（《论衡·量知篇》），就在于儒生有知识学问，而"文吏"官员不学无术，没有培养道德的知识基础；王充这种以"知学"为智的智慧观，比起儒家的重德智慧观，可谓别开生面，独具光彩，特别是"人为贵，贵其知识也""人有知学，则有力也"的命题，比英国哲学家培根的"知识就是力量"说早了一千五百年，其思想光辉将永照人间。

大概是受了王充的启迪，三国魏晋时期兴起了一股尊重知识、尊重人才的思潮和风尚，重智重才的观念甚为流行。徐干提出"明智为先"，认为为民造福，使物尽用，靠明智而不只凭德行，在德智不兼的情况下，取才用人当以明智为行。曹操提出"唯才是举"，主张取人要以才智为重。葛洪主张"舍仁用明"，认为历史进步，文明演进，应归功于聪明才智之人。著《人物志》的刘劭，更明确地提出"智者德之帅也"的命题，认为智是人明察远见的能力，智慧于人犹如白昼之"日光"，夜晚之"烛光"。这些真知灼见，大大充实和丰富了古代的智力价值观。

三 "德性"之智与"闻见"之智

宋明时期，理学兴盛，哲人们论"天理"，说"良知"，在高扬儒家道德本体的坐标系中，为智慧确立了位置。在德性之智与见闻之智的争论中，古代的智慧观演变到了一个新的阶段。"德性"和"闻见"两种知识或两种智慧明确地成为道德知识与一般客观知识的区别。北宋张载首先提出这一问题，他认为闻见知识是靠人的感官与外物交接而得来的，具有狭隘性，而要形成道德智慧，则必须依靠先天的"天地之性"的发挥。程颐根据这一思想明确地将人的知识分为"闻见之知"与"德性之知"，他所谓的"闻见之知"，指的是对客观事物的认识能力和知识，他称之为"博物多能"；他所谓的"德性之知"，指的是关于主体道德的理性自觉和知识，即仁义道德觉悟。程颐认为，人的这两种知识、智慧是不同的，"德性之知"与"闻见之知"无关。可见，宋代理学一开始就区分了人的道德智慧和认知智慧。而且，张载和程颐都强调道德智慧的重要性。

南宋朱熹不同意把人的知识、智慧区分为"闻见"和"德性"两种，他说，"知只是一样知"，只有"真"与"不真"的分别，没有什么"闻见"与"德性"的对立。因此，他主张通过认识事物达到对事物内在规律的把握。在他看来，"农圃、医人、百工之类，都有道理在"，这些道理，并不是从人的内心求得的，而是从自然界求得的，是与外物接触而"理会"得来的。他举例说，人从航船行车中才能"理会"到航船行车的"道理"。可见，朱熹虽然认为仅仅从自然科学上并不能获得包括着道德内容的"天理"，但他肯定了"闻见"的意义，肯定了科学智慧的价值，而且他自己对自然科学也有研究，并作出了一定成绩。总之，朱熹的"智"是"德性"与"闻见"、道德理性与科学理性的合一，是以认知之智为基础，以道德理性为主导的合一。

南宋陆九渊和明代王阳明所代表的心学一派却对朱熹的智慧观不以为然，他们尊"德性"，贬"闻见"，不主张"专在多闻多见上去择识"，认为德性之知是"本心之明""先天之学"，人人都具有先验的道德觉悟和道德智慧，这种道德智慧虽然"不离于见闻"，却"不由见闻而有"。甚至说，除了道德智慧、德性之知（良知）而外，没有别的知识能够称为"智"的，此即所谓"良知之外别无知"。他们中有的人还认为道德智慧是体，认知智慧是用，把道德之智置于极高的价值地位。

由于王阳明派把德性之知绝对化了，后来的王廷相等人则以其反传统的怀疑精神，充分肯定"闻见"知识、经验知识的作用，明确否定先验的德性之知的存在。他认为，凡知识、智慧都是见闻与思维的交汇，思源于见闻，以感性经验为基础。如果将婴儿闭于幽室，不与物接，长而出之，则日用之物不能辨，何况天地之高远，古今之事变，"可得而知乎"？王廷相虽然否定先验的德性之智，但他并不否定有道德知识，他所谓的知和智，既包括物理知识，也包括道德知识，他的智慧观的趋向是在物理之智的基础上将两种知、智统一起来。

至此，宋明理学的智慧观走完了它的演变历程，由张载、程颐的德性之知与闻见之知的二分，到朱熹的合一，再到王阳明的又分，最后到王廷相达到统一。这一外在历程表现出的内在趋势是：智慧观由重道德智慧曲折地向重认知智慧演变和发展。

四 "经世致用"之智

紧步王廷相等人的思维足迹，明清之际，普遍出现了将德性之智与闻见之知统一起来的趋势。这种统一的凝聚点是倡导"经世致用"的

"实学"之智。明末清初，前后几乎两个世纪，尽管学者们的哲学倾向各异，但在强调"经世致用"之智上，并无二致。

从总体上看，宋明理学大都重德性之知，忽视闻见、经验和实用知识，到了末流，"清谈""务虚"的风气弥漫朝野。针对这种学风，明清之际的许多哲人、学者，此呼彼应，主张"尽废古今虚妙之说而返之实"，王夫之、黄宗羲、顾炎武、颜元、李塨、傅山、李颙等人都是其中的佼佼者。

经世致用之学的总特点是：关心社会现实，有康济时艰的精神，主张把天下、邦国、民生之事作为亟待重视的"当世之务"；注重调查研究和实地考察，强调治学须取得直接经验，亲身经历尤为重要；有强烈的功利主义色彩，主张"正其谊以谋其利，明其道而计其功"（颜元），追求学问和事功的统一；有匡世济民的时代责任感，以"天下兴亡，匹夫有责""济人利物""扶危定倾"为理想人格。这些特点，表现在知识观、智力观上，就是：

1. 重视"闻见"之知，认为人的聪明睿智是由"闻见"开启的。王夫之说，人的见闻知识不但不会形成智力的妨碍，而且"多闻而择，多见而识"，还能"启发心思"，增长聪明才智。清初戴震也提出"多学而识，闻见愈广"，久之会达到"心知之明，进于圣智"的境界。他们反对离开"闻见"，空谈"德性"，认为"德性之知"必须建筑在"闻见之知"的广大基础上。所谓"多识而力行之，则可据之以为德"（《张子正蒙注》），"德性资于学问，进而智圣"（戴震）。

2. 强调实用知识，认为空谈心性无补于世道，只有重视有关民生国命的实证知识，特别是自然科学知识和历史知识，并学以致用，才能成为真正的人才。他们说，"君子之为学，以明道也，以救世也"（顾炎武）。所以，应以"开物成务为学"。经世实用之知，包括"兵、农、钱谷、水火、工虞、天文、地理"等等。颜元认为，将来的世界，不应该是"文"的世界，而应该是"实"的世界。在"实"的世界里，历史的主题不再是"家家虚文"，而是"开物成务"，创立事功。这就需要以实际的知识学问培养人才，"盖学术者，人才之本也；人才者，政本之本也；政事者，民命之本也。无学术则无人才，无人才则无政事，无政事则无治本，无民命。"① 他把"用"作为判断人才、道德、知识的标准："人才以用而见其能否""德性以用而见其醇驳""学问以用而见其得失"。可见，无论是德性之知，还是认识之知，他都以"用"字断之。

由此可见，明末清初时期，智慧观的基调是倡导以"经世致用"为宗旨的"见闻""实用"之智。这种智慧观已经开始超越"德性"之智与"见闻"之智的划分和争论，开始突破古代智慧观框架，在中华智慧圈的地平线上，初步露出了崇尚实证科学之智的启蒙曙光。它标志着中国古代智慧观开始向近代的智慧观演进，中华民族走出以尊崇道德智慧为主的古代，进入以科学智慧为标识的近代，已经为期不远了！

五　中国古代智慧观的价值论意义

纵观中国传统智慧观的演变历程，可以看出，中国古代的智慧观有着自身的鲜明特色和发展规律，如果我们从价值论角度去观照，就会开掘出不少有意义的启示：

1. 中国古代智慧观中内在地蕴含着认知智慧与价值智慧的矛盾。认知智慧是认识和把握客观事物本质、规律、趋向的智慧，价值智慧是分辨对象有无价值，以及价值大小、高低的智慧，即通过把握对象与主体的价值关系，从而确定主体价值取向的智慧。上文中所述的"认知之智""知学之智""闻见之智"，基本上属于认知智慧，而"心性之智""五常之智""德性之智"则基本上属于价值智慧。在中国古代的智慧观演变史中，自先秦以来，就存在着这两种智慧观的矛盾和冲突。这表明，中国古代哲人们已经深刻地认识到近现代西方哲学家们所讨论的"事实"与"价值"以及"实然判断"与"应然判断"的差异和矛盾。孟子说，分辨道德"是非"的"智"，"非由外铄我也，我固有之也"；张

---

① （清）颜元：《习斋记余》，广文书局 2017 年版。

载说，"德性所知，不萌于见闻"；王阳明说，"德性之知不由见闻而有"。这些都是从智慧的来源上区分"价值智慧"与"认知智慧"的典型命题。这和康德以超验性作为"道德法则"与"自然法则"区别的标志，甚为相似。可见，引起近代以来西方价值论无休止争论的"是"与"应该"、"事实判断"与"价值判断"的所谓价值论轴心问题，在中国古代就早已提出了。这充分说明，重价值是中国传统的哲学的基本特征。

2. 中国传统哲学处理认知智慧与价值智慧矛盾的基本思路是追求二者的统一。其统一的模式有两种：一是以价值智慧统摄认知智慧，以认知智慧服务于价值智慧，在价值智慧的主导下使二者统一起来。孟子、董仲舒、张载、二程、王阳明等基本上采取这种模式；二是以认知智慧统摄价值智慧，以价值智慧服从于认知智慧，在认识智慧的基础上使二者统一起来。荀子、王充、刘劭、朱熹、王廷相基本上遵循这种模式。明清之际弘扬实学思潮的哲人们，如王夫之、顾炎武、黄宗羲、颜元、戴震等更是这种统一模式的弘扬者。第一种模式可以概括为"以善统真"，第二种模式可以概括为"以真统善"。两种模式尽管各有特点，但追求真理与价值、"实然"与"应然"的统一则是他们共同的致思趋向。这和西方的一些哲学家执意在"实然判断"与"应然判断"之间设置逻辑鸿沟的思路大不相同。

3. 中国古代智慧观的发展趋势是由以价值智慧为主导向以认知智慧为主导演变的。两类智慧的主次地位在明清之际开始了转化，在此之前价值智慧处于主导地位，在此之后，认知智慧的地位逐渐上升。这表明，在中国传统的价值观念体系中以道德为主导的格局开始嬗变，科学知识、真理追求、实证取向日益强化，日渐升值。这种发展趋势是中国社会由中世纪的封建生产方式逐渐向近代生产方式过渡在智慧观上的反映。然而，由于中国古代价值智慧统摄认知智慧（以善摄真）的智慧结构模式长期占主导地位，形成了民族文化心理的稳定结构，因此，这个由价值智慧为主导向以认知智慧为主导的演变过程是相当漫长的，道路也是相当曲折的。可以说，到了"五四"时期明确提出"科学"和"民主"的口号，才标志着以认知智慧为主导的时代之开始。

4. 中国古代智慧观的演变体现了中华民族由古代道德价值主体逐渐向近代科学认知主体的转变。在价值智慧占主导的时代，人的主体精神着重体现在道德上，人是作为道德主体被肯定、被弘扬的；而在认知智慧占主导的时代，人的主体精神着重体现在认知上，人是作为认知主体被肯定、被尊崇的。认知主体精神是从实然出发的精神，明清之际的"经世致用"思潮竭力宣称"德性之知"必须以"闻见之知"为基础，"惟质测能格物以穷理"；"缘数以寻理"，就是从实然出发的突出表现。这种思想的进一步发展就成了后来科学和民主赖以生长的文化心理基础。这种主体精神的演变和转化表明，即使没有西学东渐，没有西方科学认知思想的引进，中国文化也能够实现自己的主体精神的转换。

人的智慧结构是一个多层次，多方面的丰富统一体。价值智慧和认知智慧乃是其中的两大主干；求真、求善、求美是人类共同的价值追求。中国古代智慧观中追求价值智慧和认知智慧的矛盾统一，无疑是合理的思想，但是儒家主流文化过分强调价值（道德）智慧而贬低认知智慧、以"应然"统摄"实然"的倾向，却是一种严重的偏颇。从明清之际以来，许多哲人们弘扬认知智慧、推崇认知精神，是符合历史前进要求的优秀思想。在实现现代化的进程中，我们必须继承和发扬中国古代智慧观的优秀成果，建立在认知智慧的基础上的使认知智慧和价值智慧、实然和应然、真理和价值相统一的智慧结构。

（原载于《人文杂志》1995 年第 5 期）

中国传统哲学的主体性思想

主体和主体性问题虽然是近代哲学明确提出的，但对这一问题的思考在哲学史上却由来已久。自先秦开始，中国传统哲学就特别重视人的主体性问题，后来许多哲学家都对此发表了自己的见解，形成了颇具特色的主体性理论。

一　关于人的主体性的基本规定

中国古代哲学家思考主体问题不重在对主体、主体性概念本身的界说，而是把致思的方向对准"主体是人"这个论题。也就是说，他们不太留意主体概念的涵义而关注的是主体概念的对象问题，首先思考的是为什么只有人才是主体？人是在何种意义上被作为主体的？无论是儒家的"三才"说（《易传》）还是道家的"四大"说（《老子》）都把人看作主体，即宇宙万物的主人和主导者。尽管古代哲人在探索万物的根本时有的以"天命"为源，有的以"天道"为本，有的归根于"气"，有的溯本于"理"，但当谈到人与天、人与物的关系时却几乎无不以人为"主"。以神为主体的宗教论和以物为主体的机械论在中国哲学中虽不能说毫无踪迹，但至少不是主流。这是中国哲学的显著特点和优点之一。然而在人何以是主体、在何种意义上被作为主体，亦即人的主体性的基本规定是什么这个问题上，哲人们却见仁见智，各抒己见，大体为五说：

1. "仁义立人"的道德主体性。中国哲学从周公提出"以德配天""敬德保民"开始就逐渐形成了以人为主的观念，发展到孔孟儒学已经理论化、系统化了。"天地之性，人为贵"就是这种思想的基本命题，

它既是关于人的价值观念，也是对于人的主体性的确定。它认为人所以
为贵、所以为主的根本原因在于人的道德性，即所谓"仁义立人"。孟
子提出"人性善"，而善的根本涵义就是"仁"，"仁也者，人也。"
（《孟子·尽心下》）对于"仁"的"去"与"存"，即是人近于禽兽和
高于禽兽的界限，"人之所以异于禽兽者几希，庶民去之，君子存之。"
（《离娄下》）在孔孟看来人的道德本质和人的主体性是一回事，保存了
道德本质的同时也就维护了主体地位，孔子"天生德于予，桓魋其如予
何？"的宣告，典型地表明了这种以道德规定主体的观念。汉儒和宋儒
也基本上沿着这一思路解决人何以是主体的问题。"立人之性，仁者人
也。"（张载《语录》）"仁者，人之所以为人之理也。"[1] 以道德规定人
的主体性表现在个体与群体关系上就必然以社会群体为主体，因为伦理
道德不但是群体关系的表现而且也是群体关系和谐的要求，对个体的道
德要求正是要个人为群体承担义务以维护群体的和谐。这样一来，忠、
孝、仁、爱、信、义都成了维护群体关系的纽带，个人不过是社会群体
主体链条上的一个环节和零件。显然，儒家哲学的主体性思想就内在地
包含着两个层次：在人与自然（人与物）的主客体关系中主体是人，客
体是物；在社会与个人的关系中主体是社会，客体是个人。因此，既不
能只着眼第一个层次，把它说成是承认个人主体性的，也不能只看到第
二个层次断定它否定了人的主体性。其实，儒家的真意在于主体是以家
庭、国家、民族、社会为单位的人类群体。

　　2. "独有至贵"的个人主体性。和孔孟儒学相反，中国古代有些哲
人明确提出以有独立性的个人为主体的思想，道家就是代表。老、庄以
"道"为宇宙本体，以自然为人类本性，但并不由此而否定人的主体性。
他们认为，社会群体原则、道德理性规范甚至知识学问等等都是束缚人
的个性、违背人的本性的外在桎梏，它不但不能使人成为主体，反而会
使人沦为外物的奴隶。人要真正成为主体必须保持自己个体人格的独立

---

① （南宋）朱熹：《孟子集注》，上海古籍出版社 2007 年版，第 188 页。

性。"我独异于人而贵食母。"（《老子》第二十章）"独往独来，是谓独有；独有之人，是谓至贵。"（《庄子·在宥》）都认为个人的独立性是至为可贵的。那么道家为什么认为具有独立性的个体才会成为主体呢？第一，"遗物离人而立于独"的个体才是自由的人，他能自由地"出入六合，游乎九州""与天地精神往来"；第二，独立的个体才是自主的人，他"见独而后能无古今，无古今而后能入于不死不生"；第三，独立的个性才是真正有为的人，他"为物无不将也，无不迎也，无不毁也，无不成也"（《庄子·大宗师》），真正达到了"无为而无不为"的境界。从主体性意识的发展来看，道家的个体主体性作为对儒学道德主体性的否定环节无疑有着十分重要的意义，它为每个个体充分而自由的发展作出了最初的呐喊。后代许多有个体主体意识的哲人和文人在历史的长河中总是遥遥回应着这种呼喊。陶渊明"不能为五斗米折腰"（《晋书·陶潜传》）的清高品性，李白"安能摧眉折腰事权贵，使我不得开心颜"的傲岸气质，直到明清时期李贽、何心隐、黄宗羲等人对个性的哲理关怀，都是吸取了老庄"贵独"的精神。尤其是在儒家道德主体性原则长期压抑着人们个性思想的情势下，这种个性主体意识更显得十分可贵。

3. "心为主宰"的精神主体性。中国哲学中从孟子开始就存在着一股重视人的主观精神的思潮，至宋代陆九渊和明代王阳明发展到了极致，形成了比较系统的精神主体论。陆王心学的基本内容是：（1）人心是人的本质："心之在人，是人之所以为人而与禽兽草木异焉者也。"① （2）人心是世界的本体："人是天地之心""天地万物……是人心一点灵明。"② （3）人心是万物的主宰："心者，天地万物之主也。"③ （4）人心是人身的主宰："无心则无身，无身则无心，但指其充塞处言之谓之身，指其主宰处言之谓之心。"④ 由此可以看出，陆王心学在心与天、心与

---

① 《陆九渊集》卷三十二，中华书局1980年版，第373页。
② 王晓昕，赵平略点校：《王文成公全书》卷三，中华书局2015年版。
③ 王晓昕，赵平略点校：《王文成公全书》卷六，中华书局2015年版。
④ 王晓昕，赵平略点校：《王文成公全书》卷三，中华书局2015年版。

物、心与身的关系上都认为人心是主体，并把精神主体夸大为宇宙本体，成为典型的主观唯心主义。然而，陆王所谓的"心"既是认识意识又是道德意识，而以道德意识为主，因此这种精神主体性实质上是道德主体性的一种具体形式。由于它突出了和强调了主观精神的作用，充分论述了发挥主体意识能动性的问题，所以对于人们追求独立的自主意识，冲破传统观念的束缚，排除消极无为思想的影响，都是有积极意义的。

4. "赖力者生"的劳动主体性。中国哲学史上的另一种主体性思想是由墨家提出的。墨翟从人与动物的区别出发把劳动作为人的本质特征。他说，动物以它身上的羽毛为衣裳，以自然水草为饮食，而人"赖其力者生，不赖其力者不生"（《墨子·非乐上》）。其所谓的"力"是"刑（形）之所以奋也"（《墨子·经上》），即人体活动的效能，故又称"力"为"劳"，为"从事"。农民的生产劳动、统治者管理国家、士人著书立说都是"力"，这和今天我们说的劳动、工作是一致的。墨子相信命运的"执有命"者，"不与其劳，获其实"的侵夺者，都企图不劳而获，结果必然导致财用匮乏，衣食不济，国家危乱，完全丧失了人的主体地位。所以，他总是把"力"与"命"、"强于从事"与"惰于从事"对立起来，以说明劳动对于规定人的主体性的重要意义。墨家的劳动主体性论已看到了主体性的本质特征，虽然它还比较朴素，没有把"力"从更抽象的能动性的意义予以阐发，但的确是一个伟大的发现。中国广大劳动人民的主体性观念在本质上和墨家的观点是一致的，而且墨家的劳动主体性思想为进一步从哲理高度概括人的主体性开拓了思路。

5. "人定胜天"的能动主体性。在中国传统哲学中把人的主体性发挥到极致的观点乃是"人定胜天"论。战国荀况、唐代刘禹锡、清初王夫之等人就是这方面的杰出代表。荀的"明于天人之分""制天命而用之"，刘的"天人交相胜""人能胜乎天者，法也"，王的"相天""造命"及"与天争胜"等命题就是"人定胜天"的集中表现。此说的最大特点是弘扬了人在改造自然、改造社会的实践活动中所表现的自觉能动性。据王夫之看来，人的能动性包括的主要内容是：（1）目的性："人

有为也，有为而求盈，盈而与天争胜。"（《尚书引义·洪范一》）（2）
创造性：人性"日生日成""未成可成，已成可革……新故相推，日生
不滞。"（《尚书引义·洪范一》）（3）主动性："人有可竭之成能。故天
之所死，犹将生之；天之所愚，犹将哲之；天之所无，犹将有之；天之
所乱，犹将治之。"（《续春秋左氏传博议》卷下）正由于这种能动性，
所以人才能"与天争胜""与天争权""治用万物"，即"强本而节用，
则天不能贫，养备而动时，则天不能病，修道而不贰，则天不能祸。故
水旱不能使之饥，寒暑不能使之疾，妖怪不能使之凶。"（《荀子·天
论》）正是由于这种能动性，人才能使万物处于被支配的地位，使客体
为自己服务。能动主体论在哲理上是高于上述几种主体性思想的，而且
就逻辑发展而言，它事实上吸取了道德主体性论的贵群观念，个体主体
性论的自由意识、精神主体性论的自主思想和劳动主体性论的尚力精神，
并在实践的基础上将其统一起来。尽管由于历史和理论的局限，其实践
观和我们今天所理解的还有很大差距，但他们所发现的真理，提供的智
慧，乃是后人继续探索的基础。

二　关于建立主体性的途径

中国传统哲学认为人的主体性并不是自然而然形成的，而必须经过
人自身的艰苦努力才能达到。其代表性的观点有以下几种。

1. "克己"——克服自身私欲。儒家认为人要具备主体性必须克服
人自身的劣点，排除内在的障碍。因为这些劣点和障碍是损害人的主体
性的腐蚀剂，它会导致主体性的缺失，使人与动物无异。而其中最关键
的因素是私欲，因此孔子提出"克己复礼为仁，一日克己复礼，天下归
仁焉。"（《论语·颜渊》）就是要人们克服私欲，用礼的规范约束自己，
从而达到仁的境界，成为道德主体。孟子的"养心寡欲"，荀子的"以
道制欲"，宋明理学的"存理灭欲"实质上都是把"克己"作为建立主
体性的根本途径。有人认为儒家的"克己"说是对人的主体性的限制和
否定，其实"克己"在其主体性思想结构中只是途径或方法层次，不是

目标层次。"为仁""仁义立人"才是儒家的目标，"克己"是要通过克除人自身的劣点和消极因素来达到仁义这一主体性的本质规定。其实，人的主体性并不是与规范性对立的自然存在，人要成为主体必须受规范性的约束，必须以社会规范为尺度对自我进行反思。这正是儒家"克己"说的价值所在。

2. "无为"——保持自然本性。道家认为人要成为精神自由的独立个体，必须保持人固有的自然本性，这就是"无为"。"无为"的本质就是自然而然，其要义是摆脱道德规范、功利名位、知识学问对人的束缚。在道家看来人的本性是自然的，由于道德规范、知识教化异化了人的本性，从而使人丧失了主体性。因此要建立主体性就必须"处无为之事"，"为道日损""损之又损，以至于无为"（《老子》第四十八章），亦即屏除礼乐文化，摆脱精神枷锁，复归自然本性。从直接意义上看道家的"无为"论，似乎是否定主体性的，但从更高的层次看，"无为"正是为了实现"无不为"的主体目标。老子说："道常无为而无不为，侯王若能守之，万物将自化。"又说"圣人无为故无败""无为之益，天下希及之"。（《老子》第四十三章）"无为"的意义正在于使人处于万物"归化"，"常胜""无败"的主体地位。可见，"无为"并非是要磨灭人的主体性，而是建立主体性的一种独特的方式。如果说人离开了社会文化规范不能成为主体是儒家留给我们的主体智慧的话，那么人绝对受缚于规范（包括道德法规范和知识规范）也会失落主体，则是道家给予我们的启示了。

3. "尽心"——发挥意识作用。宋明心学继承和发展了孟子的"养气"说和"尽心"说，对建立主体性的方式提出了新解。他们在"心本论"的基础上抓住了人具有精神、意识这一特征，认为人成为主体的关键在于充分发挥主观意识作用。孟子曾说："尽其心者，知其性也，知其性，则知天矣。"（《孟子·尽心上》）是说充分发挥心之善端就能认识人性，进而认识天道，其着重指的是一种反省内心的认识方法和修养方法。而陆王在此基础上予以扩展，把"尽心"作为建立人的主体性的根本途径。陆九渊说："心之体甚大，若能尽我之心，便与天同"；"只有立心"便"内无所累，外无所累，自然自在"，于是他要求人们"收拾精神，自作主宰"。王阳明说，如果人人都能"致吾心之良知"，那么"满街都是圣人"。他们所谓的"尽心""立心""致良知"都是指发挥和扩充主观意识的指导作用。人主体性建立的基础在于实践，仅靠发挥主观意识的作用是不够的，但它无疑是一个十分重要的方面。陆王心学夸大了意识的作用固然甚为荒谬，但其对主观意识作用的重要性的认识却是把握到了建立主体性理论系统中的一个环节。

4. "善群"——结成社会群体。荀子认为，"能群"既是人类与动物区分的重要标志，是人类能维持其生存的重要条件；更是人建立主体性的基础。他说：人"力不若牛，走不若马，而牛马为用。何也？曰：人能群，彼不能群也。"又说："人生不能无群，群而无分则争，争则乱，乱则离，离则弱，弱则不能胜物。"（《荀子·王制》）那么结成社会群体为什么能够使人具备主体性呢？因为"能群"有两点优越性：一曰"和"，即形成和谐的关系；二曰"一"，即形成统一的意志。这两点可以使人的能动性得到充分的发挥，"和则一，一则多力，多力则强，强则胜物"（《荀子·王制》）。由此他强调必须通过"善群"，即善于使人成为"群居和一"的社会群体来建立人的主体性。"君者善群也，群道当则万物皆得其宜，六畜皆得其长，群生则得其命。"（《荀子·王制》）荀子以"能群""善群"建立主体性的思想比较明确地看到了人的主体性必然以人的社会性为基础，探索到了通过优化人的社会性来建立和发挥人的主体性的途径。尽管他主张的社会性中包含着"以礼明分"的等级性内容，但其重视社会群体的真理光辉是永难磨灭的。

5. "自强"——永远积极进取。中国古代的绝大多数哲人提出，人永远发扬刚健自强、积极进取、自我更新的精神是建立和保持主体性的一个重要条件。孔子主"刚毅"（《论语·子路》）、"发愤"（《论语·述而》），墨子尚"日强""志强"（《修身》），韩非子弘扬"强毅"（《孤愤》），董仲舒倡言"强勉"（《举贤良对策一》），都表示了对积极进取精神的高度重视。"天行健，君子以自强不息"（《乾·象传》）和"刚健笃实辉光，日新其德"（《大畜·象传》）更是这种精神的集中化。在中国哲人看来，这既是对自然界运行不止、刚强不屈的本性的效法，又是人立于天地之间、高于万物之上、建立丰功伟业、实现崇高理想的必要条件。荀子说的"强则胜物""弱则不能胜物"（《荀子·王制》），董仲舒说的"事在强勉而已矣！强勉学问，则闻见博而智益明；强勉行道，则德日起而大有功。此皆可使速至而立有效者也"（《举贤良对策一》），叶适说的"能自强不息，厚德载物，而天地之道在我矣"（《习学记言·周易一》），都充分肯定了"自强"精神对于建立和保持人的主体性的重要作用。这一思想激励着中华民族不怕任何艰难险阻去改造自然，治理社会，以自立于世界民族之林。

三　关于主体与客体的关系

主体是与客体对应的概念，只有在主客体的对象性关系中才有人的主体性可言，也只有通过对主客体关系的思考才能具体说明人的主体性特征。中国传统哲学中对此也有十分丰富的思想，这里仅举几种：

1. 主体支配客体的"役物"论。"役物"论最早是荀子提出的，认为作为主体的人与作为客体的物的关系应该是"役"和"被役"的关系，由此他主张"重己役物"，反对"以己为物役"。"君子役物，小人役于物"（《荀子·荣辱》）；"心平愉，则色不及佣而可以养目，声不及佣而可以养耳，蔬食菜羹而可以养口，粗布之衣、粗紃之履而可以养体，局室、芦帘、藁蓐、机筵而可以养形。故无万物之美而可以养乐，无势列之位而可以养名。如是而加天下焉，其为天下多，其和乐少焉。夫是之谓重己役物。"（《荀子·正名》）这里虽然重在强调主体对物欲的支配，但同时包含有役使万物供我所用之义。那么如何才能使主客体之间形成这种支配与被支配的关系呢？关键是要正确发扬主观能动性，"知其所为，知其所不为矣，则天地官而万物役矣"（《荀子·天论》）。由此他反对放弃人的能动性（"错人"）的消极思想。"大天而思之，孰与物畜而制之！从天而颂之，孰与制天命而用之！望时而待之，孰于应时而使之！因物而多之，孰于骋能而化之！思物而物之，孰于理物而勿失之也！愿于物之所生，孰与有物之所以成！故错人而思天，则失万物之情。"（《荀子·天论》）"思天""颂天""待时""因物"都必然使人丧失主体性而成为物的奴隶；只有"骋能"（发挥能动性）才能控制自然（"制之"），利用自然（"用之"），治理万物（"理物"），变革万物（"化之"），使人成为主体而使万物为人所用。

2. 主体顺应客体的"顺物"论。庄子和荀子的观点相反，认为人只有顺应客体事物而不把自己的主观意志强加于对象才能真正获得自由而保持其主体性。"汝游心于淡，合气于漠，顺物自然而无容私焉。而天下治矣。"（《庄子·应帝王》）就是要主体顺应客体的自然本性和法则，不以自己的"私意"违背客体、控制客体。庖丁解牛时"依乎天理，批大郤，导大窾，因其固然"，吕梁丈夫游水"与齐俱入，与汩偕出，从水之道，而不为私焉""入山林，观天性"；"不敢怀庆赏爵禄""不敢怀非誉巧拙"，都是顺物自然的模范。这并非是要否定人的能动性，取消人的主体地位，而是要人通过把握和遵循客体法则使自己获得真正的自由。正由于"顺物自然"，庖丁解牛时才"合于桑林之舞，乃中经首之会"，吕梁丈夫才能在鼋鼍鱼鳖也不敢游的激流中任情游泳，而后从容自如的"披发行歌而游于塘下。"可见"顺物"并不是要颠倒人与对象之间的主客体关系，而是要使人真正地处于主体地位。"物物者之非物"（《庄子·在宥》），即役物的主体不能是物，只能是人；反之，"物物而不物于物，则胡可得而累邪！"（《庄子·山木》）人只有役物而不为物所役才能真正获得自由。这清楚地表明庄子的"顺物"归根到底是为了"物物"（役使支配物），建立主体顺应客体的关系，使人具备更高的主体性。但由于其过分强调顺物的一面，直接地使人感到他似乎是要以物为主而以人为客，所以受到荀子"蔽于天而不知人"的讥评也在情理之中。

3. 主体吞并客体的"心外无物"论。与追求"心为主宰"的主体性和主张通过"尽心"来建立主体性的思想相一致，在主客体关系问题上宋明陆王心学派竭力宣扬主体吞并客体的"心外无物"论。"宇宙即是吾心，吾心即是宇宙""万物森然于方寸之间"（陆九渊《语录》）；"良知是造化的精灵，这些精灵，成天成地，成鬼成帝，皆从此出""心外无物，心外无言，心外无理，心外无义""心外无事"①，都把客体看成是由主体之心产生的，是依主体之心存在的，完全否定了客体对于主体的独立性。为什么主体心与客体物之间会是这种主宰与派生的关系呢？王阳明说，这是因为主体的心是有感知的，具有感物的功能。人不感物则无物，物受感知然后存，例如"你未看此花时，此花与汝心同归于寂；你来看此花时，则此花颜色一时明白起来，便知此花不在你的心外。"②把主体能感知物夸大到主体能派生物，从而用主体的心吞并了客体。陆王心学"心外无物"的主客体关系说实质上完全取消了主客体之间的矛盾对立关系，使主体的心"真是与物无对"。既然主体与客体的对应关系都不存在了，那主体本身还何以能称为主体？

4. 主客体和谐统一的"民胞物与"论。"民胞物与"是宋代张载提出的，认为天人万物本来就是一个和谐的宇宙家庭，在这个家庭中每个成员都是天地的儿子，因此，人与人应是兄弟，人与物应是朋友。"乾称父，坤称母；予兹藐焉，乃浑然中处。故天地之塞，吾其体；天地之帅，吾其性；民吾同胞，物吾与也"（《正蒙·乾称篇》第一部分《西铭》）。问题是，在追求天地万物为一体、民胞物与为一家的理想国中，人的主体性或者说人对于对象物的主体性如何体现呢？他认为是以"人心"来体现的。人心是"性与知觉"的统一，而其"知觉"不仅有"见闻之知"，更有"德性之知"，人只要"尽其性""大其心"，发挥道德理性的作用，就能"成己成物""体天下之物"而处于主体地位，因此主张"为天地立心"。这说明，"民胞物与"论的宗旨在于树立"泛爱万物"的伦理观念，保持人的道德主体性，实现天人和谐的理想，而不是

---

① 《王阳明全集·与王纯甫》，上海古籍出版社 2012 年版，第 134 页。
② （明）王阳明：《传习录》，上海古籍出版社 2012 年版，第 231 页。

引导人们在改造自然、支配万物的实践中发扬能动性。"民胞物与"是中国古代"天人合一"论的具体形态，由其精神实质也可以看出，作为中国传统哲学重要特征的"天人合一"论并非缺乏主体性原则和主客二分的思想，而是有它自己独特的涵义。以宋明理学而言，尽管在本体论上认为天与人、人与物有共同的道德本体（本体合一），在价值论上主张天与人、人与物应该处于和谐统一的关系中（境界合一），但是在认识论、修养论中却认为只有人才具有道德理性和道德自觉，才能通过"格物致知"或"尽性""尽心"去认识和把握宇宙道德本体，自己向道德本体复归，从而实现"天人合一""民胞物与"的价值理想。可见，以天为本和以人为主、以物为友和以物为客并不矛盾，只是在不同理论层次上有不同涵义，也就是说在本体根源和人生理想上主客不二，而在现实的道德实践和认识修养过程中则主客有别，人是主体。因此，不能把"天人合一""民胞物与"归结为主客界限的取消和人的主体性的泯灭。

以上关于主体性思想的三个方面是统一的理论整体。主体性的规定是通过主体性的建立而实现的，而主体性的建立只有在主客体的对象性活动关系中才能进行。所以，主客体关系问题是整个主体性理论的基础。有的哲人提出在主体役使客体的关系中通过"善群"和"自强"建立劳力主体性或能动主体性，有的主张在主客体的和谐统一关系中通过"克己"建立道德主体性，也有的企图在主体吞并客体的关系中通过"尽心"建立主观精神主体性，还有的认为应该在主体顺应客体的关系中通过"无为"建立个体自由主体性。但综观中国传统哲学，占主导地位的乃是儒家的主体性思想，即主要不是从认识关系和实践关系上看待主客体关系，而是着重从价值关系上理解主客体关系。所以，他们对建立主体性的途径重在强调"克己"式的自我修养而不是改造自然的物质性实践，对主体性的规定重在追求主体道德的完善而不是实践能动性的增强。这就形成了中国传统哲学中以道德主体为主导的鲜明特征。这种重道德主体性的观念对于维护人与人的群体和谐和天与人的宇宙和谐无疑是有益的，但对于开展实践和变革自然却产生了消极性的影响。因此，我们在珍惜传统哲学道德主体性原则中的合理因素的同时，应该特别重视弘扬实践主体性思想。

（原载于《青海社会科学》1991 年第 6 期，
全文转载于《新华文摘》1992 年第 2 期）

中国哲学的价值观念

墨子的"兼爱"价值观

"兼爱"说是墨子价值理念的核心，也是墨子学说区别于先秦其他学派的根本标志。在中华民族理论思维发展的历史长河中，"兼爱"说以它独特的成就，闪耀着光辉，对中华民族的价值观念作出了重要贡献。时至今日，也仍有其研究的价值。

一 "兼爱"说的内涵

《墨子》书中，除了专门论述"兼爱"说的《兼爱》上、中、下三篇外，其他篇章中也多有论及。在这些论述中，墨子把"兼爱"的思想原则或思想规范称为"兼""兼爱""交兼""兼利""兼相爱""兼而爱之"，把人们对"兼爱"的态度表述为"闻兼""执兼""行兼"和"非兼"，把奉行"兼爱"思想的人称为"兼者""兼士""兼君"；把贯彻"兼爱"学说的国家政权叫作"兼政"。这说明：（1）"兼爱"这个范畴，是由"兼"和"爱"两个要素构成的，两个要素互相联结，但各有其相对独立的涵义；（2）在"兼""爱"两个要素中，墨子的重点是强调"兼"，他把与"兼"对立的思想叫"别"。"兼以易别"，就是主张以"兼"的原则代替"别"的原则。因此，应对"兼"和"爱"两个方面分别剖析。

先说"爱"。从形式上看，墨子所说的"爱"和儒家一样，也是指君惠、臣忠、父慈、子孝、兄友、弟悌这种社会道德。但究其内容，墨子的"爱"有自己的特点，他把"爱"和"利"紧密联结起来，认为"兼而爱之"，就是"从而利之"，"兼相爱"就是"交相利"。在他看来，"利"是"爱"的基础和内容，"亏人自利"就是"不爱"的标志。子"不爱父"就是"亏父而自利"，弟"不爱兄"就是"亏兄而自利"，臣"不爱君"就是"亏君而自利"。反之，"亏子而自利""亏弟而自利""亏臣而自利"，也就是"不爱子""不爱弟""不爱臣"的表现（《墨子·兼爱上》）。很明显，"爱"的实质内容是"利"。所以孟子批评墨子："摩顶放踵，利天下，为之"（《孟子·尽心上》）。这既反映了墨子的精神，也触及到了墨学的实质。正是这种以"利"为"爱"的思想，使墨子的"爱"与儒家的"爱"区别开来。孔子也讲"爱"，其形式与墨子相同，但就其内容与实质而言，孔子所说的"爱"只是以感情和心理因素为基础，而绝不附丽于物质性的"利"。

再说"兼"。"兼"是对"爱"的一种规定，也就是对"爱"的方式、状态和程度的一种要求，它说明应该怎样"爱"。"兼爱"说的精神实质，固然在"爱"的内容上有所体现，但更重要的则是体现在"兼"上。"兼"是墨子的创造，是他的学说的独特风貌之所在。那么究竟"兼"的涵义是什么呢？

"兼"的涵义，在墨子学说中既丰富又深刻。其中贯穿着三个基本原则。

1. 相互性原则。墨子认为，以"利人"为内容的"爱"，应该是相互的，而不应该是单方面的，人和己两方面都承担"爱"的义务，也都享有被"爱"的权利。这样的"爱"才叫"兼爱"。墨子把"兼爱"与那种"攻城野战，杀身为名""破萃乱行，蹈火而死"的单方面为国君献身的行为作了比较，以说明"兼爱"的相互性特征。他说："兼相爱，交相利，则与此异。夫爱人者，人必从而爱之，利人者，人必从而利之；恶人者，人必从而恶之，害人者，人必从而害之。"（《墨子·兼爱中》）不仅如此，墨子进一步指出，贯彻"爱"的相互性原则，不但是必要的，而且是可能的。这是因为"无言而不仇，无德而不报，投我以桃，报之以李"，是人与人之间的一种必然性联系。所以"爱人者必见爱也，而恶人者必见恶也"（《墨子·兼爱下》）。这里，墨子把善有善报、恶有恶报看作是人的本性所使然，并以此说明"爱"的相互性出于人性之常。那么，怎样贯彻这种相互性原则呢？墨子提出了一种"己先爱人，然后得报"的步骤，并以孝亲为例来说明之，"必吾先从事乎爱利人之亲，然后人报我以爱利吾亲也。"（《墨子·兼爱下》）就是说，我先孝敬他人的父母，然后他人也会孝敬我的父母。在墨子看来，"爱"的相互性固然出于人的本性，但在具体实施的时候却不能等待别人来爱自己，而自己应该首先"爱人利人"。他认为，作为一个明君的首要条件是"必先万民之身，后为其身"（《墨子·兼爱下》）。显然，这种先人后己的思想，比起后来孟子提出的"老吾老以及人之老，幼吾幼以及人之幼"的"推己及人"思想更为光彩。

2. 普遍性原则。墨子认为"爱"不但应该是相互的，而且还应该是普遍的。主张爱人应该"远施周遍"，即对所有的人都应该爱，而不应有什么范围、界限。这就把"博爱"作为"兼爱"的一个原则了。天既享受所有百姓的敬祭，食用他们的祭品——"牛羊犬彘""粢盛酒醴"，天就应兼爱天下之人。"譬之若楚越之君。今是楚王，食于楚之四境之内，故爱楚之人；越王食于越，故爱越之人。"（《墨子·天志下》）他要求天下之士君子，"以天之志为法"，并借天的口申明："天志曰：'此之我所爱，兼而爱之；我所利，兼而利之。爱人者此为博焉，利人者此为厚焉'。"（《墨子·天志上》）墨子还把文王作为其取法的楷模，要人们学习，而文王的"兼"正是以普遍性的爱为特征的。"泰誓曰：'文王若日若月，乍照光于四方，于西土。'即此言文王之兼爱天下之博大也，譬之日月兼照天下之无有私也。即此文王兼也。"（《墨子·兼爱下》）

3. 平等性原则。平等性原则是"兼"的最基本的涵义。墨子之所以用"兼"来概括他的思想，就是因为"兼"字本义中就含有"平等"之意。在金文中，"兼"字象手持二禾，《说文解字》释"兼"字为"并也，又从持秝，兼持二禾"。持二禾而不专一禾，即隐含平等之意。因此，"兼爱"的根本意义就是平等之爱，平等性原则应是"兼爱"说题中应有之义。墨子解释说："使天下人兼相爱，爱人若爱其身""视人之身若视其身""为彼犹为己也"。具体地说，在处理人与人的关系上，应"视父兄与君若视其身""视弟子与臣若其身""为其友之身若为其身，为其友之亲若为其亲"；在处理国与国的关系上，要"为人之国若为其国""为人之都若为其都""为人之家若为其家"（《墨子·兼爱》）。墨子把能坚持这种平等原则的"士"称为"高士"；把能实行这种平等原则的"君"称为"明君"。而文王、武王就是这种平等爱人的典范，"古者文、武为政，均分，赏贤罚暴，勿有亲戚弟兄之阿（私也）"。因此，从平等原则出发，墨子反对"独举"的行为。所谓"独举"就是只顾自己，不顾他人，亏人自利，以邻为壑。从平等原则出发，墨子还力辟儒家"爱有差等"的观点，认为儒者主张"亲亲有术，尊贤有等"是"大逆"，是"诬言"，"为欲厚所至私，轻所至重，岂非大奸也哉！"（《墨子·非儒下》）

二 "兼爱"说在墨子思想体系中的地位和性质

《墨子·鲁问》说："子墨子曰：凡入国必择务而从事焉。国家昏乱，则语之尚贤、尚同。国家贫，则语之节用、节葬。国家喜音湛湎，则语之非乐、非命。国家淫僻无礼，则语之尊天、事鬼。国家务夺侵凌，则语之兼爱、非攻。"这里所说的五项十事，可说是墨子治世的纲领。它是一套系统的价值观念体系，有其合理的内在结构。

在这个理论大厦中，"兼爱"说处于核心地位，其他都由"兼爱"说生发出来，并且都环绕着它。

1. 关于"兼爱"原则的本原——"天志"论。墨子认为天有意志，并视之为支配人类的精神力量——有人格的上帝。什么是"天志"？他回答说："今夫天，兼天下而爱之，遂万物以利之""天之意不欲大国之攻小国也，大家之乱小家也。强之暴寡，诈之谋愚，贵之傲贱，此天之所不欲也。不止此而已，欲人之有力相营，有道相教，有财相分也。"（《墨子·天志中》）这分明是说，天的意志就是"兼爱"。

作为天的意志的"兼爱"和作为人世的社会道德的"兼爱"是什么

关系呢？墨子指出，人世的"兼爱"来源于"天志"。他说："今天下之君子之欲为仁义者，则不可不察义之所从出。……义不从愚且贱者出，而必自贵且知者出也。然则孰为贵，孰为知？曰：天为贵，天为知而已矣！……义果自天出矣！"（《墨子·天志中》）这里所说的"义"，即是"兼爱"。天意是"仁义之本"，也就是"兼爱"的本原。因为"兼爱"本出于天，所以墨子认为"爱人利人，顺天之意，得天之赏"；"从事别，不从事兼""憎人贱人"，就会"反天之意，得天之罚"（《墨子·天志中》）。这样，"天志"说就和"兼爱"说紧密相联，打成一片了。"天志"是"兼爱"的本原，"兼爱"是"天志"的作用，二者既是源与流的关系，又是体与用的关系。墨子用规矩和方圆来比喻这种关系，"我有天志，譬若轮人之有规，匠人之有矩。轮匠执其规矩，以度天下之方圆。"（《墨子·天志上》）这就是说，实行"兼爱"就是"以天之志为法"。

2. 关于"兼爱"原则的监护——"明鬼"论。墨子不但主张"尊天"，而且主张"明鬼"。在《明鬼》篇中，他以"众之耳目之实"和"上观圣王之事"为根据，反复论证了鬼神的存在，充分表现了墨子的迷信思想。然而，他之所以"明鬼"，却有一番苦心，即希望鬼神来"赏善罚暴"。他所谓的"贤""暴"，究其内容与实质，仍然是指"兼"与"别"而言。他说："吏治官府之不洁廉，男女之为无别者，鬼神见之，民之为淫暴寇乱盗贼，以兵刃毒药水火，退无罪人乎道路，夺人车马衣裘以自利者，有鬼神见之"（《墨子·明鬼下》），也必有"鬼神之诛至"。他还列举了大量的历史传说，说明鬼神诛罚的是"杀不辜""殃杀天下之万民"的统治者，如桀纣之类；鬼神所赏的是使"国家蕃昌，子孙茂"的君主，如郑穆公等。可见，墨子认为鬼神的赏罚是以是否实行"兼爱"为标准的，鬼神是"兼爱"原则的监护者和维持者。

墨子还指出，鬼神对"兼爱"原则的监护作用极其强大，可以说是明察秋毫，万无一失，不畏强暴，威力无穷。"鬼神之所赏，无小必赏之，鬼神之所罚，无大必罚之"：即使在"曲涧广泽，山林深谷，鬼神之明必知之"；即使有"富贵众强，勇力强武，坚甲利兵，鬼神之罚必胜之。"（《墨子·明鬼下》）墨子之所以赋予鬼神如此强大的威力，不过是为了给"兼爱"原则提供一种神秘的、超人间的后盾，使它能够在人间畅通无阻地得到实现。为了"兼爱"原则的实行，与其说墨子相信鬼神的存在，倒不如说他希望有鬼神存在。因为，作为一个既乏经济实力、又无政治权力的小生产者，要在当时诸侯当政、天下大乱的历史舞台上，另演出一场以"兼相爱，交相利"为主题的戏剧，力量实在太单薄了。在力不从心的时候，乞灵于鬼神之助，正是小生产者阶层的心理状态。所以墨子请鬼神来作"兼爱"原则的监护者，诚然是荒唐的，但却是必然的。

3. 关于"兼爱"原则的实行——"强力"论。"天志"是"兼爱"的本原，"鬼神"是"兼爱"的监护，但二者都不是在人间推行"兼爱"原则的现实力量。墨子认为，要在人间实现"兼爱"，还得靠人力。为此，他提出了他的社会学说中最光彩的部分——"强力"论。

墨子认为，靠"强力"劳动以维持生存是人与动物的根本区别。飞禽走兽"因其羽毛以为衣裘，因其蹄以为绔屦，因其水草以为饮食"，所以不劳动就可以生存，"今人与此异也，赖其力以生，不赖其力者不生。"（《墨子·非乐上》）这在一定程度上认识到了人支配自然、而动物只是利用自然这一真理。虽然墨子只是从维持生活、保存生命的方面，靠直觉观察来看生产劳动的意义，但这的确是一个十分光辉的思想，是超出其他先秦诸子的深刻见解，因为在把劳动作为人与动物区别的标志这个观点的基础上，墨子还认为社会的财富要靠劳动来创造。"下强从事，则财用足也。"（《墨子·天志中》）"贱人不强从事，则财用不足。"（《墨子·非乐上》）要过富裕的生活，必须从事强力劳动，"强必富，不强必贫；强必饱，不强必饥""强必暖，不强必寒"（《墨子·非命下》）。贫富、饥饱、寒暖，无不取决于勤劳的程度。值得注意的是墨子所说的"强力"，虽然主要是指生产劳动，但却不只是指生产劳动。从《非命》《非乐》等篇的论述来看，他的"强力"的内容十分广泛，不仅包括体力劳动，而且还包括脑力劳动；不仅包括人类改造自然的活动，还包括管理国家和治理社会的活动；不仅包括人为了改变生活条件所做的努力，还包括人为了改变社会地位而下的功夫。在墨子看来，社会的治乱，国家的安危，个人的贵贱荣辱，都是由"强力"与否决定的。据此，墨子竭力反对儒家所宣扬的"天命"论。他说，用"三表法"来衡量，"命"是根本不存在的。把"天命"说成人间万事万物的主宰，"此特凶言所自生，而暴人之道也。"（《墨子·非命上》）

既然"天命"不存在，治世靠"强力"，那么"兼相爱，交相利，此圣王之法，天下之治道"（《墨子·兼爱中》），当然只有依靠"强力"才能推行。墨子将士分为"兼士"与"别士"，将君分为"兼君"与"别君"，认为只要"兼士"努力以"兼"为行，"兼君"努力以"兼"为政，就能使"兼爱"原则通行于天下："苟有上悦之者，劝之以赏誉，威之以刑罚，我之为人之于就兼相爱、交相利也，譬之犹火之就上，水之就下也，不可防止于天下。"（《墨子·兼爱下》）墨子还列举了大量事实来说明"兼爱"能否实行，全看当权者是否努力。在他看来，禹、汤、文、武都是努力"行兼"的圣王，夏桀、殷纣都是"行别"的暴君，二者所得到的效果就完全不同。"上变政而民改俗，存乎桀纣而天下乱，存乎汤武而天下治。天下之治也，汤武之力也；天下之乱也，桀纣之罪也。若以此观之，安危治乱存乎上之为政也。"（《墨子·非命下》）那么，当权者究竟应该从哪些方面着手呢？墨子"纵横议论析时事，如医疗疾进药方"，针对当时的社会危机，向统治者献计献策，提出了改革社会的几项基本方针政策：（1）组织路线："尚贤"；（2）思想原则："尚同"；（3）财政政策："节用"；（4）礼仪制度："节葬"；（5）文艺宗旨："非乐"；（6）外交方针："非攻"。这些都是围绕着"兼爱"展开的，既是"兼爱"学说的具体化，又是实现"兼爱"的保证，而且也都以"兼爱"为指导。

先说"尚贤"。墨子认为"贤能"之士的标准是"有力者疾以助人，有财者勉以分人，有道者劝以教人。"（《墨子·尚贤下》）他提出的"尚贤"就是"不党父兄，不偏富贵，不嬖颜色。"（《墨子·尚贤中》）对于奉行"兼爱"的贤士，"虽农与工肆之人，有能则举之，高予之爵，重予之禄；任之以事，断予之令"（《墨子·尚贤上》）。可见，贤士的标准是"兼爱"，"尚贤"的原则也是"兼爱"。

再看"尚同"。墨子所谓的"尚同"，就是"一同天下之义"。"天下之百姓，上同于天子"（《墨子·尚同上》），即要统一思想，统一政令。他提出"选天下之贤可者，立以为天子。"（《墨子·尚同上》）"贤可者"就是如尧、舜、禹、汤、文、武那样"兼爱天下"的"兼君"，他主张"发宪布令于天下之众，曰：若见爱利天下者，必以告；若见恶贼夫天下者，亦以告。若见爱利天下者以告者，亦犹爱利天下者也，上得则赏之，众闻则誉之；若见恶贼天下不以告者，亦犹恶贼天下者也，上得则罚之，众闻则非之"（《墨子·尚同下》），很清楚，"上同于天子"即"上同"于"兼君"；"一同天下之义"即"一同"于"兼爱"。

至于"节用""节葬""非乐""非攻"，都是为了实现"爱民谨忠，利民谨厚"（《墨子·节用》）的"兼爱"原则，消除"饥者不得食，寒者不得衣，劳者不得息"（《墨子·非乐上》）的"民之巨患"而提出的主张。特别是"非攻"，墨子坚持尤力。他认为，发动侵略战争，"攻伐无罪之国"的"亏人自利"行为是最大的"不义"，天下的"厚害"，和"兼爱"原则是直接对立的。

综上所述，墨子的"兼爱"说以"天志"为本原，凭"鬼神"作监护，靠人力来实行，以"刑政之治，天下之利"为目的。他说实行"兼爱"就能"上利乎天，中利乎鬼，下利乎人"（《墨子·天志中》）。天、鬼、人的上、中、下之序也即墨子学说的结构层次。他的靠人力实行的治世主张、改革方案，也是项项不离其宗，皆统一于"兼爱"。可见，墨子学说结构严密，层次分明，各环节都有有机联系，形成了一个以"兼爱"为主轴的结构。其完整性和系统性远远超过了孔子的仁学体系。

本来，"兼爱"说所反映的只是在劳动人民中间存在的一种互助互爱的美德，只能作为标志劳动人民独有的阶级道德的范畴。可是墨子却将它普遍化、抽象化，使它成为标志人类共同道德的伦理学范畴。不仅如此，墨子还作了进一步推广、进一步抽象，把"兼爱"不仅说成人类之"德"，还说成是鬼神之"明"。他认为不但人类有"兼爱"本性，连鬼神也喜"兼"恶"别"，于是社会道德就变成了神鬼意志。这样，劳动人民中独有的特殊道德不但普遍化了，进而还精神化、神秘化了。"兼爱"不仅是标志社会道德的伦理范畴，还成了标志某种客观精神的范畴。而且，他进一步把"兼爱"抽象为上天的意志，说天是"兼爱"人的，为人创造万物。天创造日月星辰，为的是使人得到光明；天降霜雪雨露，为的是使五谷丝麻得以生长，让人有吃有穿。"天志"喜欢"兼爱"，所以赏"兼相爱"的人，罚"别相恶"的人。这样，天的一切自然性质，都被墨子说成是有意识地实行"兼爱"。"兼爱"的社会性质被墨子转化为自然性质，社会道德不但成为客观精神（"鬼神"）进而还变成自然规律（"天志"），于是"兼爱"又成为一个标志自然规律的范畴。在墨子的学说中，"兼爱"就是这样一个具有多样性质的范畴，而且是渗透于"天道""神道""人道"之中，融合精神性、物质性于一体的范畴。但在一些评论墨子的著作中，有的说"兼爱"是一个伦理范畴，表现了墨子的道德思想；有的认为"兼爱"是一个政治范畴，表现了墨子的社会政治思想。这些看法各有其合理之处，各抓住了"兼爱"性质的一个基本方面，但都没有完全把握它的特质。因此，就形成了各执一端的片面性的认识，似乎"兼爱"不属于哲学范畴，不表现墨子的世界观。其实，中国古代任何一个建立体系的哲学家，他的学说的基本范畴往往都概括着贯通于宇宙的普遍规律，而不仅仅用它说明某个特殊领域中的事物或属性。孔子的"仁"，老庄的"道"，董仲舒的"天"，程朱的"理"，都是贯通本体世界与价值世界、自然领域和社会领域的具有最大的普遍性和最高的抽象性的范畴，而且这些范畴往往都是通过把伦理、政治等人类社会中某个领域的属性加以抽象化而形成的。墨子的"兼爱"就表现了中国古代哲学范畴的这种特点。那么，墨子为什么要赋予"兼爱"这个明明是概括人们社会关系的范畴以客观精神和自然规律的性质呢？其根本原因在于他要把"兼爱"描绘成具有普遍形式和巨大作用的世界模式（即他所谓的"法仪""规矩"），好用它来塑造一个人人"兼相爱、交相利"的美好社会，从而代替他所面临的"强执弱，众暴寡，富侮贫，贵傲贱，诈欺愚"的严酷现实。如果只从价值方面努力申说人们应当"兼爱"，而不从宇宙本体上证明"兼爱"是必然规律，那他的"兼爱"说的主观说服力和客观强制性就要大打折扣了。把"兼爱"价值本体化、神秘化，固然出于认识上的错误，是有神论思想的表现，但更重要的则是出于主观心理上的需要，是把传统宗教中的上帝鬼神请出来帮助他实现美好社会理想的愿望。

三 "兼爱"说的历史意义和价值

墨子是先秦哲学史上的大家之一，他创立了一个自成体系的学派，对中国哲学史的贡献是多方面的。这里只在上文分析的基础上评价他的"兼爱"说。

1. "兼爱"说是对孔子"仁"学的否定。春秋战国时期，哲学战线十分活跃，特别是在封建社会制度确立的战国时期，随着社会生产和阶级斗争的激化，思想战线上的斗争十分激烈复杂，出现了"百家争鸣"的局面。儒墨"显学"的对立则是战国诸子争鸣的先声。

儒墨两家的思想斗争所涉及的问题很多，但焦点则集中在"爱有差等"还是"爱无差等"这个问题上。

孔子创立了以"仁"为核心的思想体系。他的"仁"虽有多方面的涵义，但"克己复礼为仁"是最根本的命题。"克己复礼"是"仁"的本质，也是"仁"的目标。孔子所谓的"礼"，既不是指什么原始氏族性的全民性的礼仪，也不是夏、商两代的奴隶社会的典章制度和统治秩序，而是指的"周礼"。所以他提出的"复礼"就是要恢复和维护西周奴隶制的等级制。怎样复礼呢？孔子认为根本的途径是"克己"，即克制自己，约束私欲。《论语义疏》说："克犹约也，复犹反也。言若能自约俭己身，反于礼中，则为仁也。"这样，"克己复礼"的本来意义就是恢复奴隶制的等级制度，"仁"的实质就是重建已经被打乱的人与人之间有等级差别的社会关系。墨子的"兼爱"则与它针锋相对。《墨子·非儒》篇开宗明义就反对儒家"亲亲有术，尊贤有等，言亲疏尊卑之异"的等级观念。前述"兼爱"说的内容和性质，则更是对孔子"仁"学的否定。

但是，墨子对"仁"学的否定，也还不是全盘抛弃，一笔抹杀，而是否定中有肯定，批判中有继承。即他继承了孔子"仁"的概念，改造了它的特定内容，赋予它新的涵义。他说"兼爱"就是"仁"，"兼即仁矣，义矣"（《墨子·兼爱下》）。把"兼爱"确定为"仁"的内容，反过来又讥笑孔儒口口声声说"仁"，其实根本不懂得什么是仁，什么是不仁。他说，"今天下之君子之各仁也，虽禹、汤无以易之；兼仁与不仁，而使天下之君子取焉，不能知也。"（《墨子·贵义》）这就把他所谓的"仁"与孔子的"仁"加以区别。墨子对"仁"从内容上否定，从形式上肯定，借用了"仁"的概念，赋予它以"兼爱"的内容，这表明墨子在阶级立场和基本观点上虽与孔子相离异，但在思想上却接受了孔子的一些影响。《淮南子·要略》说："墨子学儒之业，受孔子之术"。《墨子·公孟》篇中也记有墨子称赞孔子的话。这些虽然不足以确证，但多少反映了在争鸣中各学派既相互反对，相互诘难，又相互影响，相互吸收的情况。这些在分化中融合，在融合中分化的情形，是思想史上符合规律的现象。

2."兼爱"说是近代资产阶级鼓吹革命反对儒家道统的思想借鉴。墨子学派虽在先秦有重大影响，是和儒家对立的"显学"，可是到了秦代，墨学衰微，逮至西汉，"儒复兴而墨竟绝"（孙诒让《墨学传授考》）。太史公马迁卓绝百代，但未为墨子立传；晋代鲁胜，颇重辩理，却仅给《墨辩》作注。宋朝乐台，曾注《墨子》，可是他所见之书只有十三篇（鲁胜、乐台的注，今已不存）。可见，自汉以后，《墨子》一书虽赖《道藏》以存，但墨子学说却不为学者所重。这是因为，墨子所主张的平等相爱的"兼爱"说不能适应地主阶级的要求，而孔子的体现等级观念的"仁""礼"却可以被改头换面，加以利用。但是，被历史所遗忘了的学说，却会在一定的条件下重新抬头。清中叶以后，墨学渐起，民国建立前后，墨学一度大振。这绝非偶然，乃是中国封建制度没落衰败，资产阶级兴起，社会性质发生变化的过程在学术研究上一种曲折的反映。

清道光、咸丰以后，适应资本主义发展的要求，西方的自然科学逐步传入中国，学者们多以谈论声、光、化、电为时尚，所以《墨子》一书中所蕴含的丰富的自然科学知识引起了学者们的重视，到了光绪、宣统之交，博爱说、逻辑学风行于世，与墨子的"兼爱"主张和立表持辩的逻辑思想不谋而合，特别是帝国主义的侵略给中国带来巨大灾难，一些爱国学者急于经世致用而又不愿拜倒在洋人的脚下，拾人牙慧，于是把西方传入的科学技术和博爱平等思想，都说成中国古已有之，因此竭力推崇墨子学说以颉颃外侮，甚至给墨子冠以"东方救主"的称号。这种扬墨学以救世的想法，到辛亥革命前夕就成为资产阶级借以反对封建专制主义及其精神支柱——孔孟之道的一种思想武器了。这个期间的一些论文和著作，对墨子的"兼爱"说推崇备至：或者用"兼爱"说与西方资产阶级革命时期的平等博爱思想相比附，或者把"兼爱"说同孔孟之道相对立。例如侯声在《博爱主义》一文中说："墨子之兼爱论，其要旨谓：天下之乱，乱于不相爱；天下之治，治于兼相爱。侯声曰：大哉情爱之道乎！其道行于社会则社会团结，行于种族则同族统一，行于国家则国力坚凝，行于世界则世界治平。"① 吴虞在《辩墨子辟杨、墨之非》中说："墨子兼爱民主平等，则不利于专制，皆后世霸者之所深忌。"② 这些言论，尽管有缘饰比附之嫌，甚至有的与"兼爱"说的本意相去甚远，但是不能不认为这是墨子的"兼爱"学说在中国近代史上新起的积极作用。这可

---

① 张枬：《辛亥革命前十年间时论选集》第 2 卷，生活·读书·新知三联书店 1960 年版，第 750 页。

② 张枬：《辛亥革命前十年间时论选集》第 2 卷，生活·读书·新知三联书店 1960 年版，第 740 页。

以说是两千年以来，墨子学说首次为社会变革所树立的功绩。

3. "兼爱"说是探求人的解放历程上的重要环节。"兼爱"说的宗旨就是反对奴隶主贵族的等级制度，批判儒家竭力维护的以等级差别为基础的"周礼"。这种意义，后来的儒家学者是有清楚认识的。荀子说：墨子"上功用，大俭约，而僈差等，曾不足以容辨异，悬君臣"（《荀子·非十二子》）。《淮南子·要略》说："墨子背周道而用夏政"。但正是这种"背周道""僈差等"的精神，表现了墨子对人的解放的积极探求，使"兼爱"说成为中国哲学史上关于人的解放问题研究链条上的重要环节。

墨子对人的解放问题的探求，其贡献主要是以下几点：

（1）首次提出"强力"是人与动物的根本区别，主张尊重人的劳动成果，这是以前的思想家都没有接触到的。马克思说，人的创造性的劳动决定了人的生活是"能动的、类的生活"，是"创造生命的生活"。承认人的劳动和人的创造能力，并以此作为与动物区别的标志，是承认人的全部价值和尊严的基础和出发点。基于此，墨子认为"与其劳"才应该"获其实"，也就是只有劳动者才可以享有劳动成果，而且极力反对"不与其劳，获其实，已非其有所取之"（《墨子·天志下》）的"亏人自利"行为。墨子对人的劳动和劳动成果的尊重，说明他在一定程度上发现了人的本质和承认人的价值，是对人的解放问题的一个巨大贡献。孔子骂樊迟学稼、学圃，完全表现了他对劳动的鄙视和对劳动者的轻侮，与墨子不可同日而语。

（2）主张尊重人的物质利益。墨子的"兼爱"以"兼相利"为内容，他的一切主张都以"利"为归宿。"利"包括"天下之利""国家之利"和"民之利"。具体地说，"民之利"就是"饥者得食，寒者得衣，劳者得息"（《墨子·非命下》）。这个观点，是当时的任何思想家都没有提出过的。墨子还认为，只有实行"兼爱"，才能使"老而无妻者，有所侍养，以终其寿，幼弱孤单之无父母者，有所放依，以长其身"（《墨子·兼爱下》）。他把人的价值同一定的经济生活条件紧密联系在一起，为争取人的生存权利而奋斗。这同孔子只强调从主观动机上去"爱"人、"恕"人，而不甚关心人的物质利益的看法比较，是一个很大的进步。

（3）主张尊重人在政治上的平等权利。墨子认为，应该根据"兼爱"原则来"尚贤"，要求给"农与工肆之人"以参与政权的机会，即"官无常贵，而民无终贱，有能则举之"（《墨子·尚贤》）。为了使普通平民在政治上享有与富贵者平等的权利，他主张打破宗法的"亲亲"制度，这在一定程度上触及了阶级鸿沟对人的平等的政治权利的限制和侵犯。人在政治上的平等权利是人的解放的重要条件，也是人的解放的内容之一。可以说，墨子反对奴隶主贵族的世袭特权，要求平民参政，是人的解放历程中一声响亮的呐喊。

（4）主张发挥人的才能。人的价值蕴藏在人的才能之中，表现自己的才能是人的内在倾向。因此，充分发挥人的才能也是人的解放的一个重要内容。在这个问题上墨子主张合理分工，因才而用，发挥专长，即使人"各从事其所能"（《墨子·节用中》），"各因其力所能至而用焉"（《墨子·公孟》）。在他看来，不论是从事体力劳动还是从事脑力劳动，都应该做到人尽所能，才尽其用。"譬若筑墙然，能筑者筑，能实壤者实壤，能欣者欣，然后墙成也。为义犹是也，能谈辩者谈辩，能说书者说书，能从事者从事，然后义事成也。"（《墨子·耕柱》）不合理的分工是对人的才能的压抑，而合理的分工不但有利于工作效率的提高和优良成果的取得，更且有利于人的才能的发挥。墨子把人的"能""力所能至"作为分工的依据，虽然论述不够充分，但却包含有合理的因素，这显然是墨子从手工业者的协作生产的实践中所体验出的道理。

（5）主张尊重人格。"兼爱"说要求人们在处理人与人的关系时做到视人若己（"视人之身若视其身"）、爱人若己（"爱人若爱其身"）、为人若己（"为彼者犹为己也"）和先人后己（"先万民之身而后己身"）。在墨子看来，人和人是平等的，别人和自己有相同的人格。因此，彼此间应该尊重，既要自爱，更要爱人，反对只知爱己、利己，不知爱人、利人的"交相别"行为。这是对当时社会上由于阶级对立而存在的统治者敌视人、蔑视人、侮辱人甚至任意残杀人的野蛮行径的抗议。墨子痛斥"贼虐万民"的侵略战争，反对以"数百""数千"人杀殉的葬礼，批驳那种认为打别人自己不疼就不应阻止的反人道主义言论（见《墨子·耕柱》），批判只要臣爱君、子爱父，而不要君爱臣、父爱子的等级制的道德。这一切无不是这种抗议的具体表现。如果说孔子的"己所不欲，勿施于人"观念还具有人道主义精神的话，那么他要求臣、子无条件地服从君、父，对君、父逆来顺受，就显然是对人臣、人子独立人格的否定了。这同墨子关于互相尊重人格、平等待人的主张相比，其落后性是不言而喻的。

以上几点是墨子对于人的解放的卓越见解。人的解放问题涉及的方面很多，墨子的论述尽管零碎，但却显示出不可磨灭的思想光辉。

然而，墨子同古代历史上任何一个杰出的思想家一样，他的关于人的解放问题的探求也不能超越其时代和阶级的局限。首先，他竭力维护私有制的存在，而私有制正是产生剥削与压迫的根源。他当然也不可能了解，没有历史地形成的废除私有制的条件，并据以消灭私有制，要实现人的解放是根本不可能的。其次，他宣扬"有财者勉以分人"的财产平均思想。贫富悬殊是人与人不平等的表现，但却不是造成不平等的根源。不平等的社会根源存在于历史的必然之中，即合乎规律的一定的社会关系，主要是所有制关系之中，因此，任何一种在分配领域的平均主义并不是实现人的解放的正确途径。第三，他看到了当时社会上的阶级对立，否定氏族奴隶主贵族"无故"富贵的统治地位，但并不主张消除等级，消灭阶级。"贤者举而上之，富而贵之，以为官者。不肖者抑而废之，贫而贱之，以为徒役。"（《墨子·尚贤》）既然承认贵贱有别，当然谈不到人的真正解放。第四，他主张"尊天""明鬼"，要人们敬奉"天志"，相信鬼神，虽说他是想借助天志、鬼神的力量来实现"兼爱"，但总是给人套上了精神枷锁。神鬼迷信在任何情况下都是对人的才能和意志的束缚和扼杀。当人受缚于天志、鬼神时，何有自由，岂能解放！

　　从上述可见，作为小生产者利益代表者的墨子的关于人的解放的思想，虽有其历史的价值和光彩，但却不能不是一种不切实际的幻想。当时的社会，人类从第一个阶级社会——奴隶社会脱离出来，步入封建社会，农民、手工业者的处境和奴隶相比，人格受到了一定程度的尊重，可以说摆脱奴隶制使人在解放自己的道路上向前跨出了一大步，然而，离人的真正解放还相距非常遥远。所以，墨子所提出的以"兼爱"为特征的学说，尽管在人的解放问题上，有过一些朴素的、处于萌芽状态的甚至是天才的猜测，也还是不可能实现的。

　　马克思主义把人类的解放当作哲学的最高目的，认为只有消灭阶级，消灭私有制，实现共产主义的社会制度，才能实现人的真正解放。马克思主义不但提出了这一理想，而且指明了实现这一理想的现实途径。这就把历史上许多进步思想家对于人的解放的探求，置于科学的基础之上，提到了从未有过的高度。可是，马克思主义创始人在科学地解决这个根本问题时，是批判地继承了前人的优秀思想成果的。像墨子这样重视人的价值的中国古代哲学家的"兼爱"说，理应成为我们加以批判继承的一份优秀遗产。

（原载于《人文杂志》1983 年第 3 期）

《性自命出》篇的价值意识

在郭店楚简中，《性自命出》篇是论述儒家心性学说的著作。该篇作者，有人认为是公孙尼子，有人认为是子游，还有些学者认为出于子思。无论属何人所作，其时代处于孔孟之间，大体是可以成立的。该文的突出特点是宣扬"情"的价值。在它所提出的天——命——性——情——道的范畴序列中，情是一个核心范畴，它上通于"性"（包括天、命），下贯于"道"，在天、命、性向道的范畴过渡中起着中介作用。从价值论的角度来考察，"情"是一种价值态度，是作为主体的人对客体是否满足自身需要的一种心理反应，它表现着人对客体接受还是拒绝、欢迎还是排斥、肯定还是否定的态度。由此言之，《性自命出》篇，以情为核心、为中介，建构了一个价值意识系统。这一价值意识系统的主要内涵和逻辑环节是：

一 "情生于性"的价值根据意识

《性自命出》篇认为，"性自命出，命自天降。道始于情，情生于性"[①]。就是说，作为价值态度、价值心理的"情"是本于人性的，是以人性为底蕴、为根据的，而人性又是源于天、命的。它所谓的"情"具体地说，就是爱、欲、喜、愠、惧、慈、恶、知、乐、忧、怒、亲等等。这些情感形式，都是人们对价值对象的态度表现和心理反应。当某种对象能满足人之需要时，人就会产生喜、爱、欲、慈、乐之情；反之，当

---

① 荆门市博物馆：《郭店楚墓竹简》，文物出版社 1998 年版。

不能满足人的需要，甚至妨碍人的需要满足之时，人就会表现出愠、恶、怒、忧、惧之情。它所谓的"性"，指的是人的喜、怒、哀、悲之气，文中说："喜、怒、哀、悲之气，性也。"① 从表面文字看，情、性的形成似无差别，皆以喜、怒、哀、悲为言。但实质上，二者是不同的。这种不同在于，性是"气"，是内蓄的、静态的，而情是气的外在表现，是见之外的、动态的。《性自命出》篇说："喜怒哀悲之气，性也。及见于外，则物取之也。"② 这种思路，类似于《大戴礼记·文王官人》第七十二所云："民有五性，喜怒欲惧忧也。喜气内畜，虽欲隐之，阳喜必见。怒气内畜，虽欲隐之，阳怒必见。欲气内畜，虽欲隐之，阳欲必见。惧气内畜，虽欲隐之，阳惧必见。忧悲之气内畜，虽欲隐之，阳忧必见。五气诚于中，发形于外，民情不隐也。"可见，性与情的区别，根本在于性是气，它畜于内，诚于中，而情是性的外在表现。

《性自命出》以气论性，充分表明它认为"性"不具有直接的价值意义。"性"乃是人的价值心理和价值态度——"情"的内在根据和物质基础，它为情的发生准备了可能的依据和条件。通过一定的激发机制，情才从性中发生，此之谓"情生于性"。由此看来，《性自命出》篇内涵着人性（包括它的来源天和命），是人的价值意识、价值心理产生的内在根据的观念。这种观念在楚简《语丛》中有更为具体的表述，如"爱生于性""欲生于性""恶生于性""喜生于性""愠生于性""惧生于性"③ 等等。值得注意的是，《性自命出》篇和《语丛》虽然认为人的价值意识、价值态度出于人的本性，但还没有把由性所生出的价值态度指向都规定为正价值。它只是说明，无论人的价值态度（情）是爱是恶、是喜是怒，都是由性生出的。而到了孟子，则把由人的本性中生出的价值指向，明确地规定为正价值，即人性善。于是，人性就只是正价值发生的内在根据了。显然，这是对"情生于性"的进一步发展，这种

---

① 荆门市博物馆：《郭店楚墓竹简》，文物出版社 1998 年版。
② 荆门市博物馆：《郭店楚墓竹简》，文物出版社 1998 年版。
③ 荆门市博物馆：《郭店楚墓竹简》，文物出版社 1998 年版。

发展的特点是将价值根据道德化。

二　"道始于情"的价值准则意识

情诚然是价值态度，但它的爱、恶、喜、愠还不能成为选择价值、判断价值的尺度和准则。因为个人的情感倾向，有很强的个体性和主观性，并不一定能体现社会公众的共同需要和社会共通的价值标准。于是，《性自命出》又提出了"道"的概念。它所说的"道"，不含天道，仅指人道。它认为，"道"的内涵是"至仁"，它说："闻道反己，修身者也……修身近至仁。"① 这与《中庸》所说的"修身以道，修道以仁"是一致的。"道"的功能是广大民众共同信任、共同尊崇、共同追求、共同坚持的价值准则。统治者如果奉行和坚持这一价值准则，民众就会信任他、拥护他、服从他、尊敬他、畏惧他，团结在他的周围。所谓"未言而信，有美情者也。未教而民恒，性善者也。未赏而民劝，含富者也。未刑而民畏，有心畏者也。贱，而民贵之，有德者也。贫，而民聚焉，有道者也。"②

那么，这种以"至仁"为内涵的价值准则——"道"，与"情"是什么关系呢？《性自命出》篇指出，道既超越了个人的主观情感但又始于人情。因为道是统治者与民众之间的共情、通情，它是建立在情的基础上的。"凡人情为可悦也。苟以其情，虽过不恶。不以其情，虽难不贵。苟有其情，虽未之为，斯人信之矣。未言而信，有美情去也。"③ 就是说，如果治民者与人民有共同的感情，人民就会喜欢；如果与人民有相通的感情，人民就会爱戴；如果对人民有深厚的感情，人民就会信任。这种与人民共同的相通的感情，并非俱生的喜、愠、爱、恶之情，而是一种"美情"。所谓"道"就是建立在这种"美情"的基础之上的。由此不难看出，《性自命出》所主张的价值准则——道，体现的是个人与

---

① 荆门市博物馆：《郭店楚墓竹简》，文物出版社1998年版。
② 荆门市博物馆：《郭店楚墓竹简》，文物出版社1998年版。
③ 荆门市博物馆：《郭店楚墓竹简》，文物出版社1998年版。

群体、君主与民众的一种美好的情感关系，其内涵是"至仁"，其基础是"美情"，可谓"美情之谓道"。这比《中庸》所云"率性之谓道"，更具有人情意味。

《性自命出》篇的"道始于情"观念，在中国哲学史上具有重要的意义。它把价值准则与人的感情统一起来，完全没有宋儒程朱一派将道与情、理与欲绝对对立的偏颇。因而，它为克服以道斥情、以理灭欲的弊端提供了思想渊源。北宋张载曾云："所谓天理也者，能悦诸心，能通天下之志之理也。能使天下悦且通，则天下必归焉。"[1] 清初王夫之云："民心之大同者理在是"[2] "人欲之各得，即天理之大同。"[3] 这种以悦通之"志"、共同之"欲"为价值准则（理）的观念，与《性自命出》可谓不谋而合。

三 "物诱性动"的价值发生意识

"性"是价值根据，"情"是价值态度，"道"是价值准则，然而，作为价值态度的"情"又是怎样从价值根据的"性"中发生的呢？对此，《性自命出》篇也提出了颇有见地的看法。简文说："凡动性者，物也""好恶，性也。所好所恶，物也。"[4] 又说："喜怒哀悲之气，性也。及其见于外，则物取之也。"[5] 意思是说，人的本性虽有好恶的本能，但其本身是静态的内蓄的存在，只有当与外物发生联系，并受到外物的"诱取"时，才会发生感应，动而向外，表现为"情"。这是对价值发生机制的绝好说明。

从价值论言之，价值乃是主体需要与客体对象的一种关系，人的价值意识也是在主体与客体的关系中产生的。当客体对象能满足主体的需要时，主体则"好"之；当客体对象不能适应主体的需要时，主体则

---

[1] 《张载集》，中华书局 1985 年版。
[2] （清）王夫之：《读通鉴论》，中华书局 1975 年版。
[3] （清）王夫之：《读四书大全说》，中华书局 1975 年版。
[4] 荆门市博物馆：《郭店楚墓竹简》，文物出版社 1998 年版。
[5] 荆门市博物馆：《郭店楚墓竹简》，文物出版社 1998 年版。

"恶"之。"同人的需要毫无关系的事物，人对它是无所谓情感的；只有那种与人的需要有关的事物，才能引起人们的情绪和情感。而且，依人的需要是否获得满足，情绪和情感具有肯定或否定的性质。凡能满足人的需要的事物，会引起肯定性质的体验，如快乐、满意、爱等；凡不能满足人的渴求的事物，或与人的意向相违背的事物，则会引起否定性质的体验，如愤怒、哀怨、憎恨等。情绪和情感的独特性质正是由这些需要、渴求或意向所决定的。"①《性自命出》篇的物诱性动而情生的观念，虽然表述得简略、笼统，但都体现了人与物相互作用而形成价值关系以及在这种价值关系中，人的情感——价值意识发生的机制。

四 "心术主道"的价值主体意识

在由性生情、由情至道的价值形成过程中，除外在物对人性发生诱取作用之外，人的心也起着重要的作用。对此，它指出：性是人的一种潜在可能性，性只有在心的引取、引导下才会对外物发生"好恶"的反应，也才会对外物表现"好恶"之情。此之谓"心取性出"。简文云："金石之有声，弗扣不鸣，人虽有性，心弗取不出。"② 心不但是主导性出情生的积极力量，而且还能使"情"发挥得恰如其分，达到"喜欲智而亡末，乐欲亲而有志，忧欲俭而毋皆，怒欲盈而毋□"的最佳状态。其次，它认为：人的一切善举，只有以善心作指引，才能符合道，才会具有价值。反之，若无善心主导，"虽能其事"，也不算是合道，因而也不值得推崇。此之谓"心术主道"。简文云："虽能其事，不能其心，不贵。"又云："凡道，心术为主。"③

"心取性出"和"心术主道"是《性自命出》篇对心的作用的蓄扬。在它看来，无论是人的价值意识（情）的发生，即由性生情，还是价值准则的建立，即从情至道，心都是主导。心既是激发性、情的

---

① 曹日昌：《普通心理学》，人民教育出版社 1980 年版。
② 荆门市博物馆：《郭店楚墓竹简》，文物出版社 1998 年版。
③ 荆门市博物馆：《郭店楚墓竹简》，文物出版社 1998 年版。

动力，控制情的适度的指针，又是确立道的主宰。正是在这种意义上，它才明确地提出"君子身以为主心"（根据全文文意，此句似宜作"君子身以心为主"）的结论。如果说，"性"为价值本体，"情"是价值意识，"道"是价值准则，"物"是价值客体的话，那么，"心"才是价值的主体。

　　然而，心何以会具有主导作用而成为价值主体呢？《性自命出》篇也作出了回答。它认为，从人性的角度来看，四海之内，人性是同一的（因为它受命于同一个天），因而，本然的人心也是没有既定方向的。可是通过后天的学习和教育，人心就有了定向，由于定向不同，人心也有了差异。它说："凡人虽有性，心无奠志；待物而后作，待悦而后行，待习而后奠。"① 又说："四海之内，其性一也。其用心各异，教使然也。"② 就是说，心有定志乃是"习"和"教"的结果。"习"和"教"之所以会使人心确立定志即确立明确的方向，关键在于使人心有了道德理念。"教，所以生德于中者也。"可见，心作为价值主体的确立和价值导向作用的发挥，完全依赖于通过后天教育而形成的道德自觉意识。正是这道德自觉意识指导着人们的价值取向，维护着人们的价值准则。从这一角度来看，《性自命出》所追求的价值目标是儒家所倡导的仁义道德。心的主体作用的发挥内在的根据在于心有道德觉悟，外在的指向在于把人的情感引入"至仁"的"道"的轨道。

　　《性自命出》篇的"心术主道"的价值意识对后世儒家的价值理论和道德理论有极深远的影响。宋儒朱熹有"心统性情"之说："性情应出于心，故心能统之。统如统兵之统，言有以主之也。"③ 其说的实质是强调以道德理性控制人的情感欲望。朱子又有"道心引导人心"之论："道心是义理之心"④。"只是这一个心，知觉从耳目之欲上去便是人心，

---

①　荆门市博物馆：《郭店楚墓竹简》，文物出版社 1998 年版。
②　荆门市博物馆：《郭店楚墓竹简》，文物出版社 1998 年版。
③　（宋）黎靖德撰，王星贤点校：《朱子语类》卷九十八，中华书局 1896 年版，第 2513 页。
④　（宋）黎靖德撰，王星贤点校：《朱子语类》卷九十八，中华书局 1896 年版，第 2513 页。

知觉从义理上去便是道心"①，其论的实质也是要求人以道德准则统率情感欲望。这与《性自命出》篇的"心术主道"观念颇有相同之处。当然，楚简的"心术主道"对心的主导能动作用的强调，既包括心对情的导向作用，也包括心对情的激发作用（即心取性出而情生），内容似比朱子上述二论更为宽广。

总之，《性自命出》是一篇以性为根据、以情为核心、以物为条件、以道为准则、以心为主体的早期儒家价值意识理论的雏形。它的逻辑结构和逻辑顺序是在"性"为价值本体根据的基础上，通过"物"的价值客体的诱发和"心"的价值主体的导引，从而形成"情"的价值意识，进而在心的主导下，再上升到"道"的价值准则和价值境界。这种逻辑思路不但体现了本体论与价值论的统一，而且深刻地说明了如何由本体上升为价值，即如何由本然之"性"上升为应然之"情"，进而上升为当然之"道"的价值形成过程，也概括说明了"情"这种价值意识和"义"（道）这种价值准则的不同社会功能。也就是说，情作为价值形成的起点，其功能在于付出感情以动人；义作为社会共通的价值准则，其功能在于弘扬道德以聚人。可以说，这是对统治者以情动人和以义纳人的两项要求。笔者以为，其深刻的意蕴、无穷的韵味正在于它包含着先秦儒家的价值哲学理念。

（原载于《西安联合大学学报》2000 年第 3 期）

---

① （宋）黎靖德撰，王星贤点校：《朱子语类》卷七十八，中华书局 1896 年版，第 2009 页。

《易传》的价值观

　　《易传》说，"易之为书也，广大悉备，有天道焉，有人道焉，有地道焉"。(《系辞下》) 这里所谓的"道"，包括"规律"和"价值"两个方面，就是说，易道中既揭示了自然和社会的普遍规律，又表达了人们的价值追求。《系辞上》说："夫易，圣人之所以极深而研几也。"又说："夫易，圣人所以崇德而广业也。""极深研几"即究极事理，研讨奥秘，显然指揭示内在规律而言；"崇德广业"即提高德行，扩大事业，显然指确立价值目标而言。易道既是"极深而研几"的宇宙观，又是"崇德而广业"的价值观，概括为一句话就是："夫易，开物成务，冒天下之道，如斯而已也。"(《系辞上》) "开物"就是揭开事物的真相探求规律，"成务"就是成就人间的事务创造价值，这两方面构成了"天下之道"的全部内容。由此可见，《易传》的作者在撰写这些著作时，已经比较自觉地为自己提出了论述价值观的任务。

　　《易传》崇尚和追求的主要价值是：

一　"三极之道"的本位价值

　　《易传》认为天、地、人是宇宙间的三类最高价值，它称之为"三才""三极"，并以这种看法说明易卦的构成。"立天之道曰阴与阳，立地之道曰柔与刚，立人之道曰仁与义。兼三才而两之，故易六画而成卦。"(《说卦》) "有天道焉，有地道焉，有人道焉。兼三才而两之，故六。六者非它也，三材之道也。"(《周易·系辞下》) 就是说易卦的六爻是天、地、人的象征，其中两爻象天，两爻象地，两爻象人。又说六爻的变动，象征着天、地、人"三极"的运动，"六爻之动，三极之道也"（《系辞下》）。"材"是"基本"之意，"极"是"最高"之意，表明《易传》把天、地、人作为最基本、最崇高的价值。《易传》首先确立天、地、人的价值本位，在此基础上才设置其他价值，这种观念是中国儒学史上最早的价值本位观念。它和道家的"道大，天大，地大，人亦大"（《老子》）的"四大"观念，共同构成了中国传统价值本位观念的两个系统。

在"三极"价值本位中，《易传》特别突出了人的价值地位。认为人能"裁成天地之道，辅相天地之宜"（《象卜》），"范围天地之化而不过，曲成万物而不遗"（《系辞上》）。即人以自己的能动性对天地发生作用，"与天地参"，在天地间处于有意识的主动地位。因此，在解释卦之六爻象征天、地、人时，《易传》说，卦上边的"上""五"两爻象天，下边的"初""二"两爻象地，而中间的"三""四"两爻象人，这就使人处于天、地的中间地位，体现了人"为天地立心"的观念。在天、地、人的价值本位中，人处于主导的地位，这就是《易传》对人的价值的深刻认识和高度肯定。如果说，以人之价值与天地并列，是《易传》"三极"说和老子"四大"说的共同观念的话，那么《易传》使人处于主导地位，让人主动地参与天地，则和老子大异其趣。因为，老子虽然以人与道、天、地并称"四大"，但却要求人被动地服从于天而行"无为"之道。《易传》突出人的主导地位，强调人的能动性，鲜明地表现了它在价值观上重人的特征。

《易传》"三极之道"重人的价值本位观念，与荀子重视人的价值的观念也不同。荀子高扬了人"制天命而用之"的能动性，但却认为天和地不过是纯物质性的自然，自身并无价值和意义；《易传》则在肯定人的能动性的同时，也赋予天、地以价值意义，认为自然界的天、地及其阴阳、刚柔属性也都具有道德品格和价值意味。在这一点上，《易传》似乎接近于孔、孟的观念，然而孔、孟却从来没有"三极"并列为价值本位的思想。由此看来，《易传》的价值本位观念，在中国哲学史上是独树一帜的。

二 "崇德广业"的人生价值

人作为价值本位中的主体，他所追求的价值目标是什么呢？《系辞上》说："夫易，圣人所以崇德而广业也。"《文言》说："君子进德修业。"就是说，提高道德，扩大事业，是人生的价值目标，而且是人生所应追求的最高最久最大的价值。《易传》赞扬说："盛德大业至矣哉！""有亲则可久，有功则可大，可久则贤人之德，可大则贤人之业。"（《周易·系辞上》）

《易传》所崇尚的道德主要是仁、义、礼、正四德，此四德是对天的"元、亨、利、贞"四德的效法。《文言》曰："君子体仁足以长人，嘉会足以合礼，利物足以和义，贞固足以干事。君子行此四德者，故曰：'乾：元、亨、利，贞'。"其他还有许多具体的德目，如谦、忠、恒、诚、信等，不再罗列。关于崇德进德的途径，《易传》也多有阐述，如"忠信所以进德也"（《文言》）；"君子以果行育德""君子以多识前言德行以畜其德""君子以自昭明德""君子以反身修德""君子以振民育德"（均见《象传》）；"利用安身，以崇德也"（《系辞下》）；等等。

《易传》赞许的事业是指遵循《易经》所揭示的规律，对事物进行变通改革，创作制造新的器械和工具，备物致用，兴利济民，兼善天下。《系辞》说：

"形而上者谓之道，形而下者谓之器，化而裁之谓之变，推而行之谓之通，举而错之天下之民，谓之事业。"

"备物致用，立成器以为天下利，莫大乎圣人。"

"形乃谓之器，制而用之谓之法，利用出入，民咸用之，谓之神。"

"变通之谓事。"

"功业见乎变。"

"变动以利言。"

"变而通之以尽利。"

可见，变通、成器、致用、利民是《易传》对事业的基本规定。正是这类事业，才具有崇高伟大的价值，所谓"有事而后可大"（《序卦》）。

《易传》虽然把德、业两方面作为人生的价值目标，表现了德、业并重的观念，但深入分析还可看出，在德、业二者的关系上，《易传》主张这两种价值的统一，统一的基础是事业。它认为，道德应服务于事业，成为创建事业的条件。如《文言》在谈到四德之一的"贞固"（"正"）时说："贞者，事之干也……贞固足以干事。"在谈到诚信品德的意义时说："修辞立其诚，所以居业也。"又如《文言》在称赞美德的价值时说："美在其中，而畅于四肢，发于事业，美之至也。"认为只有使内在的美德向外表现在事业上，才是美的极致。这种"发于事业，美之至也"的价值观念，比孔、孟把道德等同于事业，的确是一大进步；而比汉儒宋儒"正其义不谋其利，明其道不计其功"的道德至上论，更是高明了许多。

《易传》"崇德广业"，德业并重的价值目标论，不但表现了战国时期新兴地主阶级既重视道德修养，更重视建功立业的积极有为精神和价值追求，而且也反映出中国古代哲人对物质文明建设和精神文明建设两类价值并重的朴素意识。这在实现四化、振兴中华的今天，仍具有积极的意义。

三 "上下志同"的社会价值

《易传》不但确立了人生的价值目标，而且还提出了理想的社会价值。它所追求的社会理想就是既有分辨上下、区别尊卑的等级秩序，又有上下交通、志同道合的统一意志。《系辞上》说："天尊地卑，乾坤定矣。卑高以陈，贵贱位矣。"《履·象》说："上天下泽，君子以辨上下，定民志。"这就是说要建立分上下、别尊卑的等级秩序。《泰·象》说："天地交而万物通也，上下交而其志同也""上下不交而天下无邦也。"即是说要形成上下通气、志同道合的政治局面。

《易传》认为，要确立上下分明的等级秩序，首先得巩固统治者的地位，"列贵贱者，存乎位""圣人之大宝曰位"（《系辞》）。其次使君臣各安其分，"有君臣然后有上下，有上下然后礼义有所错"（《序卦》）。要形成上下交通、志同道合的局面，第一，损上益下，节俭保民。"节以制度，不伤财，不害民。"（《节·彖》）"以贵下贱，大得民也。"（《屯·象》）"损上益下，民说无疆；自上下下，其道大光。"（《益·彖》）第二，为民兴利，与民同患。圣人不但要"益以兴利""立成器以为天下利""变而通之以尽利"，并且要"吉凶与民同患"（《系辞》）。第三，谦逊平和，宽容畜众。"劳谦君子，万民服也"（《谦·象》），"君子以容民畜众"（《师·象》）。第四，交流感情，关心民众。"圣人感人心而天下和平"（《咸·彖》），"君子以教思无穷，① 容保民无疆"（《临·象》）。如果做不到这一点，那么"惧以语，则民不应也，无交而求，则民不与也"（《系辞下》）。《易传》认为，只要达到上述要求就可建立起"上下志同"的理想社会。

在《易传》作者们看来，这种社会理想，并非只出于他们的主观愿望，而是有其客观必然性依据的，这就是自然界天地、乾坤的结构法则和运行规律。他们认为，在自然界，天尊地卑、乾健坤顺，阳主阴从的地位是确定不易的，因而人类社会就应该有贵贱之分，尊卑之别、上下之辨，天地之间、阴阳之间既相对立又相感应，既相矛盾又相贯通，所以人类社会统治者与被统治者也应上下沟通，志同道合。人类的社会价值决定于自然的法则。

《易传》的上述思想与其说是以自然事实推出社会价值，倒不如说它是以自己主观建构的价值观念统摄自然事实，将自己的理想强加于自然。因而，《易传》所追求的美好社会，只不过是其作者从新兴地主阶级利益出发，描绘的体现新兴地主阶级价值追求的一幅蓝图而已。

四 "刚健自强"的精神价值

无论是实现"崇德广业"的人生目标，还是实现"上下志同"的社会理想，都需要人主观努力，积极有为。对此，《易传》主张发扬一种

---

① 高亨《周易大传今注》："谓教育民众，关心民众"。

"刚健自强"的精神。《乾·象》说："天行健，君子以自强不息。"认为天体的运行刚健有力，永不止息，君子也应该发奋图强，努力向上，不断前进，绝不停止。这种刚健自强精神，又称为"乾乾"，如"君子终日乾乾""终日乾乾，反复道也""终日乾乾，行事也"（《乾·象》，《乾·文言》）。"乾乾"即勤勉努力之意。《易传》说，刚健自强的精神不但是进德修业必备的，而且它本身就是一种崇高的价值。"刚健而文明"（《大有·象》），"刚健笃实辉光"（《大畜·象》），"文明以健"（《同人·象》），"健而说（悦）"（《夬·象》）就是对这种精神的赞语。

《易传》倡导"刚健自强"精神，是对孔子赞"刚毅"，曾子倡"宏毅"，《中庸》尚"必强"和孟子贵"不屈"等观念的继承和发展。《中庸》曰："人一能之己百之，人十能之己千之。果能此道矣，虽愚必明，虽柔必强。"孟子云："富贵不能淫，贫贱不能移，威武不能屈。"（《滕文公下》）这些思想就是《易传》"刚健自强"精神的先声。这说明，崇尚刚健自强、积极进取是古代儒家的重要价值观念，它和道家的"贵柔""无为""守雌"观念形成了鲜明对照。

值得注意的是，《易传》在赞扬刚健自强的同时，不但不否定柔顺品格，而且认为应该以柔顺配合刚健，节制刚健，在保证刚健力量处于主导地位的前提下，使刚与柔、健与顺统一起来。为此，《易传》提倡"厚德载物"的精神。《坤·象》曰："地势坤。君子以厚德载物。"坤，顺也。地势顺从，地体厚重，人也应该效法大地，以宽厚、包容的德行和态度容纳各类事物。《易传》高度赞扬这种精神："坤厚载物，德合无疆；含弘光大，品物咸宁。"（《坤·象》）厚德载物的精神广阔宽宏，使各类事物都可以顺利生长。

"自强不息"和"厚德载物"两大精神，是从天、地价值中推衍引申出来的，《易传》说："夫乾，天下之至健也""夫坤，天下之至顺也。"（《系辞下》）分别赋予天（乾）地（坤）以"健""顺"的道德价值，然后从此推衍出人应该具有"自强不息"和"厚德载物"的精神，提出"天行健，君子以自强不息"和"地势坤，君子以厚德载物"

两个命题，这就将天地精神和人的精神相贯通，使刚健自强、柔顺厚德成为宇宙间普遍的价值。正如宋代叶适说的"能'自强不息''厚德载物'，而天地之道在我矣。"（《习学记言序目·周易》）"天地之道在我"即宇宙精神和人的精神相统一，这就大大提高了"自强不息""厚德载物"的价值地位，从而更能使其产生强大的力量和深远的影响。中国历史上许多仁人志士、杰出人物正是在这种精神的激励下，奋发向上，不断前进，致力于修德进业求学治世，为中华民族做出了伟大贡献。

今天，这种精神价值仍然有其强大的生命力和现实意义。正如张岱年先生多次指出的，"《易传》这两句话，在铸造中华民族的民族精神上，起了决定性的作用。""一个是奋斗精神，一个是兼容精神"这两点是"中华精神"的集中表观。今天，它仍然可以鼓励我们继续前进。①

五 "知崇礼卑"的工具价值

实现价值目标和理想，不但要有刚健自强的精神，还必须有广博的知识和严格的规范，于是《易传》又提出"知""礼"价值。"知""礼"是作为实现"崇德广业"目标的工具或条件而提出的。《系辞上》云："夫易，圣人所以崇德而广业也。知崇礼卑，崇效天，卑法地，天地设位，而易行乎其中矣。""知"指知识智慧，"礼"指礼仪规范。《易传》认为，易道本是圣人用来提高德行、扩大事业的。而要提高德行就必须增进智慧，扩大事业就必须着力于谦卑的礼仪。智慧的崇高是对天的仿效，礼仪的谦卑是对地的效法。天地的位置一经设定，易道就可在其中实现了。可见，智慧和礼仪乃是崇德广业的基本条件，正如张载所说："非知，德不崇，非礼，业不广。"（《横渠易说》）

知、礼之所以是崇德广业的工具和条件，是由知、礼的特性和作用决定的。《系辞》认为，"知"（智慧）是万物情状的概括（《知周乎万物》），历史经验的总结（"知以藏往"）。掌握了智慧的精髓，并加以实

---

① 张岱年：《文化与哲学》，中国人民大学出版社 2006 年版。

际应用，就能够使自己安身立命，提高德行。所谓"精义入神，以致用也。利用安身，以崇德也。"所以，"知光大也"（《坤·象》）。《易传》指出，"礼"是一种恭敬谦逊的态度，① 又是一种严格的行为规范。② 君子只有严格地遵守它，行事才会通畅平安。

《易传》知、礼并举，知识智慧和礼仪规范并重，特别是崇尚知识智慧的价值观念，是很有意义的。我们知道，以孔孟为代表的儒学有片面夸大道德价值而忽视知识价值的倾向，他们以道德统摄知识，甚至取代知识的思想，实质上会导致否定知识价值的不良后果。对此，《易传》则起到了一定的扶偏救弊作用。遗憾的是，《易传》虽然肯定了知识价值的独立地位，但却过分强调了利用知识"以崇德也"这个方面的作用，所以还是未跳出儒家价值观的藩篱。尽管如此，《易传》把知识和礼仪作为崇德广业的工具和条件仍不失为一种有特色的见解。

六　"善、美、利、真"的综合价值

《易传》对各种价值作了综合和归纳，概括出了四种基本的价值要素，即善、美、利、真。

《乾·文言》在解释《易经》乾卦卦辞"乾：元、亨、利、贞"时说了一段十分精彩且极其重要的话："元者，善之长也；亨者，嘉之会也；利者，义之和也；贞者，事之干也。君子体仁，足以长人；嘉会，足以合礼；利物，足以和义；贞固，足以干事。君子行此四德者，故曰：乾，元亨利贞。""嘉"是美的意思，高亨曰："嘉之会犹美之集合。"（《周易大传今注》）"贞"在古文中训为正、实、信、诚、固等，并与"真"通义。宋儒朱熹和近人尚秉和还将"贞"引申为"智"，以元亨利贞与仁礼义智相配据此，《文言》这段话实际上包含着三个层次不同而又相互对应的价值系列：元亨利贞为天之价值；仁义礼智（贞）为人之价值；而善美利真（贞）则为贯通天人的综合价值。

① 《系辞》："礼言恭"，"谦以制礼"。
② 《序卦》："履者，礼也"。

善，在天为"元"，在人为"仁"，指无偏无私，泛爱普施；生物爱人，养物养人；立己立人，达己达人的崇高价值。它是既存在于人与人之间，也存在于天与物，天与人之间的宇宙精神和普遍价值。"大哉乾元！万物资始，乃统天；云行雨施，品物流行""天地养万物""首出庶物，万国咸宁"（《彖》），"德施普也"（《乾·象》），就是对天之善的赞颂。"君子体仁足以长人"（《乾·文言》），"圣人养贤以及万民"（《颐·彖》），"德博而化"（《乾·文言》），就是对人之善的赞美。

美，在天为"亨"，在人为"礼"，指生机勃勃，繁茂丰盛；嘉美会聚，文采斐然；亨通畅达，利物利人的状态和境界。它也是天地自然、人类社会、器物制度、行为情操共同具有的价值。"天地变化，草木蕃茂"（《坤·文言》），"天地絪缊，万物化醇"（《系辞下》），"天地交而万物通"（《泰·彖》），"天道下济而光明"（《谦·彖》），这是对天之美的赞词。"嘉会，足以合礼"（同上），"美在其中而畅于四肢，发于事业，美之至也"（《坤·文言》），乃是对人之美的赞语。

利，在天为"利"，在人为"义"，指阴阳相和，万物受益；彼此和谐，各得其宜；便利实用，利济天下的价值。它贯通于天地自然、物质生产、物质生活、人际关系和伦理道德各个领域。"利者，义之和也""乾始能以美利利天下"（《乾·文言》），此赞自然之利；圣人"立成器以为天下利"（《系辞上》），泛言改进物质生活之利；圣人作网罟、耒耜、舟楫"以教天下""以利天下"（《系辞下》），专说制造生产工具之利；"利物足以合义"（《乾·文言》），乃云促进人际关系和谐之利；"利用安身以崇德也"（《系辞下》），特指提高道德修养之利。利之价值大矣哉！

真（贞），在天为"贞"，在人为"正"、为"智"。指天、人、物、事具有的精粹不杂，纯正无邪，坚固不移，真实无伪的性质。凡纯正之物，精粹之品，坚固之质，真实之事，诚信之德，真理之智，都体现着"真"的价值。《易传》高度赞扬"真"（贞）之价值的各种表现，如："大哉乾乎！刚健中正，纯粹精也。"（《乾·文言》）"含章可贞，以时发也；或从王事，知光大也。"（《坤·象》）"大壮利贞，大者正也。正大而天地之情可见矣。"(《大壮·象》)"刚健笃实辉光。"(《大畜·象》)"贞者,事之干也""贞固足以干事"(《乾·文言》)。"天地之道,贞观者也;日月之道,贞明者也;天下之动,贞夫一者也。"(《系辞下》)"修辞立其诚,所以居业也。"(《乾·文言》)"人之所助者,信也。"(《系辞上》)这里所举的正、纯、固、知、实、贞、信、诚等都包含"真"之价值,它们涉及自然、社会、事业、交往、知识、道德各个领域。可见《易传》肯定的真(贞),包含真知,但却大大超出了知识真伪的范围,而具有极大的普遍性。

可见,善、美、利、真(贞)每一类都是贯穿于自然和社会,渗透于物质和精神的崇高的综合价值。《易传》把这四类价值概括起来作为它所追求的全部价值的基本要素而给予了高度的赞扬,这表明《易传》对价值的理解已达到了相当高的水平。更令人惊叹的是,《易传》把综合价值归纳为善、美、利、真(贞)四类,竟与意大利哲学家克罗齐(1866—1952年)提出的真、善、美、利四类基本价值说不谋而合。然而,《易传》却比克罗齐早两千多年之久。

《易传》的价值观念不但内容丰富,见解深刻,而且还有其鲜明的特征。其主要特征是:

1. 以"天人合一"为依据。《易传》追求的所有价值都是天人合一的产物,是自然和社会一体化的成果。由于天有"显诸仁,藏诸用,鼓万物"的"盛德大业"(《系辞上》),人就应追求"崇德广业"的目标;由于"天尊地卑""天地交通",社会就该建立"上下交而志同"的秩序;由于"天行健""地势坤",人就要发扬"自强不息""厚德载物"的精神;由于"天崇地卑",人就须重视"智崇礼卑"之价值;由于天有"元亨利贞"之德,人就得崇尚"仁义礼正"的道德。可见,《易传》赞扬的各种价值中都贯彻着"天统人""人法天"的天人合一原则。《象》传在解释每一卦辞时,几乎都用"(天)……君子以……"的同格句型表述天人合一的思想,如"天行健,君子以自强不息""地势坤,君子以厚德载物""风行天上,小畜,君子以懿文德""山下出泉,蒙,君子以果行育德""上天下泽，履，君子以辨上下安民志"等等。《系辞上》则从理论上明确指出天人合一是价值（善）的依据："一阴一阳之谓道，继之者善也，成之者性也。"一阴一阳是天道，继之者是善，成之者为人性。还高度赞扬了天人合一原则的重大意义："夫大人者，与天地合其德，与日月合其明，与四时合其序，与鬼神合其吉凶。先天而天弗违，后天而奉天时。天且弗违，而况于人乎？况于鬼神乎？"这就是说，天人合一是价值产生和实现的根本途径。

2. 以"富有日新"为标准。"富有"言丰富充实，"日新"指不断更新。《易传》认为，富有日新是一切价值的标准。"富有之谓大业；日新之谓盛德。"（《系辞上》）因为富有，所以才说业绩伟大；因为日新，所以才称德性隆盛。于是，《易传》主张把富有日新标准广泛应用到人们的价值评价和价值创造活动中去。对道德修养，它提出不但要"多识前言往行以畜其德"（《大畜·象》），而且应以刚健笃实的精神"日新其德"（《大畜·象》）。对学问，它要求通过"学以聚之，问以辨之"（《乾·文言》）的途径不断更新。对事业，它主张依据"变通之谓事"的原则，"穷则变，变则通，通则久"（《系辞上》），使事业可久可大。对社会，它倡导进行适时变革，"革故鼎新"（《杂卦》），"天地革而四时成"（《革·象》）。《易传》之所以提出以富有日新的标准衡量价值，其根本理由在于生之不息，变化不止，推陈出新，是《易》道的根本原则，是宇宙的普遍规律。《系辞》："生之之谓易""天地之大德日生""刚柔相推而生变化"；《文言》曰："乾道变化""乾道乃革"，就是对宇宙法则的高度概括。《易传》提出的"生生变易"之道和"富有日新"观念，是宝贵的精神财富，无论过去、现在或将来，都会不断激励中华民族在社会变革和自我革新的道路上前进。

3. 以"保合太和"为境界。价值是发展的，各类价值都有由产生到完成，由初级到高级、由低层次到高层次的发展过程。《易传》认为，价值发展应该达到的最高成果和理想境界是"保合太和"。《乾·象》曰："大哉乾元，万物资始，乃统天。云行雨施，品物流形。大明始终，六位时成，时乘六龙以御天。乾道变化，各正性命，保合太和，乃利贞。首出庶物，万国咸宁。"这是对天（乾）发挥其生生不息之功能，在宇宙间创造价值的基本发展过程的描绘和赞美。由"万物资始"的开始发生，到"品物流形"的成长扩展，再到"各正性命"的果实形成，最终达到了"保合太和"的最高境界。天就是这样创造出丰富的价值，供人类享用，使天下太平（"首出庶物，万国咸宁"）。"保合太和"就是保持各种要素的最佳结合而达到最高和谐的状态，也就是一切对立和冲突消失的境界。《易传》认为一切真正的价值都达到了这种境界，"利者，义之和也""利物足以和义"（《乾·文言》）——利益价值是和谐的；"上下志同""履（礼）以和行""履（礼）和而至"（《系辞下》）——社会秩序价值是和谐的；"和顺于道德而理于义"（《说卦》）——道德价值是和谐的；"圣人感人心而天下和平"（《咸·彖》）——情感价值也是和谐的。"保合太和"之所以是价值的最高境界，原因在于整个宇宙都以和谐为最高法则，"天地相感而万物化生"（《咸·彖》），"天地绷缊（绷缊，和貌），万物化醇"（《系辞下》），"阴阳合德而刚柔有体"（《系辞下》）就是和谐的表现。王夫之说，天地间，"阴与阳和""刚与柔和""气与神和"就是"太和"，"太和，和之至也"（《张子正蒙注》卷一）。这最高的和谐，在天为变化的极致法则，在人即是价值之最高境界："动用者，太和必至之德；位者，太和必至之化也。德者人，化者天。"① 这实在是对《易传》以太和为价值最高境界的极好阐释。

诚然，《易传》的价值观内容丰富，特征鲜明，可是今天看来并非全部都是精华。不但其崇尚尊卑等级的政治观念早已成为封建糟粕，而且，其综合价值观中以善为四德之首的偏重道德倾向，天人合一思想中渗透的附会类比方式，"保合太和"理想中追求无矛盾境界的意图，以及总体上对知识价值重视不够的局限，都是些严重的缺陷。尽

---

① （清）王夫之：《周易外传》，中华书局 1977 年版。

管如此，《易传》价值观的重大意义并没有失落，它其中蕴藏的精华，经过扬弃，可为我们建立适合于现时代要求的价值观念，提供有益的营养和启示。

（原载于《人文杂志》1989 年第 6 期）

老子"道"的价值意蕴

世界本体与价值渊源合一，宇宙法则与治世规范统一，乃是中国传统哲学的重要特征。"《老子》，明道之书也。"①"道"是老子哲学的基本范畴。老子的"道"既是世界的根本，又是他所追求的理想。关于老子"道"的本体论意义，学术界多有论列，而关于其价值论意蕴，则需要作深入探讨。本文将就这一问题略陈管见。

一 "道"的价值品格

老子的"道"是一个多义哲学范畴，它既具有本体论的品格，又具有价值论的品格，两种涵义是交织在一起的。用老子的话说："道者，万物之奥，善人之宝。"（《老子》第六十二章）"万物之奥"是本体义，"善人之宝"是价值义。

作为"万物之奥"的本体，"道"是指天地万物产生、存在、发展变化的根本依据和普遍规律。道与天地万物的关系是"母"与"子"、"本"与"末"、"体"与"用"的关系。它是"万物之母""万物之宗""万物之奥"。因此，老子认为，人要把握天地万物，必须"从道""执道"，即遵从道的法则，依据道的本性来行动。

作为"善人之宝"的价值，"道"则是指应该追求的崇高境界和达到的理想目标，从老子对道的赞美和要求人们对待道的态度来看，"道"的价值品格是十分明显的。他赞美道为"尊"（"道之尊"），为"大"

---

① （明）焦竑：《老子翼·序》，华东师范大学出版社 2011 年版。

（"天下皆谓我道大"），为"宝"（"道者，善人之宝"）。这表明，他是把"道"作为最尊贵、最伟大的价值来看待的。因而，他要求人们"尊道"（"尊道而贵德"）、"贵道"（"贵此道者何"）、"保道"（"保此道者不欲盈"）、"为道"（"为道日损"）、"同于道"（"同于道者道亦乐得之"）、"从事于道"（"故从事于道者"）。这表明，他要人们把道当作崇高的价值理想来追求。

那么，道作为崇高伟大的价值理想或价值境界，有哪些基本品格呢？

1. 自然。老子说"道法自然"。"自然"不是指自然界本身，而是指不受外界制约，又无内在目的的一种毫无勉强、毫不拘谨的自在自由状态。老子认为，自然状态是一种崇高的价值境界，它对宇宙万物和人都有重大意义，在这种境界里"万物将自化""天下将自定"。侯王若能达到这种境界，"万物将自宾"（自动服从），民将"自富""自朴""自化"。

2. 虚静。老子以"道冲""橐籥""天下谷""玄牝之门""虚而不屈"形容道的虚空，用"归根曰静""静为躁君"描写道的清静。老子认为虚静也是一种价值品性，有着重要的价值意义。"道冲，而用之或不盈"（四章），"夫唯不盈，故能蔽而新成"（《老子》第十五章），"为天下谷，常德乃足"（《老子》第二十八章），这就是虚的意义；"静曰复命"（《老子》第十六章），"清静为天下正"（《老子》第四十五章），"牝而以静胜牡"（《老子》第六十一章），"我好静而民自正"（《老子》第五十七章），这就是静的意义。

3. 柔弱。柔弱是道的又一价值品性，老子说："柔者道之用"（《老子》第四十章），"柔弱者，生之徒"，"柔弱处上"（《老子》第七十六章）。这显然是把柔弱也作为一种价值来赞扬的。柔弱和不争是紧密相联的，柔弱则不争。水就是柔弱不争的价值象征；"天下莫柔于水，而攻坚强者莫之能胜"（《老子》第七十八章）；"水善利万物而不争""夫唯不争，故无忧"（《老子》第八章），在老子看来，柔弱的基本意义在于克刚胜强，有生命力，"弱之胜强，柔之胜刚"（《老子》第七十八章），"人之生也柔弱""天之道，不争而善胜"（《老子》第七十三章），

"草木之生也柔脆"（《老子》第七十六章）。所以柔弱是"上善""处上"的高贵价值。

4. 独立。老子认为，道还具有独立的品性。他说："有物混成，先天地生。寂兮寥兮，独立而不改，周行而不殆。"（《老子》第二十五章）"独立"指道的绝对性，现象界的一切事物都是相对的，而道是个绝对体，既是绝对的，所以就是独立无二的，既是独立无二的，所以它永远不依靠外在的条件和力量。这种超越相对、超越条件的独立性之所以也是一种价值，关键在于它保持了鲜明的个性。老子说，得到了道的人就会"独异于人"，众人煦煦，"我独泊兮"；众人有余，"我独若遗"；俗人昭昭，"我独昏昏"；俗人察察，"我独闷闷"；众人皆有本领，"我独顽鄙"，我就从得道者的独立个性映视了道的独立价值。

由于道有上述价值品格，老子就赋予道以极高的价值地位。他认为：（1）道是绝对的"利"。"天之道，利而不害"（《老子》第八十一章）。它促使万物生长，给万物注入生机，带来利益，但又不居功，不自恃，不干扰，不损害。这种"善利万物"而"不争""不害"，是绝对的完满的"利"。（2）道是高度的"真"。道之为物，"其中有象""其中有物""其中有精"。而且，"其精甚真，其中有信"（《老子》第二十一章）。就是说，道是最真实的存在。因而，把握了道，就是把握了宇宙真理。（3）道是至上的"善"。老子说："夫唯道，善贷且成"（《老子》第四十一章）；"上善……几于道。"（《老子》第八章）掌握道的人，也即是"上善"的人，他"居善地，心善渊，与善仁，言善信，正善治，事善能，动善时"（《老子》第八章）；他"善行，无辙迹；善言，无瑕谪；善数，不用筹策；善闭，无关键而不可开；善结，无绳约而不可解"（《老子》第二十七章）。（4）道是极致的"美"。老子说："天下皆知美之为美，斯恶已。"（《老子》第二章）世俗生活中，美和丑（恶）是相比较而存在的，而道则是极致的美，自然而然的美。道之美，如"大音无声""大象无形""大盈若冲""大直若曲""大巧若拙""大成若缺"，用庄子的话说，就是天地间之"大美"。

可见，具有自然、虚静、柔弱、独立等价值品格的道，乃是利、真、善、美的统一体。在这个统一体中，老子认为，真是基础，利、善和美都是由真决定的，从属于真的。

"万物之奥"的本体根据和"善人之宝"的价值理想的统一，就是现代哲学上争论不休、纠缠不清的"实然"原则和"应然"原则的统一。老子是怎样将这相互独立的两个方面统一起来的呢？他的思路是，把从自己主体需要出发的价值追求直接投射于形而上学客观本体，使"事实是什么"和"应该怎样"合而为一，都包容在道的内涵之中。这样做的结果，就把"应然"的价值原则上升为"实然"的本体法则，从而使由主体需要出发的价值追求，变成了由宇宙本体和规律决定的必然法则。于是，既为他所崇尚的价值理想建立了客观必然性的根据，又使他所构想的宇宙本体法则发挥了价值导向功能。就是说"万物之奥""万物之宗""万物之母"直接地成了"善人之宝""圣人之式""侯王之守"，"道"于是成了融合"天之道""人之道""圣人之道"为一体的，"玄之又玄"的"众妙之门"。

二　道的价值功能

老子把道作为崇高的价值理想，认为其在中国传统的价值观演变历程中具有十分重要的意义，发挥了显著的功能。

中国传统的价值观念，在先秦时期，经历了两次重大的变革。第一次是在殷周之际，当时西周后起的奴隶主势力以"小邦周"取代"大国殷"，适应这次政治变革的需要，周初统治者对夏殷以来以天命神权为最高价值的传统观念进行了修正，提出了"皇天无亲，惟德是辅。民心无常，惟惠之怀"（《尚书·蔡仲之命》）的思想。这就是学术界所概括的"修德配命""敬德保民"观念。这种观念虽然表现了对道德价值的自觉和民众价值的肯定，但天命神权的价值光环仍然得到维护，处于至上的地位。

第二次是春秋战国时期，当时奴隶社会"礼崩乐坏"，封建制度逐渐形成，随着社会的大变革，价值观念也产生了相应的变化。在这个新旧交替，方生未死的时代，哲学家和思想家们都为建构新的价值体系力学深思，奔走呼号。以老、孔、墨开其端，庄、荀、韩殿其后的整个百家争鸣时代，可以说，就是价值观念转换、冲突、融合的时代。老子的道论，正是在这个时代发挥了它特有的价值功能。

1. "道大""人大"：对天命价值的重估。老子所处的春秋末期，殷周以来的传统价值观念还有很大影响，传统价值观中占主导地位的是对天命的崇拜。这种观念认为人世间的吉凶、祸福、休咎、存亡都是由天命决定的，因此人要想得到满足自己需要的一切价值，如财富、权位、寿命、健康、功名、利禄，就必须迷信鬼神，崇拜天命，期待天命的恩赐。天命是一切价值之源，价值主宰。崇命则是实现价值的唯一途径。即使在孔子代表的儒家思想中，也还有"死生有命，富贵在天"的观念。在这种虚幻的天命价值观中，人的价值地位自然就得不到充分的肯定。老子正是对于这种观念进行了重估。首先，他以"天道"取代了"天命"为价值确立了新的源泉。他指出，"道"不是人格神，它是一种客观存在，而且"象帝之先"，比上帝更根本，它"有利而无害""用之或不盈"，只要"从于道""同于道"，就可以获得一切价值。其次，他并称道、天、地、人为"四大"，提高了人的价值地位，老子说："道大，天大，地大，人亦大。域中有四大，而人居其一焉。"（《老子》第二十五章）这使人的主体价值升值到了很高的地位，改变了人服从于上帝、天命的旧传统，"道在帝之先"和"人与道同大"这两个观点结合起来，成为老子实现价值重估和价值翻转的基本原则。这在价值观念的变革史上具有十分重要的意义。可以说，它是春秋初年季梁、史嚚重民轻神思想的进一步发展，在春秋战国时期"远天道"（神意的天道）"重人道"思想潮中鸣奏着一支高亢的乐曲。

2. "人法自然"：对儒墨价值的批判。春秋战国之际，进行价值重估和实现价值翻转的不仅有老子代表的道家，孔子创立的儒家、墨子创立的墨家，也都提出了新的价值观以取代传统价值。儒家尚仁、义、礼、智；墨家倡兼爱、功利，都是从不同方面来弘扬人的主体地位。如果就重视人的价值而言，老和孔、墨是有共同点的，但从具体的价值取向来看，二者却有很大差异。老子认为要提高人的价值，必须遵循自然无为之道，把自然无为作为崇高的价值目标。他提出："人法地，地法天，天法道，道法自然。"这种递进地取"法"，最终的归结就是"人法自然"，就是使人处于不受强制，不受束缚，自然而然，自由自在的存在状态。他认为，只有如此，才能保持人的本性，保全人的生命，确立人的价值。以此为价值尺度，《老子》对当时已经流行的，后来由孔、墨鼓吹的价值观念，进行了尖锐批判。他说，儒、墨主张的价值，其实是远离大道，违背自然的反价值，是"道"（自然无为）价值失落以后，人们陷入了迷误，社会走向邪恶的产物，所谓"大道废，有仁义智慧出，有大伪。"（《老子》第十八章）"失道而后德，失德而后仁，失仁而后义，失义而后礼。夫礼者，忠信之薄而乱之首。"（《老子》第三十八章）因此，必须"绝仁弃义""绝圣弃智""绝巧弃利"（《老子》第十九章），废弃仁义礼智功利等价值追求，复归于道，取法自然。老子提出的这种思想，后来长期成为道家批判儒、墨价值观的理论武器，在思想史上产生了深远影响。

3. "用柔""知反"：对价值冲突的调节。道的价值品格体现在得道者价值态度和价值思维方式上，就是"反者道之动，柔者道之用"（《老子》第四十章）。"用柔"指价值态度言，包括"后身""不争""知足"三个要点，所谓"后身"，就是在价值选择中谦居人后，谦让处下。老子说："后其身而身先"（《老子》第七章），"不敢为天下先，故能成器长"（《老子》第六十七章），"舍后且先，死矣"（《老子》第六十七章）。所谓"不争"，就是在价值生活中，不争夺、不竞争、谦和宽让。老子说"天之道，不争而善胜"（《老子》第七十三章），"圣人之道，为而不争"（《老子》第八十一章），"夫唯不争，故无尤"（《老子》第八章），"以其不争，故天下莫能与之争"（《老子》第六十六章）。所谓"知足"，就是减少主体需要，降低主体欲求，对价值的追求知道满足，知道确定合理的界限。老子说："见素抱朴，少私寡欲"（《老子》第十九章），"圣人去甚，去奢，去泰"（《老子》第二十九章）。"知足不辱，知止不殆，可以长久"（《老子》第四十四章），"知足者富"（《老子》第三十三章），"祸莫大于不知足，咎莫大于欲得。故知足之足，常足矣"（《老子》第四十六章）。

"知反"指思维方式言，就是认识价值和思考价值时，把握价值区别的相对性和转化性，不固执不拘泥于价值之间的对立。要看到美与丑、善与恶、智与愚、祸与福、荣与辱等等价值都是互相依存而不是孤立的，而且都向着它相反的方面转化，"正复为奇，善复为妖""祸兮，福之所倚，福兮，祸之所伏"（《老子》第五十八章）。因此，社会上一切的价值对立、价值冲突都不是绝对的。

在老子看来，当时的人们在价值生活中不"用柔"（不是后身而是先身，不是不争而是力争，不是知足而是贪欲），不"知反"（把价值看成绝对的），乃是"人之迷，其日固久"（《老子》第五十八章）！于是形成了尖锐激烈的矛盾冲突和斗争。为此，他企图用这办法来平息斗争，缓和矛盾。我们知道，春秋时期乃是社会形态发生剧变的新旧交替时代，价值取向上的矛盾斗争不过是阶级利益上的矛盾和斗争在社会意识中的反映，因此，企图通过退守、知足、不争的"用柔"态度和"知反"的思维方式从根本上来调节价值冲突是不可能的。但是，应该承认，老子从道的价值品格中引申出来的价值态度和价值思维方式，如果在一定历史条件下，在一定的范围和一定的程度上予以采用，的确可以起到某种调节、缓和价值冲突作用。西汉初年，用这种价值取向来安定社会，缓和矛盾，与民休息，取得了显著的效果，就是例证。

4."为道日损"：对世俗价值的超越。道的价值内涵是异常的，幽隐的，不是外炫的，表面的，老子说"道隐无名"（《老子》第四十一章）。人要达到这种理想境界，就必须从现实世俗的各种价值追求中解脱出来，超越出来。所谓现实的世俗价值，就是一般的普通人们认为可以满足其需要的对象，如物质财富、文化知识、技术、才能、法令、道德等等。老子认为，要实现道的价值，就必须对这些世俗价值不断地减少、磨损。他说："为学日益，为道日损。损之又损，以至于无为，无为而无不为。"（《老子》第四十八章）就是说，实现道的价值和追求知识不同，追求知识必须月积月累，不断增益；而实现道的价值则必须日日减少、磨损，以至达到无为的境界。达到了无为，就没有什么价值实现不了的。老子说："五色令人目盲；五音令人耳聋；五味令人口爽；弛骋畋猎，令人心发狂；难得之货，令人行妨。"（《老子》第十二章）又说："天下多忌讳，而民弥贫；人多利器，国家滋昏；人多伎巧，奇物滋起；法令滋彰，盗贼多有"（《老子》第五十七章），因此，这都是"损"的对象。又说："不尚贤，使民不争，不贵难得之货。使民不为盗，不见可欲，使民心不乱"（《老子》第三章），"绝学无忧"（《老子》第十九章），这些就是"损"的好处。可见，道的价值，实现于对世俗价值的超越之中。超越世俗的各种价值，正是道的价值功能。

老子认为，人如果与道同一，就能摆脱一切世俗价值的束缚，超越平凡，而成为独立的自由人。这就是老子所谓的"圣人"，"圣人"乃是人世间最有价值的人，应该说，老子道的超越功能是的确存在的。它可以帮助人们从名缰利锁中解脱出来，从欲火情海中超越出来，从污泥浊水中升华出来，去追求更远大更崇高的人生理想。

总之，道作为最高价值，它曾在社会的价值活动和人们的价值生活中发挥着提高主体地位（"道大""人亦大"），批判儒、墨取向（人法自然），调节价值冲突（"用柔""知反"）和超越世俗价值（"为道日损"）的重要功能。这种功能不仅在老子所处的春秋时期，而且在其后漫长的封建社会中都对人们的价值生活发生了深远的影响。儒家的仁义道德价值，墨家的兼爱功利价值，法家的权力价值虽然在春秋战国时期都对人们摆脱天命观念的束缚，提高人的价值地位，发挥了不同程度的作用（尽管儒家的"天命"观念和墨家的"天志"意识还有着反传统的不彻底性），但由于他们的价值取向、价值态度、价值思维方式与老子及道家不同，所以其调节功能和超越功能都不及道家显著。

三　道的价值局限

按照老子的看法，道是宇宙间最伟大、最崇高、最珍贵、最圆满、最长久的价值，它虽然自然无为、虚极静笃、柔弱不争、独立不改，但如果得到了它，就会实现一切价值，达到无限自由的境地，"天得一以清，地得一以宁，神得一以灵，谷得一以盈，万物得一以生，侯王得一以为天下贞（正）"（《老子》第三十九章）。然而，如果我们以社会的进步、历史的前进和人类的发展为评判尺度，就可看出，老子的道作为一种价值理想，尽管有其积极功能，但同时也存在着严重的局限性。

1. "微妙玄通"的神秘价值境界。老子说，他的道是"玄之又玄"的"众妙之门""玄牝之门"。又说，达到道的境界的人具有"玄德"，"玄德，深矣远矣"（《老子》第六十五章），"微妙玄通，深不可识"（《老子》第十五章）。"玄妙"既描绘了道的深远，也同时显示了道的神秘。"玄妙"的主要特征是，第一，道是有与无的统一，"常无，欲以观其妙；常有，欲以观其徼"（《老子》第六十二章），"无名，天地之始；有名，万物之母"（《老子》第六十二章）。而且，从根本上说，道是"无"。"道隐无名"（《老子》第四十一章），"道常无名"（《老子》第三十二章），天下万物生于有，而"有生于无"（《老子》第四十章）。万有最终又"复归于无极"（《老子》第二十八章），"复归于无物"（《老子》第十四章）。第二，道是不可认识、难以把握的。它是"无状之状""无物之象"，"其上不皦，其下不昧"，恍恍惚惚，渺茫不清；它其明若昧，其进若退，其夷若纇，若隐若现，窈冥难明；它"视之不见，听之不闻，搏之不得""迎之不见其首，随之不见其后"（《老子》第十四章）。道的这种本无性和难知性对于道本身和得道的人二者都是适用的。从价值意义上看，就是说道的价值境界和得道者的精神境界都是"玄妙"的，"深不可识"的。价值本是人们在现实的生活中存在和表现的一种主客体关系，它尽管由于主体需要的多面性、多层性和变动性，客体属性的多样性、变化性，而具有十分复杂和非常丰富的特征，也具有历史演变的特征，但任何价值都不是"玄之又玄"的东西。老子把价值"玄妙"化，诚然可以表现它崇高深远的超越品性，但却使它远离了人们的现实生活，成了不可企及，难以把握的对象，导向价值神秘主义。后来，老子学说的宗教化，成为道教的经典理论，显然与此有极大关系。人们在现实生活中不能达到的价值境界，只好到宗教中去信仰崇拜了。

2. "见素抱朴"的朴素价值水平。道不但是"玄"而且是"朴"，老子称道为"无名之朴"，并主张"复归于朴"，反对"朴散则为器"。他赞扬说："朴虽小，天下莫能臣也，侯王若能守之，万物将自宾。"（《老子》第三十二章）他认为和道同一的人"敦兮其若朴"（《老子》第十五章）。可见，"朴"是道作为价值的重要特征。那么，什么才是"朴"呢？老子说："无名之朴，夫亦将不欲。不欲以静，天下将自定"（《老子》第三十七章）；"见素抱朴，少私寡欲"（《老子》第十九章）；"我无欲而民自朴"（《老子》第三十七章）。可见，朴的实质就是"不欲""寡欲""无欲"。老子要人们在价值追求中，减少欲望，甚至根绝欲望，"处其厚，不居其薄；处其实，不居其华"（《老子》第三十八章）。他所谓的"浇薄"与"浮华"，不仅指"难得之货"之类的物质财富，还包括仁、义、礼、智、学、艺之类的精神价值。这虽然有反对剥削阶层追求物欲、贪得无厌、奢侈腐化和利用仁、义、礼、智进行欺诈的进步性，但他不加分别地反对一切文化价值，甚至认为文化本身就是"伪"，是"迷"，是社会混乱的根源，只有根绝抛弃，百姓才会受益，天下才会安定，这就矫枉过正了。不仅精神文化价值，即使物质财富价值，也不能统统斥之为"甚"和"奢"。如果对物质财富、精神文化笼统予以否定、排斥，使人们的价值生活永远处于"见素抱朴"的低水平，使人类永远处于"为腹不为目"，只求吃饱肚子而不求其他的简陋时代，即使进步了，也还要"复归于婴儿"，再回到单纯无知的状态中去。那么，社会如何发展，人类如何进步？人们价值追求的水平和层次，从根本上说，是与社会发展水平、人类文明进步程度相同步的。老子的道价值论确有不合这一趋势的局限性。

3."小国寡民"的倒退价值意向。老子称实现了道的社会是"天下有道",有道的天下乃是他所追求的一切理想价值的综合体。这个社会是个"小国寡民"的乐园。其特征是:(1)工具简陋:"有什伯之器而不用";"虽有舟舆,无所乘之"。(2)文化质朴:"民复结绳而用之。"(3)社会和平:"虽有甲兵,无所陈之。"(4)秩序安定:"邻国相望,鸡犬之声相闻,民至老死不相往来。"(5)生活舒适:"甘其食,美其服,安其居,乐其俗。"(6)珍惜生命:"民重死而不远徙。"(《老子》第八十章)

这种社会,用我们现在的眼光看,一方面,它没有压迫,没有剥削,没有争夺和战争,没有虚伪和欺骗;另一方面,它简陋、蒙昧、封闭、僵化,缺乏生机和活力,不求文明和进步。两个方面统一起来,它只能是老子所虚构的原始社会的幻影。从价值论角度来看,在这种社会里,价值主体的需要层次甚低,价值客体的功能效应甚弱,价值创造的意识甚差,价值体系的结构甚简。

事实上,在老子所处的春秋时代,已出现了万乘之国、万人大都,有了相当进步的生产工具、生活用具、技术器械;有了相当发达的文化、科学、艺术,而老子的价值意向却与社会进步相反,希望退回到远古蒙昧的原始时代去。尽管这种意向反映了小生产者反对压迫剥削,追求社会安定,希望生活舒适的愿望,但从历史发展和价值演进的方向来看,显然是一种倒退复古思想。

在历史上,老子的理想蓝图对于后世的进步思想家批判剥削制度的不合理,对于农民起义者提出"等贵贱,均贫富"的纲领,曾起过某种启迪作用。但对于人们发展生产,创造文化,开拓前进,追求高水平高标准的价值目标,也产生了严重的消极影响。

4."道常无为"的消极价值态度。老子对道有两个基本规定,一曰自然,二曰无为:自然就存在状态而言,无为就主体态度而言。体现在人的价值活动中,自然指达到价值理想的境界而言,无为指对待价值追求和创造的态度而言。老子说"道常无为"（《老子》第三十七章），又说"圣人处无为之事"（《老子》第二章），就是要人按照道的无为品性从事价值活动。

无为作为一种主体的价值态度，是有两重性的。一方面，如上所论，它具有缓和价值冲突和超越世俗价值的功能；另一方面，它也的确存在着消极性的局限。这种消极性不仅表现在它以自然境界为最高理想，淡化甚至否定了人们对实际的功利、技巧、文化、道德、知识等价值的追求，而且还存在于它对人们价值活动的能动性和价值创造的积极性的弱化作用。无为的基本特征是：顺应自然，任物自化，不参与，不变革，不管辖。对自然对象如此，对社会对象也如此。用老子的话说，就是"处无为之事，行不言之教，万物作焉而不为始"（《老子》第二章）；"生之、畜之……长而不宰"（《老子》第十章）；"以辅万物之自然而不敢为"（《老子》第六十四章）。在自然界让"物自化"，在社会上让"民自化"；老子认为"无为"有着极大的好处，"无为之益，天下希及之"（《老子》第四十三章）。其"益"何在呢？一句话：只有成功没有失败。所谓"无为，故无败，无执，故无失"（《老子》第六十四章）；"为无为，则无不治"（《老子》第三章）。因此，他主张圣人应行无为之道，侯王应行无为之政，而百姓则应"虚其心，实其腹，弱其志，强其骨。……无知无欲"（《老子》第三章）。由此可见，无为之道中确实包含着一种"至柔"而不刚，"弱志"而不强，对万物"不始"（不开发）、"不宰"（不宰制）、"不执"（不把控）的消极主体态度。

当然，就"无为"之道的总体而言，它还含有对自然和社会不任意妄为，不过分干预，对自然价值和社会价值不据为己有，不居功自恃；在治国治民上，不侈靡贪婪，不扩张私欲，不骚扰强迫等合理因素。而且，老子也指出无为不过是达到"无不为"效果的手段，并不是最高目的。然而尽管如此，无为所包含的消极性也还是相当明显的。

如果我们把老子的无为论与孔子"知其不可而为之"（《论语·宪问》）、荀子"制天命而用之"（《荀子·天论》）、《易传》"君子以自强不息"、法家"尽力务功"、刘禹锡"人能胜天"、王夫之"竭能以造天"等强调人的主体能动性的思想予以比较，无为论的消极性更显而易见了。

老子道论中所包含的价值品格，所具有的价值功能和所存在的价值局限，在中国历史上曾经产生了复杂而深远的影响，从民族精神上看，中华民族崇尚自然、珍视生命、尊重个性、追求自由、超越自我的价值观念，和听天由命、因循守旧、柔弱退让、消极处世的消极思想，都可以从老子的道论中找到渊源。从社会效果上看，它曾为汉初统治者提供了安定社会、休养生息、发展生产的理论指导，也曾为早期道教所借用，成为反剥削、反压迫的农民革命的思想武器。从人生观意义上看，它曾为一些在理想与现实的冲突中四处碰壁，理想失落，心灰意冷，消极避世的隐士，提供过一种安身立命的价值关怀，也曾对一些升华精神境界，提高人格品位，保持个性独立，超越世俗污浊的高士启迪了淡泊高远的人生智慧。今天，面对道的复杂的价值意蕴，我们应该用马克思主义的辩证法进行深入的分析，合理的扬弃，从中废弃死的东西，救出活的东西，使之为建立社会主义的新的价值观念体系提供历史借鉴和思想营养。

（原载于《中国哲学史》1993 年第 2 期）

老子对人的价值的沉思

老子崇尚自然，尊道贵德，着力于"天地之根""万物之奥"的探讨，但并非因此而忽视人的价值，而是通过与儒家不同的思维路径，朝着自己特定的致思趋向，肯定和弘扬人的价值。老子对人的价值的沉思，具有笼统性和模糊性，蕴含渗透于他的诗性智慧之中，但如果从价值论视角予以观照，其思想观点，灼然可见；其理性价值，斐然可观；其积极意义，依然可取。概而言之，约有四端：

一 "人亦大"——人的价值地位

人在宇宙间的地位如何，是人的价值的首要问题。对此，老子有自己独特的看法，他说："道大，天大，地大，人亦大。域中有四大，而人居其一焉。"（《老子》第二十五章）这里的"大"，非指形体言、幅度言，而乃指功能言、价值言。意谓：道、天、地、人都具有伟大的功能，因而是宇宙间的四种伟大存在。老子以"大"形容道的词句颇多，如"字之曰道，强为之名曰大""大道废""大道氾兮""行于大道""大道其夷""天下皆谓我道大"等等，都是在形容"道"普遍存在、无始无终、独立不改、周行不殆、包容万物、主宰宇宙的特征和功能。而关于天、地、人的"大"，老子并未具体描绘，以文义推之，此"大"乃比较之词，即天的伟大相对于地、人而言，地的伟大相对人而言，人的伟大则相对于万物而言。由此看来，道的"大"是绝对的无条件的伟大，天、地、人的"大"则是相对的有条件的伟大，意义并不相同。然而，老子既将人与道、天、地并列为"四大"，认为人是宇宙间的伟大存在之一，这就明确肯定了人的价值地位。更值得注意的是，老子在论述的语气上，有对人的价值强调之意，"人亦大""域中有四大，而人居其一焉"，似在唤起人们不要忽视人的价值，不要因为道、天、地之"大"而忘却了人也是"域中"的伟大存在之一。这种表述是颇有深意的。

老子以道、天、地、人并列"四大"，儒家以天、地、人并称"三才"，二者都肯定了人的价值地位，但二者的思维路径却不相同。天、地、人都是现象界的实际独立存在物，都是形而下者，并没有贯通三者的形上本体，因此，人的价值根据即在处身之中。而老子将人的价值与道并列，就把人纳入了宇宙本体"道"的系统，通过人与宇宙本体的相通、相类来肯定人的价值，从而使人的价值有了本体论的根据。按照老子的思路，宇宙万物都是由道派生的，"道生一、一生二、二生三，三生万物"（《老子》第四十二章）；都是由道统一的，道是"万物之宗"；都是由道支配的，道是"万物之母"。因此，道是万物的深层本质和内在根据，"道者万物之奥。"人也不例外，它在宇宙间的价值地位是以道为基础，由道所赋予的。道作为形而上的本体是伟大的，人作为这一本体的体现，也是伟大的。于是，人的价值地位在与道相贯通中被确立了，在对道的依赖中发生了。正如海德格尔在论"道"时说的："人与存在以相互引发的方式而相互归属。这种相互归属令人震惊地向我们表明人如何被让渡给存在，存在也如何被人的本性所占这样一个事实。"①

老子通过与道相贯通的思路来肯定人的价值，就使人的价值具有了形上意味和超越特性。这种超越性表现在：

1. 人之"大"不在于形体的特殊。先秦时期，有人以"二足而无毛"的形体特征区别人与其他动物，由此确定人的价值。在老子看来，这并非人的价值所在，人虽然与万物有别，但人的价值并不是建立在这些区别上。

2. 人之"大"不在于智能的卓越。古代有些思想家，认为人之所以

---

① 转引自《"海德格论'道'与东方哲学"》，载陈鼓应主编《道家文化研究》第六辑，上海古籍出版社 1995 年版，第 381 页。

贵于万物，在于人有智慧、知识和才能，如王充认为人是"万物之中有智慧者"，故为万物之"长"，刘禹锡认为人"为智最大"，故为"动物之尤"，邵雍认为人"无所不能"，故"得之贵"。而在老子看来，这一切不但不是人的价值所在，反而会损害人的价值，"智慧出有大伪""前识者""愚之始""人多技巧，奇物滋起"。

3. 人之"大"不在于道德的高尚。儒家哲人总是在道德层次上为人的价值定位，他们认为仁义道德乃是人性本来固有的，人的价值就在于把它发挥出来，弘扬起来。当人把"义以为上"作为追求目标，以"杀身成仁""舍生取义"的精神实现道德，人就有了价值。而在老子看来，仁义道德乃是对人的本性的束缚，是人的价值扭曲，"大道废，有仁义""礼者忠信之薄而乱之首"。为了维护人价值不但不应该"成仁取义"，反之，应该"绝仁弃义"。

4. 人之"大"不在于物欲的享受。承认物欲，甚至以物欲满足为人的价值的表现，虽说不是中国古代多数哲人的主张，但持此看法的却也不乏其人，《列子·杨朱篇》的作者就是典型代表，他把"为美厚""为声色""为丰屋美服"提到了人生目的的高度，赋予其以"乐生""趣生""逸身""至乐"的价值意义。而老子明确地否定物欲、享乐的价值取向，激烈地批判它对人的价值的危害，"五色令人目盲，五音令人耳聋，五味令人口爽，驰骋畋猎令人心发狂，难得之货令人行妨"（《老子》第十二章）。

由此看来，老子的"人亦大"超越了一切世俗的形下的关于人的价值的规定，而上升到从宇宙本体（道）的高度来思考人的价值地位的形而上层次。这种对人的价值地位的思维水平，远远高于儒家"天地之性（生）人为贵"的价值观念。因为儒家关于人的价值内涵的规定是道德的，关于人的价值根据预设是人性的，还没有把对人的终极关怀和宇宙本体统一起来。而老子则以"道大""人亦大"的思维路径，首次在中国哲学史上确立了人的超越性的价值地位。

二 "为无为"——人的价值准则

老子从"道"的系统思考人的价值，对人的价值内涵和价值准则，也提出了与儒家不同的看法。在老子看来，人之所以伟大，是"四大"之一，其根本原因在于人能如"道"那样自然无为，而且能自觉地把"无为"当作"为"，即自觉地遵循"无为"之道而行动，老子称之为"为无为"（《老子》第六十三章）。

"无为"在老子哲学中是与"自然"相当的概念，"无为"是就主体活动态度而言，"自然"是就事物运行和存在的状态而言，主体采取"无为"的态度，就会处于"自然"的状态，无为和自然实质上是一致的。具体地说，"无为"包含三层含义：一是指人自身没有私求，对外界不妄加干预的处世态度；二是指顺应自然法则，不任意妄为的生存状态；三是指自由自在、不受束缚的精神境界。老子认为这种自然无为的态度、状态和境界，就是人的价值的基本内涵，也是衡量人是否具有价值的标准。

老子认为，如果人做到了"为无为""事无事"，就可以实现自身的价值，因为：

1. "无为"是"上德"境界的标志。老子把人的道德分为两个层次，即"上德"与"下德"，"上德"之人不自恃有"德"，所以是真正的"有德"；"下德"之人自恃有"德"，所以是真正的"无德"。在"下德"中，老子又按等级将其分为仁、义、礼、智。"上德"最根本的特征就是体现"道"，符合"道"，"下德"最本质的特征就是远离"道"，违背"道"。因之，"上德"境界的标志就是"无为"，而且无心于作为，所谓"上德无为而无以为"（《老子》第三十八章）。"无为"就事实说，"无以为"就居心说，不但做到了"无为"，而且内心毫无作为的居心，这就是"上德"境界了。"上德"境界是最能体现"道"的境界。

2. "无为"是"圣人"人格的体现。老子的理想人格是"圣人"，但老子的圣人观与孔子的圣人观大不相同。最根本的区别在于老子的圣人"体道"，而孔子的圣人"为仁"。老子明确地说："圣人不仁，以百姓为刍狗"（《老子》第五章），"圣人抱一（道）为天下式"（《老子》第二十三章）。在老子看来，"体道"的圣人乃是最理想最崇高的人格，它的基本品格就是"无为"，"圣人处无为之事"（《老子》第二章）。其具体表现是"无私""不欲""不学""不积"；"去甚""去奢""去泰"；"为而不恃""为而不争"；"后其身""外其身""不自现""不自贵"。这种"无为"并非无所事事，而是"辅万物之自然"而为；这种"无为"更不是毫无功效、毫无意义，而是"后其身而身先，外其身而身存"；"唯不争故天下莫能与之争"；"终不为大，故能成其大""以其无私故能成其私"；"常善救人，故无弃人；常善救物，故无弃物"；"不行而知，不见其名，不为而成。"总之，"无为，故无败，无执，故无失"。可见，"无为"乃是理想完美的"圣人"人格的集中体现。

3. "无为"是事业成功的方式。老子以"无为"作为人的价值准则，并没有否定人建功立业的价值追求，而是为人的主体性的发挥以及事业的成功设计了一条合乎规律的路线和方式。在他看来，人的主体能动性不是表现在主观任意的盲目蛮干上，事业的成功也并不取决于人的肆意拼搏和狂妄争斗，而关键在于人能顺应自然法则，合乎规律去作为。他称此为"辅万物之自然而不敢为"（《老子》第六十四章）。"辅万物之自然"就是辅助万物的自然发展规律，"不敢为"就是不敢勉强作为。高亨先生释曰："辅万物之自然，则万物自生自成，皆生皆成，故能无不为也。"（《老子正诂》）这正是老子"无为"的真义。在老子看来，以此方式去行动作为，建功立业，必然会达到目的，取得成功，实现人在功业上的理想，表现人的主体能动价值。所以他说："无为而无不为。"（《老子》第四十八章）又说："功成事遂，百姓皆谓我自然"（《老子》第十七章）。而功成之后，又难以用"无为"的态度对待事功，所谓"功成而弗居""功成身退"。

4. "无为"是治理天下的准则。"无为"对于治世的价值是老子无为论的一个重要内容，理想的社会既是人的价值实现的条件，也是人的价值的表现，二者有内在的统一性。因此，无为对于治世的意义也是无为作为人的价值内涵的一个方面。老子的"无为而治"主要包括两项内容：一是坚守大道，不怀私欲，不用私智。他说："道常无为而无不为，侯王若能守之，万物将自化"（《老子》第三十七章）；"我无为而民自化，我好静而民自正，我无为而民自富，我无欲而民自朴"（《老子》第五十七章）；"爱国治民，能无知乎?"（《老子》第六十五章）"以智治国，国之贼；不以智治国，国之福。"（《老子》第六十五章）"圣人之治，常使民无知无欲。"（《老子》第三章）就是说，统治者和百姓都遵循自然之道，无智无欲，天下就能长治久安；二是顺应民性，不加干预，不加强制。统治者自己要"常无心，以百姓心为心"（《老子》第四十九章），"治大国若烹小鲜"（《老子》第六十章），处无为之事，行不言之教"（《老子》第二章）。从而使老百姓安居乐业。以无为作为治世的准则，社会就会达到"其政闷闷，其民淳淳"（《老子》第五十八章）、自然、素朴、平等、自由、安宁、和平的理想境地。

总之，"无为"是一种崇高完美的价值准则，"无为之益，天下希及之"（《老子》第四十三章）。人做到了"为无为"，就会达到"上德"境界，成为"圣人"人格，处事"无败"，治世有方，真正使人的价值得以实现。反之，如果任意妄为，就会变得毫无价值。

"为无为"的价值准则的确立，完全是由"道"决定的，在老子看来，道的基本特征之一就是"无为"，"道常无为"决定了人应无为。道不但是人的价值地位的根据，也是人的价值准则的根据。人的价值说到底就是对道的价值内涵的体认和呈现。

儒家哲人也十分关注人的价值问题，他们对人的价值的衡量尺度，集中表现在"义以为上"的观念中。孔子说："君子义以为上。"（《论语·阳货》）又说："好仁者无以尚之。"（《论语·里仁》）在他看来，仁义道德就是人之所以为人的根本标志，也是评判人是否有价值的标准。孟子更直接地说："仁也者，人也。"（《孟子·尽心下》）汉董仲舒说：

"人受命于天，故超然异于群生，入有父子兄弟之亲，出有君臣上下之谊，会聚相遇，则有耆老长幼之施，灿然有文以相接，欢然有恩以相爱，此人之所以贵也。"（《汉书·董仲舒传》）朱熹说："人为最灵，而备有五常之性。"（《朱文公文集》卷五十九）他们都把仁义礼智等道德作为人本身价值的标志，这种"义以为上"的价值准则和老子"上德无为"的价值准则相比，就显得比较肤浅，因为"义以为上"是一种纯主观的"应然"设定，而老子的无为准则却是从宇宙本体——道的本性中引发出来的，是一种自身之外为人寻找价值准则的客观性思路，是一种从宇宙本体的"实然"中探求"应然"的思路。因此，问题不在于提出的"无为"准则是否正确，而在于按这种思路为人确定价值准则，更为坚实，更为深刻。

三 "大道废"——人的价值失落

人的价值既然是由"得道"决定的，那么人的价值的保持，就依赖于对道的认同和遵从，"孔德之容，惟道是从"（《老子》第二十一章）；"同于道者，道亦乐得之"（《老子》第二十三章）。如果人背离、废弃了道，就必然会导致人的价值失落。老子认为，他所处的时代，就是人的价值失落的时代。

人的价值失落的集中表现就是"有为"，不但"有为"，而且"敢为"，任意妄为，胡作非为。于是，出现了非常严重的局面：

1. 物欲横流。当时的人们，私心膨胀，贪得无厌，把自己的私欲看得高于一切，疯狂地追求物欲、名利、声望、权力，"不知足""不知止"。普通百姓"贵大患若身""贵难得之货"；上层统治者，"其政察察""食税多""财货有余""服文彩，带利剑，厌饮食"，纵情享乐。当利益没有追求到的时候，就轻举（"轻"）妄动（"躁"），当目的达到时就自以为是（"是"）、自高自大（"矜"）、夸耀显示（"伐"）、骄傲逞强（"骄""强"）。其后果是"五色令人目盲，五音令人耳聋，五味令人口爽，驰骋畋猎令人心发狂，难得之货令人行妨"（《老子》第十二章）。老子说："祸莫大于不知足，咎莫大于欲得"（《老子》第四十六章），私欲泛滥，物欲横流，给人带来的是祸患丛生，价值失落。

2. 诈伪成风。老子认为，"有为"就要靠私智，用技巧，走捷径，于是社会上形成了一种虚伪、欺诈的风气。人们用华丽的言词掩盖自己的真实动机，"美言不信"；用主观的臆测预见未来，"前识者，道之华而愚之始"（《老子》第三十八章）；用漂亮的语言换取别人的信任，用漂亮的行为使他人顺从，"美言可以市尊，美行可以加人"（《老子》第六十二章）；仁义忠孝等道德实质上成了一面虚伪的招牌和进行欺骗的工具，"大道废，有仁义""六亲不和，有孝慈""国家昏乱，有忠臣"（《老子》第十八章）。这种诈伪之风，是人丧失纯朴之性追求智巧的必然结果，所谓"智慧出，有大伪"（《老子》第十八章），"大道甚夷，而民好径"（《老子》第五十三章）。

3. 争斗不断。私欲无厌必然导致争斗，而诈伪智巧又为争斗提供了得力的手段，于是争斗就成为当时社会难以避免的现象。老子的辩证法思想实际上就是对当时社会上存在的矛盾和斗争现象的深刻反映。他说："天下皆知美之为美，斯恶矣；皆知善之为善，斯不善矣。故有无相生，难易相成，长短相形，高下相倾，音声相和，前后相随"（《老子》第二章），善恶、美丑、有无、难易、长短、高下、前后以及损益、祸福、荣辱、智愚、攻守、进退、静躁、强弱、刚柔等等，都是对社会上种种矛盾对立现象的概括。在老子对社会斗争的描述中，特别突出的是对统治者与老百姓之间矛盾斗争的揭露，他说，统治者不但"税多"导致了"民饥"，而且还逼迫人民不得安居（"狎其所居"），阻塞人民的谋生道路（"厌其所生"），这种严苛的统治，必然引起人民抱怨不满（"其政察察，其民缺缺"），"不畏死"地去反抗斗争，于是造成社会的混乱不安。人民的生存都不能保障，何谈人的价值？矛盾斗争发展到一定程度就会导致战争，"兵者不祥之器"（《老子》第三十一章），"师之所处，荆棘生焉，大军之后，必有凶年"（《老子》第三十章）。战争乃是"天下无道"的表现。

4. 社会危机。任意妄为不但不能促进社会发展，生活改善，而且造成了严重的社会危机。经济上"田甚芜，仓甚虚"，政治上"国家昏乱"，社会秩序上"六亲不和""攘臂而扔"。世界处处埋伏着危险，生命随时受到威胁，安全系数极低，性命很难保全，"生之徒十有三，死之徒十有三，人之生，动之死地亦十有三"（《老子》第五十章）。统治者为了保持统治地位，维护社会秩序，立了许多禁令，订了许多法规；社会上也不断发展技术，创造利益，却不但没有挽救社会危机，反而使危机日益严重，"天下多忌讳而民弥贫；民多利器，国家滋昏；人多技巧，奇物滋起；法令滋彰，盗贼多有"（《老子》第五十七章）。人的价值可以说失落殆尽了。

在老子看来，人的价值失落和历史衰退、社会蜕化是相应的，其根本原因在于"废道""失道"。一方面，他指出，仁义忠孝等等都是"大道废"后出现的病态道德，"大道废，有仁义。智慧出，有大伪。六亲不和，有孝慈。国家昏乱，有忠臣"（《老子》第十八章）。另一方面，他认为，"失道"的过程，是历史退化的过程，也是人的价值逐次失落的过程，"失道而后德，失德而后仁，失仁而后义，失义而后礼。夫礼者，忠信之薄而乱之首"（《老子》第三十八章）。由道—德—仁—义—礼，每况愈下，离道愈来愈远，到了"礼"的阶段，社会完全处于争斗动乱的状态中，人们揎拳掳臂，相互敌对，"有为"取代了"无为"，人的价值完全失落。

老子的人的价值失落论，充满了对"失道""废道"的焦虑意识，包含着对当时社会现实和流行价值观念的批判精神。仁义道德是儒家竭力宣扬的价值观念，他们只强调仁义道德与人的价值的同一性，在"仁者人也"的等式中美化仁义道德，却忽视了仁义的绝对化会导致人的价值异化，这种异化表现在，一方面它可以成为压抑人的自由本性的枷锁；另一方面它可能成为掩盖某些人罪行的遮羞布。而这正是老子及其后学庄子所无情揭露和批判的。功利追求是墨、法两家大肆鼓吹的价值观念，特别是法家以"功利尽举"为人的价值准则，他们在承认私欲是人的本性的基础上，鼓动人们急功近利，这固然可以促使人们建功立业，以显示人的能动性，可是功利的绝对化却会使人沦为物欲的奴隶或实用主义的工具，从而失落自身价值。而这也是道家老子所坚决反对和激烈批判的。老子以"大道废"为基点，揭露人的价值失落，对于批判儒家的道德极端主义和法家的极端功利主义所导致的人的异化，具有重要意义。

四　"法自然"——人的价值复归

老子指出，人们陷于价值失落的泥潭已经"其迷日久"，不能再继续下去了，必须复归人的价值。由于人的价值是由道确定的，人的价值失落是"失道"造成的，因此人的价值复归实质是向"道"复归。《老子》一书中，多次说到"复归"，如"复归于无物""复归其根""复归于无极""复归其明"，都是与复归于"道"相一致的观念。如何向道复归呢？老子提出的基本原则是"人法地，地法天，天法道，道法自然"（《老子》第二十五章），就是效法和遵从道的自然无为，由"有为"回归到"无为"。

由于"有为"已经经历了一段相当长的历史时期，并且已经产生了如上文所述的物欲横流、诈伪成风、争斗不断、社会危机等严重后果，因此，由"有为"复归到"无为"就是一个艰巨的任务，也是一个相当巨大的工程。《老子》书中对这一问题的论述占了相当大的篇幅，可以说，《老子》就是一部论述人如何向自然无为复归的著作。从老子的论述来看，他提出的以"法自然"来复归人的价值的具体途径是：

1. 本体价值的体认。老子以道为宇宙本体，《老子》一书既探讨了道的地位、特性、运行规律以及道与万物的关系，又赋予道以价值意蕴，并反复强调道对于人的重要意义。他说："道者，万物之奥，善人之宝，不善人之所保。"（《老子》第六十二章）道既是人的法宝，所以人不但应该"尊道""贵道""保道""守道"，还应该"闻道""进道""从事于道""同于道"。"尊道"是从态度和情感上对道的重视和珍惜，"闻道""进道"是从认识上对道的理解和把握，"从道""同道"则是从行动上对道的效法和遵循。老子认为，人只有深刻体认道的价值、认真遵从道的法则，才能从根本上为人的价值复归奠定基础，确立前提。他说："孔德之容，惟道是从"（《老子》第二十一章），又说："道常无为而无不为，侯王若能守之，万物将自化"（《老子》第三十七章），就是说，体认道是达到"孔德"（大德）的条件，又是治世化民的法宝。如果不体认道，人将不但不能实现一切价值目标，人自身的价值也会失落。在老子看来，不同知识层次的人对道的体认所达到的水平是不同的，"上士闻道，勤而行之；中士闻道，若存若亡；下士闻道，大笑之。不笑不足以为道！"（《老子》第四十一章）他显然希望人们达到"上士"的水平。老子指出，只要人们努力去体现认道的价值，就会把握道的真谛，与道同一，"道者同于道"，"同于道者，道亦乐得之"（《老子》第二十三章）。与道同一，就是与自然同一，以此实现人的价值复归。

2. 人文成果的消除。老子认为，通过体认道以实现人的价值复归，必须消除那些造成人的价值失落的种种社会因素。这些因素都是人以"有为"方式创造的人文成果，都是不合"自然"的，这些成果形成之后，严重束缚和压抑人的自由，并成了人与道相通、认同的障碍。于是他提出："绝圣弃智，民利百倍；绝仁弃义，民复孝慈；绝巧弃利，盗贼无有。"（《老子》第十九章）又说："不尚贤，使民不争；不贵难得之货，使民不为盗；不见可欲，使民心不乱。"（《老子》第三章）还说："绝学无忧。"（《老子》第二十章）智能、知识、道德（仁义）、技术、尚贤制度、财货物欲等等就是老子要消除的对象。在他看来，这些人文成果消除了，人们就会走出"有为"的误区，返回"自然无为"的状态，实现价值复归。社会的进步，文明的发展和人的价值提升，是一个统一的过程。一切文明成果的创造都是社会进步的标志，也是人的价值上升的表现，并且还是人的价值上升的条件，老子想通过消除人文成果来复归人的价值，不但是一种历史倒退意识，而且也是一种不切实际的空想。然而，在消除文化成果的思想中所蕴含的对任意妄为、盲目蛮干、贪婪追求的批判以及对人遵循自然法则以确立生存方式的期望却是深刻的。

3. 素朴人性的固守。老子认为人的价值失落也就是人性的异化，人的本性是素朴自然的，能保持这种素朴本性的人，是最有价值的人。因此，人通过"法自然"以实现价值复归和人的固有自然本性的保持是一致的。为此，老子提出，素朴人性的固守，乃是实现价值复归的重要途径。所谓"见素抱朴""少私寡欲""专气致柔""虚极静笃"，就是老子要求固守的人性的主要内容。为了固守素朴人性，老子指出，在价值失落、人性异化的情况下，必须运用"损"方法，他说："为学日益，为道日损。损之又损，以至于无为。"（《老子》第四十八章）"损"就是不断减少、磨损，损的具体对象一是欲，二是智。他说"罪莫大于可欲，祸莫大于不知足，咎莫大于欲得"（《老子》第四十六章），损了贪欲就会"知足不辱，知止不殆，可以长久"（《老子》第四十四章）；又说"智慧出，有大伪"（《老子》第十八章），"虽智大迷"（《老子》第二十七章），损了私智，就会"民利百倍""国之福"。"损"的具体办法是"塞其兑，闭其门；挫其锐，解其纷；和其光，同其尘"（《老子》第五十六章），就是堵塞关闭私欲和知识的孔窍和门户，挫解私欲和私智对人的干扰和纠缠，从而达到含敛光耀与天地万物和同的境界。通过"损"，人性就会"复归于朴""复归于婴儿"，保持其素朴的自然本性，与道的自然同一，从而使人的价值复归。

由此可见，老子所说的"法自然"以实现人的价值复归，只是指复归到人本来固有的价值特性。它既不是价值发生，如孟子所主张的从人的"良知""良能""四端"中开发出仁义礼智那样；也不是价值重建，如荀子所主张的"化性起伪"即通过改造人的本性恶而建构礼义价值那样。价值复归是道家特有的人价值实现论。

综上所述，可以看出，老子沉思人的价值的运思路径是以人与道的关系为红线，他对人的价值地位、价值准则、价值失落和价值复归的审视都是"以道观之"。如果说，孔子思考人的价值侧重从人与人的关系着眼，那么，老子思考人的价值则侧重从人与自然的关系着眼。从人与人的关系着眼就必然使人的价值依赖于仁、义、礼这些伦理规范，而从人与道、人与自然的关系着眼，则必然要挣脱各种规范、制度、技术、知识对人的限制，因为这一切都不是自然的东西。由这种思路可以看出，老子思考人的价值的致思趋向是追求人的价值与宇宙本体的统一，亦即使宇宙本体成为人的价值根据，使人的价值成为宇宙本体的体现。而老子的宇宙本体"道"的根本性是"自然"，于是人的价值与宇宙的本体统一于"自然"，"自然"即人的价值所在。"自然"并非毫不作为，毫无能动性，而是自生、自长、自主、自决，不受外来因素的束缚和干预，具有发展的一切可能性和灵活性，此即谓"无为而无不为"。"无为"是自然，"无不为"是"自由"，可见"自然"内在地包含着"自由"，人的价值在于自然也即在于自由。人只有在与宇宙本体、宇宙法则的统一中才能获得真正的自由，这是老子对人的价值沉思所得出的必然结论，也是老子人的价值观的根本意义所在。老子的人的价值观中包含的具体观点无论有多少失误，甚至荒谬，但其运思路径和致思趋向对于我们如何在主体与客体、社会与自然、人道与天道的统一中提升人的价值、实现人的自由，无疑具有深刻的启示。

（原载于《中国哲学史》1995 年第 3、4 期合刊）

老子对价值异化的反思

"异化"作为一种哲学范畴,基本涵义是指作为主体的人的创造物与人日益疏远,甚至反过来成为与人相对立的统治人的东西。这种现象在剥削制度条件下几乎存在于所有的社会生活领域,价值异化就是其突出的表现之一。所谓价值异化,就是人为了满足自己生存和发展的需要而创造出来的价值对象,结果却成为阻碍甚至妨害人生存和发展的东西。价值异化的实质是价值功能由积极性变为消极性,由对人有益转为对人有损。老子是中国古代对价值异化现象发现最早的哲学家,他对价值异化的揭露和反思,至今仍对我们有启示意义。

一 老子对价值异化现象的揭露

人类社会的一切价值都是人们为了满足自身生存和发展的需要而创造的。由于人的需要是多方面的、多层次的,所以价值也是多种多样、品类繁杂、丰富多彩的;由于人的需要是变化的、发展的,所以价值也是不断积累、不断更新、日新月异的。然而,人们所创造的一切价值并不是在任何条件下都会按照人们自己的意愿对人类的生存和发展起积极效应,在某种情况下,它可能会给人类的生存和发展笼罩一层阴影,成为人类发展的巨大障碍。这种"事与愿违"的现象,在历史上是常常发生的。恩格斯说:"人们所期望的东西很少如愿以偿……行动的目的是预期的,但是行动实际产生的结果并不是预期的……"① 春秋末期的哲

---

① 《马克思恩格斯选集》第 4 卷,人民出版社 1995 年版,第 247 页。

人老子，就比较明确、比较充分地认识到了这种价值异化现象。《老子》书中对价值异化的揭露比比皆是，概而言之，约有五点：

1. "财货"价值异化。物质财货本来是满足人们物质生活需要的基本价值，财货的增长是生活水平提高的基础。然而，老子看到在当时的社会条件下，财货却给人们带来了许多危害。对财货的疯狂追求，导致了道德堕落，行为败坏，"难得之货"使民"为盗"，"难得之货，令人行妨"（《老子》第十二章）；对财货的贪婪占有，造成了贫富不均，人民贫困，"朝甚除，田甚芜，仓甚虚，服文采，带利剑，厌饮食，财货有余，是谓盗竽。"（《老子》第五十三章）"民之饥，以其上食税之多。"（《老子》第七十五章）而且，贪得无厌地聚敛财富给财富占有者也带来了灾祸和损失，"金玉满堂，莫之能守；富贵而骄，自遗其咎"（《老子》第九章）；"多藏必厚亡"（《老子》第四十四章）。为此，老子主张"不贵难得之货"（《老子》第六十四章），希望人们不要无止境地追求财货价值。

2. "政治"价值异化。在老子看来，以政权为核心的政治价值，应该是维护社会安定和组织社会生活的设施和活动。他希望"政善治"（《老子》第八章），可是他看到的现实却是诈伪、争斗和昏乱的无序社会，根本不是"善治"。他认为这些都是政治价值异化导致的结果："国家昏乱，有忠臣"（《老子》第十八章）；"天下无道，戎马生于郊"（《老子》第四十六章）；"法令滋彰，盗贼多有"（《老子》第五十七章）；"尚贤"使"民争"（《老子》第三章）；"礼者，忠信之薄而乱之首"（《老子》第三十八章）。总之，大臣、贤士、德令、礼制、年备，这些政治价值要素，都成了社会的祸害，都异化了。

3. "仁义"价值异化。仁义忠孝，乃是儒家崇尚的道德价值。然而在老子看来，它们都造成了社会的病态。"仁义"导致了大道的废弃，"大道废，有仁义"（《老子》第十八章），造成了道德的退化，"失德而后仁，失仁而后义"（《老子》第三十八章）；"忠"显示着"国家昏乱"，"孝"标志着"六亲不和"（《老子》第十八章）。后来，庄子发挥老子的思想，明确指出："仁义"已变成"挠天下""易人性"的祸害，束缚人自由的"桎梏凿枘"，"忠孝"也不过是一种骗人的"嚆矢"信号。就是说，仁义道德价值已经异化成暴君霸主和窃国大盗装潢门面、欺骗民众、维护统治的工具。

4. "智慧"价值异化。老子认为，作为人们认识世界、探求知识、变革事物的智慧技巧，其价值也发生了异化。"智慧出，有大伪"（《老子》第十八章）；"虽智大迷"（《老子》第二十七章）；"人多伎巧，奇物滋起"（《老子》第五十七章）；"智者不博，博者不智"（《老子》第八十一章）；"前识者，道之华而愚之始"（《老子》第三十八章）。就是说，智慧技巧成了虚伪、迷惑、猎奇、浮华、愚蠢的根源，成了产生政治欺诈、社会混乱、文化偏邪的土壤。尽管老子所说的"智""巧"是"小智"，包括了统治者的阴谋权术、心计手腕等诡诈在内，但也具有一般的知识、智慧和技术的意义，因此他所批判的智慧价值异化，就不仅是对统治者的批判，也同时指人们的知识、智慧价值异化为对人们的一种危害。所以，他认为只有摒弃"小智"，才有"大智"。

5. "华美"价值异化。"华""美"在老子思想中，涵义相当于形式美、外在美、形象美，即人的感官可以直接遇及的表面的浮华和美丽。老子认为"华美"价值异化的突出表现是它背离了"真实"，"信言不美，美言不信"（《老子》第八十一章）。因此，它虽然可以博得人们的尊重，抬高人的身价，即"美言可以市尊，美行可以加人"（《老子》第六十二章），但是无节制地追求低层次的感官享受的华美，却会给主体造成危害，使其失去正常的理智而变得麻木不仁、愚昧无知，所谓"五色令人目盲，五音令人耳聋，五味令人口爽，驰骋畋猎令人心发狂"（《老子》第十二章）；所谓"道之华而愚之始"（《老子》第三十八章）。针对"华美"价值的这种异化，老子提出"为腹不为目"（《老子》第十二章），"处其实，不居其华"（《老子》第三十八章）。

总之，在老子看来，"财货""政治""仁义""智慧""华美"这些蕴涵着"利""治""善""真""美"等价值内容的价值存在形态，在当时的社会中都异化了。它们不能发挥有利于人们生存和发展的积极功能，而成为人性的束缚和人生的妨碍，导致了国家的昏乱和社会的危机。本来，人们之所以创造这一切美好的价值，是为了改善人们的生存环境，提高人们的生活水平，维护社会的安定和平，增长人们的智能和美化人们的心灵，可是在老子看来，这些价值却变得与人日益疏远，日渐对立。马克思在谈到资本主义制度下的劳动异化时说，劳动者"在自己的劳动中并不是肯定自己，而是否定自己，不是感到幸福，而是感到不幸，不是自由地发挥自己的体力和智力，而是使自己的肉体受折磨，精神遭摧残"①。老子所揭露的人们在价值世界中的困境悲剧也与此类似。

二 老子对价值异化根源的反思

老子对文明社会所出现的价值异化现象的揭露并非他个人的主观感受和主观看法，而是当时社会中存在的客观事实。"贵货"引起盗窃成风，"尚贤"导致争权夺位，"崇仁"带来了欺骗，"多智"造成了虚伪，"求美"伤害了身心，这在春秋时期的各国都是屡见不鲜的，当时其他一些有识之士也曾经提出过。例如，医和向晋侯建议，不要无节制地沉溺于声、色、味的享受，因为"烦手淫声，慆堙心耳"会生出各种病症；单穆公为周王论乐，认为"美"和"乐"本来有愉悦耳目的价值，但如果"听乐而震，观美而眩"，追求过度，则"患莫甚焉"。（《国语·周语下》）这和老子"五色令人目盲，五音令人耳聋"的说法意思相同，只不过老子说得更为尖锐、激烈罢了。由此可见，老子对价值异化的揭露和批判并非无的放矢。然而，当时社会普遍存在的价值异化现象，其根源何在呢？对这一问题，各派学者认识不一，聚讼纷纭，老子的反思则颇有特色。他认为，价值异化主要不是由价值客体的增值和发展造成的（当然这也是原因之一），即主要不是由于社会文明的昌

---

① 《马克思恩格斯选集》第 1 卷，人民出版社 2012 年版，第 53 页。

盛而必然出现的，价值异化的主要原因在于主体，即在于人自身的变态和失误。其表现是：

1. "自私"。老子说："吾所以有大患者，为吾有身；及吾无身，吾有何患！"（《老子》第十三章）"有身"意为自私自利，只顾自身；"大患"谓财货宝物带来的灾祸。陈景元注说："大患者，轩冕宝货外物养身之属。"吴澄注说："贵有重也，货财之富人，以为大利，反观之则大也。"老子认为五色、五味、五音与难得之货已变成了大患，这些价值之所以成为大患，原因在于人们自私自利，只顾自身的生命和享受，假如人们"无身"即少私无私，不顾自身，不贪图自身的物质生活享受，而把自身献于天下，那么，这种财货价值对个人就无足轻重，当然就不会贻祸于人了。显然，老子认为，社会物质财富等价值，只有供天下所有的人公用时，才有价值意义，如果仅供少数人占有、挥霍、耗费，价值就会异化。他说："天之道，损有余而补不足；人之道则不然，损不足以奉有余"（《老子》第七十七章）；"民之饥，以其上食税之多"（《老子》第七十五章）。对社会财富来说，"损有余而补不足""去甚，去奢"，像天地以甘露滋生万物那样，"民莫之令而自均"（《老子》第三十二章），是保持其价值性的条件，而"损不足以奉有余"则是价值异化的原因。由此看来，老子认为，社会上一些人（统治者）自私自利，只顾自身过分占有财富和超出正常需要耗费财富，这不但会给自己带来伤害，又会造成社会财富分配不均，使其他人的正常需要得不到满足，于是引起争斗，产生社会混乱。可见，"自私"乃是价值异化的根本原因。为此，他主张"少私""无私""无身""为人""与人"，他说，"圣人不积既以为人己愈有，既以与人己愈多"（《老子》第八十一章），又说："圣人后其身而身先，外其身而身存。非以其无私邪？故能成其私。"（《老子》第七章）。

2. "多欲"。老子说："罪莫大于多欲，祸莫大于不知足，咎莫大于欲得。"（《老子》第四十六章）"多欲"即欲望膨胀，贪得无厌。"多欲"与"有身""自私"是相关，但侧重点不同，"有身""自私"

从道德而言，"多欲"是就人性言。老子认为，人的本性原来是非常纯朴的，无知无欲，像婴儿一样，后来发生了变化，变得"多欲""不知足"。"多欲"是过度的，超过自身客观实际需要的欲望，从这种欲望出发，贪婪地追求多种欲求对象，不但不会使这些对象对人产生积极效应，形成价值关系，反而会引起种种危害，甚至使人成为自身欲望的奴隶，丧失主体性，这样，有益的东西就会产生有害的后果。具体地说，人虽然需要财货、权位、道德、知识、华美等价值，但如果为了追求这些价值而牺牲了人的主体地位，丧失了人的生命的自由，那么，这些价值就反过来成为支配人的东西。正是在这种意义上，老子说："罪莫大于多欲，祸莫大于不知足，咎莫大于欲得。"然而，老子并不主张根除人的一切欲望，而只是反对那些有害于人生、有害于社会的过度的欲望。"实其腹""强其骨""甘其食""美其服""安其居""乐其俗"，这些正常的适度的物质欲望和精神欲望在老子看来都不会引起价值异化，所以应该肯定，并应给以满足。他所谓的"圣人为腹不为目"（《老子》第十二章）；"君子终日引不离辎重，虽有荣观，燕处超然"（《老子》第二十六章），"圣人去甚，去奢，去泰"（《老子》第二十九章），"知足者富"（《老子》第三十三章），"知足不辱"（《老子》第四十四章），"知足之足，常足也"（《老子》第四十六章），就是保持价值积极功能、不致使其异化的态度和条件。可见，在老子看来，价值客体作为人需要的对象，其功能仅在于促使人们的正常的生命和发展，如果超出正常生存和发展的需要之外，以贪图享乐为取向而消费价值，价值就会异化，即给人带来伤害。他所说的"物或损之而益，或益之而损"（《老子》第四十二章），"甚爱必大费"（《老子》第四十四章），就包含这种意思。

3. "有为"。老子所说的"有为"是指违背自然法则（"道"）的妄意作为。老子认为，当时的人们都是沿着"有为"道路行事，即不顾自然法则，主观任意地预设行动目标并为实现这种目标采取行动，因此才出现大量的伪、恶、丑现象，导致了价值异化。所以他说："为者败之，执者失之。"（《老子》第二十九章）有为的突出表现是"争"，争难得之货，争当贤才（宦位）、争美名（仁义）、争功业、争社稷、争天下。为了"争"，就要用力、用智、逞强、辩论、杀伐、用兵。争的结果善恶颠倒、美丑混淆、诚伪转化。一切本来是满足人们正常需要的价值对象，或者成了争的目标（如"难得之货""贤才""宦位"），或者成了争的手段（如智慧、言论、兵甲），于是价值就异化了。老子说："不尚贤，使民不争，不贵难得之货，使民不为盗，不见可欲，使民心不乱。"（《老子》第三章）"大道废，有仁义。智慧出，有大伪。六亲不和，有孝慈。国家昏乱，有忠臣。"（《老子》第十八章）"善言不辩，辩言不善"。这些都是价值在"争"的过程中发生的异化现象。正由于此，老子认为"不争故无尤"（《老子》第八章），"胜而不美"（《老子》第三十一章），反复主张"利万物而不争"（《老子》第八章），"夫唯不争，故天下莫能与之争"（《老子》第二十二章）。可见，老子认为，以"争"为核心的"有为"乃是价值异化的重要原因。"有为"除上述意义而外，还指统治者的"有为"而治，有为而治的突出表现就是扰民，用经济手段、政治手段、军事手段干扰老百姓的生活，老子说："取天下常以无事，及其有事，不足以取天下。"（《老子》第四十八章）"有事"即"有为"。"其政察察"（《老子》第五十八章）、"以智治国"（《老子》第六十五章），"食税之多""术生之厚"（《老子》第七十五章）、"威"（镇压）、"狎"（侵犯）、"司杀"（《老子》第七十四、七十二章）、"法令滋彰"等等，都是有为的表现。其结果必然导致饥饿贫困、怨声载道（"其民缺缺"）、反抗四起（"民不畏死"）、险象环生（"祸之所伏"），价值崩塌。

4."大迷"。老子说："人之迷，其日固久"（《老子》第五十八章），又"虽智大迷"（《老子》第二十七章），按老子的思路，"人之迷"在价值生活中的表现有两点：一是不懂得价值可以转化的道理，即不懂得"正复为奇，善复为妖"（《老子》第五十八章）、"福兮，祸之所伏"（《老子》第五十八章）"美之为美，斯恶矣"；"善之为善，斯不善矣"（《老子》第二章）这种正价值可以转化为负价值的辩证法，所以才盲目追求、过分占有和过度享受。二是不懂得顺应自然之道去把握价值，即不懂得以"生而不有，为而不恃，长而不宰"（《老子》第五十一章）态度对待价值，主观任意地盲目固执地耗费、争夺、占有物质成果和精神成果。不循法则，走"捷径"，所谓"大道甚夷而民好径"。这种不知"反"（"反者道之动"），不法"道"（"人法道"）的"迷"，是价值异化的认识根源。

总之，"自私""多欲""有为""大迷"是老子所探寻的价值异化原因，"自私"是道德原因，"多欲"是人性原因，"有为"是政治原因，"大迷"是认识原因。这些原因否乎？然乎？姑且不论，但其深刻性、哲理性是远远超过当时其他哲人的，且以孔子较之，孔子哀叹西周时的价值失落，"礼崩乐坏"。但根源何在呢？他说：罪在诸侯的"僭越"，即"礼乐征伐自诸侯出""陪臣执国命"。原因是政治的。因此，他作《春秋》，使"乱臣贼子惧"。这种看法，虽有所见，但远不及老子深刻。

三 老子关于克服价值异化的设想

根据对价值异化根源的反思，老子关于克服异化，提出了一系列的主张，设想了一系列方案。概而言之："法自然"；分而言之，约有四端：

1. "见素抱朴，少私寡欲"的人性复归。这是针对自私多欲提出的。自私多欲既然是价值异化的根源，那么人性复归于朴即复归于自然本性，当然就是克服价值异化的根本途径。在老子看来，人性复归后，社会生活就会一片光明，价值世界就会再度辉煌。他说："万物并作，吾以观复""夫物芸芸，各复归其根，归根曰静，静曰复命。复命曰常，知常曰明。知常容，容乃公，公乃全，全乃天，天乃道，道乃久；殁身不殆。"（《老子》第十六章）这种复归的内涵，以否定命题说，叫"少私寡欲"，以肯定命题言，叫"见素抱朴"，就其境兴言叫"致虚极，守静笃"（《老子》第十六章），就其效果言，叫作"常""明""容"
"公""全""久"。可见，人性复归，就会使价值复兴。人性复归自然
之"朴"对克服价值异化的意义，老子多有论述，如"朴虽小，天下莫
能臣也。侯王若能守之，万物将自宾。"（《老子》第三十二章）"无名
之朴，夫亦归不欲。不欲以静，天下好自空。"（《老子》第三十七章）
"万物自宾"，价值就会受主体支配而不束缚主体；"天下自定"，价值生
活就会和谐稳定而不会发生异化。

2. "无为而治"的政治拯救。"有为"是价值异化的原因，"无为"
自然是拯救异化的良乡。老子认为无为而治的关键是顺应自然，像自然
界对待万物那样，"作而不始，生而不有，为而不恃，长而不宰，功成
而不居"（《老子》第五十一章），即不强作主宰，不占为己有，不恃功
自傲，"以百姓心为心"（《老子》第四十九章）。"无为"政治的社会效
果在于"民自化，民自正，民自富，民自朴"（《老子》第五十七章）；
修身效果在于"不自见，故明；不自是，故彰；不自伐，故有功；不自
矜，故长"（《老子》第二十二章），二者相结合起来，就能拯救价值异
化，维护价值的完美。对于政治价值来说，"为无为，则无不治"（《老
子》第三章）；对于道德价值来说，无为是"玄德""上德"；对于事功
价值来说，"无为故无败"。总之，"无为之益，天下希及之"（《老子》
第四十三章），无为是克服价值异化的重要方式，它对于维护一切价值
都是有意义的。

3. "绝弃义利"的价值重建。老子认为价值异化虽然主要是主体原
因，但当时流行的价值，是否是真价值，是否是高层次的价值，老子也
是有怀疑的，有的甚至是否定的。虽然我们不能简单地说老子是反文化
主义，反文明主义，但他的确对当时流行的人们津津乐道、孜孜以求的
一些文化价值激烈指责，坚决排斥，主张绝弃。他说"为道日损"，损
什么呢？"圣智""仁义""巧利"就是"损"的对象。他说："绝圣弃
智，民利百倍；绝仁弃义，民复孝慈；绝巧弃利，盗贼无有。"（《老子》
第十九章）他不仅认为"绝弃"这些价值有好处，更重要的是提出重建

一个新的价值体系去置换它，所谓"故令有所属"。这个新的价值体系的基本特征就是"素朴"（《老子》第十九章），"自然""为腹不为目""处实不居华"。他的"大音希声""大象无形""大智若愚""大巧若拙""大辩若讷"就是对"素朴"特征的描绘，这种价值体系就是以"道"为标志的价值体系。素朴自然的道的价值体系，只有通过否定、超越世俗流行价值，把人们从各种利欲中解脱出来，从污泥浊水中升华出来，才能得到重建。新建的道的价值体系不但"无害""无败""无失"，不会异化，而且"善利万物""利而不害"——是绝对的"利"；"其精甚真，其中有信"——是高度的"真"；"善贷且成""上善几道"——是至上的"善"；"大音希声""大象无形"——是极致的"美"。

4. "小国寡民"的理想蓝图。重要的价值世界，从社会角度来看，就是老子描绘的"小国寡民"的理想蓝图。可见，这个社会的特征是：工具简陋，文化质朴，社会和平，秩序安全，生活舒适，珍惜生命。从价值视角看，在这个社会里，价值主体的需要层次较低，价值客体的反应功能较弱，价值创造的意识甚差，价值体系的结构甚简。但是，老子认为只有在这样的社会里，价值才不会异化，人才不会成为自己所创造的种种价值的奴隶，才真正获得了主体性。

可见，老子克服价值异化的种种设想，都是自然之道的体现："朴素"是人性的自然，"无为"是政治的自然，"绝弃"是实现自然的途径，"小国寡民"是达到自然境界的社会。"人德自然"是老子反思价值异化，得出的最终结论，也是老子哲学的宗旨。

四　启示

老子关于价值异化的反思虽然立足于当时的历史环境，尽管有许多主观偏颇的观点，但其中渗透的真理内核至今仍对我们有启迪意义。

人们为了满足自身的物质、精神需要，总是要追求价值、创造价值、占有价值和消费价值，这是任何历史阶段都共同的价值活动。但这一切价值活动都必须遵循自然规律、社会规律和人自身的规律，才不致给人造成危害，才不会导致价值异化。如果仅从主观愿望和个人私利出发，违背客观规律，或盲目追求，或过分占有，或过度挥霍，都会导致价值异化。这是老子给予我们的启示之一。

人在价值活动中，处于主体地位，一切价值都是为人而创造，为人而存在的，供人所享用的。因此，人只有不断提高自身的素质，进行主体的自我改造和更新，充分发挥其主体性功能，才能维护自己在价值世界中的主体地位，保持价值的完善性。反之，如果人只顾通过实践创造价值客体，而不对自身进行改造、更新和提高，促使自己全面发展，那就会丧失其主体地位，成为自己所创造、所享有的价值事物的奴隶，从而导致价值异化。老子企图通过"见素抱朴"的人性复归来克服价值异化，诚然有人性倒退之嫌，但着眼于主体改造，着眼于发挥人的主体性来维护价值的思路，无疑是深刻的。这是给予我们的启示之二。

人类社会的发展过程是文化价值不断积累、不断丰富的过程，价值增值和价值积累是文化、文明发展的标志。由于人的需要是不断发展的，因此，在任何一个时代，人们物质需要和精神需要的满足都是相对的，主体（人）和客体之间的价值关系的确立也是历史性的。所以，在人类历史的任何时代，都不会出现价值过剩问题，都不会由于价值过剩而引起价值异化。价值异化乃是因为人在某种社会条件下，陷入某种误区，从而不能驾驭价值的积累和增长而导致的。因此，避免和克服价值异化就不能通过抛弃或损毁某些价值对象来解决，而只能通过增强人的主体性来实现。老子企图用"绝圣弃智、绝仁弃义、绝巧弃利"来克服价值异化，显然是一种消极倒退的办法，它违背了人类社会进步和价值积累的必然趋向，所以是不可取的。人类社会发展到今天，价值世界已变得丰富多彩，日新月异，要保持价值的完善、美好而不发生异化，根本的出路不在于"绝弃"某些价值，而在于增强人的主体性，促进人的全面发展，把社会进步、价值增值和人的发展和谐地统一起来，这是老子给予我们的启示之三。

　　总之，老子对价值异化的反思是留给我们的宝贵的价值智慧，在现代文明飞速发展的今天，仍不失其灿烂的光辉。

（原载于《老子思想的现代价值》，

陕西旅游出版社 1994 年版）

庄子对人的价值主体性的消解

人是认识主体、实践主体，也是价值主体，人的认识活动和实践活动，最终是为了实现价值。人的价值主体性，包括人是宇宙间至高无上的价值存在和人是天地间万物的绝对价值尺度两重含义。中国孔子的"天地之性（生）人为贵"的格言表达了人的价值主体性的第一重含义，希腊普罗泰戈拉的"人是万物的尺度"的命题表达了人的价值主体性的第二重含义。他们都竭力肯定、着力维护人的价值主体性。然而，中国战国时期杰出的哲学家庄子却主张消解人的价值主体性。可以说，庄子哲学的基本内容即在于消解人的价值主体性。他关于消除人的价值主体性的哲学理论，具有深刻的思想内涵和重要的现代启示。

一 庄子消解人的价值主体性的原因

庄子对人的价值主体性的消解，从逻辑上说，是从批判人作为价值主体所引起的人性危机和社会危机开始的。在庄子看来，人作为价值主体，不仅没有提升人的本性、推动社会进步，反而，导致了人性的异化和社会的退化，而人性的异化是人的价值主体性所引起的根本危机。他把人的本性保持的时代，称为"至德之世"，把人性异化的时代称为"倒置之世"。

"至德之世"是指尧舜以前的上古帝王所治理的时代，当时人们没有价值欲望，没有价值追求，也没有价值创造。完全生存于"山无蹊隧，泽无舟梁，万物群生，连属其乡，禽兽成群，草木遂长"（《庄子·马蹄》）的自然环境之间，生活于"同于禽兽居，族与万物并""含哺而熙，鼓腹而游"（《庄子·马蹄》）的自然状态之内，活动于"逍遥乎天地之间而心意自得"（《庄子·让王》）的自由境界之中。正由于人虽"立于宇宙之中"，但并不是宇宙中心、价值主体，所以保持着"上如标枝，民如野鹿"（《庄子·缮性》）的自然本性。这种自然本性的特征是自然无为、与天地合德，所谓"静而与阴同德，动而与阳同波，虚无恬淡，乃合天德。"（《庄子·盗跖》）

"倒置之世"是指从伏羲、黄帝以后特别是尧舜之后的时代。在这样的时代，人逐渐成为价值主体，追求知识、智慧、文化、道德、权位、法度等价值，并为争夺这些价值而斗争，"以强凌弱，以众暴寡"（《庄子·盗跖》）；"喜怒相疑，愚智相欺，善否相非，诞信相讥"（《庄子·在宥》）。人们追求价值的过程，也即人的价值主体性形成的过程。而人的价值主体性的形成，却导致了人的本性的异化和失落。庄子说："自三代以下者，天下莫不以物易其性矣。小人则以身殉利，士则以身殉名，大夫则以身殉家，圣人则以身殉天下。"（《庄子·骈拇》）伯夷、叔齐死于名，申徒狄、介子推、王子比干、伍子胥死于忠，尾生期死于信，盗跖死于利，这些人"事业不同，名声异号。其于伤性以身为殉，一也"。

那么，由价值主体性而导致人性异化的具体方式是什么呢？庄子认为有四种具体方式：

1. "去性从心"。《庄子·缮性》篇云："及唐、虞始为天下，兴治化之流，枭淳散朴，离道以善，险德以行，然后去性而从于心。心与心识知，而不足以定天下，然后附之以文，益之以博。文灭质，博溺心，然后民始惑乱，无以反其性情而复其初。"贪得、有为、机巧的"心"志。乃是价值追求的主体动因，在庄子看来，顺从贪德、有为之"心"去追求价值、选择价值、创造价值，必然导致对人的自然本性的背离和抛弃，即人性异化。他说："去就取与知能六者，塞道也。"（《庄子·庚桑楚》）

2. "性情分离"。《庄子·马蹄》篇云："道德不废，安用仁义！性情不离，安用礼乐！"就是说，在上古至德之世，由于没有价值的追求和创造，所以人情和人性是一致的。而到了倒置之世，人们由于从主体需要出发，追求外物，并且在这一辞受取舍的价值选择过程中，不断伴生着好恶、喜怒哀乐的情感，结果造成了"性情分离"，即背离自然本性，一任感情用事。从感情出发则势必"以好恶内伤其身"（《庄子·德充符》），从而导致人性异化。他说："恶欲喜怒哀乐六者，累德也。"（《庄子·庚桑楚》）情感是人的价值意识、价值心理，它与人们在价值活动中的得失、成败息息相关。庄子批判"性情分离"的实质，就是认为一切好恶喜怒哀乐之情（价值意识）是损害人的自然本性、导致人情异化的根源。

3. "丧己于物"。庄子认为，一切外在的价值，都是身外之物、偶来之物，如果去着意眷顾、着力追求，势必把自我失落于对象世界之中，使自己成为外物的奴隶，终于会丧失自我的本性，此之谓"丧己于物"（《庄子·缮性》），又谓之"以物易性"（《庄子·骈拇》）。物是价值客体，人正是在与价值客体的关系中形成价值主体性的，因之，"丧己于物""以物易性"的价值论意义在于，人的价值主体性导致了人性的异化。具体地说价值物对于人性的危害在于："贵富显严名利六者，勃志也"（《庄子·庚桑楚》）"失性有五：一曰五色乱目，使目不明；二曰五声乱耳，使耳不聪；三曰五臭薰鼻，困惾中颡；四曰五味浊口，使口厉爽；五曰趣舍滑心，使性飞扬。此五者皆生之害也。"（《庄子·天地》）

4. "失性于俗"。庄子认为，世俗之人看待事物，总是从自身的主观欲求出发，以自身的需要为标准，因而，赋予物以尊贵和鄙贱的价值差异，赋予人以君子和小人的人格区分。所谓"以俗观之，贵贱不在己"（即贵贱不在事物自身而在于人的主观标准）（《庄子·秋水》）；"彼其所殉仁义也，则俗谓之君子，其所殉货财也，则俗谓之小人。"（《庄子·骈拇》）这种以人的自身需要为价值标准的价值主体意识和价值选择行为，不但不会维护和提升人的地位和实现人的本性，反而残损了人的本性。因为人的本性源于道、同于道，而站在道的立场来看，物是不分贵贱的，即"以道观之，物无贵贱"（《庄子·秋水》）。由此言之，人的价值主体性虽然可以表现为对不同价值的追求，但从根本上说，都是背离人性、伤残人性的，盗跖以财货为至上价值，伯夷以仁义为至高价值，表面上似有区别，然而"若其残生损性，则盗跖亦伯夷已。"（《庄子·骈拇》）庄子把世俗价值追求所导致的人性失落，称之为"失性于俗"（《庄子·缮性》）。

总之，"从心""任情""为物""趋俗"的价值主体性，使人把自己作为价值主体，独立于万物之外，高居于万物之上，控制万物，改造万物，奴役万物，违背了自然，背离了大道，导致了人性的异化。而在人性异化的境地里生活，在庄子看来，是十分悲哀的："与物相刃相靡，其行尽如驰，而莫之能止，不亦悲乎！终身役役而不见其成功，苶然疲役而不知其所归，可不哀邪！人谓之不死，奚益！"（《庄子·齐物论》）于是，他把这种人性异化者，称为"倒置之民"。他说："丧己于物，失性于俗者，谓之倒置之民。"（《庄子·缮性》）要把这种本末颠倒之人再重新颠倒过来，唯一的途径就是消解人的价值主体性。

二　庄子消解人的价值主体性的思路

由于人的价值主体性形成日久，积重难返，因此，消解价值主体性就是一项非常艰巨的任务。他甚至叹息说：辩士沉溺于价值争辩之中，"其溺之所为之，不可使复之也"（《庄子·齐物论》）"近死之心，莫使复阳也"（《庄子·齐物论》）；民众迷惑于价值纷乱之中，"无以反其性情而复其初"（《庄子·缮性》）。并且，他认为，当时的人们企图用博学和修治的方式来拯救人的被异化了的本性，完全是愚昧之举，"缮性于俗学，以求复其初；滑欲于俗思，以求致其明，谓之蔽蒙之民"（《庄子·缮性》）。于是，庄子提出了他关于"反其性情而复其初"的基本思路，即消解人的价值主体性。

庄子消解人的价值体性的基本思路，包括理论和实践两个层面。以理论言之，他提出了四大理论作为消解人的价值主体性的根据：

1. 主张人性同物论，以消解人的特殊性。庄子认为，人的本性的来源是道，而其基本特征是自然素朴，在这一点上，人与物是共同的：他说："夫道，覆载万物者也"（《庄子·天地》）"性者生之质也"（《庄子·庚桑楚》）"素朴而民性得矣"（《庄子·马蹄》）；"夫虚静恬淡寂漠无为者，万物之本也"（《庄子·天道》）。在《天道》篇中，庄子以老聃与孔子对话的设喻，来说明人与万物的自然本性的同一性。孔子说："仁义，真人之性也。"老子批判说，天地固有常，日月固有明，星辰固有列，禽兽固有群，树木固有立，都是自然现象，也都出于自然之性。如果违背自然，就会"乱人之性"。正由于人与物有共同的本体（道），有共同的自然本性，所以，在至德之世，人和动物聚合而居，和谐相处，"同于禽兽居，族与万物并""禽兽可系羁而游，鸟鹊之巢可攀援而窥"（《庄子·马蹄》）。

不但人与物有共同的本体，二者都是道的体现，而且庄子还认为人与物都是由气形成的，气是构成人与物的共同质料。"通天下一气耳""天地之强阳，气也"（《庄子·知北游》）。万物皆受气于阴阳，人也毫无例外，"人之生气之聚也，聚则为生，散则为死"（《庄子·知北游》）。正由于人与万物都禀气而生，因此，人与万物都有共同的自然本性。从气的角度看，"万物一也"——万物在本质上的同一的。

庄子从人与物都本于道、生于气的视角，论证了人与物的同一性，由此也就否认了人的特殊性。他说，如果人囿于一己偏见，就会着眼于人与物的差异，但如果从道、气的高度来进行认识，人与物同而无异。所谓"自其异者视之，肝胆楚越也；自其同者视之，万物皆一也。"（《庄子·德充符》）人把自己看成异于万物的特殊存在，乃是人的价值主体性的认识论根源。人总是先有异于物的事实认知，然后才会形成高于物、贵于物的主体价值意识。因此，庄子主张人物同性论，就从根本上消解了人的价值主体性的前提。

2. 提出人价齐物论，消解人的超价性。与儒家"天地之性（生）人为贵"的观点相反，庄子在否定人的特殊性的基础上，进而对人高于万物、贵于万物的超价性予以否定。他认为，天地间的所有存在物，都是等价、等值的，尽管从物自身的立场来看，任何一物都以自为贵，以它为贱；从常人的标准来看，各物总有贵贱之分，但是"以道观之，物无贵贱"（《庄子·秋水》）。之所以以道观之，物无贵贱，这是因为，第一，道是万物的本体，万物都是道的体现，在道的面前，万物的价值是平等的；第二，万物的性质、功能和意义，其差别都是相对的。"以差观之，因其所大而大之，则万物莫不大；因其所小而小之，则万物莫不小。……以功观之，因其所有而有之，则万物莫不有；因其所无而无之，则万物莫不无。……以趣观之，因其所然而然之，则万物莫不然；因其所非而非之，则万物莫不非。"（《庄子·秋水》）

既然"物无贵贱"，那么，人作为天地间一物，也并不比其他物高贵。既然人没有高贵于物的价值优越性，那么，人把自己作为天地间唯一的终极的价值标准，就毫无根据，毫无意义。如果说，天地间存在什么价值标准的话，任何物都可以把自己的需要作为价值标准，于是，只能形成多元的价值标准，而不是仅存在人的一元标准。庄子举例说："民湿寝则腰疾偏死，鳅然乎哉？（人）木处则惴栗恂惧，猨猴然乎哉？三者孰知正处？民食刍豢，麋鹿食荐，蝍蛆甘带，鸱鸦嗜鼠，四者孰知正味？猨猵狙以为雌，麋与鹿交，鳅与鱼游。毛嫱、丽姬，人之所美也，鱼见之深入，鸟见之高飞，麋鹿见之决骤，四者孰知天下之正色哉？"（《庄子·齐物论》）可见，对于正处、正味、正色等价值，人与物、物与物之间，并无共同的标准。倡言价值标准的多元性、肯定人与物价值标准的各自合理性，实际上等于否定了人作为价值标准的至上性。

于是，通过对人的价值地位的绝对优越性和人作为价值标准的唯一至上性的否定，庄子消除了人的价值主体性。

3. 倡言人生顺物论，消解人的能动性。庄子认为，人生的基本原则是"顺物自然"。所谓"顺物自然"，就是"无为"。具体而言，即是要求人对外物不妄加干预，不故加强制，不勉强作为，完全遵循事物自身固有的本性去行动。庄子主张，这种自然无为的原则应该贯彻于处世和治世两大领域之中。就处世言，"顺物自然"表现为"不从事于务，不就利，不违害，不喜求"（《庄子·齐物论》）"不以心损道，不以人助天，……凄然似秋，暖然似春，喜怒通四时，与物相宜"（《庄子·大宗师》）。他把这种处世态度称为"天行""天德"，他说："圣人之生也天行，其死也物化；静而与阴同德，动而与阳同波。不为福先，不为祸始，感而后应，迫而后动，不得已而后起。去知与故，循天之理。故无天灾，无物累，无人非，无鬼责。其生若浮，其死若休。不思虑，不豫谋，……虚无恬淡，乃合天德。"（《庄子·刻意》）

就治世言，"顺物自然"表现为不贪欲、不用智、不崇仁、不设礼，不违民性，不扰民生。庄子说："游心于淡，合气于漠，顺物自然而无容私焉，而天下治矣。"（《庄子·应帝王》）由此，他反对儒家以仁义礼乐治天下的政治主张，认为这是道德衰落的表现，"道德不废，安取仁义！性情不离，安用礼乐！五色不乱，孰为文采！五声不乱，孰应六律！"（《庄子·马蹄》）他以伯乐治马为喻，批判了这种有为而治的严重危害。伯乐治马所实行的办法是"烧之，剔之，刻之，雒之，连之以羁絷，编之以皂栈，马之死者十二三矣。饥之，渴之，驰之，聚之，整之，齐之，前有橛饰之患，而后有鞭筴之威，而马之死者已过半矣。"（《庄子·马蹄》）而与这种有为的方式相反，"明王之治，功盖天下而似不自己，化贷万物而民弗恃；有莫举名，使物自喜；立乎不测，而游于无有者也。"（《庄子·应帝王》）

"顺物自然"的处世、治世原则，诚然有适应万物本性、遵循客观规律，反对主观主义和主体霸权主义的意义，但对人控制万物、改造自然、创造文化的能动性有消解作用。而人的能动性乃是人的价值主体性的重要根据，也是人的价值主体性的突出表现。消解人的能动性，也必然会消解人的价值主体性。

4. 弘扬人格合道论，消解人的自我性。庄子对理想人格的称谓，有"真人""至人""神人""圣人""全德之人"等等，但最具代表性的当属"至人"。庄子认为，"至人"人格的主要特征是：（1）"无己无为"

的处世态度。他说："至人无己"（《庄子·逍遥游》）"至人无为"（《庄子·知北游》）。"无己无为"的具体内涵是"不刻意而高，无仁义而修，无功名而治，无江湖而闲，不导引而寿。无不忘也，无不有也。淡然无极而众美从之"（《庄子·刻意》）。（2）"用心若镜"的认知方式。他说："至人之用心若镜，不将不迎，应而不藏，故能胜物而不伤。"（《庄子·应帝王》）就是说，至人的用心空明虚静，只是消极被动地反映事物。（3）"能守其本"的坚定意志。"至人有世，不亦大乎，而不足以为之累。天下奋柄而不与之偕，审乎无假而不与利迁，极物之真，能守其本，故外天地，遗万物，而神未尝有所困也。"（《庄子·天道》）（4）"游心无穷"的精神自由。"至人神矣！大泽焚而不能热，河汉冱而不能寒，疾雷破山风振海而不能惊。若然者，乘云气，骑日月，而游乎四海之外，死生无变于己，而况利害之端乎！"（《庄子·齐物论》）那么，怎样才能具有这些特征而达到至人的人格境界呢？庄子指出，其根本的途径，既不是通过道德的修养，"至人之于德也，……夫何修焉"（《庄子·田子方》），也不是通过知识的学习，至人认为知识学习是"为己桎梏"。而只能通过"为道"。在《田子方》篇，庄子借老聃之口回答孔子关于达到至人境界"其方"的问题时说："已为道者解乎此。"在《天道》篇，庄子明确地说："通乎道，合乎德，退仁义，摈礼乐，至人之心有所定矣。"在《渔父》篇，庄子也指出："圣人法天贵真，不拘于俗。愚人反此，不能法天而恤于人，不知贵真，禄禄而受变于俗，故不足。"所谓"为道""通道"，所谓"法天""贵真"，其实质就是把握宇宙本体——道，使自己与道融合为一。

而要与道为一，就必须涤除"成心"，消解"自我"。庄子云："道隐于小成"（《庄子·齐物论》）；又云："至人无己。"（《庄子·逍遥游》）"成心"就是一己的主观偏见，"己"就是自我。庄子认为，只有去除主观偏见，消除自我中心，才能与大道合为一体。以价值论言之，任何个体所确立的价值都是以主体自我的需要为动因的，也是以反映主体需要的自我意识为评价标准的。因此，消解自我，也就消解了人的价值主体性。

　　庄子通过以上四大理论以消解人的价值主体性，而为了把这些理论在实践中贯彻，他还提出了消解价值主体性的一系列具体方法。这些方式构成了消解人的价值主体性的实践层面。主要包括：（1）淡化主体的价值需求。庄子认为，主体之所以着力追求价值，努力创造价值，是因为主体有着强烈的生理、心理需求，这种需求包括"欲"和"智"两大类。正是"欲"和"智"，导致了人性异化。他说："欲恶之孽，……始萌以扶吾形，寻擢吾性"（《庄子·则阳》），"其嗜欲深者，其天机浅"（《庄子·大宗师》），"将盈嗜欲，长好恶，则性命之情病矣"（《庄子·徐无鬼》）；又说："智也者，争之器也"（《庄子·人间世》）"天下每每大乱，罪在于好智"（《庄子·胠箧》）"天下好智，而百姓求竭矣"（《庄子·在宥》）。为此，他提出了"坐忘"和"心斋"两种方法。所谓"坐忘"，就是"堕肢体，黜聪明，离形去知"（《庄子·大宗师》）。徐复观先生释云："'堕肢体''离形'，实指是摆脱由生理而来的欲望；'黜聪明''去知'，实指是摆脱普通所谓的认识活动。"① 所谓"心斋"，就是"唯道集虚"，庄子说："唯道集虚，虚者，心斋也。"《庄子·人间世》冯友兰先生曰："去掉思虑和欲望，就是所谓'心斋'。"② 可见，"坐忘"和"心斋"，都是要涤除人内心的物质欲求和知识欲求，通过淡化需求，从而达到消解价值主体性的目的。（2）颠覆现实的价值世界。庄子认为，价值主体活动的结果就是建构了一个坚固而错综的现实价值世界，而现实价值世界的形成又反过来强化了人的价值主体性。于是，主体的价值活动与客体的价值世界双向互动，循环往复，使人完全沉沦于一个异化的社会中。因此，要消解人的价值主体性，使人回归本性，就必须颠覆现实的价值世界。他通过继承和发挥老子"绝圣弃智""绝仁弃义""绝巧弃利"的思想，慨慷激烈地指出："故绝圣弃知，大盗乃

---

　　① 徐复观：《中国艺术精神》，春风文艺出版社1987年版，第63页。
　　② 冯友兰：《冯友兰文集·第9卷·中国哲学史新编·第2册》，长春出版社2017年版，第87页。

止；擿玉毁珠，小盗不起；焚符破玺，而民朴鄙；掊斗折衡，而民不争；殚残天下之圣法，而民始可与论议，擢乱六律，铄绝竽瑟，塞师旷之耳，而天下始人含其聪矣；灭文章，散五采，胶离朱之目，而天下始人含其明矣；毁绝钩绳而弃规矩，攦工倕之指，而天下始人有其巧矣。故曰：大巧若拙。削曾、史之行，钳杨、墨之口，攘弃仁义，而天下之德始玄同矣。"（《庄子·胠箧》）

理论层面的思想和实践层面的主张相互结合，构成了庄子消解人的价值主体性的基本思路。这种思路在中国哲学史上独树一帜，它不但与重在建构人的价值主体性的儒、墨、法诸家殊途异轨，而且也与老子"道大，天大，地大，人亦大。域中有四大，而人居其一焉"（《老子》第二十五章）的观念同中有异。于是，它就蕴涵着独特的哲学意义。

三 庄子消解人的价值主体性思路的"后现代"特征

后现代主义是"二战"后在西方兴起和形成的一种社会、文化思潮，也是一种世界观和人生观。尽管后现代主义思想的内涵十分丰富，也相当复杂，但其中一些基本观点还是可以把握的。例如，它对于人类中心论的消解、对于绝对主义的批判和关于人与自然和谐关系的思考等，其观点都有相当的明确性。而在这些方面，两千年前中国的庄子，与后现代主义竟有着某种惊人的相似性。

庄子认为，人由于不断强化自己的价值主体性而导致了人性异化，因此，主张消解人的价值主体性。而消解了人的主体性，也就否定了人类高于万物、贵于万物的超越地位，从而也就取消了人类作为宇宙中心，世界中心的地位。庄子的"以道观之，物无贵贱"的命题，内在地隐含着对人类中心地位的否定。这与后现代主义通过批判"至高无上的理性主体"而反对人类中心主义的思路是一致的。在后现代主义者看来，主体是现代社会的杜撰，是启蒙运动和理性主义的产物，今天的主体已经丧失了肯定的、积极的、主动的意义。因为，主体自发地需要一个客体，而在这种主客二分的关系中，主体总要表现为对于客体的依附，而在这种依附中，人被物役，人性异化。于是，他们大力宣告"主体性的黄昏"和"人的死亡"。这简直是庄子说的人"与物相刃相靡，其行尽如驰，而莫之能止，不亦悲乎！……人谓之不死，奚益！"（《庄子·齐物论》）的现代回声。

庄子还认为，由于人的价值主体性的确立，人与自然处于尖锐的矛盾对立之中。人任意地改造自然、征服自然，改变自然的本然面貌和和谐秩序，这一方面危害了自然，另一方面也损害了人类。由此，他主张通过消解人的价值主体性而实现人与自然的和谐相处，重建"天地与我并生，万物与我为一""同于禽兽居，族与万物并""调理四时，太和万物"的"至德"之世。他说："与天和者，谓之天乐""知天乐者，其生也天行，其死也物化，静而与阴同德，动而与阳同波。故知天乐者，无天怨，无人非，无鬼责。"（《庄子·天道》）这与后现代的有机论、整体论把人和自然看作一个有机和谐的整体，反对科学机械论对人与自然采取二元论的态度，显然有类似之处。

庄子在思考人与物、主与客、彼与此、贵与贱、善与恶、美与丑的价值关系时，遵循的是一种相对主义的认识路线，而反对的是绝对主义的思维方式。在他看来，人们之所以对于人的价值主体性有着一种盲目的自明意识和坚定的自信心理，是因为人们的认识方法和思维方式封闭于绝对主义的视界之中，即以自己"成心"作为认识的基点。这种绝对主义认识方法和思维方式的特征在于，把主客、彼此、是非、善恶、美丑、贵贱等等的价值差异看成是不可超越的。即对立的双方既无依存、互渗，也不转化、同一。庄子认为，这种"随其成心而师之"的认识方式，并不是"明"，而是"隐"。他说："道隐于小成，言隐于荣华，故有儒墨之是非，以是其所非而非其所是。"（《庄子·齐物论》）而一旦转变认识立场，转换认识视角，主客、彼此、是非、善恶、美丑、贵贱的对立和差异就会消解。他指出，如果将认识基点转到"道"的立场上，就会发现"物固有所然，物固有所可。无物不然。无物不可""方可方不可，方不可方可""是（此）亦彼也，彼亦是（此）也""故分也者，有不分也。"（《庄子·齐物论》）那么，所谓人的绝对的价值主体地位、绝对的价值取舍标准是根本不存在的。庄子把这种认识方式称为"以明"、称为"天钧"，实质上就是"以道观之"。可见，庄子消解人的价值主体性的认识方式是相对主义的，这与后现代主义的认识方式也不谋而合。后现代主义文化哲学根据现代自然科学新揭示的现实事物的相对性、非确定性，着力于颠覆人们旧有的确定性的世界观。他们认为，从泰勒斯开始，西方传统哲学的一项基本使命就是寻求确定性，对确定性的寻求几乎等同于对真理性的追求。然而，在他们看来，真理并没有一个确定的客观性标准，真理的标准是因人而异的。例如，主张"后哲学文化"的罗蒂就明确地提出："'知识'正如'真理'一样，只是对我们的信念的一个赞词。"① "是我们的信念和愿望形成了我们的真理标准。"② 这和庄子所说的："随其成心而师之，谁独且无师乎？"（《庄子·齐物论》）在相对主义的性质上，并无二致。

尽管庄子消解人的价值主体性的观念具有上述后现代主义的一些特征，但是在终极关怀上，庄子却与后现代主义有本质不同。庄子消解人的价值主体性的出发点和归宿点是"道"，这个"道"在庄子哲学中，既是宇宙本体又是价值理想。庄子一方面反对人的价值主体性；另一方面又要把人提升到"道"的境界。如前所述，他认为与道合一的人，是"至人"，而"至人"是绝对自由的。这无异于说，消解人的价值主体性正是为了提高人的价值，即从更高的理想境界上来提高人的价值。那么，人既失去了价值主体的地位又何以能够升值呢？在庄子看来，"道"的价值世界，乃是一个没有主体的价值世界，或者说是一个泛主体的价值世界。在这个价值世界里，正由于没有一个绝对的唯一的主体，所以才充满了平等、自由、和谐。由此可见，与道为一，进入道的理想境界，正是庄子对人的终极关怀。而消解人的价值主体性正是达到这种终极关

① ［美］理查德·罗蒂：《哲学与自然之境》，李幼燕译，生活·读书·新知三联书店1987年版，第411页。

② ［美］理查德·罗蒂：《后哲学文化》，上海译文出版社1992年版，第4页。

怀的途径和方式。可以说，庄子哲学的主旨是通过"主体"的"本体"化以实现人的生命升华、价值升值。这与后现代主义者为了批判传统本体论对于人的价值终极关怀承诺的彻底落空而走向取消本体论的偏颇，由此导致了价值虚无主义，是大相径庭的。总之，庄子哲学在消解人的价值主体性的论说中，既有后现代主义的某些性质又有与后现代主义的本质差别，它既消解主体而又高扬本体的思路，留给了我们颇多的宝贵启示。

（原载于加拿大《文化中国》2001 年第 6 期）

道家的价值实现论

道家崇尚的价值包括自由和自然两个层次，自由是价值理想和价值目标，自然是实现自由的途径和方式。或者说，自由是目标价值而自然是工具价值。因此，道家关于价值实现的基本思想是由自然而达自由。这种思想，凝结在"无为而无不为"的命题之中。

这一命题在《老子》《庄子》中都有论述。例如：

老子曰："道常无为而无不为"（《老子》第二十七章）"无为而无不为"（《老子》第四十八章）。

庄子曰："无为而无不为也"（《庄子·知北游》）"道不私故无名，无名故无为，无为而无不为"（《庄子·则阳》），"虚则无为而无不为也"（《庄子·庚桑楚》）。

这里的"无为"是指不任意妄为的顺应自然的方式，"无不为"指的是任何事情都能获得成功的自由境界。范应元释曰："虚静恬淡，无为也；天、地、人物得之以运行生育者，无不为也。"（《老子道德经古本集注》）"无为"与"无不为"的关系，是手段与目标、原因与结果的关系，蒋锡昌释云："'无为'者，言其因，'无不为'者，言其果。"（《老子校诂》）可见，"无为而无不为"，从价值论的意义上言之，就是采取自然无为的态度和方式，以达到"无不为"的自由境界。

一 "无不为"——理想的自由境界

"无不为"自由境界是道家追求的最高价值理想。在这种价值理想中，包括生存自由、个性自由、精神自由和社会政治自由等内容。

生存自由是指对现实的有限生命的超越。在老庄看来，普通人的现实生命都是有限的，这种有限性是由于受到诸多因素的制约，特别是物欲对人的束缚和危害："五色令人目盲，五音令人耳聋，五味令人口爽，驰骋畋猎令人心发狂，难得之货令人行妨。"（《老子》第十二章）人的生命既然处于种种物欲的侵害之中，所以就失去了自由。因此，要使人从有限生存状态中超越出来，以实现生存的自由，就必须行"无为"之道，老子说："天长地久，天地所以能长且久者，以其不自生，故能长生。是以圣人后其身而身先，外其身而身存。"（《老子》第七章）又说："治人、事天，莫若啬。……是谓深根、固柢、长生、久视之道。"（《老子》第五十九章）庄子说："纯粹而不杂，静一而不变，淡而无为，动而以天行，此养神之道也。"（《庄子·刻意》）就是说，采取"不自生""后其身""外其身""啬""淡而无为""动以天行"的生存方式，就可以使生命达到"无不为"，即长生久视的自由境地。

个性自由是指个体对自己独立个性的保有和独立意志的坚持。在老庄看来，当时的人们由于受社会规范的束缚和物质欲望的诱惑，很难保持自己的独立个性和独立意志，因之就没有个性自由。他们认为，个性自由乃是人生价值的重要因素，应该作为努力追求的目标。老子赞自己的独立个性时说，"众人熙熙，如享太牢，如春登台。我独泊兮其未兆""众人皆有余，而我独若遗""俗人昭昭，我独昏昏；俗人察察，我独闷闷""众人皆有以，而我独顽且鄙"。（《老子》第二十章）庄子也赞扬"独志""独有"这种个性自由的崇高价值，他说："遗物离群而立于独"（《庄子·田子方》），"出入六合，游乎九州，独往独来，是谓独有。独有之人，是谓至贵"（《庄子·在宥》）。这种"遗物离群"的个性自由境界，只有通过"体道""得道""自然无为"才能达到，老子把体悟自然无为之道叫作"食母"。"我独异于人而贵食母"（《老子》第二十章）；庄子把洞见自然无为之道谓之"见独"，"朝彻而后能见独，见独而后能无古今，无古今而后能入于不生不死"（《庄子·大宗师》）。

精神自由是心灵超越现实生活世界而达到不受任何限制、不遭任何伤害、不要任何条件的理想境界。道家特别是庄子把精神自由视为一种崇高的价值理想予以追求，他所塑造的"至人"形象，就是精神自由的典型，充分表达了他对精神自由的憧憬和向往："至人神矣！大泽焚而不能热，河汉沍而不能寒，疾雷破山风振海而不能惊。若然者，乘云气，骑日月，而游乎四海之外，死生无变于己，而况利害之端乎！"（《庄子·齐物论》）"至人"的这种自由，其实并非形体的自由，而是精神的自由。用庄子的话说，至人的自由是"游心"："乘物以游心""游心于淡""游心于无穷""游心乎德之和"。这种"游心无穷"的精神自由境界要实现，其途径也是自然无为，所谓"为道者解乎此"（《庄子·田子方》）、"逍遥乎无为之业"（《庄子·大宗师》）。精神自由境界是最有价值的境界，通过自然无为途径达到这种境界的人格是最有价值的人格，"得至美而游乎至乐，谓之至人"（《庄子·田子方》）。

社会自由也是道家追求的价值理想，在自由的社会里，人们不受社会规范的束缚和制约，内心的私欲荡然无存，不会成为精神的桎梏；外在的礼仪制度、法律章程、道德规范一无所有，不会成为个性的枷锁。老子把这种社会叫作"小国寡民"，庄子把这种社会称为"至德之世"。老子说，在自由社会中，人们"甘其食，美其服，安其居，乐其俗"（《老子》第八十章）；庄子说，在自由社会里，"不知义之所适，不知礼之所得。猖狂妄行，乃蹈乎大方"（《庄子·山木》）。人们"翛然而往，翛然而来"（《庄子·大宗师》），"日出而作，日入而息，逍遥于天地之间，而心意自得"（《庄子·让王》），"含哺而熙，鼓腹而游"（《庄子·马蹄》），"其生可乐，其死可葬"（《庄子·山木》）。这种社会自由的实现，也只能采取"无为而治"的政治原则。《庄子·山木》

总之，老子和庄子都把自由视为崇高的价值理想。这种自由理想，就是"无不为"的境界，包括生命的"无不为"、个性的"无不为"、精神的"无不为"和政治的"无不为"。

二 "无为"——达到自由境界的方式

在老庄哲学中"无为"是一个核心的概念，"无为"是指不强作妄为、不贪求私欲、顺任自然的态度。"无为"与"自然"的含义是一致的，"自然"着重从存在状态言，"无为"着重从主体态度言。主体采取"无为"的态度，就会呈现"自然"状态；呈现"自然"状态，也表明了主体的态度是"无为"，两者是合二而一的。为了实现"无不为"的自由价值理想，老庄认为应该采取"自然无为"的态度和方式。

作为价值目标的实现方式，"无为"的基本特征是：

1. "少私寡欲"。老庄认为，人们之所以"有为"，在于有私欲，私欲是一切罪恶的根源，是一切负价值产生的原因，"罪莫大于可欲，祸莫大于不知足，咎莫大于欲得"（《老子》第四十六章）。因此，要做到"无为"，首先必须"寡欲"，以至"去欲"。人若能损去私欲，就消除了主体自身的束缚，减去了主体自身的负担，从而无妄求、不妄作，处于自然状态而行无为之道。所谓"无欲以静""不见可欲，使心不乱"。

2. "致虚守静"。老子说："致虚极，守静笃。"（《老子》第十六章）"致虚守静"既是道家提倡的认知方式，也是价值实现方式。"虚静"和"无欲"是密切相关的，人内心若不被贪欲所干扰，就能处于虚静状态。而"虚静"状态乃是"无为"的重要特征，它表现为不繁忙、不躁动、不纷嚣，稳定泰然的处事方式。这种态度方式，表面上似乎木然不动，停滞不前，实际上是"静中有动""虚而不屈"的，如同虚空的天地之间，深藏着万物，蓄积着以静制动的无穷力量。因此，"虚静"的"无为"方式，乃是实现崇高价值的途径，以治世而言，"我好静而民自正"（《老子》第五十七章）。

3. "柔弱不争"。如果说，"无欲""守静"是内向的对待自我的态度和方式，那么，"柔弱不争"，则是外向的对待外界事物的态度和方式。所谓柔弱不争，就是在处人、处事时，采取处下、居后、谦让的态度，它与争先、自矜、逞强的态度是相反的。在老子看来，逞强、争斗、刚愎自用、桀骜不驯之人，必然导致"强者易摧""刚者易折"的恶果。而柔弱不争却充满着生机，洋溢着生命活力。他说："坚强者，死之徒；柔弱者，生之徒。是以兵强则灭，木强则折。"（《老子》第七十六章）因此，对于实现价值理想来说，柔弱不争是最优越的方式，"柔弱胜刚强"（《老子》第三十六章）、"天下之至柔，驰骋天下之至坚"（《老子》第四十三章）；"夫唯不争，故天下莫能与之争"（《老子》第二十二章）。

4. "反向而动"。"无为"方式的运行特点，是"反向而动"，即看待事物要从对立面着眼，执取事物要从对立面用力。老子认为，世间一切事物都在矛盾对立中存在着，对立面之间有着相互转化的规律。一般人把握事物只注意正面，其实反面的作用更为重要。因此，他主张，从反面去把握事物，靠转化来实现价值。他说："后其身而身先，外其身而身存"（《老子》第七章）；"将欲歙之，必固张之；将欲弱之，必固强之；将欲废之，必固兴之；将欲取之，必固与之"（《老子》第三十六章）。就是说，任何价值追求的目标（"欲"），必须从反向努力，才能达到。

"少私寡欲"是"无为"的基点，"致虚守静"是"无为"的条件，"柔弱不争"是"无为"的态度，"反向而动"是"无为"的运作。四者结合，共同构成"自然无为"的价值实现方式。

老庄道家认为，只有采取自然无为的方式，才能实现"无不为"的自由价值理想。对实现个体人生自由而言，"逍遥乎无为之业"（《庄子·大宗师》）、"无为也而尊"（《庄子·天道》）；对实现社会政治自由而言，"为无为则无不治"（《老子》第三章）、"我无为而民自化，我好静而民自正，我无事而民自富，我无欲而民自朴"（《老子》第五十七章）、"无为也则用天下而有余"（《庄子·天道》）。总之，"无为而无不为"（《老子》第四十八章）、"无为故无败"（《老子》第六十四章）、"无为之益，天下希及之"（《老子》第四十三章），"无为"可以实现一切价值。

三 "无为而无不为"的深刻意义

道家"无为而无不为"即由自然而达自由的价值实现论，具有十分深刻的哲理意义，至今仍然闪耀着启迪我们的智慧光芒。

1. 它蕴含着本体和价值统一的哲理。道家由自然而达自由的价值实现途径，是由宇宙本体"道"所决定的。道的本性是"无为而无不为"，因此人在实现价值时也要"无为而无不为"。老子说："道常无为而无不为。侯王若能守之，万物将自化。"（《老子》第三十七章）明确说明了，本体（"道"）的运行法则和主体（"侯王"）的价值实现原则是统一的。而且，人为实现价值目标而采取的"自然无为"的种种具体方式，也都是道的性质的主体化，"生而不有""为而不恃"是道之德，因之人要"少私寡欲"；"虚而不屈""归根曰静"是道之性，因之人要"致虚守静"；"弱者道之用"，因此人要"柔弱不争"；"反者道之动"，因此人要"反向而动"。"自然无为"方式的诸多内涵都是主体对道的遵循和效法。价值原则蕴含于本体法则之中，本体法则落实于价值原则之上，二者有内在的统一性。由于"道"包含着必然规律的涵义，所以，这种统一性也体现着必然与自由相统一的思想。

2. 它表现了对儒家在伦理规范中求自由的超越。儒家的价值实现途径是在道德规范中求自由。孔子说："七十而从心所欲不逾矩。"又说："克己复礼为仁。""矩""礼"都是外在的伦理规范，"从心所欲""为仁"的自由要通过"复礼""不逾矩"的途径来达到，因此，这种自由是与规范统一的自由，是受规范制约的自由。而道家"无为而无不为"的价值实现论，却把自由建立在"自然无为"的基础上，而"自然无为"正是对规范的摆脱和超越。老子提出"绝仁弃义""绝巧弃利""绝圣弃智"，就是要破除一切社会规范的束缚，而处于自然状态，进而达到自由境界。

3. 它体现着在天人和谐中实现人的价值的精神。自然是天道，是天地万物的生存状态，人采取"自然无为"的态度和方式，是与天道的合一。而且，"自然无为"的本质涵义是不妄为、不干涉，采取这种方式就不会去破坏自然、征服自然。因此，由自然而达自由，就为人类指出了一条在维护人与自然的和谐关系中去实现人的自由价值的道路。

道家追求的自由理想是美好的、宏伟的，体现了一种积极精神，它的"无为而无不为"的价值实现路径，也蕴含着深刻的哲理。但由于老庄的"自然无为"方式过分强调柔弱、处下、居后、谦让的处事态度，过分夸大顺应客观规律、因任自然本性的行为方式，过分重视物极必反、周行不殆的运行机制，所以就易导致忽视人的积极性、主动性、斗争性等能动精神的倾向。人在价值创造、价值实现活动中固然要注意遵循客观规律，要把握对立转化机制，要利用曲线迂回策略，但同时也应重视发扬刚健有为、积极进取、勇敢竞争、大胆创造的能动奋发精神。要把规律性和能动性、同一性和斗争性、前进性和曲线性，以及刚和柔、动和静巧妙地结合起来。如果仅仅采取自然无为的路线，就难免减弱人的创造性冲动，而影响价值理想的实现。

总之，道家由自然达自由的价值实现思想，既充满着许多深刻的智慧，也包含着一些消极的内容，它将启迪我们在现时代正确地选择价值实现的道路。

（原载于加拿大《文化中国》第 17 期，1998 年 6 月）

张载的哲学使命感

张载是中国哲学史上杰出的唯物主义者，也是一位典型的哲学家。其典型性在于，他不但建构了一个有特色的哲学体系，而且他对自己哲学的使命有着自觉的认识。在中外哲学史上，凡是能自觉意识到自己哲学使命的哲人，才是一个真正的哲学家。

张载少年时代，"喜谈兵""慨然以功名自许"，甚至希图组织武力，反击西夏侵略，想在保卫边疆的战斗中为国家建功立业，并未把研究哲学作为人生的志趣。二十一岁时他以书谒范仲淹，范氏"一见知其远器"，启发他说："儒者自有名教可乐，何事于兵"并劝他研读《中庸》。从此，张载确定了他研究哲学的志向。后来虽做过几任官职，但时间不长，一生的大部分时间都用于讲学和著书，通过哲学研究以实现自己的人生价值。

张载在自己哲学生涯中，一方面以"濯去旧见，以来新意"的创新精神和"当自立说"的自立勇气，"穷神化，一天人，立大本，斥异学"，不断深化自己的哲学理论，建构气一元论的哲学体系；另一方面则反复体认哲学的功能和使命，使自己的理论探索有一个远大的方向和崇高的宗旨。自觉的哲学使命意识和创新的哲学理论体系的内在统一，是张载作为一个杰出哲学家的突出特点。

张载晚年把自己的哲学理论凝结在《正蒙》一书中，同时也用"为天地立心，为生民立道，为去圣继绝学，为万世开太平"概括了他自己一生所追求的哲学使命。

所谓"为天地立心"，就是充分发挥人的知觉灵明来认识和理解宇宙的本质和规律。天地本来是没有心的，但人是天地所生，人在天地之间为万物之灵，人能通过自己的知觉灵明认识天地，所以人的心可以说就是天地之心。人如果能把自己的知觉灵明、认识能力、思维水平发展到最高程度，天地间的事物和规律就得到了最多和最高的理解，这就是"为天地立心"。张载认为，真正的哲学应该揭示宇宙的本质和规律，达到对宇宙规律的深刻理解和真理性的把握，使人心"合天心"，也就是说要"为天地立心"。张载提出的"太虚即气""万象皆气""天地变化，二端而已""神，天德；化，天道"等唯物论、矛盾论、变化论思想，就是对天地宇宙的本质和规律的深刻揭示和理解，就是在实现"为天地立心"的哲学使命。他为天地所"立的心"，从路线上看，是唯物主义的，从方法论上说是辩证法的，这与二程、朱熹从"理本论"出发，陆九渊从"心本论"出发，为天地立心，很不相同。可见，张载不但提出了"为天地立心"的哲学使命，而且通过一生"精思力践"的探索，创建了颇具特色的哲学体系，实现了自己的使命。

所谓"为生民立道"，就是用哲学向人们昭示人生之道，为人们提供一个做人准则和价值目标。"为生民立道"，在《宋元学案》中引为"为生民立命"，"命""道"都是指人生准则和人生价值目标。张载认为，这也是自己哲学的一个崇高使命。德国著名诗人诺瓦利斯曾说："哲学原就是怀着一种乡愁的冲动到处去寻找家园。"冯友兰先生也说："哲学可以给人一个'安身立命之地'就是说，可以给人一种精神境界，人可以在其中'心安理得'地生活下去。"张载的"为生民立道"，也就是给人寻找一个"精神家园"，为人生找到一处"安身立命之地"。他的《西铭》对人的精神家园或立命之地作了全面描绘；"乾称父，坤称母，予兹藐焉，乃混然中处。故天地之塞，吾其体；天地之帅，吾其性。民吾同胞，物吾与也。"他认为宇宙好比一个大家庭，乾坤是其中的父母，人好比其中的儿女，这个大家庭的每个成员，都应该以他人为同胞，以万物为朋友，乐天知命，和睦相处。而要达到这种境界，每个成员就应该担负作为一个人的责任和义务，做到"立必俱立，知必周知，爱必兼爱，成不独成"。在张载看来，"乾父坤母""民胞物与"，就是人生最崇高的价值目标，最美好的精神境界；而人在有生之年尽其作为宇宙的成员和社会的成员所应负的责任和义务，则是人之为人的最高准则。这里我们不去讨论张载为生民所立的"道"是否合情合理，是否尽善尽美，只是想说明，张载是在自觉地通过他的哲学活动，为实现自己的哲学使命而努力。

　　所谓"为去圣继绝学"，就是继承和发扬被异端思想所中衰了的儒家学说的基本精神。张载认为，千百年来，由孔孟创立的古代儒学由于受到佛教、道家的冲击而中衰不彰，特别是佛氏影响尤烈，"自古诐、淫、邪、遁之词，翕然并兴，一出于佛氏之门者千五百年"（《正蒙·乾称篇》）。他的使命就是要"唱此绝学，亦辄欲成次第"（《张子语录》下）。的确，在张载以前，针对佛教教义，从哲学思想上进行批判的，实少其人。张载是第一个从理论的高度批判佛教主观唯心主义的哲学家。更为可贵的是，他通过批判佛教弘扬儒学要义的历史使命感是自觉的，而且是经过他自己在探索道路上的曲折反复才形成的。史载：青年张载接受范仲淹的劝告读《中庸》"犹以为未足，又访诸释老，累年究极其说，知无所得，反而求之六经"（《宋史·张载传》）。经过这一反复，张载深切体会到自佛教炽传中国以后，"儒者未容窥圣学门墙，已为引取，沦胥其间，指为大道"，结果造成"人伦所以不察，庶物所以不明，治所以忽，德所以乱，异言满耳，上无礼以防其伪，下无学以稽其弊"，于是他决心通过自己的哲学活动与之"较是非，计得失"（《与吕微仲书》）。他批判了佛教"一切唯心""万法唯识""以山河大地为见病"的主观唯心主义；批判了佛教"死生流转"的"轮回"迷信；批判了佛教"梦幻人世""以人生为幻妄"的消极人生观，并深刻指出佛教既不"知天"，也不"知人"；既未"穷理"，也未"悟道"。针对佛教的种种谬误，张载继承和发展了中国哲学中"以气为本"的唯物主义传统，并在此基础上高扬了传统儒学"乐且不忧"的人生观，"以爱己之心爱人则尽仁"的道德观，和"一天人、合内外"的价值理想以及"不语怪力乱神"的现实理性，从而实现了他"立大本，斥异学""为去圣继绝学"的哲学使命。也正由于此，司马光称赞他："羲农及周孔，上下皆贯穿。造次循绳墨，儒行无少怠。师道久废阙，模范几无传；先生力振起，不绝尚联绵。"（《子厚先生哀辞》）王夫之赞叹道："往圣之传，非张子其孰与归！"（《张子正蒙注·序论》）张载所继的"绝学"虽然是指以孔孟为宗的传统儒学，但他所表现的在错误思潮面前，"独立不惧，精一自信""正立其间，与之较是非，计得失"（《正蒙·乾称篇》）的哲学批判精神，至今仍闪耀着灼灼光辉。

所谓"为万世开太平"，就是为社会指出前进的方向，为人类指明实现美好理想的途径。中国古代的儒家哲人主张"内圣外王"之道，具体地说，就是通过格物、致知、诚意、正心、修身的"内圣"之道，开出齐家、治国、平天下的"外王之道"，最后达到"止于至善"的理想境界。张载继承了儒家这一传统，明确地把"为万世开太平"即展示美好的社会理想，作为哲学的崇高使命之一。张载所处的时代，北宋社会已暴露出种种弊端，一些有志之士力主改革，张载也是其中之一。但与坚持现实主义路线的王安石不同，张载着眼于社会的一些根本问题，所提出的措施是理想主义的。他主张以儒家"三代"为学习的榜样，实行"井田制""封建制"和"肉刑"，其中最重要的是通过"井田制"解决土地所有制问题。他说："论治人先务，未始不以经界为急"。他认为井田制有两大优越性，一是"足民"；二是"均平"。他说："为政在乎足民""治天下不由井地，终无由得平。周道止是均平。"（《经学理窟》）在张载看来，达到"足民""均平"，天下就会长治久安，万世太平。此外，张载还主张恢复"三代"宗法及宗子制度，以达到"管摄天下心，收宗族，厚风俗，使人不忘本"的目的。不难看出，张载提出"为万世开太平"的哲学使命诚然是十分崇高的，而他的"太平"方案却是相当陈腐的，也是根本行不通的。这表明，同历史上其他哲学家一样，张载没有，也不可能摆脱历史和阶级的局限，为社会描绘出一幅光辉灿烂的未来图景。尽管如此，我们也不能否定张载为追求"万世太平"的理想所从事的哲学努力。因为，提出"为万世开太平"的哲学使命，其本身就具有重大的意义。

总之，"为天地立心，为生民立道，为去圣继绝学，为万世开太平"这四句名言，是张载关于哲学使命的自觉意识，也是张载哲学体系的最高宗旨。冯友兰先生说："明白了这四句话，也就懂得《西铭》了。"其实，理解了这四句话，对张载哲学的基本精神也就把握了。

张载不但提出了崇高的哲学使命，而且还为完成和实现这一使命确立了方法论原则，这集中表现在他的"大心"说中。他说："大其心则能体天下之物，物有未体，则心为有外。世人之心，止于见闻之狭。圣人尽性，不以闻见梏其心，其视天下无一物非我，孟子谓尽心则知性知天以此。天大无外，故有外之心，不足以合天心。见闻之知，乃物交而知，非德性所知，德性所知，不萌于见闻。"（《正蒙·大心篇》）就是说，要把握宇宙的本质和变化规律，"穷神知化""体天下之物""为天地立心"，就必须充分发挥和扩充人心的作用，打破人心与天地事物的隔阂，消除主体与客体之间的对立，使心与天地万物同其广大，同样无限，妙合无间。此之谓"大其心"。他指出，做到"大其心"的关键有三：一是"不以见闻梏其心"，即摆脱有限的感性知识对心灵的束缚；二是"不以嗜欲累其心"（《正蒙·诚明篇》），即排除有害的私欲嗜好对心灵的侵蚀；三是"非思虑聪明可求"（《正蒙·乾称篇》），即不局限于一般的理性认识。他把这种"大其心"的认识方法称为"德性之知"。尽管张载并未否定"见闻之知"（感性认识）和"思虑之知"（理性认识）的作用，但他更强调"德性之知"的超越性和道德性。由此可见，张载所主张的哲学认识方法是以道德为基础的既超越感性认识，又高于一般理性认识的认识方法，它不但具有超越性和道德性的特征，还具有某些先验性、神秘性色彩。但如果我们扬弃了张载的"德性之知"的先验性、神秘性等因素，那么具有超越性道德性的"德性之知"则相当于我们所说的哲学素质、哲学认识了。

一般的人都能够从感性认识飞跃到理性认识，但要从理性认识再进行一次飞跃，达到哲学认识，这只有哲学家或有哲学素养的人才可以做到。张载所要求的就是通过"大其心"的功夫，而达到"德性之知"的认识层次和精神境界。如果一个人不能"大其心"而是"小其心"，那么他只能是累于私欲，囿于见闻的"井底之蛙"，他绝不会具有哲学家的气质和见识，当然也不会向自己提出"为天地立心，为生民立道，为去圣继绝学，为万世开太平"的崇高使命了。

总之，张载"四为"的哲学使命意识和"大心"的哲学认识方法，是历史上一个真正哲学家对哲学价值和哲学素质的深刻认识和精辟概括，它至今仍具有重大意义。在现代，要做一个好的哲学工作者就必须把自己从狭窄的经验见闻中解放出来，从狭隘的个人私利中超越出来，"不以见闻梏其心""不以嗜欲累其心"，从而使自己具有十分宽广的视野，博大精深的知识，旷达开阔的胸襟，面向未来的气度和高度的理论思维能力。还必须通过自己的理论活动，去不断发现真理，深刻认识自然界和人类社会的发展规律，并用自己的理论成果帮助人们树立科学的世界观和人生观，提高道德情操和精神境界，明确历史前进的方向，担负为祖国繁荣，为人民幸福，为人类解放而奋斗的责任。这就是当今一个哲学工作者应具有的素质和应肩负的使命，也是张载的哲学使命感和哲学方法论给予我们的有益启示。

（原载于《气化之道——张载哲学新论》，
陕西人民教育出版社 1992 年版）

张载"太虚"之气的价值意蕴

张载是北宋时期杰出的唯物主义哲学家，他在哲学史上的突出贡献是建构了气一元论的本体论。张载认为宇宙万物的本质是气，"凡可状，皆有也；凡有，皆象也；凡象，皆气也"（《正蒙·乾称》），而无形的"太虚"乃是气的本然状态，"太虚无形，气之本体"（《正蒙·太和》）。张载以"太虚之气"为世界本原的本体论哲学，与程、朱的理本论，陆、王的心本论迥然有别，具有鲜明的唯物主义特征，在宋明哲学史上独树一帜，独成一家，对后世产生了深远的影响。然而，它作为中国传统哲学本体论的一种形态，仍然具有中国哲学将本体与价值相融通、相统一的共性。张载的"太虚"本体中蕴含着丰富的价值品性，体现着深厚的价值意义。

一 "太虚"的价值品性

张载坚持气一元论的唯物主义自然观，提出太虚之气是宇宙万物的本原和本体。气作为宇宙的本体，它是宇宙间一切事物产生的根源，也是构成一切事物的原质。他说："太虚不能无气，气不能不聚而为万物，万物不能不散而为太虚"（《正蒙·太和》）。作为宇宙本体的太虚，它的基本特征是：（1）无形而有气。"太虚"的形态是无形的，但是性质是实有的气，"知太虚即气，则无无"。因此，太虚是有无虚实的统一，"有无虚实通为一物者，性也"（《正蒙·乾称》）。（2）变化而有理。"太虚无形，气之本体，其聚其散，变化之客形尔""天地之气，虽聚散、攻取百涂，然其为理也顺而不妄"（《正蒙·太和》）。（3）必然而永恒。太虚之气有聚有散，"循是出入，是皆不得已而然也""聚亦吾体，散亦吾体，知死之不亡者，可与言性矣"（《正蒙·太和》）。总之，"太虚者，气之体"。它是"至虚之实"的物质存在，是"至静之动"的变化实体；"天"是它的存在状态（"由太虚，有天之名"）；"道"是它的变化过程（"由气化，有道之名"）。因此，它是"虚实、动静之机，阴阳、刚柔之始"，天地间"万品之流形，山川之融结"都是它凝聚的产物。

作为宇宙本体的"太虚"，虽然是客观的物质存在，却蕴含着丰富的价值品性。在张载看来，"太虚"的主要价值品性是：

1. "至诚"。张载说："至诚，天性也"（《正蒙·乾称》），"天所以长久不已之道，乃所谓诚"（《正蒙·诚明》）。"诚"作为儒家哲学的重要范畴，其原意是真实无妄、笃实无伪。自先秦《中庸》《孟子》以来，它就有本体和价值、实然和应然双重含义。就本体和实然之义言，它是指本体、规律、万物的实存性；就价值和应然之义言，它是指道义、品德的笃实性。张载赋予太虚以"至诚"的品性，指的就是太虚及其规律的真实性和笃实性，也兼有本体属性和价值品性双重含义。就价值品性而言，诚与伪是对立的。张载认为，"太虚"是"诚有是物"而不是"伪实不有"，因而具有至高无上的笃实品质。后来王夫之在《张子正蒙注》中解释"诚"时，虽然强调了诚的本体实在性含义，认为"诚，以言其实有也"（《正蒙·天道》），但也注意到张载从价值品性上言诚的致思趋向，指出"诚者，天理之实然，无人为之伪也"（《正蒙·诚明》）。由太虚的"至诚"品性，张载还引申出天道的"信"的品德，他说："天不言而信，神不怒而威；诚故信，无私故威。"（《正蒙·天道》）正由于"太虚"（天）具有诚、信的价值品性，所以才能不断地发挥生成万物、增益万物的功能，所谓"益物必诚，如天之生物，日进日息"（《正蒙·乾称》）。而且，由于天以自己的诚信之德不断增益万物，所以天地间才能"富有""日新"。"富有，广大不御之盛与！日新，悠久无疆之道与！"（《正蒙·天道》）

2. "至善"。张载不但认为太虚有"至诚"之性，而且还认为太虚有"至善"之德。他说："天地以虚为德，至善者虚也。"（《张子语录》中）"至善"即至高无上的善，这种善的核心内涵不是别的，正是历代儒家所倡导的仁、礼、忠、恕等美好道德。张载明确指出："虚者，仁之原""虚则生仁""忠恕者与仁俱生"。（《张子语录》中）又说："天之生物便有尊卑大小之象，人顺之而已，此所以为礼也"，礼是"天叙天秩，如何可变"（《经学理窟·礼乐》）。"至善"的核心内容虽然是道德，但却不局限于道德，在张载看来，"至善"也指太虚完善无缺、圆满自足的品性。他说："太虚者，天之实也，万物取足于太虚，人亦出于太虚，太虚者，心之实也"（《张子语录》）。就是说，"太虚"是天、物、人、心的本原，它包容着宇宙间一切存在的源头，是绝对完满的"足"。王夫之注释云："阴阳二气充满太虚，此外更无他物，亦无间隙，天之象，地之形，皆其所范围也。"（《张子正蒙注·太和》）

3. "太和"。"太和"指太虚之气的和谐状态，因为这种和谐是宇宙的最高和谐，也是宇宙间一切万物和谐的根源，所以称为"太和"。张载说："太和所谓道，中涵浮沉、升降、动静、相感之性，是生纲缊、相荡、胜负、屈伸之始。……散殊而可象为气，清通而不可象为神。不如野马、纲缊，不足谓之太和。"（《正蒙·太和》）可见，他所谓的"太和"，是指太虚中阴阳二气矛盾运动、合同不悖、浑沦无间的和谐状态。在张载看来，这种和谐状态，既是阴阳二气的和谐，又是阴阳二气所引起的一切矛盾运动的和谐；既是本体自身的和谐，又是体与用即"气"与"神"的和谐；既是本体内在的和谐，又是由本体所生成的万物的和谐。王夫之在《张子正蒙注》中说："太和，和之至也。阴阳异撰，而其纲缊于太虚之中，合同而不相悖害，浑沦无间，和之至也。未有形器之先，本无不和；既有形器之后，其和不失，故曰太和"；又说："太和之中，有气有神，……阴与阳和，气与神和，是谓太和。"（《张子正蒙注·太和》）正由于这种和谐是至高至极的，因此，张载认为它是一种美好、崇高的价值境界。人只有认识和把握了这种和谐，才算懂得了宇宙的法则，把握了《周易》的精髓，达到了崇高的智慧境界，"语道者知此，谓之知道；学《易》者见此，谓之见《易》。不如是，虽周公才美，其智不足称也已。"（《正蒙·太和》）

张载虽然崇尚和谐，但并不否定矛盾对立面之间的排斥、反抗和斗争，也不否认矛盾对立和斗争的价值。他只是认为：第一，矛盾对立面之间的斗争并不离开矛盾对立面的统一，所谓"两不立则一不可见，一不可见则两之用息"（《正蒙·太和》）；第二，矛盾对立面的差异、对立和斗争，最终要归结为和谐统一，所谓"有象斯有对，对必反其为；有反斯有仇，仇必和而解"（《正蒙·太和》）。由此看来，张载是在承认矛盾斗争价值的同时崇尚和谐的。他认为矛盾对立面的排斥、斗争与和谐、统一二者都有价值，但和谐的价值高于斗争，是万物运动发展的理想状态。

张载的"太和"价值观，从渊源上说，是对《周易》价值观的继承和发展。《周易》乾卦的《彖辞》云："乾道变化，各正性命，保合太和，乃利贞。"意谓天道的变化使万物各具正性正命，只有保持高度的和谐才有益于万物生长。张载发展了这一思想，从太虚本体和谐状态的高度，弘扬了和谐价值的至高无上性，并在其中寄托了自己崇高的价值理想。

4. "神化"。"神化"是对太虚之气清通湛一和阴阳二气矛盾统一的变化机制的描绘。他说："太虚为清，清则无碍，无碍故神""凡气清则通，昏则壅，清极则神"（《正蒙·太和》）；"虚明照鉴，神之明也"（《正蒙·神化》）——这是以清通虚明为"神"；又说："气有阴阳，推行有渐为化，合而不测为神"（《正蒙·神化》），"一物两体，气也。一故神（自注：两在故不测），两故化（自注：推行于一）"（《正蒙·参两》）——这是以阴阳二气的统一为"神"、以阴阳二气相互推荡产生变化为"化"。总之，"神"与"化"指的是太虚中阴阳二气既清通虚明又矛盾统一的微妙变化机制。所以张载说："神者，太虚妙应之目"（《正蒙·太和》）。在张载看来，太虚之气这种清通无碍的特性、阴阳不测的神妙和阴阳推荡的变化，不但是自然的规律，而且是至高无上的价值。

他发挥《易·系辞》"穷神知化，德之盛也"的价值意识，提出"神，天德；化，天道"（《正蒙·神化》），明确地赋予"神化"以价值意味。根据这一观点，张载把太虚之气变化而形成的物质性成果都视为"糟粕煨烬"。他说："凡天地法象，皆神化之糟粕尔""万品之流行，山川之融结，糟粕煨烬，无非教也"（《正蒙·太和》）。以"神化"形容太虚，以"糟粕"比拟万物，显然包含着价值评定的意蕴。也就是说，"清通"而"神妙"的太虚，其价值地位是高于"昏壅"而"偏滞"的万物的（"偏滞于昼夜阴阳者物也"）。

张载不但以"神化"来规定太虚的价值品德，还进而以"神化"来形容太虚的价值功能。他说，"神化"表现了太虚充塞宇宙万物之间的普遍作用，"无远近幽深，利用出入，神之充塞无间也"（《正蒙·神化》）；表现了太虚中阴阳矛盾对天下万物的推动作用，"天下之动，神鼓之也"（《正蒙·神化》）；表现了太虚对宇宙万物的无限包容和终极统一的作用，"神无方，易无体，大且一而已尔"（《正蒙·神化》）。总之，"神化"是太虚本来具有的伟大功能，"神化者，天之良能，非人能"（《正蒙·神化》）。

如果说，价值品德（清通虚明、阴阳矛盾统一引起变化）是"神化"之"体"，那么，价值功能（鼓天下之动）则是"神化"之"用"。太虚之"神化"价值存在于体用统一之中，它是体用兼有的价值品格。

从张载赋予太虚的价值品性来看，"至诚"可谓是太虚之"真"，"至善"可谓是太虚之"善"，"太和"可谓是太虚之"美"，而"神化"则可谓是对真、善、美的综合概括。这样一来，作为宇宙本体的"太虚"，不但具有客观实在的"实然"属性，而且具有真、善、美兼备的"应然"品格。它是本体与价值、实然与应然的统一体。就太虚是客观实在的"气"而言，张载的本体论与老子的"道"本论、程朱的"理"本论、陆王的"心"本论，是判然有别的，然而，就太虚具有真、善、美的价值品性而言，张载的运思方式与他们并无二致，都把本体与价值相融通，将实然与应然相统一。关于中国传统哲学本体论的这种特征，笔者曾在《论中国哲学价值思维的融通性》①一文中作过系统论述，不再赘述。

二 "太虚"价值品性的人文意义

"太虚"既然具有"至诚""至善""太和""神化"等价值品性，那么这些价值品性是如何体现于宇宙万物的本性之中，特别是如何体现于人的价值理想之中呢？或者说，太虚的价值品性对于人有什么重要意义呢？对此，张载在他的哲学中作了相当充分的论述。其实，他之所以要赋予太虚以价值意蕴，正是为了确立人的价值理念，建构人的价值理想。在张载看来，太虚价值品性的人文意义主要在于：

1. "太虚"是人性价值的渊源。张载把人性分为"天地之性"和"气质之性"二重结构，他说："形而后有气质之性，善反之，则天地之性存焉。"（《正蒙·诚明》）。"天地之性"是人与宇宙万物共同的本性，就人而言，乃是人人共存的本性。天地之性的特征是纯善、至善，"性于人无不善"（《正蒙·诚明》）。"气质之性"是人的形体由于禀气有正、偏之别和后天习俗不同而具有的自然本性。气质之性的特征是善恶混，"人之刚柔、缓急、有才与不才，气之偏也。……性未成则善恶混。""故气质之性，君子有弗性者焉"（《正蒙·诚明》）。可见，张载认为天地之性是具有至善价值的人性，而气质之性则是价值与非价值相混的人性。人只有"强学以胜其气习"，"善返"以复归性源，才能实现人性的至善价值。

那么，人的本原善性即"天地之性"是从何而来的呢？张载明确指出，天地之性源于太虚之气。他说："合虚与气，有性之名"，又说太虚"至静无感，性之渊源"（《正蒙·太和》）。太虚可称之为"天"，"所谓性即天道也"（《正蒙·乾称下》）。他还以水、冰为喻来说明天地之性渊源于太虚，"天性在人，正犹水性之在冰，凝释虽异，为物一也"（《正

---

①　赵馥洁：《论中国哲学价值思维的融通性》，《新华文摘》1998 年第 7 期。

蒙·诚明》）。正由于人的天地之性来源于太虚，因此太虚的至善本性就决定了人的天地之性的至善价值。所谓"至善者虚也""性于人无不善"。可见，在张载看来，人之性就其本原而言，也就是太虚之性，人性的至善价值归根结底，来源于太虚的至善品性。

然而，太虚作为宇宙万物的本体，其至善品性应该为人与物所共有，何以只有人才能体现这种至善的价值呢？张载回答说，诚然"性者万物之一源，非有我之得私也"（《正蒙·诚明》），但人与物是有区别的。物蔽塞不通，因而虽也具有太虚所赋的善性，却无法呈现；人有自我觉悟，能"通蔽开塞"，所以能够"达于天道"，即能够"尽性"——把来自于太虚的善性充分呈现出来。

通过以上论证，张载就设定了太虚对于人性价值的渊源地位，也规定了人的天地之性的"至善"价值。

2. "太虚"是道德价值的根据。作为儒家哲人，张载崇尚的道德也是传统的仁、义、诚、礼、孝、忠、恕等等。他认为，这些道德乃是最有价值的道德；是"至善"人性的具体内容。既然人的"至善"的天地之性渊源于太虚，那么作为至善内涵的一系列道德范畴也无不根据于太虚即根据于天。他明确指出，仁和忠恕之德都源于太虚，"虚者，仁之原，忠恕者与仁俱生"（《张子语录》中）；至诚之德也以天（太虚）为根据，"至诚，天性也"（《正蒙·乾称下》），"天所以长久不已之道，乃所谓诚"（《正蒙·诚明》）；仁义之德也渊源于天性，"天地人一，阴阳其气，刚柔其形，仁义其性"（《易说·说卦》）；礼乃"天地之体自然而有"，是"天秩天序"的表现；孝是天的"诚"在人间的表现，也是天对人的要求，"仁人孝子所以事天诚身，不过不已于仁孝而已"（《正蒙·诚明》）。总之，一切道德价值都是渊源于太虚，都是以天为根据的。

道德本是人的行为规范，乃是人处理人际关系应该遵守的"应然"之则。张载把仁义忠恕等德都说成源于"太虚"，说成"天性"，就给这些"应然"原则找到了必然性的根据，从而把"应然"原则"实然"化、"必然"化了。这与程、朱将仁义礼智提到了"天理"的高度有异曲同工之妙，都是通过把道德本体化来论证儒家道德的天然合理性。尽管二者所说的本体并不相同。

值得注意的是，张载虽然通过太虚的价值品性来论证人的道德价值，为弘扬儒家仁义道德寻求本体论的根据，但是他在崇尚道德价值的时候，并未完全否定人欲的价值，因而还没有陷入程、朱学派"存天理灭人欲"的道德绝对主义。他说："湛一，气之本；攻取，气之欲。口腹于饮食，鼻舌于臭味，皆攻取之性也。"（《正蒙·诚明》）又说："饮食男女皆性也，是乌可灭？"（《正蒙·乾称下》）尽管这种从"气之欲"推导"人之欲"，与从"气之本"推导"人之德"，在论证方式上毫无二致，但其肯定人欲的价值观念，无疑是比较通达、开明之见。

3. "太虚"是人格价值的标准。张载同历代儒者一样，也把"圣人""君子"作为理想的人格形象。但他却把圣人、君子这种人格价值的标准提到了宇宙本体"太虚"的高度。在他看来，只有认同和符合太虚价值品性的人，即达到与天性同一境界的人，才是圣人、君子。（1）太虚有"至诚"的价值品性，因此，人只有达到了"至诚"，才能尽天性、顺天理，从而达到君子、圣人人格的标准。他说："人能至诚，则性尽而神可穷矣"（《正蒙·乾称》），"至诚则顺理而利，伪则不循理而害""不诚不庄，可谓之尽性穷理乎？性之德也未尝伪且慢，故知不免乎伪慢者，未尝知其性也""故君子诚之为贵"。（《正蒙·诚明》）"圣者，至诚得天之谓"（《正蒙·太和》）。（2）太虚有"至善"的价值品性，因此，人只有继承这种至善的品性，不以"气质之性"为性，才能回归到天地之性的至善，形成君子人格。他说："性于人无不善，系其善反不善反而已""善反之则天地之性存焉""故亹亹而继善者斯为善矣""故气质之性，君子有弗性者焉"。（《正蒙·诚明》）（3）太虚有"太和"的价值品性，因此，君子、圣人应该以和为端，以和为贵，具有兼爱天下、泛爱万物的崇高品德；达到以宏大宽容之心体察万物的精神境界。他说："和乐，道之端乎！和则可大，乐则可久，天地之性，久大而已矣"（《正蒙·诚明》）；"惟大人为能尽其道，是故立必俱立，知必周知，爱必兼爱，成不独成"（《正蒙·诚明》）；"大其心则能体天下物，……圣人尽性，不以见闻梏其心，其视天下无一物非我"（《正蒙·大心》）；"体物体身，道之本也，身而体道，其为人也大矣"（《正蒙·大心》）。(4) 太虚有"神化"的价值品性，因此，圣人应该德合阴阳，智义兼用，顺时而化，与天地同流，鼓天下之动。他认为，这种神而化、大而化的境界，只有圣人人格才会勉力达到。他说："气有阴阳，推行有渐为化，合一不测为神。其在人也，智义利用，则神化之事备矣。德盛者穷神则智不足道，知化则义不足云。天之化也运诸气，人之化也顺夫时；……《中庸》曰'至诚为能化'，孟子曰'大而化之'，皆以其德合阴阳，与天地同流而无不通也。"又说："得圣人之任者皆可勉而至，……大几圣矣，化则位乎天德矣。"（《正蒙·神化》）

由此可见，太虚的"至诚""至善""太和""神化"等品性乃是君子人格和圣人人格的价值标准，也是人们应该努力实施的价值目标。在张载看来，人能在养成这些价值品性上下功夫、去行动，就是君子人格；而如果达到了这些价值标准，实现了这些价值品性，就成为圣人人格了。他说："君子之道，成身成性以为功者也；未至于圣，皆行而未成之地尔""大能成性之谓圣"。（《正蒙·中正》）

4. "太虚"是理想境界的蓝本。张载的"太虚"是一个至诚、至善的和谐本体世界，它既真且善且美，集一切美好价值之大成，因而，也是人间一切美好价值的总根源。所以，要在人间建构一个理想的价值世界，就必须以也只能以"太虚"所体现的价值范式为蓝本。以张载之见，人间的理想价值境界具有两个最基本的特征，一曰"天人合一"，二曰"民胞物与"，而这两个特征都是取法于"太虚"的。

（1）天人合一。张载认为，天与人的本原都是太虚之气，天与人同出于气，太虚之气的品性是天人、万物的共同渊源，因此"天性"与"人性"在本质是同一的。虽然从自然观上言之，"天与人，有交胜之理"（《正蒙·太和》），但是，就价值观而言，"天人一物"（《正蒙·乾称》）、"天人之本无二"（《正蒙·诚明》）。这样，他就从"性者，万物之一源"（《正蒙·诚明》）和"天地人一，阴阳其气，刚柔其形，仁义其性"（《易说·说卦》）的前提，推导出了"天人合一"的价值目标。

张载不但从天人"共性"上推导出了天人应该合一，而且还从"性"的具体内容上论证了天人合一的价值理想特征。在他看来，至诚、至善、太和既然是"天性"的具体价值内涵，因此天人合一的境界也应该是至诚、至善、太和的境界。他说："性与天道合一存乎诚"（《正蒙·诚明》），"儒者则因明致诚，因诚致明，故天人合一"（《正蒙·乾称》）。这是说，天人合一是一种"诚明"的境界；他又说：天性于人"无不善"，故"继善者斯为善矣"，天人都以"仁义"为性，故天人合一也是一种"至善"的境界；他还说："太和所谓道"，而人"莫不性诸道"。人既然以"天地之塞"为"体"，以"天地之帅"为"性"，因此天人合一当然是"乾称父，坤称母；予兹藐焉，乃混然中处"的和谐境界。

（2）民胞物与。天人合一体现的是天与人的和谐关系，"民胞物与"体现的是人与人、人与物的和谐关系。"民胞物与"作为一种理想境界也基于太虚的价值品性。由于太虚的价值品性是任何人、任何物所俱存的，因此，从本原上说，人与人、人与物是平等的。既然天下所有的人、所有的物都有共同的价值基元，所以，每个人都应该把民众看作自己的同胞兄弟，把万物看作自己的朋友同伴，爱一切人，爱一切物。具体到人与人的相爱，张载指出："大君者，吾父母宗子；其大臣，宗子之家相也。尊高年，所以长其长；慈孤弱，所以幼吾幼。圣其合德，贤其秀也。凡天下疲癃残疾、茕独鳏寡，皆吾兄弟之颠连而无告者也。"（《正蒙·乾称》）张载认为，只有建立这种相爱而和谐的社会关系，才是对至诚、至善的"天性"的充分体现，"人能至诚则性尽而神可穷也"（《正蒙·乾称》）；才是对"太和""神化"之"天道"的完全继承，"知化则善述其事，穷神则善继其志"（《正蒙·乾称》）。

"民胞物与"、泛爱万物的价值理想虽然蕴含着某种平等追求，体现了对穷苦百姓的关爱，但这种平等、关爱仍然是以封建的宗法等级为条件、为界限的。而且，在张载看来，这种宗法等级秩序和尊卑上下关系，也是由"天理""天秩"决定的，"天子建国，诸侯建宗，亦天理也"（《经学理窟·宗法》）；"天之生物便有尊卑大小之象，人顺之而已"（《经学理窟·礼乐》）。于是，"民胞物与"的兼爱理想和尊卑上下的等级秩序都渊源于"太虚"，都是"太虚"之天的价值世界在人间的摹本。

三　"太虚"价值理想的实现

张载不仅以太虚的价值品性为根据、为范式，建构了他的人性价值、道德价值、人格价值和理想境界价值的观念体系。而且，还具体设计了实现这一价值体系的途径和方式。张载认为，实现太虚体现的价值理想的根本在于使人成为价值主体，即成为价值的承担者。而要使人成为价值主体，关键是改变人的气质之性，使现存的人性向天地之性复归；只要人复归到自己的本性——天地之性，就能与宇宙本体认同，也就能把太虚至诚、至善、太和、神化的价值在人间实现，从而使现实的人间也成为一个至诚、至善、太和、神化的美好价值世界。张载把向天地之性的复归，叫作"反之本""善反之"，又叫作"尽性""穷理""尽道"。他说："形而后有气质之性，善反之则天地之性存焉"；"尽其性能尽人物之性，至于命者亦至人物之命，莫不性诸道，命诸天。……至于命，然后能成己成物，不失其道。"（《正蒙·诚明》）

那么，怎样才能变化气质以复归天地之性呢？张载指出，其途径包括寡欲、为学、大心、守礼、行实等环节。

1. "寡欲"。张载认为，天地之性体现的"天之理"、"天之道"，而气质之性的内容则是"人之欲"。人性的这种二重性，决定了人的两个相反的发展趋势，即"上达反天理，下达徇人欲者与"（《正蒙·诚明》）。而且，反天理是光明之道，徇人欲是黑暗之途，"烛天理，如向明，万象无所隐；穷人欲，如专顾影间，区区一物之中尔。"（《正蒙·大心》）因此，要变化气质、复归天地之性，首先必须克制人欲。克制人欲不是要灭人欲，因为"饮食男女皆性也，是乌可灭？"（《正蒙·乾称》）而是要寡欲。张载说："仁之唯成久矣，人人失其所好，盖人人有利欲之心，与学正相背驰，故学者要寡欲。"（《经学理窟·学大原》）寡欲就是"以理义战退私己"（《横渠易说·下经》），做到"知德者属厌（即满足）而已，不以嗜欲累其心"（《正蒙·诚明》）。张载认为，只有通过克己、寡欲，才能变化气质之性，复归天地之性，"惟其能克己则为能变，化却习俗之气性"（《经学理窟·学大原上》），最终达到圣人的人格境界，"圣人无私无我，故功高天下，而无一介累于其心"（《性理拾遗》）。

2 "为学"。寡欲只是变化气质以"成性"的基本前提，要真正成为价值主体，还必须通过"为学"，从认识上体认天理、天性，以增强变化气质的自觉性。张载指出："为学大益，在自求变化气质。"（《张子语录》中），"为学"的实质内容是"穷理尽性"，他说："穷理即是学也，所观所求皆学也"（《张子语录》下），"穷理多，如此可尽物之性"。在"为学"的方式上，张载强调了三点：一曰"渐"，即循序渐进，由浅入深，积少成多，由多返约。他说："穷理亦当有渐，见物多，穷理多，从此就约，尽人之性，尽物之性。"（《易说·说卦》）二曰"悟"，即彻底领悟，把握实质，得其精髓，洞达天道。他说："人有见一物而悟焉，有终身而悟之者。"（《张子语录》上）三曰"静"，即虚心宁静，涤除杂念。他说："虚者，止善之本也，若实则无由纳善矣"（《张子语录》上）；"敦笃虚静者仁之本，不轻妄则是敦厚也，无所系阂昏塞则是虚静也"（《近思录拾遗》）。因此，"始学者要静以入德，至成德亦只是静"（《经学理窟·学大原下》）；"变化气质与虚心相表里"（《经学理窟·义理》）。"渐"指方法言，"悟"指目的言，"静"指态度言，三者结合，乃是张载所主张的"为学"之方。

3. "大心"。变化气质，返归天性，不仅是一个"穷理尽性"的为学过程，同时，还是充分发挥自身具有的德性之知，以直接观照天地之性的心灵扩充、良心展开过程。张载把这一过程，称为"大其心"。他说："大其心，则能体天下物；物有未体，则心为有外。世人之心，止于闻见之狭；圣人尽性，不以见闻梏其心，其视天下，无一物非我。孟子谓尽心则知性知天，以此。天大无外，故有外之心，不足以合天心。"（《正蒙·大心》）所谓"大其心"，就是把自己先天具有的德性之知予以充分发挥、扩展，从而把自己的心灵从狭隘的见闻中解放出来，从一己的嗜欲之中超越出来，达到与无限本体、无限天道的合一。以张载之见，常人的心灵受见闻、嗜欲的束缚，变得十分狭隘，其中充满了"成心"，"成心者，私意也"（《正蒙·大心》）。这种"成心"遮蔽了人本来具有的"天德良知"（"德性所知"），从而也阻隔了天性与人性的贯通。因此，他认为，要与天性、天道合一，即回归天地之性，就必须"大其心"。"大其心"则能"体天下物"，则能"视天下无一物非我"，则能"尽天下万物之性"，而"体天下物"正是"天性""天道""天心"的本质特征和价值功能。所以说，"大其心"才能"合天心"。由此看来，张载所谓的"大其心"既是对天下万物的认识过程，更是对自我心灵的解放过程。它是对孟子"尽其心"的继承和发展。

如果说，"为学"遵循的是"穷理尽性"的路线，那么"大心"则遵循的是"尽性穷理"的路线，前者是通过认识的深化进而开启向本性的复归，后者是通过心灵的扩充进而达到对天理的认同。二者相成互动，最终实现"天人合一"的价值境界和"成圣"的人格理想。张载说："自明诚，由穷理而尽性也；自诚明，由尽性而穷理也。"（《正蒙·诚明》）又说："儒者则因明致诚，因诚致明，故天人合一，致学而可以成圣，得天而未始遗人。"（《正蒙·乾称》）

4. "守礼"。"为学"（"穷理尽性"）和"大心"（"尽性穷理"）两条路径，虽然一个重在提高认识，一个重在开放心灵，但二者都还是主体自身内在精神的发展。要实现价值理想，在张载看来，仅靠内在功夫还是不够的，还要遵守外在的规范和制度。于是，他提出"守礼"的原则。他说："知及之而不以礼性之，非己有也，故知礼成性而道义出，如天地设位而易行"（《易说·系辞上》）；又说："能守礼已不畔道也。"（《经学理窟·礼乐》）为什么"知礼""守礼"是实现价值理想的重要途径呢？张载所谓的"礼"，不仅指道德规范，还包括纲常原则、社会制度等等。张载认为：第一，礼本出于性，因此守礼就能保持天地之性。"礼所以持性，善本出于性。持性，反本也。凡未成性，须礼以持之"（《经学理窟·礼乐》）；"礼即天地之德也，如颜子者，方勉勉于非礼勿言，非礼勿动。勉勉者，勉勉以成性也"（《经学理窟·礼乐》）。第二，礼是事业的保障，守礼可以成就事业以推广价值。礼可以"滋养人德性，又使人有常业，守得定，又可学便可行，又可集得义"（《经学理窟·学大原上》）；"非知，德不崇；非礼，业不广"（《易说·系辞上》）。正由于礼可"持性"，又能"守业"，所以就能使气质之性返归天地之性，从而实现人生的价值，"使动作皆中礼，则气质自然会好。"（《经学理窟·气质》）

5."行实"。"守礼"能"使人有常业"，而常业的建树必然求实、行实。由此，张载把实现价值理想的最终环节归结在"行实"上。张载所主张的"实"，包括"实行"和"实事"两个方面。"实行"指人的实际行动，重在强调知行结合的作风，"实事"指行为的实际效用，重在强调学用统一的效果。张载说："大人之事则在思勉力行。"（《横渠易说·义理》）"力行"的意义在于能够使"所闻""所知"通过实际行动而发扬光大，落到实处。"尊其所闻则高明，行其所知则光大，凡未理会至实处，如空中立，终不着踏着实地"（《经学理窟·义理》）；又说："学贵于有用"①，"须行实事"（《张子语录》中）。"实事"的意义在于能够把所学的知识、所设计的价值目标通过实践而转化为实际事物，"大人之事在行，不行则无诚，不诚则无物，故须行实事。"（《张子语录》中）在张载看来，"力行实事"，是圣人人格的实际标志，只有如此，才能达到圣人人格。他说："惟圣人践形为实之至。"（《张子语录》中）"践形"乃是"实行"和"实事"的统一。

张载强调"行实事"，把"实行"和"实事"看作实现价值的根本途径和达到圣人人格的最高标志，这与程颐所云"学也者，使人求于内

---

① （宋）程颢、程颐著，王考鱼点校：《二程集·河南程氏粹言》卷一，中华书局 1981 年版，第 1196 页。

也，不求内而求于外，非圣人之学"① 的脱离实际学风形成了鲜明的对比，充分表现了关学的务实学风和践履精神。更为可贵的是，张载所倡导的"实事"，其内涵是"天下公利"，特别是"民利"。他认为，仁义道德与物质利益有内在的统一性，天下公利即义之所在，他说："义，公天下之利"（《横渠易说·上经》）。而且，他明确指出，利于个人、利于国君都算不上"利"（公利），只有利于民才是真正的"利"（公利），也才是"义"。"利，利于民则可谓利。利于身利于国皆非利也。利之言利，犹言美之为美。利诚难言，不可一概而言。"（《性理拾遗》）根据这一原则，他提出"为政者在乎足民"的治世原则。由此可见，张载"行实事"的具体内容完全在于"利民""足民"。尽管张载在个人道德修养上主张"寡私欲""忘荣利"，有贬低个人物质利益的片面性，但在社会价值实现上强调"利民""足民"，却是难能可贵，值得赞赏的。

　　总之，张载的价值实现论是一个由寡欲、为学、大心、守礼、行实诸环节构成的完整系统。在这一系统中，"寡欲"是前提，"为学""大心"是基础，"守礼"是保障，"行实"是归宿。它是一个由内到外、由知到行、由学到用的逻辑演进过程。通过这一演进过程，"气质自然会好""天性自然能存"（"善反之则天地之性存焉"），从而达到"与天同德""天人合一""民胞物与"的崇高价值理想境界。张载解释孔子"三十"而至"七十"的修养过程时说："三十器于礼，非强立之谓也；四十精义致用，时措而不疑；五十穷理尽性，至天之命，然不可自谓之至，故曰知；六十尽人物之性，声入心通；七十与天同德，不思不勉，从容中道。"（《正蒙·三十》）这里的个人修养过程虽然与我们上述的逻辑演进过程并非完全对应，但它却包括了上述逻辑链条的主要环节，"器于礼"——"守礼"，"精义致用"——"行实"，"穷理尽性"——"为学"，"尽人物之性"——"大心"，"与天同德"即价值的实现。这充分表明，张载的价值实现论体现了儒家重视价值自觉性、弘扬主体能动

---

① 《二程遗书》卷二十五，上海古籍出版社 2000 年版，第 377 页。

性、强调现实实践性的鲜明特征。如果剔除张载在太虚价值品性预设上的先验性，在太虚价值人文意义阐发上的道德至上性，在价值实现上的封建性（礼）和神秘性（大心）等局限，张载的价值观念至今仍蕴含着可供我们汲取的宝贵资源。

（原载于加拿大《文化中国》第 20 期，2002 年 3 月号）

朱熹"理"的价值内涵

"理"是朱熹哲学的最高范畴，是他整个哲学体系的出发点和终结点。朱熹哲学是以"理"作为一以贯之的主线而形成其内在联系，建立其逻辑结构的。"理"在朱熹哲学中涵义甚为丰富，其"本体"义、"形式"义、"规律"义学术界论述颇多，而对其"价值"义却探讨不够。其实，"理"作为价值范畴，在朱熹哲学中的重要性并不比它的"本体"义低，在某种意义上说，甚至比"本体"义更为重要，更能体现朱熹哲学的基本特征。朱熹哲学中"理"的价值涵义，概而言之约有四端。

一 "至善之理"是万物价值的本原

朱熹以理为宇宙的本体，理是超自然、超时空的绝对，是形而上者。对于天地万物来说，理是"万物之根""生物之本""万物主宰"。理虽然"无形迹""无情意""无计度""无造作"，是个"洁净空阔的世界"（《朱子语类》卷一），但它并非是"空""无"，而是"实理"，是实际存在的本体。朱熹关于本体之理的这些规定，和西方一般客观唯心主义哲学并无原则上的不同，它不能突出体现朱熹哲学的特征。朱熹哲学的本质特征在于，它不但赋予理以本体义，还赋予理以价值义。在朱熹看来，这个作为宇宙本体、万物主宰的理，同时也是完美无缺、至善无瑕的价值本原，天地万物的价值都是由它决定、由它派生的。他说："理无有不善"（《朱子语类》卷八十七），又说："总天地万物之理，便是太极""太极只是个极好至善的道理""是天地人物万善至好底表德。"（《朱子语类》卷九十四）经过这样的规定，理就既成了"生物之本"，又成了"至善"之本，成了本体与价值的统一体。

那么，理为什么是"至善"呢？朱熹认为，第一，理是最高层次的善。理既然是宇宙本体，它当然就处于至高无上的地位，宇宙间的万事万物都是由它派生的，万事万物固然也会有其善，即有自身的价值，但都是形而下的低层次的价值，或者说是属于现象界的价值。这些"天下物事"的价值，流转无常，变化多端，表现繁杂，都达不到"善的极处"，都远逊于理的价值。相对于这低层次的价值而言，理是最高的价值。第二，理是绝对无恶的善。世间的一切物事，既然都是形而下者，是派生的，所以也都是相对的。物必有对，"有阴便有阳""有善便有恶""有其善，乃有不善杂焉"。而作为形而上的理却是一种绝对的本体，"理则无对"，它是纯粹的善，"不与恶为对"的善，"理便是天理，又那得有恶"（《朱子语类》卷九十七）。作为宇宙本体的"理"（太极）既是最高的善，又是绝对的善，所以是"至善"。

朱熹把"至善"之理称为"极本穷原之善""善根""未发之善"（《朱文公文集》卷三十七）；而把现象界天地万物的善看作是"天理流行""造化发育"的结果，明确地把理的价值和万物的价值看成本原和派生的关系。作为价值本原的理，怎样派生天地万物的价值呢？朱熹提出一个中介环节——"继善"。他说，从本原上看，天地只是一理，也只是一善；天地生生不息，万化流行，都只有一个"善根"。天地万物从这"善根"中发育流行出来，先验地就有了自身固有的价值。万物这种固有的价值就叫"继之者善"。他说："继之者善，方是天理流行之初，人物所资以始"（《朱子语类》卷七十四）；又说："继之者善，是流行出来。人方在胞胎中，受父母之气，则是继之者善。"（《朱子语类》卷九十四）。这种"继善"过程，是宇宙间万物价值的发育过程，是生生不已、绵绵不绝的无限过程，"继之者善，生生不已之意"（《朱子语类》卷七十四）。

既然天地万物都是从"至善"之理流行发育而来，都是"继之者善"，那么现存的万事万物，包括人在内，就都应该是"善"，是价值性的存在。可是，事实上，现象界的人、物、事却并非皆善，而是有善、有恶；有正价值，也有非价值，甚至有负价值。为什么由"至善"的价值本原所派生的事物并非都是纯善呢？对于这一问题，朱熹用"性同气异"（《朱文公文集》卷五十九）来解释，他说，万物之性，本无不同，都"继"了本原（理）的"善"，所以"本然之性只是至善"（《朱子语类》卷五十九），但由于各物气禀有异，于是，本原之善就"或有所蔽而不能明者。""如一江水，你将杓去取，只得一杓，将碗去取，只得一碗。"（《朱子语类》卷四）这就是说，就其本原言，理无不善，性也无不善，及其落实到气质上，则受到各自形气的局限，故有善有恶，有正价值，亦有负价值。朱熹云："只是理，故无不善""生之理为性""性则纯是善底"，然而，"若是有底物事，则既有善，亦必有恶"（《朱文公文集》卷四十六）。

由此可见，朱熹的理是"至善"的价值本原，天地间万物的价值，都是由它派生的。天地间某个特殊的人或事物，是否有价值，关键在于它能否继本原之善，顺本原之善。由于本原之理决定了万物的"本然之性"，所以万事万物从根本上说都固有其先验的价值性。理的价值内涵，决定了朱熹的价值观乃是一种先验的价值观，朱熹的宇宙观乃是一价值宇宙观。宇宙从其本体上说是一个价值世界。

二　"当然之理"是人生价值的准则

朱熹的理不但是宇宙本体和价值本原的统一，而且还是自然规律和价值准则的统一。《大学或问》云："至于天下之物，则必各有所以然之故与其所当然之则，所谓理也。"又云："身心性情之德，人伦日用之常，以至于天地鬼神之变，禽兽草木之宜，自其一物之中，莫不有以见其所当然而不容已，与其所以然而不可易者。""所以然"之理指的乃是事物之间的本质联系，具体地说是指一事物所以成为该事物的内在根据。朱熹说："事亲如何却须要孝，从兄如何却须要弟，此即所以然之故。"（《朱子语类》卷十八）"所以然"回答的是"为什么如此"的问题；"所当然"之理，指的是行为应该遵循的原则，具体地说，是指一种行为应当与某种原则相符合，相对应，相一致。朱熹说："如事亲当孝，事兄当弟之类，便是当然之则。"（《朱子语类》卷十八）"所当然"回答的是"应当怎样"的问题。由此可见，"所以然"是指必然规律，"所当然"是指价值准则，理既是必然规律，又是价值准则。

"当然之理"作为价值准则，其涵义是多层次的。首先，理是天下万物的价值准则，"天下万物当然之则便是理"（《朱子语类》卷一百一十七）。在朱熹看来，天下万物既有其生成的最终根据，也有其存在的价值原则，符合这种价值原则的物，就体现了其自身的价值。例如，"鸢飞戾天，鱼跃于渊"，符合万物生生不息的当然之理，因而这就是它们的价值所在。又如，"虎狼之父子，蜂蚁之君臣，豺獭之报本，雎鸠之有别"，顺应着万物皆以仁爱为心的当然之理，故可称之为"仁兽""义兽"（《朱子语类》卷四）。其次，理是人生的价值准则。朱熹说："理之所当然者，所谓民之秉彝，百姓所日用者也。"（《论语或问》卷八）人的一生会承担多种社会角色，从事各种社会活动，采取种种社会行为。这些活动和行为是否有价值、有意义，就看其是否遵循"当然之则"的理，"为君臣者有君臣之理，为父子者有父子之理，为夫妇、为兄弟、为朋友，以至于出入起居应事接物之际，亦莫不各有理焉；有以穷之，则自君臣之大以至事物之微，莫不知其所以然与其所当然"（《朱文公文集》卷十四）。再次，理是道德的价值准则。朱熹认为，人的行为表现固然多样，但是只有符合理的准则的行为，才是有道德的，才是善的。"为君止于仁，为臣止于敬""事亲当孝，事兄当悌"，都合于理的当然之则，因而都是具有道德价值的行为。这种道德行为与理的符合，并非外在的强制，而是人性本然决定的。本然之性中就体现了当然之则。他说："理之所当为者，自不容已，孟子最发明此处，如曰：孩提之童，无不知爱其亲，及其长也，无不知敬其兄。"（《朱子语类》卷十八）然而，由本性决定并非自然而然，道德行为与当然之理的符合，还必须经过人的主观努力，经过人的分析、判断、比较、选择，才会把本然的善性发挥出来。"当然之理"的这几层涵义中，人生价值准则和道德行为准则的涵义是主要的。朱熹虽然提出理是"天下万物的当然之则"，但其归宿点乃是人的起居、出入、应事、接物等人生活动，特别是道德活动所必遵的准则。

朱熹的理既是"所以然之故"又是"所当然之则"，二者究竟是什么关系呢？在朱熹看来，二者是统一的。其统一性在于："所以然"是"当然"的依据，"当然"是"所以然"的贯彻；"当然"从属于"所以然"，"所以然"决定着"当然"。也就是说，价值准则都是依据必然规律而来的，人的活动的价值原则，都是由人的内在本性所决定的。他说："凡有声色貌象而盈于天地之间者，皆物也。既有是物，则其所以为是物者，莫不各有当然之则而自不容已，是皆得于天之所赋而非人之所能为也。今且以其至切而近者言之，则心之为物，实立于身，其体则有仁义礼智之性，其用则有恻隐、羞恶、恭敬、是非之情，浑然在中，随感而应，各有攸主而不可乱也。"（《大学或问》）就是说，"所当然"的价值准则，乃是由"天之所赋"的"性"决定的；人的本性是"体"，价值准则是"用"。这种统一表明，朱熹企图以"当然之则"贞定人的价值追求，又进而以"所以然之理"作为"当然之则"的根据，从而把人生价值的追求转换为宇宙的必然规律。

在朱熹关于必然规律与当然准则相统一的看法中，深刻地包含着"实然判断"和"应然判断"相统一、真理和价值相统一的重要思想，虽然他的论证还不够严密，但能触及这一价值论的难题，本身就是一大贡献。

三 "仁爱之理"是道德价值的总体

理作为价值本原、价值准则都还是形式性的涵义，从内容上看，朱熹的理蕴涵的乃是道德价值的总体，即仁义礼智的总体。朱熹说："天理只是仁义礼智之总名，仁义礼智便是天理的件数。"（《朱文公文集》卷四十）所谓"总名"，一是指仁义礼智等道德规范在理的层次上是一个总体，它们都是理的构成要素；二是指仁义礼智虽然在特殊性上各有自身的涵义，相互之间也有区别。但都蕴含着"理"、体现着"理"，"理"是它们的共同本质、根本原则，仁是"爱之理"，义是"宜之理"，礼是"敬之理"，智是"别之理"。"总名"和"件数"的关系表明，理与仁义礼智是总体与其构成要素的关系，又是普遍与特殊的关系。

仁义礼智虽然都是理的构成要素和特殊表现，但四者的地位却是不同的。在四者中，仁为四德之首，它包括四德，统率四德。朱熹云："以先后言之，则仁为先；以大小言之，则仁为大"（《朱子语类》卷六），"仁包义、礼、智三者，仁似长兄，管属得义、礼、智"（《朱子语类》卷五十九）；又云："仁该全体，能为仁则三者在其中矣。"（《孟子集注》卷三）仁为什么能"包四德""该全体"呢？这是因为：（1）仁是整个宇宙的价值意识，是天地生存价值的标志。在朱熹看来，天地万物的生生不息乃是天地的根本价值、根本意义所在，而"生底意思是仁""仁是天地之生气""仁者天地生物之心"（《朱子语类》卷五十三）。（2）仁是人的价值本质，是人的价值表征。朱熹认为，作为天地生物之心的仁，体现在人身上就是人的本性，就是人的本心，就是人的价值表征。"仁者，人也""仁者心之德""仁便是人心"。人的存在如果离开了仁、不表现仁，就没有什么价值。人不过是体现仁这种价值的载体，实现仁这种价值的材料，仁乃是人存在的根本意义所在。由于仁既是天地之心又是人心；既是天地价值的标志，又是人的价值的表征，所以，它就是"四德之元"，义、礼、智都是仁的价值的表现和贯彻，都从仁发挥而来。"仁者仁之本体，礼者仁之节文，义者仁之断制，智者仁之分别。犹春夏秋冬虽不同，而同出乎春。"（《朱文公文集》卷五十八）四德"统是一个生意"（仁），"若无仁，义礼智三者俱是死物了"。

仁的这种地位和意义就决定了"仁"和"理"的关系：一方面，"仁是理"，"仁只是个爱的道理""爱之理"（《朱子语类》卷二十）；另一方面，"浑然天理便是仁"（《朱子语类》卷二十八）。于是，"仁包四德"就成了"爱之理能包四德"（《朱子语类》卷二十八）。这样一来，

"仁爱之理"就是道德价值的总体了。由此不难看出，"理"作为道德价值的总体和"仁"作为道德价值的总体，在朱熹的哲学中其实是一回事。然而，通过上述的逻辑过渡，朱熹就把"仁"这种道德价值提高到了宇宙本体、自然法则的高度。天与人、性与理、心与理在"仁"的价值中实现了统一。"仁者，天地生生之理""仁者天地生物之心""天者只是个仁""仁者心便是理""仁者心之德"；这些命题都充分表现了这种统一性。

　　在朱熹哲学中，"天理"是和"人欲"对立的范畴，所谓"人欲"，按朱熹的解释，它是"心之疾疢""恶的心"为"嗜欲所迷"的心。"仁爱之理"既是道德价值的总名，那么"人欲"当然是不道德的总名了，或者说是"恶"的总名了。于是天理与人欲的对立就是善与恶、正价值与负价值的对立。凡是从天理出发的体现天理的事物都是正价值，凡是由人欲引起的事物都是负价值。天理与人欲的冲突就是人间一切价值冲突的实质和根源。义与利、群与己、公与私、王与霸、德与力等等价值矛盾，都是由天理与人欲的对立引起的，都是天理与人欲对立的种种表现。人间的一切价值冲突都可以通约为道德价值的冲突。可见，一切价值的道德化，道德价值的"天理"化，乃是朱熹价值论的基本特征之一。

四　"穷理""复理"是价值实现的途径

　　价值实现是主体为追求价值目标和价值理想而进行的实际活动。在朱熹哲学中，回归价值本原、遵循价值准则、落实道德价值，就是人所追求的价值目标。具体地说，主体如果使自己的精神境界升华到"至善之理"的价值本原，使自己的人生遵循了"当然之理"的价值准则，使自己的行为落实了"仁爱之理"的道德价值，那就是价值目标和价值理想的实现。那么，价值实现的基本途径是什么呢？朱熹认为"格物穷理""革欲复理"是价值实现的基本途径。

　　"格物穷理"就是通过事物探究其本然的道理。朱熹说："格物者，穷理之谓也。理无形而难知，物有迹而易睹，故因是物以求之。"（《朱文公文集》）"格物穷理"从表面的意义上看，只是一个认识论命题，但"理"既然是本体与价值、"必然"与"当然"的统一，因而，"穷理"就不仅是认识事物的本质和规律了，同时还是对价值"道理"的探究和体悟，而这后一层涵义是更基本的。朱熹谈到"穷理"的任务时说："自其一物中，莫不有以见其所当然而不容已，与其所以然而不可易者。"（《大学或问》）又说："格物，是穷得这事当如此，那事当如彼。如为人君，便当止于仁；为人臣，便当止于敬。又更上一著，便要穷究得为人君如何要止于仁，为人臣如何要止于敬，乃是。"（《朱子语类》卷十五）可见，探究价值的准则（"当然""当如此"）和价值的必然性根据（"所以然""如何要"），乃是"格物穷理"的根本意义所在。从这层意义上看，"格物穷理"无疑更是一个价值论的命题。

朱熹既然认为"天之至理"即"人之本性"，又认为"万理具于一心"，为什么还要从事事物物中去"穷理"呢？这是因为，人心中先验的"已知之理"如果不通过"格物"来探究，仍然是"悬空"的东西，没有得到经历的印证，"自家虽有这道理，须是经历过方得"（《朱子语类》卷十）。此外，人虽然"心包万理"，但仍很肤浅，没有达到极致，只有即天下之物而"穷之"，才能"以求至乎其极"（《大学章句》）。所以，必须通过"今日格一物，明日格一物"，达到一定程度，"则众物之表里精粗无不到，而吾心之全体大用无不明矣"（《大学之道》）。可见，格物穷理的目的在于对价值本原、价值准则、价值理想的切实、深刻、全面的理解和认识，以达到"豁然贯通"的水平。由此不难看出，从价值论的角度上说，"穷理"就是提高价值觉悟，提升价值判断、价值选择和价值追求的自觉性和理性水平，它解决的是价值意识的深化和价值觉悟的提高问题。

与"格物穷理"相联系，朱熹还提出了"革欲复理"的命题。"革欲复理"就是将人心中混杂的"恶"（人欲）革除净尽，使固有的"善"（天理）充分发挥出来，复归到"至善"的天理。"革欲复理"的价值意义是解决价值冲突，改变人心中价值与非价值、反价值夹杂、混战的状态，使道德价值的"天理"得以实现。如果说，"格物穷理"是通过理性认识途径提高价值自觉性的话，那么"革欲复理"就是在价值理性觉悟指导下所开展的价值选择活动。以此看来，"穷理"属"知"，"复理"属"行"；"知"是价值认识，"行"是价值实践。"格物穷理"指导着"革欲复理"，"革欲复理"又巩固、完成、深化着"格物穷理"，二者是相辅相成的。

总之，朱熹认为"格物穷理"的价值认识和"革欲复理"的价值实践，是实现"至善天理"这一价值理想和贯彻"当然之理"这一价值原则的基本途径。人生和人间的一切价值都是通过"穷理""复理"而实现的。

通过对朱熹理的价值内涵的初步揭示，我们可以看出，朱熹哲学的致思趋向是将宇宙本体价值化，将价值本体化。而其运思方式是，先赋予宇宙本体包括天地万物以价值涵义，然后再以此为逻辑前提推论人的价值取向、价值追求和价值准则。最后再通过人的价值活动回归到作为宇宙本体的价值本原上去。他的本体论、认识论、方法论、人性论都是遵循着这种致思趋向和运思方式而展开的，都是从属于其价值论的。就价值论本身而言，价值本体化的结果，必然导致价值主体的泛化，不仅人是价值主体，宇宙万物都是价值主体；价值来源的先验化，不是由人设定价值，把人的实践作为价值形成的基础，而是由价值设定人，把体现天理的固有本性作为人间价值的先验根源；价值类型的道德化，把仁义礼智作为各类价值的尺度的实质，用其通约自然、社会的所有价值种类。天之元亨利贞、地之金木水火，都是仁义礼智的表现形式；价值性质的绝对化，"理"所标志的价值不是相对的，历史性的，而是永恒的，不变的，至高无上的，纯净无杂的。朱熹价值论的意义在于，从理论上为实现"实然"与"应然"、真理与价值的统一提供了思路；从历史上为道德成为社会上的本位价值开了道路，从而成为中国古代价值论史和价值演变史上的一个里程碑。

（原载于《中国哲学史》1997 年第 4 期）

李二曲建立价值主体的思想

李二曲是明末清初的重要思想家。他以"坚苦力学"的精神，"拔地倚天"的气概，博览百家，得其会通，形成了自己独特的学术思想。二曲学说的宗旨，不在于对客体的认知，也不在于对本体的探究，而是着力于主体的建立。李二曲所建立的主体不是认识主体，也不仅仅是道德主体，而是价值主体。所谓价值主体，就是崇高的社会价值和人生价值的承担者、体现者和创造者。李二曲不主张作为主体的人，成为一个"欲物物而究之"的"博物"家，也不主张其成为一个"总为一己之进修"的道德家，更不希望其成为一个"所志惟在于名利"或"志在一身一家"的庸人。而是要将人培养成一个"志在世道生民""以天下为己任"，身关"生民休戚""世运否泰"的"士君子"或"大人"。李二曲的全部思想学说，都是围绕着这一宗旨而展开的。所以，建立价值主体是李二曲思想的轴心，也是李二曲思想的特色和贡献所在，当然也是我们今天弘扬李二曲思想精华的根本着眼点。

一 建立价值主体的意义

李二曲生当明末清初之际，阶级斗争和民族矛盾十分尖锐，由此而引起的朝代交替、政权更迭使世局剧烈动荡；连年不断的战争使老百姓处于水深火热之中。面对这种严峻的社会危机，作为一个具有坚贞的民族气节和强烈的社会责任感的知识分子，李二曲不但自己于"饥寒清苦之中，靡不规画"（《匡时要务序》），而且深感需要一大批知识分子承担历史重任，拯救社会危机，"开物成务，康济时艰"。然而，当时的知识界、士君子却缺乏这种责任意识和主体精神，不能成为"一道德而砥狂澜""深心世道志切拯救"的中流砥柱。李二曲认为当时士林衰颓的主要表现是：

1. 道德精神不振。他说："若夫今日吾人通病，在于昧义命，鲜羞恶，礼义廉耻之大闲多荡而不可问"。(《南行述》)

2. 虚荣意识严重。他指出："古人为学之初便有大志愿、大期许，故学成德就，事业光明俊伟，是以谓之大人。今之有大志愿、大期许者，不过尊荣极人世之盛。……以期令闻广誉于天下而已。"(《四书反身录·大学》)

3. 学术宗旨不正。他认为："今学术不明，士自词章记诵外，茫不知学问为何事。"(《答魏环溪先生》)"所习惟在词章，所志惟在名利，其源已非，流弊又何所底止！此其以学术杀天下后世尤酷，比之洪水猛兽尤为何如也。"(《匡时要务》)

4. 治学作风不实。他说："能经纶万物而参天地，谓之儒；务经纶之业而欲与天地参，谓之学。儒而不如此，便是俗儒，学而不如此，便是俗学。""循华废实，吾教中之异端也，教外之异端，其害浅，教内之异端，其害深"(《周至答问》)。

士林的这些流弊不仅仅是知识分子的个人修养、个人学风问题，而且是社会价值主体的萎缩和失落问题。李二曲深刻地指出"儒学明晦，不止系士风盛衰，实关系生民休戚、世运否泰"(《周至答问》)。就是说，知识分子是价值主体，如果不矫正上述流弊，重建价值主体，社会就将失去价值的承担者，"世道生民究无所赖"(《周至答问》)；而失去了价值主体，就不能"康济时艰"。因此，李二曲认为，为了完成"康济时艰"的重任，使"生民之利""世运否泰"的价值有人承担，当务之急在于重建价值主体。

由此可见，明清之际的动乱之势，明代灭亡的国家之痛，民间疾苦的痛痒之情，士风衰颓的沉痛之感，使李二曲深深地感到重建价值主体的必要性。在他看来，重建价值主体的根本意义就在于"康济时艰"，挽救社会危机，使生民利济，世运安泰。李二曲不但把儒学知识分子视为社会的道德良心，而且视为"关系生民休戚、世运否泰"价值主体，视为"生民有所赖"的历史主人，这固然未脱出圣贤史观——英雄史观的范围，但他对于知识分子社会作用的重视和对知识分子承担社会价值的期许，无疑对于我们有启迪意义。

二 建立价值主体的目标

适应形势的需要，李二曲不但提出了建立价值主体的重大任务，而且确定了建立价值主体的明确目标，即对价值主体的品格要求。在他看来，作为社会价值的承担者、体现者和创造者，应该具备如下品格：

1. "天下己任"的使命意识。李二曲提出，作为一个知识分子，一个士君子，即一个价值主体，首先应该具有"开物成务、康济时艰""以天下为己任"的责任感和使命感，他说："天地民物，本吾一体，痛痒不容不关，故学须开物成务，康济时艰"（《历年纪略》）。他主张知识分子应该以范仲淹为楷模，"以天下为己任"。他说："范文正公自秀才时，便以天下为己任。虽与古人欲明明德于天下者，德性作用与气魄作用不同，然志在世道生民，与吾人志在一身一家者，自不可同日而语。"（《四书反身录·大学》）他还提出知识分子应以张载的使命意识为自己的抱负，他说："吾辈须为天地立心，为生民立命，穷则阐往圣之绝诣以正人心，达则开万世之太平以泽斯世，岂可自私自隘其襟期。"① 二曲认为，要成为一个具有"天下己任"的使命感的主体，第一必须增强自我与宇宙一体化的自觉性，要认识到"宇宙内事，皆己分内事。古人欲明明德于天下者，是尽己分内事"（《四书反身录·大学》）；第二必须树立"志在世道生民"的大志愿，"古人为学初便有大志愿，大期许，故学成德就，事业光明俊伟是之谓大人"。这个"大志愿""大期许"就是"志在世道生民"。如果仅以个人的"尊荣""广誉"为志愿，那么"世道生民究无所赖"（《四书反身录·大

---

① （清）王心敬：《司牧宝鉴序》，载《李颙集》，西北大学出版社2015年版。

学》）。

2. "足食知礼"的社会理想。李二曲关于怎样的社会才是有价值的社会，一个价值主体应该为什么样的社会理想而努力奋斗，论述不甚具体。但是，关于一个好的社会具备的基本特征，他还是有明确看法的。二曲在《四书反身录·孟子续录》中谈到孟子的仁政思想时说："民有恒产，然后可望其有恒心。故明君将欲兴学校以教民，必先有以制民之产。所以言者，衣食足然后可望其知礼义也。后世言治者，动曰兴学校，却全不讲为民制恒产。不知恒产不制，而责民以恒心，是犹役馁夫负重，驱羸马致远，纵勉强一时，究之半途而废耳。"这里虽然谈的是具体的治世之道而不是盛世之美，但其中却蕴含着他对理想社会的基本看法，这就是"衣食足""知礼义"。即一方面要有丰富的物质生活资料以满足人民的生存生活需要，另一方面要有良好的道德风尚。在这两方面中，李二曲认为"衣食足"是基础。"仓廪实而知礼节，衣食足而知荣辱"是先秦法家管仲的思想，李二曲将其吸取过来，与孟子的仁政思想相结合，形成了他关于理想社会的基本看法，虽无新解，却有深意，它是针对当时的统治者不重视制民之产以解决人民的衣食温饱问题，而却"责民以恒心"这种价值取向的失误而发的。二曲反复指出价值主体应"志在世道生民"。"衣食足"正是"生民"问题，而"知礼义"则有关"世道"。可见，"志在世道生民"就是为"足食知礼"的理想而奋斗。

3. "理欲两忘"的人生境界。价值主体既是社会、历史价值的承担者、创造者，又是人生价值的体现者、承载者。宋明理学家无论是心学派还是理学派，关于人生价值问题，莫不以"存天理，灭人欲"为主旨。为了矫正这种偏颇，与二曲同时而稍早的王夫之提出"理寓欲中"。二曲继承和发展了这种思想，在理欲问题上，主张通过"存理灭欲"的矛盾斗争而达到"理欲两忘"的"至善"境界。他说，理欲矛盾起于"念"，"念起而后有理欲之分，善与恶对，是与非对，正与邪对，人禽之关，于是乎判"。既然理欲矛盾是善恶对立，是人禽之别，因此他要求人们"慎几微之发，严理欲之辨"。然而，李二曲认为，"存理克欲"，还不是最高的人生境界，因为在这种境界中充满着"二分"和"对立"的矛盾斗争。只有通过这种矛盾和斗争并进而超越这种矛盾和斗争，才能达到"至善"境界，这就是"理欲两忘"之境。他说："存理克欲，克而又克，以至于无欲之可克；存而又存，以至于无理之可存。理欲两忘，纤念不起，犹镜之照不迎不随，夫是之谓绝学，夫是之谓大德敦化。"在这种境界中，理欲的矛盾对立已经不存在了，人已达到了"无念之念""至一无二""不与物对"的"化境"，所以它才是最高的人生境界，"此之谓止，此之谓至善"。在李二曲看来，人们若处于理欲的矛盾对立之中，仍是一种"见相一立，执着未化"的"半境"，只有超越对立，达到"理欲两忘"，才是"知体本全"（《学髓》）。这就是李二曲为价值主体所设计的人生境界，这种境界是儒家"理"境和道家"忘"境的融合，其内容是儒家的，而其层次是道家的。尽管达到这种境界绝非易事，但确定这一理想对促使人的精神境界的提高颇有意义。

4. "实实体究"的求实精神。针对当时士风"徇华废实"的颓风，李二曲提出，作为价值主体的知识分子应该具有一种"实实体究，务求有用"的求实精神。他说："行步要脚踏实地，慎勿凭虚蹈空，若低视言行，而高谈性命，便是凭空蹈虚，究非实际。"又说，孔子的弟子们都以实用之学而自信，也皆以实用之学而成功，所以才真正发挥了儒者的济世作用。他们"兵农礼乐，大以成大，小以成小，平居各有以自信"。今日的儒者，也应该继承和发扬这种求实传统，如果不是"超然于世务之外，消洒自得"地去做隐士，"便应将经世事宜，实实体究，务求有用"，或兵、农、礼乐"三者咸兼"，或"仅有其一"。这样，"一旦见知于世，庶有以自效，使斯世见儒者作用，斯民被儒者膏泽，方不枉读书一场"。而如果对"生民之休戚，兵赋之机宜，礼乐之修废，风化之淳漓，漠不关心"，只会"寻章摘句，以文字求知"；那么，"一登仕途，所学非所用，所用非所学"，不但自己困惑，而且"国家不得收养士之效，生民不得蒙至治之泽也"（《四书反身录·论语》）。李二曲还将求实精神作为人才评价的标准，他说："我这里重实行不重见闻，论人品不论材艺。夫君子多识前言往行，原为畜德，多材多艺，贵推己及人有补于世。若多闻多识，不见之实行以畜德，人品不足而材艺过人，徒擅美炫长无补于世。以之夸闾里而骄流俗可也，乌足齿于士君子之林乎?"(《授受纪要》) 可见，李二曲认为，实际精神不仅是一个知识分子应该养成的良好作风，而且是一个"关系生民休戚"的价值主体应该具备的基本品格。如果不具备这种品格，就不配做士人、入士林，更谈不到承担时代赋予的"康济时艰"的重任。

总之，"天下己任"的使命意识、"足食知礼"的社会理想、"理欲两忘"的人生境界和"实实体究"的求实精神，就是李二曲所要求于价值主体的基本品格，而铸造这样的儒者、士君子就是他为自己建立价值主体所设定的目标。这些品格要求，虽然有着鲜明的时代烙印，但也蕴含着优良人才和高尚人格所应具备的共同因素。

三　建立价值主体的途径

李二曲建立价值主体思想的重点，是探讨建立价值主体的途径和道路。对此，他先后提出过"悔过自新"和"明体适用"两条路径。从思想演变的角度来看，两条路径标志着他思想的发展，后者比前者更为成熟、深刻；从逻辑结构的角度来看，前者是后者的一个逻辑环节，二者都有其独立的意义。下面着重从逻辑角度予以论述。

1. "悔过自新"以"立本"。"悔过自新"是李二曲思想的重要内容。从直观意义上说，"悔过自新"是一个道德修养问题，即要人通过"检身心过失"而改过自新，养成高尚的道德品质。然而，从建立价值主体的高度来看，其意义远不止此，而是要通过"悔过自新"的反思路径，确立"立身之基"，懂得人生和社会的"最上道理"。他说，"检身心过失"只是对"未尝学问之人"的要求，对于志存经世的学者，则是"必须于起心动念处，潜体密诣，苟有一念未纯于理，即是过，即当悔而去之"(《悔过自新说》)。就是说，悔过的目的在于"纯于理"。李二曲说的"理"是什么呢？他说："义命廉耻，此四字乃吾人立身之基，一有缺焉则基倾矣。在今日，不必谈玄说妙，只要于此著脚，便是孔孟门下人。"（《南行述》）可见，二曲所谓的"理"，就是"义命廉耻"。李二曲还把"悔过自新"的"新"解释为"复性"，说："新者，复其故之谓也。"（《悔过自新说》）中年之后，他明确地把"悔过自新"叫作"存心复性"。由此不难看出，"理"——"义命廉耻"——"性"是三而一的东西，其实质就是人的至善本性。他认为，人的本性"本至善无恶，至粹无瑕"（《悔过自新说》），但由于"气质所蔽，情欲所牵，习欲所圄，时势所移，知诱物化，旋失厥初"，因此，必须通过"悔过自新"才能复归到本性之初。一言以蔽之，"悔过自新"就是通过反思路径复归到以"义命廉耻"为内容的至善本性，使人有"立身之基"。

李二曲认为，通过"悔过自新"使人有"立身之基""立身之本"乃是建立价值主体的基础。因为：其一，"立本"才能保持人生价值。二曲说："论士于今人，勿先言才，且先言守，盖有耻方有守也。论学于今日，不专在究深极微、高谈性命，只要全其羞恶之良，不失此耻心。斯心为真心，人为真人，学为真学。道德经济咸本于心，一真自无不真，犹水有源，木有根。耻心若失，则心非真心，心一不真，则人为假人，学为假学。道德经济不本于心，一假自无年不假，犹水无源，木无根。"（《四书反身录·论语》）这就是说，人的本性（"耻心"）乃是人生价值的根源。其二，"立本"才能承载社会价值。二曲说："经纶天下之大经，由于立天下之大本，本者何？即心中一念灵明，固有天良是也。"（《四书反身录·中庸》）"有了本不愁末，平天下传言，先慎乎德，言理财用人以义为利，以端出治之本。本立则纲纪制度、礼乐兵刑因事自见。若本之不立，纵纲纪制度、礼乐兵刑一一详备，徒粉饰太平耳。"（《四书反身录·大学》）就是说，"良知"之本是一切社会价值的根据和标准。其三，"立本"才能快速产生功效。二曲说：通过"悔过自新"以立本"庶当下便有依据，所谓心不妄用，功不杂施，丹府一粒，点铁成金也。"（《悔过自新说》）由此可见，李二曲把悔过自新以"立基""立本"作为建立价值主体的基本途径。

正由于"悔过自新"对于建立价值主体有如此重大的意义，所以他将其视为儒家学说的精髓。他说："古今名儒倡道救世者非一，……虽各家宗旨不同，要之总不出'悔过自新'四字，总是开人以悔过自新的门路。"（《悔过自新说》）也正由于复归"义命廉耻"本性是建立价值主体的奠基工程，所以他将"力扶义命、力振廉耻"视为建立价值主体的当务之急，他说："苟有真正大君子，深心世道志切拯救者，所宜力扶义命，力振廉耻。使义命明而廉耻兴，则大闲借以不逾，纲常赖以不毁，乃所以救世而济时也。当务之急莫切于此。"（《南行述》）

李二曲以"悔过自新""立其大本"来建立价值主体的思想，其渊源显然来自孟子的"先立乎大者"、《中庸》的"反身而诚"、陆九渊的"以心为本"和王阳明的"致良知"。其哲学路线是唯心的，其主体能动精神却是积极的。

2. "明体适用"以"正学"。如果说"悔过自新"的内省、反思路径对于建立价值主体是奠基工程的话，那么"明体适用"就是综合工程，是上下一体、内外结合、本末兼顾的综合途径。什么是"明体适用"呢？他说："穷理致知，反之于内，则识心悟性，实修实证；达之于外，则开物成务，康济群生，夫是之谓明体适用。"（《周至答问》）对于"体""用"，他的规定是"明道存心以为体，经世宰物以为用"（《答顾宁人先生》）。由此看来，"明体适用"包括"明体"和"适用"两个方面。所谓"明体"就是以对宇宙规律的认识（"穷理致知"）为指导，去深刻体认人的本性、本心（"识心悟性"）；所谓"适用"，就是以对宇宙法则和人的本性的认识为指导，去变革事物、治理社会、经世济民（"开物成务""康济群生""经世宰物"）。在他看来，"明体""适用"两个方面应该是统一的，"盖以有天德，自然有王道"，"明体"主导"适用"，"适用"表现"明体"，"体用兼赅"，不可偏执。其实，"明体"与"适用"的关系，就是他在悔过自新说中所讲的以"耻心""良知"为本，以"礼乐兵刑"为末的本末关系。然而，在"悔过自新"说中他强调的是"本"，在"明体适用"说中他强调的是"用"。

"明体适用"对于建立价值主体的意义在于：它通过"正学"，即端正学术方向和治学原则，把主体塑造成价值的承担者、体现者和创造者。具体地说：

（1）坚持"明体适用"，才能创造济世利民的社会价值。李二曲说，学术问题不仅关系"士风盛衰"的学风问题，还是"关系生民休戚、世运否泰"的社会问题。如果学术方向明确端正（"儒学明"），知识分子都去研习"明体适用之正业"，那么"处也有守，出也有为"，就能创造社会价值，使"生民蒙其利济，而世运宁有不泰"；如果迷失学术方向（"儒学晦"），知识分子都去学习"辞章记诵之末技"，那么"处也无守，出也无为"，什么价值也创造不出，使"生民毫无所赖，而世运宁有不否"（《周至答问》）。可见，坚持"明体适用"的治学原则乃是从事社会价值创造的前提条件。

（2）遵循"明体适用"，才能实现"德功合一"的人生价值。他说："立身要有德业，用世要有功业。德业须如颜、曾、思、孟、周、程、张、朱；功业须如伊、傅、周、召、诸葛、阳明，方有体用，不堕一偏。"（《授受纪要》）可见，德业、功业是人生价值的双轮，它只能靠明体适用去推动。

（3）贯彻"明体适用"，才能弘扬"体用兼赅"的学术价值。他认为，儒学的本质就是"体用兼赅"，儒学的价值就在于"明体适用"。他说："儒者之学，明体适用之学也。"（《周至答问》）"明体不适用，便是腐儒；适用而不本于明体，便是霸儒；既不明体又不适用，徒汩没于辞章记诵之末，便是俗儒。"（《四书反身录·大学》）只有将明体、适用统一起来，"勇猛振奋，自拔习俗，勇为体用之学，潜心返观，深造默成以立体，通达治理，酌古准今以致用"，才能弘扬儒学的真价值、真精神，才能成为真正的大丈夫，"体用兼赅，斯不愧须眉"（《四书反身录·大学》）。

（4）力振"明体适用"，才能矫正"徇华废实"的俗学流弊。他指出，儒学固然有体用兼赅、经世致用的真精神，但自"秦汉以来，此学不明，醇厚者梏于章句，俊爽者流于浮词"（《周至答问》），优良的传统遭到了破坏。沿至清初，其弊更烈，文人学士"所习惟在词章，所志惟在名利，其源已非，流弊又何所底止"（《匡时要务》）。他认为，这种"徇华废实"的俗学流弊，危害甚为严重，不但败坏了学风，而且遮蔽了儒学的真精神、真传统，使"圣贤立言觉世之苦心，支离于繁说，埋没于训诂，其来非一日矣。是六经、四书，不厄于嬴秦之烈火，实厄于俗学之口耳"（《富平答问》）。面对这种无异于焚书坑儒的严峻危机，二曲提出，只有重振"明体适用"的精神，才能"清源端本""矫正流弊"，拯救儒学危机，并进而使士君子"勇猛振奋，自拔习俗"。从表面的意义看来，矫正俗学流弊，回归到"明体适用"的真精神，不过是为了解决正学术、正学风问题。然而，在李二曲看来，这是关系到价值主体建立的重大问题，因为"学术"是"人心"的表现，"人心"由"学术"来塑造，"天下之治乱由人心之邪正，人心之邪正由学术之明晦，学术之明晦由当事之好尚。所好在正学则正学明，正学明则人心正，人心正则治化淳。所好在词章则正学晦，正学晦则人心不正，人心不正则治化不兴。"（《匡时要务》）所以，正学术、正学风的根本意义在于建立价值主体（"人心正"），实现价值目标（"治化淳"）。

"明体适用"是建立价值主体的综合途径。它所蕴含的思想和体现的精神是深刻而丰富的。李二曲说："有体有用，天德王道，一以贯之矣。"又说："内外本末一以贯之"。今天，我们如果从价值论角度看，"明体"重在求真，"适用"重在求善，"明体适用"体现了真理和价值的统一；从认识论角度看，"明体"以知为主，"适用"以行为主，"明体实用"体现了理论和实践的统一；从伦理学角度看，"明体"旨在立德，"适用"旨在立业，"明体适用"体现了道德与功业的统一；从心理学角度看，"明体"主于立志，"适用"主于立功，"明体适用"体现了动机和效果的统一。如果用传统儒学的概念来表述，"明体"旨在"内圣"，"适用"旨在"外王"，"明体适用"体现了"内圣"与"外王"的统一。"明体适用"的这种综合统一的特征，比"悔过自新"着重在内省、反思和心性上用力，显得更为全面深刻，它事实上已把"悔过自新"以"立本"的思想作为一个环节包括于其中了。

总之，李二曲试图通过"悔过自新"和"明体适用"两个互相渗透的路径，从"立本"和"正学"两个方面，建立价值主体。使知识分子成为"为天地立心，为生民立命，为往圣继绝学，为万世开太平"的价值担当者和承载者，从而去完成"康济时艰"的时代重任，去实现"足食知礼"的社会理想。但是，由于其理论和时代的局限，李二曲要儒者所"明"的"体"，其内容仍然是封建的伦理道德，所"适"的"用"，其内容仍然是带有封建性的社会物事；而且，在当时的历史条件下，知识分子也很难去"经世宰物"，只有蜗居于书斋中去"明道存心"。所以，他建立价值主体的理想在当时没有实现，也不可能实现。然而，他为建立价值主体所进行的理论探讨，所表现出的执着精神，至今仍然是值得我们批判继承的宝贵思想遗产。

（原载于《人文杂志》1997 年第 1 期）

李因笃经世致用的价值追求

李因笃（1631—1692），字天生，陕西富平人，与李颙、李柏，并称"关中三李"，是清初关中的著名学者和诗人，其人"以文学名海内，而慷慨有豪侠气"[①]，其学虽不及二曲精深，但因其"发愤读六经及濂、洛、关、闽诸大儒书""深于经学"（《清史·儒林传》），故其思想成就颇多特色，亦颇有意义。从价值取向上言之，李因笃的基本价值观念是"经世致用"。江藩在《宋学渊源记》称李因笃"闭户读经史，为有用之学"，的确抓住了其为学的宗旨。李氏经世致用的价值追求，具体表现为三大观念：

一 "天子学圣"的尚真政治观

天子必学，学必为圣人，是李因笃提出的重要观点。这一观点，不仅具有教育思想的涵义，更重要的是体现了独特的政治理念。他说："愚读史至三代以前，而后知古之学与古之所以王也。古无不学之天子，无天子学而不为圣人。"（《圣学》《受祺堂文集》卷一）这显然是从"学"与"王"即教育与政治两个方面，提出"天子学圣"主张的。那么，李氏提出这一主张的价值意义何在呢？首先，他认为，只有天子必学、学必为圣才可以把握治国之方的关键，认识治国之道的根本。所谓"明效法，切日讲学之事也，非学无以要其成也。严侍从，敦节俭，厚风俗，信功令，不尽学之事也，非学无以悉其故也。"（《圣学》《受祺堂文集》卷一）"要其成""悉其故"正是学的目的所在。其次，他指出，

---

① 井岳秀：《关中三李年谱·序》，载《关中三李年谱》卷首，默存斋版。

天子必学、学必为圣又可以统一天下人们的言论，防止处士挟私害公，众言淆乱破道。他说："自天子不学，而学之统在下，在下则不尊，故处士得挟私以害公。自天子学不皆圣人，而学之失在言，在言则不一，故百家得丛起而破道。"（《圣学》《受祺堂文集》卷一）就是说，天子学圣，才会形成国家统一的言论标准、社会认同的意识形态。再次，他提出，天子学圣可以在最高领导者身上实现道与法、制行与立说的统一，从而使天下人有正确的言行规范。"天子而必学，则道与法皆自上操之，而天下之型乃端。天子必学为圣人，则制行与立说皆自上教之，而天下之视履不惑。"（《圣学》《受祺堂文集》卷一）所谓道与法、制行与立说的统一，其精神实质乃是客观规律与治世法则、真理认识与行政决策的统一。因为在中国儒家学说中，"道"所体现的正是一种反映宇宙法则的真理，以及和以这种真理为依据的价值理想。李因笃把道与法、立说与制行相对而言，显然是在强调，君主的治世法规、制度行政都必须遵循于"道"、符合于"理"（立说），即以符合规律、符合真理为准则。由此看来，尽管李因笃对于天子必学、学必为圣的意义从提高认识、统一言论、道法统一三个方面作了阐发，但他的核心思想是崇尚"道"、弘扬"道"，即崇尚和弘扬"真"的价值。他所说的要天子通过学习以认识治法之"故"，"故"正是指道，他所谓的要天子学为圣人以克服天下言论不一，也是为了防止百家"破道"。李因笃之所以要强调"道"——真理的价值，显然针对的是"虽有其位，苟无其德"（《圣学》《受祺堂文集》卷一），虽有治法，却违治道的"无道"昏君。他尖锐地指出："不有天子而学为圣人者，将何以持其终哉。"（《圣学》《受祺堂文集》卷一）就是说，不能把道与法相统一的统治者，是不会长久的。

二　"取人以人"的重行人才观

人才价值观是李因笃价值观念中的重要内容，也鲜明地体现了他经世致用的价值追求。李氏认为，长期以来人才选拔上存在着两大弊端，一曰"以言取人"。他说："唐宋以后，取人以言"（《用人》《受祺堂文集》卷二），造成了深远的消极影响。二曰"固守资格"。他认为唐宋以后，虽有科举之法，且法制日严，然而却弊病丛生，其原因在于"先王创为一代之法，以新天下之耳目，而后人至沿为资格，以阻贤才登进之路""夫资格者，弊之所由集也"。（《用人》《受祺堂文集》卷二）重空言和重资格的共同偏颇在于不重视人的实行和实功，结果造成了言行脱节、名实不符的社会风气，选拔了有言无行、有名无实的平庸之辈，对治国治世毫无意义。他说："今夫天下忠孝廉节利害藏否之故，能言之不必能行之也，况其不能言之乎？历法、屯田、河海、盐茶、兵刑之数，能言之不必其可行之也，何况之所言，又人人之尝言者乎？"（《用人》《受祺堂文集》卷二）他举例说，"试观甲辰之役，所得士百有余人，其文具在，冢宰曾采一语以通铨法之穷，司徒曾借一箸以择仰屋之叹，有之乎否乎？"（《用人》《受祺堂文集》卷二）在他看来，言而无用、言而不行的人，无论其言在于说道德，还是在于论世务，都将无益于世。

针对这种"取人以言"的人才价值标准，李因笃明确提出"取人以人"的人才价值观。所谓"取人以人"，诚然包括多方面的内涵，但他突出强调的是行、用、实，即实际的德行、才能和事功。他说："其言诚不足用，则取之者何心？"又说："经明行修者，其实也；贤良方正者，其名也。夫求之以实而应之以名者有之矣，未有上以名求而下以实应者也。"为了选取有真才实学的可用人才，李因笃主张把古代的科贡与选举二法结合起来，优势互补、缺陷相抵，特别是在科贡考试中无论是试之以"论"还是试之以"策"，都应重视考察其人是否有"处事临民"之才，其言是否有"见诸施行"之实。这种"取人以人"的人才观表现了李因笃重行即重视人的实践能力的价值取向。

三　"理学以经学为本"的求实学术观

李因笃在学术上的突出贡献是对经学的研究和成就，顾炎武赞他如东汉经学家"康成（郑玄）、子慎（服虔）之辈"，江琬称他为与顾炎武并肩的当世"经学修明者"（《亭林文集》卷六《广师》篇）。《清史稿·儒林传》称"因笃深于经学"。李因笃的经学成就是与他的学术价值观有密切联系的，可以说是在他的学术价值观的指导下取得的。

李因笃学术价值观的集中表现是提出了理学以经学为本重要思想。他说："断未有不深于经学，而能以理学名世者也""经学不纯""终不得列理学一席。"（《与孙少宰》，《续刻受棋堂文集》卷三）根据对经学与理学关系的这种理解，他认为，汉唐诸儒，尽管"天资卓迈，出处较然"者甚多，但终不得称为理学，其原因在于他们"经学未纯"；而宋儒朱熹之所以称为理学大师，原因在于他其学以经学为本，以《四书集注》为主，而其书"尽善尽美，无可遗议"（《与孙少宰》，《续刻受棋堂文集》卷三）。

所谓"经学"，即阐发先秦儒家经典文本的学术，它的基本特征是通过阐发儒家经典中的经世致用之道以引古筹今，明道救世。它所体现的是一种崇实贵用的实学精神。李因笃提出理学以经学为本，正是要弘扬求实的学术价值观，以区别和扭转宋明理学空谈心性、脱离实际、不讲实用的空虚学风。李氏明确指出了当时的儒者受此空虚学风影响的严重弊端，"窃观当世儒者，亦有留心斯道，高谈孔、朱如某某其人，然皆摭拾语录妄称性命之旨，而不知从事经学。"（《与孙少宰》，《续刻受棋堂文集》卷三）其实，借用推崇经学来提倡经世致用的实学是清初大儒扭转学术方向的重要主张，顾炎武也明确提出"理学，经学也"的学术命题。他说："古之所谓理学，经学也"（《与施愚山书》，《亭林文集》卷三）；又说："古今安得别有所谓理学者？经学即理学也。自有舍经学以言理学者，而邪说以起。不知舍经学则其所谓理学者，禅学也。"[1] 李因笃的观点与顾炎武是完全一致的。

李因笃不但在学术思想上倡导求实，而且在学术实践中也充分贯彻了求实精神。他写的漕运、效祀、圣学、荒政、治河、史法、天文、历法、盐政、钱法、乐律、屯田、用人等文章，都是考证源流、针对时弊、

---

① （清）全祖望著，黄云眉选注：《亭林先生神道表》，载《鲒埼亭集》卷十二，商务印书馆 2018 年版，第 101 页。

引古筹今的经世致用之作。

总之，李因笃的经世致用价值观的主要内涵是贵真、重行、求实。这种观念一方面表现了明清之际的学术精神，另一方面也继承了关学的优良传统。关学自张载创建以降，学术思想曾几经变化，但尚真、崇实、主行、贵用的价值追求不绝如缕。我在《关学精神论》① 一文中曾云："经世致用、开物成务的实学精神，是关学七百年来培育的优良学风，它不但在宋明理学中独具特色，也在整个中国的思想史、学术史上放射着光彩。"在倡导实事求是的今天，这种精神仍然是值得继承发扬的。

（原载于《西安交通大学学报》2001 年第 3 期）

---

① 见《陕西史志》1998 年第 1 期。

中华文化的价值内涵

中华文化的特色

屹立于世界东方的中华民族，在广袤的东亚大陆，筚路蓝缕，以启山林，世代绵延，辛勤劳动，创造了光辉灿烂的中华文化。中华文化以其强大的凝聚力、恒久的生命力和深厚的创造力，维护培育了中华民族，使中华民族自立于世界民族之林。中华文化以其悠久的历史、卓异的风格和伟大的成就，为人类文化史作出了重大贡献，产生了深远影响，至今仍使世人惊叹、倾慕。

以科技文化而言，中国向以火药、指南针、造纸术、印刷术四大发明著称于世。其实这不过是就对世界文化发展的最大影响而言，若以其在中华文化宝库中所占比例而论，乃不过是沧海之一粟。中国古代科技文化走在世界前列的成就是不胜枚举的，英国著名学者李约瑟曾列举了26项中国技术发明成果向西方的传播和在时间上的领先地位，同时指出"还有许多例子可以列举"。美国学者德克·卜德也在《中国物品西传考》中说："从公元前200年到公元1800年这两千年间，中国给予西方的东西超过了她从西方所得到的东西。"不仅是科学技术，在文学、艺术、史学、哲学诸精神文化领域，中华民族同样创造了许多博大精深的作品，在世界文化史上熠熠生辉，处于极高的地位，至今仍有重大意义。

如此丰富繁盛的文化成就充分表现了中华民族广阔的文化视野、高超的文化智慧和卓越深厚的文化创造才能。无须讳言，中国传统文化中确实也包含着许多落后、保守、腐朽的东西；也毋庸讳言，17世纪以后中国文化发展缓慢，落后于西方的步伐，但是中华文化宝库中的瑰丽珍宝是主要的，健康积极的内容是占主导的，而且，时至今日，许许多多有价值、有生命力的宝藏还未被发掘出来，中华文化宝库向世人所展现的还不是她的全部财富，为人们所认识的更不是她的全部价值。只要我们认识清醒，勤于发现，深入研究，善于扬弃，中华文化成就的意义必定会放射出更加灿烂的光辉。

对世界文明产生过重要影响、对当今世界仍充满神奇的魅力的中华文化有何特色呢？

一 统一连贯的文化传承

中华文化的历史源远流长，如一条浩浩荡荡、奔流不息的大江。远在五千年前，中华人文初祖轩辕黄帝就开始了伟大的文化制造，相传黄帝时代创造了文字，发明了舟车、屋宇、衣裳、弓矢、养蚕、医术、算术、音律、历法，使中国开始进入文明时代。此后历经夏、商、周、秦，汉、魏、隋、唐、宋、元、明、清，中华文化由原始时代演进到奴隶社会时代，再演进到封建社会时代，经过几千年曲折而漫长的发展，创造了辉煌灿烂的成果，形成了自己独特的传统。在这一历史进程中，随着经济基础和政治体制的变动，文化也相应发生着变化，战国时百家争鸣，秦始皇推崇法家，汉武帝独尊儒术，魏晋盛玄谈，隋唐重三教，宋明之时理学风行，明清之际实学兴起，文化样式屡经改型。但在历史长廊上活动的文化主体一直是中华民族，在各时代具体样式中跃动的文化传统精神始终是一贯的。

在这一历史进程中，中华境内曾经存在过许多部族和氏族，周秦时有华夏和夷狄，两汉有汉族和匈奴，隋唐时有汉人和胡人，宋元时有汉人、契丹、女真、蒙古，清代时有汉、满、蒙、回、藏，今天仍还有五十多个民族活跃在中华大地，中华文化内部也存在着地区性、民族性的差异。但在华夏文化的主干作用下，各民族文化相互融汇，相互渗透，纳细流于巨川，汇众系于一体，最终形成了多元一体的中华文化系统，洋溢着共同的文化生命。

在这一历史进程中，异域文化如中亚文化、波斯文化、印度佛教、阿拉伯文化、西欧文化都曾大规模地输入中国，但是中华文化并没有被全盘外化，而是通过博采众长，兼收并蓄，融化吸收，在丰富自己、发展自己的同时，继续保持着自身特质的稳定性。

中华文化传统的一贯性、体系的统一性和特质的稳定性在世界上是绝无仅有的。巴比伦文化、埃及文化曾在历史上光耀一时，但如昙花一现，未能久远。欧洲文化从希腊开始，传到罗马，再传到东罗马，再传到西欧诸国，文化主体不断更换，文化中心屡经转移，文化传统颇多变异，与中华文化比较，其连贯性和稳定性未免相形见绌。

二　阴阳合德的文化结构

任何一种文化模式都蕴含着沟通民族各部分文化内容之间彼此联系而形成的一种系统的文化结构，它反映着一种文化内容相互结合时的特殊形式。据此审视中华文化，我们可以用《易传·系辞》中的"阴阳合德"一语表达中华文化的模式。"阴阳合德"就是阴阳两种德性相反相成，相互配合。《系辞》认为，这种阴柔阳刚相互交错的形式可以象征天地间的一切事物和变化。

中国文化的各个领域都体现了这种"阴阳合德"的结构模式。中国哲学中，儒家讲阴阳，道家也讲阴阳，他们都认为阴阳是宇宙之道的根本属性，也是治世之道和人生之道的基本法则，正如《说卦》所谓"立天之道曰阴与阳，立地之道曰柔与刚，立人之道曰仁与文"，还可以补一句"立世之道曰君与臣"。可见，阴阳是中国哲学的纲领。中国古代的科技文化也用阴阳观念解释天文、气象、数学、医学中的原理，观察和推测自然现象的变化，例如以"天左旋，地右动"说天体运行；以阴阳消长言气象变化；以阴阳割裂总算数之源，明勾股定律；以审别阴阳释生理、分脏腑、察病理、论辨证治疗，等等。中国的文学艺术把阴阳和谐作为审美理想，要求文和道、文和质、情和理、言和意、形和神、虚和实、刚和柔、意和象的统一。至于中国古代的政治文化、法律文化、道德文化、军事文化中也无不贯穿着阴阳之道。由此不难理解，德国哲人莱布尼茨何以能在《易经》阴爻阳爻卦象中发现二进制数学，哲学家黑格尔何以说《易经》"为中国人一切智慧的基础"，丹麦物理学家玻尔何以戴着饰有太极图的徽章登上诺贝尔物理奖的领奖台。原因皆在于，他们都认识到阴阳合德乃是中华文化的模式。

中华文化以阴阳合德为基本模式，蕴涵着两大文化观念，一是辩证法观念，二是和谐性观念。中华文化以矛盾两方面相反相成的辩证法为灵魂，大大避免了机械的形而上学的孤立、静止、片面的弊端，使文化呈现了一种整体联系、活力充沛的气质。中华文化以追求和谐协调为理想，天人合一、群己和谐、性命和谐即是最高的善，最高的美。儒家尚"和为贵"，道家也倡"和之至"，和，故万物不失，和，故万物皆化。这与西方文化内涵的人与自然、人与社会、人的内心的冲突不和的底蕴确不相同。过分强调和谐，虽然有压抑个性、消融竞争、延缓质变的缺陷，但却有利于社会安定，利于群体团结和利于生态平衡的长处。这说明，以"阴阳合德"为基本模式的中华传统文化，它的功能是双重的。

三　止于至善的文化追求

中华文化的精神是"止于至善"，即达到最高的善的境界。文化精神是一种文化中具有决定力的价值系统，或者说是一种文化中基本的、整合的价值系统。世界各民族文化的共性可以说都以追求真善美的价值为共同目标，但不同的文化对真善美的理解各有会于心，对真善美的价值层次安排及其内在联系颇有不同。中华文化则把"至善"作为最高的价值理想，而其他价值追求都统摄于"善"服从于"善"。这在作为中华文化主干的儒家文化中表现得尤为明显。

一般说来，各文化领域都围绕着一个价值目标作为导向。例如，"利"是经济价值，"权"是政治价值，"力"是军事价值，"巧"是技术价值，"真"是科学价值，"善"是道德价值，"美"是艺术价值。在中国文化的价值系统中，作为道德价值的"善"是统摄和支配"利""权""力""巧""真""美"等一切价值的。"义重于利""德高于力"

"学以成德""诗以言志""文以载道""技以扬善""智知善恶""史寓褒贬"等观念，就是中华文化关于善的价值支配各种文化价值的精炼表述。或者说，是以道德的"善"作为各种文化价值的准则。

中华文化的这种精神，还要从"文化"一词的中文涵义中得到佐证。在中国古籍里，《易传·象传》开始把"文、化"二字联系起来，说"观乎人文，以化成天下"，意即通过道德伦序教化世人。两汉以后，"文化"作为专用名词，如"文化不改，然后加诛"，意即用道德不能教化时就用武力镇压，"文化"仍是以道德进行教化之意。中文"文化"涵义透射了中华文化追求道德至善的基本精神。

中华文化"止于至善"的基本精神，一方面对人们从事物质创造、技术发明、科学研究、艺术探索，对人们追求经济之"利"、技术之"巧"、科学之"真"、艺术之"美"无疑有束缚作用。进入近代，中国的经济衰退，科技落后，正表现了传统文化精神的消极性；但另一方面，却对提高人们的道德人格、维持人际关系的和谐，避免沦为物欲奴隶和陷入宗教迷狂起了积极作用。千秋功过应该予以辨证的评说。

四　其命维新的文化活力

中华文化的生机在于"其命维新"，即通过不断变化、更新而保持和焕发生命活力。中华文化起始于炎黄唐虞，已历经数千年，其间虽历经波澜，屡受冲击，特别是到了近代，遇到了严峻的挑战。然而，它却如大江东流，奔腾不息，跌宕迂回，延续至今。这表明，中华文化有着很强的生命力。中华文化有其尚变化、主更新的内在素质。凝结着中华文化精神的《周易》就既讲"变易"，又讲"日新"，所谓"穷则变，变则通，通则久"，"日新之谓盛德"。中国第一部诗歌总集《诗经》也说："周虽旧邦，其命维新。"此外，孔子要求"温故知新"，孟子主张"新子之国"，《曲礼》言"新法"，《大学》讲"新民"。汉武以后，尽管"天不变道亦不变"的守旧观念占了上风，但变化、创新意识仍不绝如缕，例如北宋哲学家张载就高咏"芭蕉心尽展新枝，新卷新心暗已随。愿学新心养新德，旋随新叶起新知。"连颇为保守的朱熹也还有"旧学商量加邃密，新知培养转深沉"的愿望。

中华文化不仅内含有变化创新观念，事实上，在漫长的延续历程中，随着生产实践、经济发展、社会变革，中华文化也曾发生过许多变化。以学术内容言，先秦子学、西汉经学、魏晋玄学、隋唐佛学、宋明理学、明清实学、近代新学，变异之迹昭然；以文化风格论，先秦活跃、秦汉专制、隋唐开故、明清封闭、近代震荡，变化之象显然。变化中有连续也有间断，有复旧也有创新，有倒退也有进步。诚如鲁迅所说：有新的来了好久而旧的又回潮过去的反复，也有新的来了好久之后而旧的仍不退去的羼杂。正是在这种新旧反复和新旧杂陈的曲折复杂的历史演变中，中华文化延续着它生生不已的文化生命。

今天，中华民族正面临着新的历史使命，如何激发传统文化的固有生机和为传统文化注入新的生命已成为中华文化面临的时代课题。解决这一课题的正确途径是对中华传统文化从理论和实践两方面进行自觉的扬弃。在扬弃中，既克服传统文化的缺陷，又发扬传统文化的精华；既植根于中华文化土壤，又充分汲取世界文化的营养，把时代精神熔铸于中华文化的优良传统之中，以"外之不后于世界之思潮，内之仍弗失固有的血脉"（鲁迅语）。这样，中华文化的维新之命，必将焕发出青春之光！

（原载于《中华文化》1993 年第 1 期）

简论中华民族精神

　　中华民族是世界民族之林中历史最悠久、传统最丰富的伟大民族之一。中华民族高度的凝聚力、顽强的生命力、深厚的创造力，在当今世界上仍是首屈一指的。那么，五千余年以来，维系着民族凝聚，推动着民族前进，鼓舞着民族振兴的力量究竟是什么呢？这就是伟大的中华精神。中华精神是中华民族延续发展的思想基础和内在动力，是贯穿全民族历史发展的群体精神形态，是积淀于民族心理文化结构中的精神素质，也就是我们常说的"中国心""中华魂"。

　　中华民族精神包含着十分丰富的内容，有着自身的内在结构。大体说来，它由两个基本方面所构成，一是精神活动的方向，即精神活动所追求的理想目标；二是精神活动的方式，即为实现理想目标而采取的态度、途径和方法。传统的中华民族精神就是由这两方面所构成的统一体。

　　就精神活动的方向而言，它又包括三个层次。一是"天人和谐""群己和谐"的崇高境界。中华民族始终追求人与自然的和谐，群体与个体的和谐。中国人坚定地认为人与自然是互相依存、互相补充、互相统一的，因此主张"人与天地参""人法地，地法天，天法道，道法自然"。在社会领域中，中华民族既主张"为群"，也提倡"贵己"；既倡导"兼善"，也强调"独善"，追求群体价值与个体价值相统一的"群居和一之道"。这与西方民族强调人与自然的对立，个人与群体的对立很不相同。二是"天下为公"的大同理想。中华民族长期以来追求的美好社会理想，就是《礼运》所描绘的"天下为公"的社会，在这种社会里，"选贤与能，讲信修睦""人不独亲其亲，不独子其子""老有所终，壮有所用，幼有所长，矜寡孤独废疾者，皆有所养"，财产公有，社会和平。三是"盛德大业"的人生目标。中华民族的个人人生理想，是养成崇高的品德和建立宏大的功业，即《易经》所说的"盛德大业"。人生的一切活动都是为了"立德立功""崇德广业"，既要使自己成为道德高尚的人，又要建功立业，为社会作出贡献。这三个层次相结合，构成了中华民族精神活动的方向。历代的贤能圣哲、仁人志士、英雄豪杰，都以这种理想鼓励自己去努力奋进。

就精神活动的方式而言，中华民族精神包括四大要素：（1）"自强不息"的主体意识：中华民族总是把"天行健，君子以自强不息"作为自己的精神支柱，为达到美好的精神境界、实现崇高的社会理想和人生的价值而刚健奋进，永不停息。（2）"革故鼎新"的革新观念：中华民族虽然尊重历史，珍惜传统，但它并不保守，更不停滞。"周虽旧邦，其命维新""革去故，鼎取新"的变革观念乃是中华民族精神的重要内容。（3）"厚德载物"的宽容态度：中华民族主张人应该像大地一样有博大宽厚的胸怀，负载万物，生养万物。以兼容并包的态度与自然友好相处，对同胞仁爱相待，对外族和平友善。认为只有这样才能实现天人和谐、人际和谐的理想。（4）"致中和"的处事方式：中华民族的思维方式和行为方式都以整体平衡为特征，《易传》讲"太和"，《中庸》讲"中和"，就是主张保持整体中各部分的动态平衡关系，反对"过"和"不及"两种极端化和片面性。这四点共同构成实现美好理想的基本方式，它是为实现"天人和谐""群己和谐""天下为公""盛德大业"的精神活动方向服务的。

中华民族精神的活动方向和活动方式两个方面有一个统一的基点，就是重视道德。"天人和谐""群己和谐"是至善的道德境界，"天下为公"是至善的道德社会，"盛德大业"是至善的道德人格；"自强不息""革故鼎新""厚德载物""致中和"是至善的道德原则、道德规范和道德行为。道德是贯穿"方向"和"方式"两个方面及其各个要素的一条红线。因此可以说，中华民族传统精神的核心是崇尚至善的"重德精神"。

中华民族精神在历史上经历了一个形成、衍化和发展的过程。在民族形成之初，上述精神品格还不够显著，不很典型，随着历史的前进和民族的成熟，它就逐步被强化，成为民族的基本精神素质和共同品格，于是就成为一种既定的力量，影响着民族成员的素质，并世代相传，发扬光大，而且不断丰富，不断发展。到了现代，在中国共产党领导下，中华民族的优秀传统精神得到了进一步的继承和发展，呈现出更加绚丽多姿的崭新风貌。井冈山精神、长征精神、延安精神、大庆精神、雷锋精神、焦裕禄精神等都是中华民族的传统精神在革命和建设时代的新发展，都是民族精神在一定历史时期的表现形式和发展成果。

当前，中华民族正处于一个前所未有的伟大时代，正在为实现有中国特色的社会主义现代化而奋斗，继承和发扬中华民族精神的优良传统，具有十分重大的意义。一方面，我们要把民族精神和时代精神结合起来，赋予民族精神以新的内容和新的风貌，用社会主义时代精神把民族精神提高到新的水平，升华到新的层次；另一方面，我们要通过振奋民族精神，不断增强中华民族的自尊心、自信心和自强心，不断增强民族的主体意识、凝聚意识和创新意识，推动社会主义事业前进，实现历史赋予我们的伟大使命。

人是要有一点精神的，一个民族也需要十分珍视不断强化自己的精神支柱，"不能设想，一个没有强大精神支柱的民族，可以自立于世界民族之林"。具有悠久历史传统和优秀精神品格的中华民族一定能在世界民族之林中巍然屹立，展翅腾飞，光复其民族的青春，焕发出新鲜的活力。

（原载于《陕西日报》1992 年 3 月 4 日）

儒家的婚嫁观

在儒家典籍中婚姻总是与礼相辅而行，只有按礼嫁娶而形成的婚姻才是正当的。所以，婚姻的本义是指嫁娶的礼仪。由于婚姻形成后，夫妻双方家属即成为亲属关系，故婚姻又指姻亲之关系言。概括地说，儒家的婚姻是指按礼的规定进行婚娶而形成的夫妻关系。

儒家关于婚嫁的基本思想观点是：

"人伦之始"的婚嫁意义观。儒家认为：人伦关系包括夫妇、父子、君臣、兄弟、朋友等，夫妇关系是人伦的始基，是一切人际关系的开端，而夫妇关系的形成必须通过合礼的婚姻嫁娶，所以婚嫁具有重要的伦理意义和社会意义。儒家之所以以婚嫁夫妇之道为人伦之始，约有三方面的理由：一是从社会进化而言，夫妇关系是一切社会关系的开端。《周易·序卦传》："有天地然后有万物，有万物然后有男女，有男女然后有夫妇，有夫妇然后有父子，有父子然后有君臣，有君臣然后有上下，有上下然后礼义有所错。"二是从治理国家而言，家庭是国家的基础；治理家庭是治理国家的根本。《礼记·大学》："欲治其国者，先齐其家"；"宜其家人；然后可以教国人"。三是从人生成长阶段而言，婚娶是男子成家立业获得完全社会成员身份的标志。《礼记·曲礼》："人生十年曰幼，学。二十曰弱，冠。三十曰壮，有室。"《礼记·内则》："二十而冠，始学礼，……三十而有室，始理男事。"对于女性而言，婚嫁则标志着获得了确定的家庭、家族地位。故儒者称女子出嫁曰"归"，意谓她真正地回到了自己的家庭。

"广家族""继后世""求内助"的婚嫁目的观。儒家对于婚嫁功能和目的，不着眼于男女性爱的实现，而是以男方家族的扩大和家族子孙的繁衍为主，同时兼及求内助的目的。《礼记·昏义》："昏礼者，将合二姓之好，上以事宗庙，而下以继后世也，故君子重之。"儒家既主张同姓不婚的原则，于是就主张通过异姓婚嫁联结异姓家庭、家族，以期达到扩张本家族的势力，形成广泛社会联系的目的。同时认为，通过婚嫁结成婚姻，形成夫妇以繁衍子孙后代，可以使家庭、家族的血缘关系得以延续和维系。基于这种认识，儒家把"继后世""广继嗣"视为婚嫁的主要目的。此外，儒家也承认，婚嫁还可以使男方得到妻子的帮助。至于男女之间的情爱，在儒家看来，不但不是婚嫁的目的，而且是应该否定的。由于以繁衍后代维系家族为主要目的，儒家虽原则上主张一夫一妻制，但同时又事实上主张一夫多妻制，特别主张统治者多妾。

"礼而后亲"的婚嫁制度观。儒家重礼，尤重婚嫁之礼，认为婚嫁之礼是礼的基础，所谓"《礼》贵男女之际"[1]。关于婚礼在诸礼中的地位，《礼记·昏义》有明确的叙述："夫礼始于冠，本于昏，重于丧祭，尊于朝聘，和于乡射。此礼之大体也。"婚礼之所以是礼之本，乃是由于婚姻是"人伦之始"这种重要意义。由于《礼记》以昏礼为礼之本，所以后世儒者论礼，多以婚礼来说明礼的重要作用，表述礼的具体应用。基于这种认识，儒家十分强调婚嫁必须合于礼，并以是否合于礼作为婚姻是否成立的根本标准，对于那些非礼而成的事实婚姻持否定态度。儒家所谓的婚嫁之礼包括两个方面，一是指婚姻缔结的原则，如同姓不婚、宗亲不婚、尊卑不婚、必经聘娶等；二是指婚嫁礼仪和程式，婚嫁礼仪虽因社会等级不同而有区别，其细节也因时代不同而有异，但大体而言不出于《礼记·昏义》所规定的纳采、问名、纳吉、纳征、请期、亲迎六项基本仪式。在成婚期间，还有许多具体而烦琐的礼仪规定。

"父母之命，媒妁之言"的婚嫁意志观。儒家关于婚嫁意志和责任问题，不考虑结婚男女双方的情感意志和愿望，而是以父母之命、媒妁

---

① （汉）班昭撰，（清）王相笺注，胡长青点校：《女诫》，山东人民出版社2018年版。

之言为婚姻的决定者。儒家认为，男女双方按自己的意愿和通过私自结识建立婚姻关系，不但违背了"男女有别""男女授受不亲"的礼义，而且也违背了孝道，所以是不道德的可耻行为。父母之命，媒妁之言的婚嫁意志论是以父家长制为基础的，也是与排斥性爱感情的以"事宗庙、继后世"为婚姻目的观念相一致的。在儒家看来，男女婚嫁并不是男女个人的私事，而是家庭之事，家族之事，甚至是社会之事。所以，不能由男女双方"自专"来决定。

"男尊女卑"的夫妇地位观。儒家对婚嫁束之以礼，决之以父母之命，通之以媒妁之言，这固然对建立婚姻关系的男女双方而言都是一种制约，但在这一共同制约中男女的地位并不平等，其中包含着强烈的男尊女卑观念。首先，就儒家对"夫妇""夫妻"语词的解释看，即含有尊卑意味。《礼记·郊特牲》："出乎大门而先男帅女，女从男，夫妇之义由此始也。妇人，从人者也。幼从父兄，嫁从夫，夫死从子。夫也者，夫也。夫也者，以知帅人者也。"又《仪礼·丧服》传："夫者，妻之天也。妇人不二斩者，犹曰不二天也。"其次，就儒家对婚姻、嫁娶和礼仪涵义的说明来看，几乎都体现着男尊女卑、夫主妇从的观念。如"婚姻者何谓也？婚者，昏时行礼，故曰婚；姻者，妇人因夫而成，故曰姻。"此外，在婚娶结婚形成夫妻关系之后，则要严格遵循"夫为妻纲"的伦理道德原则。

儒家的婚嫁观是随着历史的发展而演变的。先秦儒家总结了西周以来的聘娶婚姻，重点阐述了婚姻和夫妇关系中的伦理道德原则，强调了礼在婚嫁中的重要作用，完善了婚嫁的礼仪制度，把婚姻纳入了礼治的范围。孔子言"正名"，虽然只说了君君、臣臣、父父、子子，没有讲夫妇之礼，但已提出了礼的一般原则和"女子难养"的男尊女卑思想，孟子则明确提出"夫妇有别"的礼义原则和"必敬必戒，无违夫子，以顺为正"的妇道，还提出了"父母之命，媒妁之言"和"亲迎"的婚嫁程序。荀子突出强调礼的重要意义，《仪礼》《礼记》系统论述了婚姻嫁娶的礼制，指出"婚姻之礼所以明男女之别也。"（《礼记》）两汉儒家继承和发展了先秦儒家的婚嫁观，把夫妇之道和婚嫁之礼提到了"天命""阴阳"的宇宙论层次予以阐发，具有浓厚的神学目的论色彩。董仲舒提出"王道之三纲可求于天"，并用阴阳之道论夫妇，"夫为阳，妻为阴""阴者阳之合，妻者夫之合""合必有上，必有下"（《春秋繁露·基义》）。《白虎通义》不但明确提出"夫为妻纲"，而且用"天地阴阳"原理论证了婚姻嫁娶之礼。后汉班昭撰《女诫》也说："夫妇之道，参配阴阳，通达神明，信天地之弘义，人伦之大节也。"（《夫妇》）宋明儒家继承了汉儒强化尊卑伦理原则的"三纲五常"观念，但克服了其天命观的神秘性，以"存天理灭人欲"为最高原则，讨论了婚姻、嫁娶、夫妇等问题，认为婚嫁之礼、夫妇之道是本于天理的，而男女之间的情爱、不遵礼义的结合、不合礼仪的嫁娶、寡妇再嫁等等都是人欲的表现，应坚决反对。对于女性，特别强调贞节的重要。程颐说："饿死事极小，失节事极大！"（《二程全书·遗书》卷二十二下）朱熹说："君臣、父子、兄弟、夫妇、朋友岂不是天理？"（《朱文公文集》卷五十九《答吴斗南》）总之，儒家婚嫁观经历了从"礼义"婚嫁观到"天命"婚嫁观，再到"天理"婚嫁观的演变过程。

儒家婚嫁观影响了中国传统社会两千多年。其重人伦、重道德、重礼仪的特点对培养婚姻中的道德观念起了积极作用，而其"广继嗣""父母之命，媒妁之言""男尊女卑""夫为妻纲""寡妇不嫁"等宗法观念、家长意志、等级礼仪和封建纲常等思想，严重限制和妨碍了婚姻自主、恋爱自由，特别是压抑了女性的人身自由和人格尊严。到了封建社会后期，其弊端和危害尤为严重。

（原载于《华夏文化》1995 年第 6 期）

儒家的家国观

　　家庭和国家是中国传统社会的两极，在中国传统社会中，二者之间存在着紧密联系。历代儒家学者，对家庭与国家及其关系非常重视，提出了许多见解，形成了儒家独特的家国观，儒家家国观的基本内容是：

　　由"天下为公"到"天下为家"的家国起源论。儒家认为，古代的社会是"大同"社会，其根本特征是"天下为公"，后来发展到"小康"社会，出现了家庭和国家，而且国家成了一家的天下。君臣、父子、兄弟、夫妇等社会关系的出现，是家庭、国家形成的标志，而"天下为家"则表明国家统治权为一家独占，权力按照父死子继，兄终弟及的原则世袭相传。所有礼义规范、制度设施则是适应维护家、国等级秩序的需要而产生的。

　　"天下之本在国，国之本在家"的家国关系论。儒家认为家和国是紧密结合，相互联系的，国家是天下的基础，家庭是国家的基础。孟子就曾说，天下之本在国，国之本在家，家之本在身。国之本之所以在家，是因为家庭中的伦理道德原则和国家的政治原则是相通的。从"国之本在家"出发，儒家进而提出"欲治其国者，先齐其家；欲齐其家者，先修其身""身修而后家齐，家齐而后国治，国治而后天下平"（《礼记·大学》）的修养程序。这是一种由近及远、由己及人、由个体到群体、由小群体到大群体、由伦理到政治的运动过程。

　　"家无二主，国无二君"的家国权力论。儒家认为父权是家庭的最高统治权，君权是国家的最高统治权，只有维护君、父的绝对权力，才能形成尊卑分明的等级秩序和长治久安的社会环境。孔子提出"正名"，要求"君君、臣臣、父父、子子"就是要君、臣、父、子各按自己的名分行事，不可违背。在儒家看来，父和君在家、国中的权力是无限的，他是祖先神灵意志的代表，是家法、国法的制定者，是家事、国事的最高裁决者，也是道德和真理的化身。儒家常以君权与父权并提，充分表现了其维护父权和维护君权的内在一致性观点。

"齐之以礼"的家国治理论。关于治理家庭和国家的基本原则，儒家主张礼治、礼教。儒家的礼，既是一种社会秩序准则，又是一种行为规范和活动仪式，因此在治理国家和治理家庭中起着重要作用。在儒家看来，只有君臣、父子、兄弟、夫妇各安其分，各守其礼，才能维持国家和家庭的秩序，达到"家齐""国治""天下平"的理想境地。《礼记·冠义》说："重礼以为国本也。"关于礼在治国治家中的功能，《礼记·曲礼》有着颇为具体的论述。儒家还认为，家庭的礼教和国家的礼教有其共性，如果人们在家庭中能遵守礼教，那么也会推而广之去遵守国家的礼教。

"三纲""五伦"的家国人伦论。儒家认为家、国内都包含着五种主要的人伦关系，处理这些人伦关系应当遵守特定的伦理准则。五种人伦关系是父子、君臣、夫妇、长幼、朋友。其中，君臣、父子、夫妇又是最基本的关系。于是形成了"五伦""三纲"之说。"五伦"最早由孟子提出，这五伦是指：父子有亲，君臣有义，夫妇有别，长幼有叙，朋友有信。"三纲"首见于西汉董仲舒的《春秋繁露·基义》，他指出君、父、夫为阳，臣、子、妻为阴。后来《白虎通义·三纲六纪》进一步提出："三纲者，何谓也？谓君臣、父子、夫妇也。……故《含文嘉》曰：'君为臣纲，父为子纲，夫为妻纲'。""五伦""三纲"明确规定了家国内部人伦关系的基本内容和处理原则，是儒家关于礼教、礼治的核心。宋代以后，儒家又将"三纲"与仁、义、礼、智、信五种道德规范结合，称为"三纲五常"，作为处理家国内部人伦关系的最高准则。

"尽忠""行孝""守贞"的家国道德论。儒家从"三纲"的人伦原则出发，提出了处理君臣、父子、夫妇关系的基本道德规范，这就是臣对君要尽忠、子对父要行孝、妇对夫要守贞节。忠、孝、贞是专门规范臣、子、妇的伦理道德。在儒家的道德体系中，对君臣、父子、夫妇双方的行为一般都有道德规定，如《礼记·礼运》："父慈、子孝、兄良、弟弟、夫义、妇听、长惠、幼顺、君仁、臣忠。"但他们比较强调臣、子、妇的道德义务，特别到了封建社会后期，儒家着力提倡片面的道德义务。而且基于"家为国本"的观点，儒家常常宣扬忠、孝、贞的统一性和孝道的基础性。他们一方面忠、孝并举，忠、贞并列，另一方面，明确提出"孝为德本"，认为孝是"百行之冠，众善之始"，是"天之经也，地之义也，民之行也"。认为"人之行莫大于孝"。具体到忠、孝的关系，则主张移孝为忠，推孝至忠，甚至以孝统忠。以孝为本，移孝为忠的道德观，是儒家"家为国本""家齐而后国治"的家国关系论的必然要求和在道德上的具体表现。

儒家的家国观，还包括君权神授、宗法观念、祖先崇拜、重义轻利、和谐统一等观念。

儒家家国观在历史上是有变化的，不同时期有不同的特点。先秦儒家主要从伦理道德方面追求家庭与国家的和谐关系，强调通过修身—齐家—治国—平天下的途径把家庭的伦理道德原则推广到国家、天下，从而使伦理道德成为维护家庭和维持国家的共同原则。对于国家当政者，则要求其"为民父母"。都是主张通过发挥伦理功能齐家治国。两汉儒家着重从政治权力方面追求家庭和国家的一致性，把伦理原则政治化、神秘化，宣扬"王道之三纲可求于天"，强调君、父权力的绝对性、无限性、神授性。董仲舒把先秦儒者的五伦发展为三纲，并用阴阳之道论证三纲的合理性，这样就把政权、族权、神权、夫权统一起来了。于是确定了家国内部严格的尊卑制度，把维护家国的伦理功能强化为政治权力功能。宋明儒家进而从天理本体角度论证家国原则和家国伦理的必然性。程朱理学把君权、父权、三纲五常都说成是来源于"天理"，由"天理"决定的，把维护家、国的一系列礼仪制度、道德规范都视为"天理"的具体表现形式，而把凡是和家国的统治权力、治理原则、道德规范、仪礼制度相违背的行为都说成是"人欲"的表现。理学家把家、国之道提高到"天理"的高度，就为其家国观提供了哲学本体论的根据。从先秦儒家的人伦道德家国观，到两汉儒家的政治权力家国观，再到宋明理学天理本体家国观，儒家的家国观完成了其理论形态的演变历程。

儒家家国观的根本特点是主张家国同构，主张伦理和政治统一。在儒家看来，家庭是缩小了的国家，国家是扩大了的家庭，宗法制、父家长制、等级制是家和国都共同具有的制度，三纲五常是家和国共同遵循的准则，这就是家国同构。在儒家看来，作为伦理团体的家庭不但有和国家相当的制度，而且也有和国家相当的家法、家规，因而具有浓厚的政治色彩；作为政治实体的国家不但颇为注意泛家族主义，而且十分重视道德教化，表现出浓厚的伦理色彩，这就是政治和伦理的统一。当然，儒家在主张家国同构和伦理、政治统一时，也并没有把家和国完全等同起来，他们也认为家庭重伦理而国家重政治，家庭重血缘而国家重地缘，家庭私而国家公。因而他们承认在家与国之间会存在公与私的利益矛盾和忠与孝的道德冲突。由此有人提出"国而忘家，公而忘私"（《汉书·贾谊传》）来处理这种矛盾。

儒家的家国观是和农业社会、自然经济、宗法制度相适应的观念。在中国长期的封建社会中曾产生过增强民族凝聚力、维护社会稳定性、激发个人对家国的献身精神等积极作用，但是，它所包含的重视祖宗，因循守旧；等级森严，专制独断；崇尚稳定，不思变革；道德至上，尊重纲常等观念，特别是极力维护君权、父权、神权、夫权的思想，对中国社会和人民的发展起了严重的阻碍和压制作用。毛泽东说："政权、族权、神权、夫权，代表了全部封建宗法的思想和制度，是束缚中国人民特别是农民的四条极大的绳索。"①

（原载于《华夏文化》1996 年第 1 期）

---

① 《毛泽东选集》第 1 卷，人民出版社 1991 年版，第 31 页。

中国古代的智慧观

　　国家、民族和个人的生存和发展，都不能离开"智"的导引。自古以来，中华民族就把"智"作为崇高的道德和重要的价值，赞美、弘扬、践履。中华传统道德中的"智"，寄寓着我们民族的灵性，有着自己独特的魅力和璀璨的光彩。它不但培育了中华民族的高尚人格，而且指引我们的祖先，创造了光辉灿烂的古代文明。今天，通过吸纳新知，开发新义，中华智慧的明珠，将继续照耀我们民族，建设现代文明，跨入新的世纪。

一　"智"的涵义

　　叩开了中华智慧的大门，我们看到的第一幅图景，就是中国古代哲人对"智"的描绘。

　　他们有的以"多识"为智，认为智就是好学多闻，知识广博，明白事理；有的以"多谋"为智，认为智就是多谋略，善计谋，有谋术；有的以"善断"为智，认为智就是遇到疑难问题时，善于分清是非，区别可否，判明祸福；有的以"预见"为智，认为智是在知识基础上形成的，能透过现象，对事物发展作出预测的独特能力；有的以"善事"为智，认为智是善于解决问题，处理事务，做事善于成功的实际能力，特别是善于随机应变的处事能力；还有的以"创物"为智，认为智是促成事物，创造器物的能力。

　　把散见于群籍中分别从不同侧面描绘智的观点罗列起来，仿佛为"智"绘制了一幅五彩斑斓的画面，然而这画面却使人觉得彩笔纵横，东涂西抹，没有形成统一整体。尽管先哲们各从不同角度着眼，对智慧的某个侧面描绘得相当精彩，但无论把哪个侧面作为全体，都难免显得单调，失之简单。难能可贵的是，也曾经有两位哲人自觉而明确地为"智"确定界说，提出了颇为深刻的见解。他们是春秋末年的墨家钜子墨翟和战国后期的儒学大师荀况。

墨子认为，所谓智慧，就是人们用已经知晓的道理去分析论究事物，而且认识得明白透彻，正像眼睛对事物的明察一样。他说："智也者，以其知论物，而其知之也著，若明。"（《墨子·经说上》）

荀子认为，人固有的认识客观事物的能力叫作"知"，人的认识能力和客观事物相吻合而形成的认识叫作"智"；人固有的掌握才能的能力叫作"能"，这种功能和客观事物接触后所形成的某种能力叫作"智能"。他说："所以知之在人者谓之知，知有所合谓之智。所以能之在人者谓之能，能有所合谓之能。"（《荀子·正名》）

墨子和荀子，虽然都从人的认识能力上为"智"定义，但墨子重在说明"智"作为认识能力的明白透彻性（"明"），荀子重在说明"智"作为认识能力与客观事物的一致性（"合"）。而且荀子还注意到了智力与才能之间的联系和区别。将二位哲人的观点结合起来，就可以得出关于"智"的定义：智，就是人所特有的在认识事物中表现出来的聪明才能。人们在现实生活中经常谈论智力、智能、智慧，才智，虽然用词不同，但其基本涵义都是指人的聪明才能。通俗地说，智就是指脑筋灵不灵。在先秦诸子的书里，"智"和"知"往往通用，用作名词"智"的"知"，总是与"愚"相对，都有智慧、智能、聪明、才能等涵义。

有些古代哲人还朦胧意识到，智力不仅是一种个人现象，而且是一种社会现象。个人的智力是有限的，必须依赖众人之智，顺应历史趋势。如《淮南子》说："任一人之能，不足以治三亩之宅也"（《原道训》），"乘众人之智，则无不任也。"（《主术训》）王夫之认为，个人智慧只有与"可为之势""可乘之时"相统一才会取得成功。这些见解都是甚为宝贵的。

二　"智"与"才""学"

智慧是人的认识和行动所达到的高级水平，是由各种能力组成的；反过来能力又是通过知识的掌握而形成和发展起来的，为获得知识提供了有利条件。智慧内部的两个侧面——才能与知识的这种密切关系，就是中国古代讨论的"才"与"学"的关系问题。

古代一些思想家和学者深刻地看到了才与学的辩证统一。三国时的诸葛亮在《诫子书》中说："夫学须静也，才须学也，非学无以成才，非志无以成学。"他强调知识对于形成才能的重要作用。唐代的史学家刘知几则认为，才能并不等于知识本身，知识多并不一定能力强；反之，有才能而没有知识也不能成就事业。有一次，礼部尚书郑惟忠问刘知几："为什么自古以来文学之士多而史学人才少？"刘知几回答说："史学人才必须具备三种长处：才能，学问，见识。有学问而没有才能，如同有百顷良田，满笼黄金，而让那愚蠢的人去经营它，终究不能获得一点利息。有才能而没有学问，就像有巧匠挥斧的本领，有公输般做木工的技巧，却没有斧头和木料，终究也建不成房屋。才能、学问、见识三长兼备的人太少了，所以自古以来，文士多而史才少。"刘知几十分形象地说明了才能与知识缺一不可的道理。清代文学家袁枚用更为形象的比喻深刻地说明了才、学、识三者的统一关系。他说："学如弓弩，才如箭镞，识以领之，方能中鹄。"（《续诗品》）学问好比是弓，才能好比是箭头，它们要靠见识来指引控制，方可射中目标。可见，古人已经认识到，一个有用之才，不仅要有具体丰富的知识，还必须具备卓越发达的才能；只有在才、学、识方面都有所发展，才会达到高度的智力水平，取得较高成就。

由于知识不等于才能，而且在某种意义上说，才能比知识更重要，所以古代有些学者在谈到智力培养时，特别强调才能的传授和学习。明代科学家徐光启指出，培养人才不仅要教人们掌握知识，更重要的是教人们掌握科学的方法。他说：古人曾云"鸳鸯绣出从君看，不把金针度与人"。这话应该反过来说："金针度去从君用，未把鸳鸯绣与人。"其实，不只是徐光启，古代的许多人都懂得这个道理。古语谓"授人以鱼，供一饭之需；教人以渔，则终生受用无穷"，不正是和我们现在说的"给人黄金，不如教他以点金术"包含着同样的道理吗？

历史上关于才与学即才能与知识关系的讨论启示我们，智力虽然有依赖于知识的一面，但不能把智力归结为知识本身，犹如酒由米酿成，但酒不等于米。如果我们只着眼于知识的增长，而不着力于才能的提高，那就会陷入杰出的物理学家卢瑟福所叹息的境地："人们的知识在不断充实着，而人们的智慧却徘徊不前。"

三　"智"的结构

智力是人的各种能力的总体，是由各种能力构成的。我国古代哲人虽然还没有形成智力结构的总体观念，但对智力结构所涉及的观察能力、记忆能力、思维能力、想象能力、创造能力等一般要素，都有相当精彩的描述。

他们主张"多闻""多见""好问""好察"，发展人的感知和观察力。孔子要人们"多闻""多见"，"敏而好学，不耻下问"。他说，认识人的时候，要"视其所以，观其所由，察其所安"。墨子认为知识要靠听闻、考察和亲身经历才能得到。荀子说："多闻曰博，少闻曰浅，多见曰闲（渊深），少见曰陋。"（《荀子·修身》）他还主张借助外力，掌握工具，扩展人的观察视野和认识能力。他说：登高望远，比踮起脚来看，眼界要广；登高招手，手臂没有加长，远处的人也能看见；乘坐马车，脚步没有加快，却走得更远；乘船渡江，即使不会游水，也可达到对岸。所以，人要善于利用物质条件发展自己的观察、认识能力。

他们提倡"学而时习""知而有藏"，加强人的记忆力。孔子要人们"学而时习之""不忘其所能"，默默地记住学得的知识，并且不厌倦地继续学习新知。荀子说，有知识就会有记忆，记忆就是储藏知识。宋代张载认为，记忆是思考的基础。清代张学诚指出记忆是学问的舟车。

他们倡导"学思"结合，"远思""深思"，训练人的思维能力。孔子指出"学而不思则罔，思而不学则殆"，（《论语·为政》）要人们把学和思结合起来。子夏主张"博学而笃志，切问而近思"，（《论语·子张》）要人们把"问"和"思"统一起来。墨子提倡由思索探求真理。荀子提出靠思维贯通知识。晋代陆机说，"思按之而逾深"，（《文赋》）越思考下去越是深刻。唐代韩愈说："行成于思毁于随"，（韩愈《劝学》）德行要靠思考才能养成。北宋张载和南宋朱熹都教导弟子"熟读而精思"。明代王阳明和清代戴震都认为"思则得之"。而明清之际的王夫之对学习和思考的关系说得更为深刻："致知之途有二：曰学，曰思。学则不恃己之聪明，而一唯先觉之是效；思则不循古人之陈迹，而任吾警悟之灵。……学非有碍于思，而学愈博则思愈远；思正有功于学，而思之困则学必勤。"（《四书训义》卷六）学习和思考是获得知识的两种途径，学习时不能自恃聪明，而应吸取前辈学者正确的东西；思考时不能因袭旧说，而应该发挥自己灵敏的领悟能力。学习并不妨碍思考，学习愈广博思考就会愈深远，思考更有助于学习，思考中发现疑难必然促使学习的勤奋。

他们赞美"思接千载""视通万里"，要人张开想象力的翅膀。古代学者尤其是文论家十分重视想象力的发展，对想象有许多生动的描述。西汉杨雄描绘人处于想象过程中的凝思状态是"神心惚况，经纬万方"。晋代陆机形容想象的特点是："精骛八极，心游万仞""观古今于须臾，抚四海于一瞬"（陆机《文赋》）"笼天地于形内，挫万物于笔端"。（陆机《文赋》）梁朝的刘勰赞想象为"神思"，说"神思方远，万涂竞萌，规矩虚位，刻镂无形。登山则情满于山，观海则意溢于海"；"思接千载""视通万里""吟咏之间，吐纳珠玉之声；眉睫之前，卷舒风云之色"。这种想象力，是探索深奥道理的"主宰"，是取得独到见解的"利器"，是驾驭文章的"首术"，是写作谋篇的"大端"。他们崇尚"袭故弥新""濯旧来新"，要人增强创新能力。古代思想家和教育家对创新能力颇为重视。他们认为"守旧无功""自出新意"，则可成"一家之言"；"落笔无古人"，则精神始出（袁枚）；主张读书要大胆质疑，"疑则有进"；作文要"务去陈言""意新语工，得前人所未道"（欧阳修《六一诗话》）；为学要"濯去旧见，以来新意"（张载）。总之，要发挥思维的独立性和积极主动精神，"温故而知新"，（《论语·为政》）"袭故而弥新"（陆机），"古之善者则述之，今之善者则作之"《墨子·耕柱》。他们还用生动而形象的比喻描绘了创新的特点：荀子说，人不断更新自己的学问如"蝉脱壳"一样；张载说，人不断地探术新知、蓄养新德，如芭蕉"展新枝""卷新叶"一般；顾炎武以"买废铜铸钱"比喻循旧例，以"采铜于矿山"比喻创新作；袁枚以"蜂采花而酿蜜""蚕食桑而吐丝"比喻人们的创新过程。

　　有人比喻说，观察力是智力结构的眼睛，记忆力是智力结构的仓库，思维力是智力结构的中枢，想象力是智力结构的翅膀，创新力是智力结构的关键；智力是由这些因素铸成的"合金"。智力结构的这些要素，中国古代的思想家、文学家、教育家都论述到了，实在难能可贵。

　　中国古代哲人对智的本质、智与才学、智力结构的讨论，无不围绕着一个轴心：对人的价值的尊崇。尽管中国古代思想正宗——儒家主要走的是一条"贤人路线"而非"智者路线"，但他们在探索"修、齐、治、平"之道时，思维触角也往往伸及智力的王国，肯定"智"的价值。至于墨家宗师墨子、儒家别宗荀子，以及后世的王充、王夫之等人，更是直接地讨论智的问题。无论是间接旁及，还是直接探索，他们都认为，肯定智的意义就在于弘扬人的价值。东汉王充说："裸虫三百，人为之长。天地之性人为贵，贵其知识也。"（《论衡·别通》）他又说："人，物也，万物之中有智慧者也。"（《论衡·辨祟》）明代刘基在《郁离子》一书中，通过人与虎的比较指出："虎用力，人用智，虎自用其爪牙，而人用物。故力之用一，而智之用百；爪牙之用各一，而物之用百。以一敌百，虽猛不必胜。"在他看来，有百种效用的智乃是人之所以能战胜动物（虎）的根本原因。清人焦循用更为简明的语言说："智，人也；不智，禽兽也。"（《孟子正义》）可见，人与万物有"异"，"异"

在智；人乃万物之"灵"，灵在"智"；人是天地间之"贵"，贵在"智"。古代哲人、学者如此高度评论智的价值，怎能不激励我们去倾心追求智慧呢？

（原载于《祁连学刊》1995 年第 2 期）

从“圣人”看中国古代的智慧人格

　　一个民族的智慧观念和智慧特征必然凝聚在理想人格的设计上，中国古代的智慧人格是中华民族智慧的具体呈现。三国时魏国人刘邵在《人物志》中说：观察一个人的聪明程度，就可以知道他是什么层次的人。又说：“圣人”这种称号，就是指智者当中最明智的人。可见，“圣人”即中国古代儒家所塑造的智慧人格的最高典范，“圣人”的本义就是与普遍人相比具有高超智慧的人。因此，我们可以通过古代思想家对“圣人”形象的描绘和被尊称为“圣人”的历史人物、传统人物，来把握中国古代智慧人格的基本特征。

一　“多能”“多知”

　　“多能”“多知”是智慧人格的首要特征，“能”指才能，“知”指知识，作为一个智者，首先应该成为一个能力卓越、才华横溢、知识丰富、学问渊博的人。孔子的弟子经常谈论老师何以为圣人、智者的问题，一次大宰问子贡：“孔夫子是位圣人吗？为什么这样多才多艺呢？”子贡说：“这是上天让他成为圣人，又使他多才多艺。”孔子听到后便说：“我小时候穷苦，所以学会了不少鄙贱的技艺。”又说：“我不曾被国家所用，所以学得一些技艺。”这里，似乎对才、艺持鄙贱的态度，其实，这一方面表现了孔子的谦虚，犹如孔子说：“吾有知乎哉？无知也。”另方面，也表现了孔子急于用业，发挥自己更大才能的愿望。其实，孔子是非常重视人的才能的，他认为君子只应惭愧自己没有才能，不应怨恨别人不知道自己，所谓“君子病无能焉，不病人之不知也。”

　　智者不但应该"多能"，而且应该"多知"，《韩诗外传》提出"仁道"有四，其中之一是"圣仁"，即智慧之仁。其特征是："上知天，能用其时；下知地，能用其财；中知人，能安乐之。"可见，知天、知地、知人，这种涵盖范围广博的知识，乃是最高的智者——圣人重要的标志之一。孔子之所以被当时和后世称为智者——圣人，其重要原因之一，就在他不但"多能"，而且"多知"，他小时候放过牛羊，做过吹鼓手，担任过乘田（管放牧畜的小官）、委吏（管理仓库的小官），还会弹琴。白天做事，晚上苦读，掌握了当时学校里必修的"礼、乐、射、御、书、数"六门课程（"六艺"），他还"入太庙，每事问"，并认为"三人行必有我师"。（《论语·述而》）三十岁时已博学多才，远近知名，并首创私学，聚徒授课。五十多岁时先后任鲁国中都宰，大司寇。五十五岁时离开了父母之邦，开始了十四年"周游列国"的游学生活，晚年回到鲁国，一面讲学，一面大规模搜集和整理古代文献，编订了《诗》《书》《礼》《易》《乐》和《春秋》。正是由于这样的"能"和"知"，孔子才成为大思想家、大教育家、文化巨匠、历史伟人、被中国人赞为"至圣先师"，被西方人称为"东方智者"。

　　差不多与孔子同时，在春秋末年的齐国出现了一位"多能""多知"的智者，他就是著《孙子兵法》的孙武。孙武出身将门之家，幼时即学击剑，青年时到了南方的吴国，参加过吴国与楚国的战争，当过下级军官，后来被吴王阖闾拜为将军。孙武拜将后，勤于训练，严于治军，打了许多胜仗，不但打败了楚国，而且直逼北方的齐、晋，使吴国成为春秋五霸之一。孙武不但立下了赫赫战功，还撰写了一部军事宝典《孙子兵法》，系统论述了指导战争的普遍原则，分析了决定战争胜负的政治、经济、天时、地理、将帅等基本因素。它是中国最古的兵书，也是世界上最早的军事著作，被誉为"世界第一兵书""兵学圣典"。它所包含的军事思想、作战原则和方法，不但对现代战争有重要意义，而且还被广泛应用于政治、外交、企业管理、体育竞赛等社会活动。因此，孙武在中国被尊为"武圣"，在世界上拥有"兵学鼻祖"之称。

可见，"文圣"孔子、"武圣"孙子，都是"多能""多知"的智者。他们被中国人尊为"圣人"，尽管不能只归结为"多能""多知"，但"多能""多知"，尤其是上知天，下知地，中知人，对天地人有整体上的觉解，无疑是构成他们智者人格的重要因素之一。

二　"制天""通道"

先秦荀子是一位理性主义思想家，他论智者人格，突出强调了两点：一是"制天命而用之"。他说智者应该"清天君""正天官""备天养""顺天政""养天情"而"全天功"。就是说，智者要思维清明，感官端正，能充分利用自然万物来养育自己。能顺应人们的自然要求，调养人的自然情感，发挥人们的固有能动性。他认为，只有这样，才会使天地为人类服务，万物供人类役使。二是"知（智）通乎大道"。他说，"大道"是天地万物形成和变化的根本法则，智者、圣人能精通这些根本法则和道理，从而就能顺应无穷的变化，辨别万物的性质，统率天地间万物的生长发育。荀子把圣人的智慧提高到了"制天命""通大道"的层次，从而使智慧人格成为宇宙普通法则的体现者，成为参与天地、改造自然的能动者。

荀子的这种观点其实也是古代其他思想家的共识，如《鹖冠子》说："唯圣人究道之情，唯道之法。"朱熹说："道便是无躯壳的圣人，圣人便是有躯壳的道。"而且，在中国传统文化中，"道"往往还是科学、技术、艺术的代名词，所以古代许多著作，都将圣人视为精通科学、技术、艺术之道的智者，后世人们也把某门科学、技术、艺术领域的奠基者、创造者尊为"圣人"，如尊医学家张仲景为"医圣"，史学家司马迁为"史圣"，造酒者杜康为"酒圣"，精通茶道的陆羽为"茶圣"，书法家王羲之为"书圣"，画家吴道子为"画圣"，草书家张芳、张旭为"草圣"，诗人杜甫为"诗圣"等等。

这里，我们以被尊称为"史圣"的汉史学家司马迁和被尊为"医圣"的汉末医学家张仲景为例，看看他们所体现的"制天命而用之"和

"智通乎大道"的智者人格。

司马迁出身于"史官"之家，父亲司马谈曾任汉武帝的"太史令"。司马迁的童年是在"耕牧河山之阳"的劳动生活中度过的，二十岁时开始了旅游生活，先出武关，过南阳，至南郡（湖北江陵），横渡长江，游历江南。然后又渡江北上，至齐、鲁，经大梁回长安。不久任郎中官，随从武帝多次巡游中原、西北各地；随后又"奉使西征巴蜀以南"，在二十多年的艰苦旅行实地考察中，收集了大量资料。近五十岁时，因为李陵辩解而受腐刑，但他忍辱负重，以历代"圣贤发愤"精神自勉，呕心沥血二十余年终于完成了《史记》这部历史巨著。司马迁说，《史记》的宗旨是"究天人之际，通古今之变，成一家之言"，即把握天人关系的法则和历史演变的规律，形成有独立见解的学说。可见，司马迁的人格中充分体现着"制天命而用之"的能动精神和"智通乎大道"的崇高智慧。

张仲景所处的东汉末年，伤寒流行，病死很多，甚至绝户灭门，全族死亡。张仲景为了"上以疗君亲之疾，下以救贫贱之厄"，留神医学，精究方术，勤求古训，博采众方。既刻苦认真地进行医疗实践，为人治病，以"绝技之术"与疾病作斗争；又从理论上总结医疗经验，撰写医学著作，成《伤寒论》《金匮要略》两书，以贯通生理、病理和治法的基本法则。张仲景认为人与自然息息相关，发病与否，就要看人能否处理好与外界环境、气候变化的关系。如果一个人能饮食有节，起居有常，讲究卫生，重视锻炼，内养正气，外慎风寒，从而保持体内正气的旺盛畅达，就能预防疾病，保持健康。由于张仲景在医学上发挥了"制天"精神，充满着"通道"智慧，所以后人称赞他"其书可称万世宝典，而其人不愧医圣之才，安可因年代关系而损益其价值？"

三　"创作""治世"

《礼记》提出"作者之谓圣"，《周礼》提出："智者创物，巧者述之……百工之事，皆圣人之作也。"这是关于圣人——智者人格的又一规定。春秋战国时代，人们就已认为具有非凡智慧和才能的圣人，乃是人类文明的创造者、发明者。一切生产工具、生活用品、社会设施、礼乐制度、典章文献，都是古代圣人创造制作的，这是圣人聪明智慧的最突出的表现。不仅儒家持此看法，墨家也把各种制度、器物用具说成是远古圣人制作的。

与创造制作的特征相联系，古代思想家还认为担当治天下的重任，也是圣人的重要品格，儒家说："古之治天下者必圣人"；墨家说："圣人以治天下为事者也"；法家说：圣人"察于治乱之情"，就是道家也崇尚"圣人之治"。百家学者，几乎异口同声地把治业才能和治世实践视为圣人人格的基本要素。

圣人既是"作者"又是"治者"，那么古代的哪些人物能够具备这种崇高的素质而成为智慧人格的典范呢？不少学人提出伏羲、神农、黄帝、唐尧、虞舜、夏禹、商汤、周文王、周武王、周公旦是"作者"和"治者"的代表。

被称为"人文初祖"的"圣人"轩辕黄帝，可以说是中华智者中"创造制作"品格和"治世"品格的最高象征。《史记》说轩辕"修德振兵，治五气，艺五种，抚万民，度四方。"相传黄帝"作宫室，以避寒暑""作舟车，以济不通"，又做衣冠、制音乐、创文字、锻青铜、教蚕桑、作弓弩、凿水井，蒸谷饭、创医学等等。有一个神话传说：黄帝在进行了一系列划时代的发明创造，为人类建立了巍巍丰功后，已到高龄，某晚，天帝托梦给他说，你为人类发明创造了那么多器物、制度，功大无边，可以回天宫享清福了。黄帝醒来一想，各种文明都是众人帮助一起创造的，不能记到我一个人的功劳簿上。于是，他用铜铸了一个大鼎，把凡是有发明创造的人的名字都刻在鼎上，其中包括创文字的仓颉，造指南车的风后及应龙、大鸿等人。可见，黄帝是古代创造者的代表者。

黄帝不但是"作者"而且是"治者"，他的治世宗旨是"仁德武备"，即效法天道，无为而治，实行公平；不得已时，使用武威，以惩暴虐。他平定蚩尤之乱，就体现了这一宗旨。

由于黄帝是"作者""治者"兼备的智慧人物，所以才成为我们中华民族的始祖。1937年毛泽东、朱德在《祭黄帝文》中称颂黄帝及其创建的辉煌业绩时说："赫赫始祖，吾华肇造；胄衍祀绵，岳峨河浩。聪明睿智，兴被遐荒；建此伟业，雄立东方。"

周公（姬旦）是周初时的一位智者。他曾助武王灭商，武王死后，成王年幼，周公摄政，平定反叛，制礼作乐，天下大治。他推行分封诸侯政策，营建东都洛邑，提出"以德配天命"的学说，主张"敬德保民""明德慎罚"，开后世儒学"仁政""德治"的先河。由于他智慧卓越，创制、治世功绩显著，所以被后人尊为"元圣"，认为他是一位"经天纬地"的智慧伟人。

四　"尚德""崇善"

中国的智慧人格和西方古代智者的一个重要区别在于，中国智者总是德智统一、且仁且智的典型，兼备智者气象和贤人作风两重品格，而西方智者则多以追求科学认知为主要目标。南宋朱熹曾和弟子们讨论孔子的人格问题，朱熹说：孔子弟子太宰以"多能"为圣，这是对的，"圣人未有不多能者"。然而，太宰的看法不够全面，"若要形容圣人地位"，应该将圣人规定为既"主于德"，又是"多能"的。只具备道德或只具备才能，都不足以称为圣人，圣人是既有崇高道德又有杰出才能，"万善皆备"的人。这种圣人人格观，实际上是对《礼记》的发展，《礼记》描绘圣人人格，就提出圣人既有"聪明睿智"的才能，又具"宽裕温柔""发强刚毅""齐庄中正"等品德。中国儒家所尊崇的圣人，如尧、舜、禹、汤、文、武、周公，都是按"尚德"和"多能"的标准塑造的。

尧、舜、禹是传说中的"圣贤"时代，中华文明进一步发展，农业、工业、法律、教育、音乐都有专人管理。因为他们的品德崇高，领导有方，社会呈现着"天下大和，百姓无事"的太平景象。相传，尧的美德是勤劳、节俭、尚贤、爱民，他虽为首领，却同普通百姓一样，住茅草屋，吃粗米饭、喝野菜汤、穿粗麻衣，使用陶土制的器皿，更可敬者，他克己奉公，关心百姓，富有强烈的社会责任感，部落中有人受饥饿时，他说："这是我使他饥饿的。"有人受寒冷时，他说："这是我使他受寒的。"有人犯罪受罚时，他则说："这是我教育不力的缘故。"所以，在当时和后世都受到人们极大敬重，被称为"仁君"。

舜通过尧的"禅让"而继位，他的美德是宽厚待人、以身作则，相传舜受到继母和同父异母弟弟象的多次陷害，但他以孝道感化了父、母，教化好了弟弟。他严于律己，以身作则，团结民众，共创业绩。民众受到舜的感召，民人相互谦让，耕者让田，渔者让池，出现了太平盛世。

禹是父系民族社会后期的部落联盟首领。其时，天下洪水泛滥，禹奉命治水，为了集中精力把洪水治好，他到三十岁迟迟不婚，过着单身生活；婚后四天，他就风尘仆仆地奔向治水工地。在外辛劳了整整十三年，"三过家门而不入"。治水时，他顶风冒雨，亲自拿着畚箕铲子劳动，手脚上磨出了厚厚的茧子，指甲被磨光，腿的汗毛被磨掉。尽管如此，他还一跛一颠地日夜奔波于三山五岳之间，亲自指挥治水工程。终于取得了成功，"地平天成"，五谷丰登。大禹的治水业绩，忘我精神，崇高品质，几千年广为传颂，成为我国古代人民力量、才能和美德的象征。"美哉禹功，明德远矣""江淮河汉思明德，精一危微见道心"，就是后人对夏禹人格的赞颂。

尧、舜、禹三位上古"圣贤"都是"尚德""崇善"的典范，充分表现了我国古代智慧人格的德才兼美的风貌，这种风貌，也是后代人培养美好人格的标准。唐甄说："仁能济天下，以尧、舜为准；义能制天下，以汤、文为准；礼能范天下，以周公为准；智能周天下，以五圣人为准。必若五圣人，而后四德乃全。"唐尧、虞舜、商汤、周文、周公五人，分别是仁、义、礼的最高体现者，都是智慧人格的最高典范。

我们从古代思想家对"圣人气象"的描绘中可以清楚看出，圣人人格就是中国古代所崇尚的智慧人格。"多能之谓圣""得道之谓圣""治世之谓圣""作者之谓圣""道德之谓圣"等观点，分别言之，可以说是对圣人的分类，合而言之，则是对圣人人格构成要素的规定。圣人的本意乃是表示最高智慧者，所以"多能""通道""创作""治世""尚德"就是中国古代的智慧人格观。虽然，一些思想家有将圣人神秘化的倾向，但也有许多学者认为圣人是人不是神，"圣人亦人也"（赵岐）、"圣也者，人之至者也"（邵雍）、"圣人亦与人同耳"（黄震）、"圣人与众人一般，只是尽得众人的道理"（吕坤），这些说法明确肯定了圣人与常人的同类与同质，因此，圣人的智慧人格也是常人可以达到的。只要努力学习知识，培养才能，提高道德，认识宇宙规律，发挥主体功能，通过发明创造和参加社会实践，为人类作出杰出贡献，就会形成智慧人格，具有智者的风采！

（原载于《攀登》1995 年第 3 期）

中国传统思想中的人权意识

人权概念虽然产生于近代的西方，但是人权意识和人权思想观念，无论在西方还是在中国，却是古已有之。在以人文主义为基本特征的中国传统文化中，更是包涵着十分丰富的人权意识，具有自身独特的人权精神。中国传统文化思想的人权意识，主要不是体现为法学意义上的权利意识，而是体现为价值意义上的（或道德意义上的）人道意识，即体现在尊重人、关心人、维护人的一些基本思想观念之中，其主要内容是关于人的价值、人格的尊严、道德平等和良心自由等观念。

一 "天地之性人为贵"的价值观念

中国传统思想自先秦以来，就非常重视人的价值，肯定人在宇宙间的崇高地位。《孝经·圣治》引孔子云："天地之性（生）人为贵"，可以说是对中国古代贵人思想的高度概括。至于人何以为贵，由于思想家着眼的价值层次不同，所以观点不一，概而言之，约有四端：一曰贵在存在，即认为人在宇宙间本身就是一种卓越伟大的存在。老子说，"道大、天大、地大、人亦大，域中有四大，而人居其一焉"（《老子》第二十五章）。《易传》以天地人并列为"三才""三极"，且以人为中心，都是从存在的意义上，肯定人的价值。二曰贵在精神，即以人有精神，有意识，有灵明，超然于万物之上，为人的价值所在。董仲舒说，人"得天之灵""固超然异于群生""固超然万物之上"，所以"最为天下贵也"。周敦颐说，天地万物，"惟人也得其秀而最灵"（周敦颐《太极图说》），"灵秀"指人有意识、有精神言，正由于有"灵秀"之精神，所以才超然于万物之上而最贵。三曰贵在道德，即认为人的价值地位是由其具有仁义道德而决定的。荀子提出"水火有气而无生，草木有生而无知，禽兽有知而无义，人有气有生有知亦且有义。故最为天下贵也。""义"就是儒家所崇尚的仁义道德，荀子明确以道德为人的价值所在。后来，董仲舒以有"君臣之义""父子之亲""长幼之施""文以相接""恩以相爱"为人贵的标志，朱熹以"备五常之性"为人贵的表现，王夫之以有"仁义礼智信"为人贵的根据，都是以道德来说明人的价值。四曰贵在智能，即以智慧和能力作为人的价值依据。东汉王充说，人是"万物之中有智慧者也"，所以"倮虫之长""万物之尤"。宋代邵雍提出，万物各有一能，人则能"兼乎万物"之所能而"无所不能""真可得之贵也"。清初王夫之认为，人不但有受于天的智能（"天明"），还有自己后天获得的智能（"己明"），戴震更进而指出，由于人"重学问，贵扩充""能扩充其知至于神明"，所以可"得天地之全能，通天地之全德"，成为天地间的"至盛"，即最高的价值主体。这些见解，较为笼统地以人为"万物之灵""万物之秀"更为深刻。此外，还有少数哲人或以人有"强力"为贵（墨子），或以人有"语言"为贵，但都影响不大。

上述贵人观念，尽管主要从价值意义言之，但关于人的价值地位的肯定，乃是确立人权的理论前提。近代西方人权思想的理论来源之一，就是文艺复兴时期强调人的尊严和价值的观念，例如但丁就曾写道："人的高贵，就其许多许多的成果而言，超过了天使的高贵。"所以，中国古代的"贵人"意识，乃是人权思想的重要内容。是中国古代人权思想的萌芽。

二 "人人有贵于己"的人格尊严观念

中国古代不但认为人作为"类"，有超于万物之上的崇高价值，而且还认为每个个人也都有自身的独立价值。因而主张每个人不但应保持自己的人格尊严，而且还应尊重他人的人格尊严。孔子就曾提出，人应该具有"匹夫不可夺志"的意志独立性和保持"天下有道则见，无道则隐"的人格尊严性。孟子更明确地肯定"人人有贵于己者"，即每个人都有自己的可尊贵之处，主张培养个人的"至大至刚"的"浩然之气"，成为有独立人格的"大丈夫"。这种"大丈夫""居天下之广居，立天下之正位，行天下之大道；得志，与民由之，不得志独行其道。富贵不能淫，贫贱不能移，威武不能屈""穷则独善其身，达则兼善天下。"荀子也提出，尊重个人自身的价值，"重己役物"；保持自己的人格独立，"正己不倾"，维护自己的人格尊严，"独立贵名"；达到"天不能死""地不能埋""世不能污"。不仅儒家，道家也竭力主张"贵己""贵身""贵独""自持""自守"，认为"独有之人，是谓至贵"（庄子）。这些观点，主要是从自己保持自己人格尊严的角度讲的，是一种"自尊""自重""自爱"的思想。对于尊重他人的人格，则突出地体现在孔子"己欲立而立人，己欲达而达人"（《论语·雍也》）"己所不欲，勿施于人""修己以安人"和"与人为善""成人之美"的观点中。

古代思想家在主张"自尊"和"尊人"的人格尊严的同时，还明确反对对人格的凌辱和侵犯。孔子认为制作像人的"俑"（木偶）陪葬死者是对人格的侮辱，严加斥责，说"始作俑者其无后乎！"孟子对迫民于饥死境地的苛政大加批判，认为是"率兽而食人"，并对宁肯饿死"不食嗟来之食"的"饥者"倍加赞扬，赞赏他面对凌辱却维护了自身的人格尊严。

中国传统中的人格尊严思想尽管是一种道德原则，而不是一种权利意识，但它和近代以至现代的人权是原理相通的。道德在逻辑上先于法律，近现代的人权宣言、公约中关于"己所不欲，勿施于人"的原则以及体现原则的各项具体规定都以维护人格尊严为其理论依据。德国哲学家黑格尔的人权思想中就非常强调人格的意义和价值，反对对人格的侵害，虽然他以财产的私有权为人格的基础，但就其尊重人格这一思想而言，与中国传统思想也有其相通之处。可见，中国古代的人格尊严意识，也是人权思想的重要内容之一。

三 "心有同然"的道德平等观念

中国传统思想十分关注人性问题，尽管各派学说，歧见纷呈，但孟子提出的性善论影响较为深远。孟子论性善，立据于先验的道德心，他认为仁、义、礼、智先天存在于人心之中，所谓"恻隐之心，仁之端也；羞恶之心，义之端也；辞让之心，礼之端也；是非之心，智之端也"（《孟子·公孙章句上》）。由于"仁义礼智根于心"，所以它是"人皆有之"的"心之所同然者"。在孟子看来，"人心有同然"如"口之于味，有同耆焉，耳之于声，有同听焉，目之于色，有同美焉"一样，是无须论证的。

孟子从"心之同然"的先验道德平等观，推出了"人皆可以为尧舜"的理想人格平等观。既然仁义礼智之心人皆有之，那么从共同本性上说，作为道德典范的尧舜，与平常的普通的人并无本质上的不同，所谓"尧舜与人同耳"，从理想人格上说，任何人从固有的道德心出发，都可达到尧舜那样的道德人格境界，所谓"人皆可以为尧舜"。孟子这种道德平等思想得到了后代儒者的认同和发挥，南宋朱熹说，"天之生此人，无不与之以仁义礼智之理"（《玉山讲义》），正因为人皆有道德之"理"，所以不要说高了圣人，"有为者亦若是"，圣人是人人可以"企及的"。明代王阳明，把人人具有先验道德心称为"良知"，他认为在"良知"上人人平等，"个个心中有仲尼""愚夫愚妇与圣人同"，只要人人自觉主动地去"致良知"，那么"满街人都是圣人"。明代吕坤也强调"圣人与众人一般。"

儒家的这种"心有同然"的道德平等观念，尽管还未明确引申出权利平等和义务平等的思想，而且不同于西方的自然法则平等观（一切人生而平等）、创业平等观（人人都是上帝的造物，因而平等）和法律平等观（法律面前人人平等），但道德平等观所体现的平等意识，同样蕴涵着人权观念的因素，是人权的一个重要思想依据。

四　"从心所欲"的良心自由观念

中国古代的自由意识包括三个层次，一是从天与人的关系上谈人的自由，在此意义上，天或指自然之法则，或指天命之必然，而人的自由则着重指人的能动性、自主性，即所谓人力。这种意义上的自由是相对于必然性的哲学层次上的自由。二是从理与欲的关系上谈人的自由，在此意义上，理指社会理性和人的善性，而人的自由则着重指人的私欲、私利的追求，即所谓人欲。这种意义上的自由是相对于理性法则的人性论层次上的自由。三是从礼与心的关系上谈人的自由，在这种意义上礼着重指外在的道德规范，而人的自由则着重指人的道德良心的扩充发挥，即所谓仁心。这种意义上的自由是相对于社会道德规范的伦理学层次上的自由。对于人力的自由，多数哲人是肯定的，如"人定胜天""力与命持""天人交胜"等观念；对于人欲的自由，多数哲人是限制的。如"以理制欲"（荀子），"任理去欲"（韩非），"明理灭欲"（朱熹）等观念；对于仁心（良心）的自由，多数儒家哲人是赞扬的，如"从心所欲"（孔子）、"为仁由己"（孔子）、"放其良心"（孟子）等观念。中国古代作为人权意识上的自由，主要表现为"从心所欲""放其良心"的自由。

孔子言自己的修养历程，说："七十而从心所欲，不逾矩。"（《论语·为政》）意谓七十岁时，达到了既随心意所欲而为，又不越出礼度规范之外的自由境界。这种自由是本然的仁心修养达到至高境界的自由，也是"为仁由己"的自主性的最高表现。孟子认为，人心的固有本质是"仁"，"仁人心也。"他主张对这种仁心要尽量地扩充，尽量地放达，培养一种"至大至刚""配义与道"的主观精神，达到"上下与天地同流""万物皆备于我"的自由境界。他还认为，只要"放其良心"地"由仁义行"就会形成礼的规范。而且，为了实现"仁心""良心"，即使与外在的礼的规范发生冲突，也应该认为是正当的，例如为了表达孝子的仁心，古代的丧制可以突破；为了表达救人的仁心，嫂子落水时可以"授之以手"，突破男女授受不亲的礼。由这种"故其良心"的自由观出发，孟子主张打倒和推翻"贼仁""贼义"的"一夫""民贼"。夏桀、商纣之类"视臣如犬马""视臣如土芥"，打倒完全是正义的、合理的。孔、孟的"从心所欲""放其良心"的观点，受到了后代儒者的赞同和发展，南宋陆九渊，明代王阳明，都大力宣扬"满心而发，充塞宇宙"（陆九渊），"致良知"以"位天地，育万物"（王阳明），主张先验道德之心的自由发展。

除儒家的良心自由观而外，以老庄为代表的道家也有关于自由的意识。道家的自由观以顺应自然为基点，反对社会伦理规对人的精神束缚。主张通过"绝仁弃义""绝巧弃利""剖斗折衡"而使人的精神"无待"，达到"逍遥游"的自由境界。这种自由观的叛逆精神和反规范意识更为鲜明。

中国古代缺少西方那种立足于人性自私，人皆利己基础上的自由意识，却有极为丰富的良心自由、精神自由观念。儒家从先验道德出发的良心自由观念，肯定了人的道德自觉性、自决性、自主性，这种自主性的内驱力发展到极致，可以导致反礼教、反权威的倾向。中国古代许多仁人志士，从儒家的仁心出发，杀身成仁，舍生取义，毫不妥协地抨击黑暗、腐败的政治，乃至主张"诛暴君""反暴政"的权利，就是这种自由意识的外在表现。至于道家从自然人性出发的精神自由观念，更是竭力主张反对暴力专制和严刑峻法，反对任意干涉和束缚个性，甚至提出"不知义之所适，不知礼之所得"（《庄子·山木》），"越名教而任自然"（嵇康《琴赋》）。这种思想虽然未能推导出人权思想，但却不能简单地将其完全归结为义务主体，它内在地包含着权利意向（"行仁"，既是义务，也是人之作为人应该享有的权利）。

总之，中国传统思想文化中的人的价值、人格尊严、道德平等和良心自由等思想观念都内在地蕴涵着人权意识。这种人权意识长期以来以其独特的方式维系着中华民族的主体精神，而且同近现代的人权思想有许多相似或相近之处，甚至还有高于近现代西方人权思想的方面。当然这并不是说中国古代的人权意识没有同当代人权思想的冲突和抵触之处。由于时代和阶级的局限以及传统思想本身的欠缺，古代的人权意识还很不全面也很不成熟，其内在矛盾也不胜枚举。但只有我们努力发掘，善于扬弃，中国古代人权意识中的积极因素完全可以为现代的人权建设提供有益的启示，尤其是为形成有中国特色的人权理论和人权法治提供历史的借鉴。

（原载于《西安社科通讯》1995 年第 4 期）

中国传统"节欲"修养观的价值论意义

"节欲"是中国传统文化中精神修养论的基础，先秦儒、墨、道、法各派哲学都主张节欲。孔子曰："克己复礼为仁。"（《论语·颜渊》）又曰："从心所欲，不逾矩。"（《论语·为政》）孟子曰："养心莫善于寡欲。"（《孟子·尽心下》）荀子云："以道制欲，则乐而不乱。"（《荀子·乐论》）墨子云："去其无用之费。"（《墨子·节用》）老子云："见素抱朴，少私寡欲。"（《老子》第五十七章）庄子云："同乎无欲，是谓素朴，素朴而民性得矣。"（《庄子·马蹄》）韩非云："任理去欲，举事有道。"（《韩非子·南面》）尽管各派哲学关于"节欲"的意义和方式在观点上并不完全一致，但对"节欲""少欲"却是基本认同的。秦汉以后的哲学家，虽然有极少数如《列子·杨朱》的作者宣扬纵欲说，但节欲仍然是多数哲人的主张。中国传统节欲观对于个人的道德修养具有重要意义，这一点学者们已有较多论述，尤其是从伦理学和人生哲学视角观照颇多，但对其价值论意义却涉及甚少。从价值论的角度考察，中国传统节欲观的意义体现于以下几个方面：

1. 节欲是对主体价值需要的调适：将人的需要从低级层次调适到高级层次。

需要是人们活动的原动力，因而也是价值的动因。人作为主体，是为了满足其需要而追求价值、创造价值的。在现实世界中，人的需要是广泛的多样的，马克思说，人以其需要的无限性广泛性区别于其他一切动物。对人的多样的广泛的需要，可以划分为不同的层次。根据唯物史观的"物质生活的生产方式制约着整个社会生活、政治生活和精神生活的过程"① 这一基本原理可以把人的需要划分为物质性需要和精神性需要两个层次，其中物质性需要是首先的最低层次的需要，而精神性需要则是第二性的高层次的需要。从人的发展和解放的角度来看，人为了满足低层次需要而耗费的时间和精力越少，人的发展和解放程度越高。因此，人的发展和人的解放过程就是从低层需要的满足向高层需要的满足即从物质性需要的满足向精神性需要的满足的不断提升的过程，也是不断解决低层需要与高层需要的矛盾、调适低层需要与高层需要的关系的过程。在中国哲学中"欲"这一概念，就是表达人的生理性、物质性需要的概念，而与这一概念相对应的"理""道""德"等等则是表达人的精神性需要的概念。尽管各派哲学对理、道的具体内涵的规定不同，但将其作为与低层次的"欲"相对应的高层次的超越性需要的标志，却是基本相同的。于是"克己复礼""以理制欲""任理去欲"等命题，就内在地蕴含着削弱、限制、调节低层次的物质需要以提倡、强化、弘扬高层次的精神性需要的意义。

在中国古代哲人看来，饮食男女、衣食住行固然是人的基本需要，但是它的过度、过多、放纵必然会妨碍、危害人的精神性需要的发展，从而导致人的价值主体性的失落。所以他们主张通过"节欲"来保持和提升人的价值主体性。老子之所以主张"少私寡欲"，原因就在于"私欲"会导致人的与道同一的素朴本性的丧失，所谓"五色令人目盲。五音令人耳聋。五味令人口爽。驰骋畋猎令人心发狂。难得之货令人行妨"（《老子》第十一章）。总之，"祸莫大于不知足，咎莫大于欲得。"（《老子》第四十六章）孔孟之所以主张"克己""寡欲"，原因也在于物欲会妨碍人"欲仁""谋道""复礼""养心"，即会妨碍人对仁人道德等精神价值的追求，从而使人丧失主体性而沦于与动物无别之境地。荀子虽然认为"欲不可去"，但也认为，欲若无"度量分界"、过度膨胀，就会使人"以欲忘道"，所以也主张"以道制欲"（《荀子·乐

---

① 《马克思恩格斯选集》第 2 卷，人民出版社 2012 年版，第 2 页。

论》)。由此可见，古代哲人们的"寡欲"观、"节欲"观都有调适主体价值需要，提高人的需要层次，保证人的高层次精神需要不被物欲遮蔽、不被物欲拖累的涵义。

2. 节欲是对主体评价标准的矫正：将个体的私利的评价标准矫正为群体的公利的评价标准。

价值标准是判定客体是否具有价值的尺度，即判定客体是否符合主体需要的尺度。价值标准反映到人的主观意识上并运用于价值评价活动中，就是评价标准。由于价值主体既可以是作为个体的人，也可以是作为群体的人，所以，评价标准也有个体标准与群体标准之分。从内容上说，个体的评价标准反映的是个人的需要和利益；群体的评价标准反映的是群体的需要和利益，也就是说，个体标准的实质内容是私利，群体标准的实质内容是公利。于是，评价标准形式上的群己之别与评价标准内容上的公私之别就内在地联系起来了。在中国哲学史上，儒、道、法各家的"节欲"观，都蕴涵着解决公与私矛盾的内容。道家虽然不讲"公义"（道德）、"公利"（利益），但却主张"公道"。庄子曰："道者为之公""道不私故无名"（《庄子·则阳》），而与这"公道"对立的就是"私欲"。他们之所以提出"少私寡欲"，就是为了把人们的评价标准，转移到"道"的立场上，要人们在评价价值时，做到"以道观之"，而不是"以我观之"。法家的"任理去欲观"，则是要求人们"明公私之分""去私心行公义"。他们所说的"公义"既不是儒家所说的道德，也不是道家所说的大道，而是指"公法"。韩非说："当今之时，能去私曲，就公法者，民安而国治。"（《韩非子·有度》）显然，法家以"公法"为社会认同的评价标准。儒家认为理欲关系表现在评价标准上就是"公利"与"私利"的关系问题，这种观点在宋明理学家的论述中，最为鲜明。二程明确提出天理是"公心"，人欲是"私心"，朱熹也认为："循理而公于天下者，圣人之所以尽其性也；纵欲而私于一己者，众人之所以灭其天也。"（《孟子集注》卷二）。因此，"节欲"的目的就是要求人们在价值评价时以群体的公利、天下的公利为标准，凡符合"公利"标准的则为是、为善，凡违背"公利"标准的则为非、为恶。

由此看来，中国古代的节欲观具有矫正价值评价标准的重要意义。其中尤以儒家最为典型，它要求人们节制私欲，抑制私利，淡化私心，站在公利的立场上评定价值。凡以公利为内容的评价标准，就表现为"公义""公道""公心"。当然，儒家所谓的"公"，指的是他们所属的那个阶级的整体利益，并非广大人民群众的整体利益，与我们今天所提倡的集体主义原则和人民利益标准不可同日而语。但就矫正评价标准而言，儒家的节欲观在漫长的历史时期的确发挥了破私立公的积极作用。

3. 节欲是对价值取向的引导：将人的价值选择方向引导到超越性的追求上。

价值需要决定着价值评价标准，而评价标准指导着人们的价值取向。人们在现实的价值活动中，追求什么，选择什么，是受其价值观念支配的，而评价标准则是价值观念的核心。价值取向实质上是人们内在的观念性的评价标准在实际行为中的表现。因之，评价标准的矫正，必然要通过引导价值取向表现出来。

中国古代儒家的节欲观，表现在主体需要上，处理的是理与欲的矛盾，表现在价值评价标准上，处理的是公利标准与私利标准的矛盾，而表现在价值取向上则展示为道德追求与物质利益追求的矛盾。这集中凝结在处理"义"与"利"的矛盾关系上。儒家主张节欲，就是要求人们在价值取向上超越利益，追求道德，即"义然后取"。

孔子明确提出"义以为上""义然后取""见利思义"等命题。这些命题中的价值涵义就是要人们超越功利，追求道义。虽然孔子并不完全否认利益的价值，也认为适当的利益追求是允许的。所谓"富而可求也，虽执鞭之士，吾亦为之"（《论语·述而》）。但是他认为道德仁义的价值高于利益，主张人把追求道德价值置于最高位置，所谓"富与贵是人之所欲也，不以其道得之，不处也"（《论语·里仁》）。孔子提出的"见利思义""义然后取"的价值取向，是后世儒家义利观的基石。后来，孟子主张"去利怀义""舍生取义"，荀子主张"先义后利""重义轻利"，董仲舒主张"正其谊（义）不谋其利，明其道不计其功"，都是孔子思想的继承和发展。迄至宋明理学，程朱学派明确地以"存理""灭欲"的观念分辨义利，认为"存天理、灭人欲"的价值需要意识表现为价值取向，就是弃利取义。

道家的"少私寡欲"观念表现在价值取向上也提出"绝巧弃利"。但与儒家不同的是，它超越功利的目的不是要引导人们追求道德，而是要人们"见素抱朴"，复归自然，与大道合一，达到"无为而无不为"的境界。

由此来看，儒道两家的节欲观都具有把价值取向引导到超越性目标的功能。无论这种超越性目标是指道德还是指自然，都是对人生境界的一种提升。

4. 节欲是对人格价值的升华：通过节欲养成圣人、至人、君子等高尚人格。

高尚人格是中国古代哲学所追求的理想目标之一，儒家崇尚"君子""圣人"，道家倾慕"至人""真人"。为了达到这种人格境界，哲人们提出了许多修养方法、锻炼途径，"节欲"就是他们设计的重要路径之一。关于节欲对于养成君子人格的意义，孔子阐述得非常清楚，他说"君子谋道不谋食，君子忧道不忧贫""君子食无求饱，居无求安；敏于事而慎于言，就有道而正焉，可谓好学也已。"（《论语·颜渊》）又说："士志于道，而耻恶衣恶食者，未足于议也。"（《论语·里仁》）他显然认为只有"节欲"（食无求饱，居无求安，不耻恶衣恶食等等），才会"谋道"，才会成为君子。他还通过对自己"饭疏食饮水"而"乐在其中"的生活态度的自我表白和对颜回"一箪食，一瓢饮，在陋巷"而"不改其乐"的高尚精神的赞扬，为人们树立一种进行节欲修养的人格形象。"节欲谋道"的价值观念表现在价值追求上必然是"重义轻利"，所以孔子又以义利的对立说明君子与小人两种人格的对立，所谓"君子喻于义，小人喻于利"（《论语·里仁》）。孔子的基本观点得到了孟子的继承和发展。孟子认为，只有用道德理性节制耳目口腹之欲，才会成为品格高尚的"大人"。他把道德理性称之为"大体",而把耳目口腹之欲称之为"小体",说"从其大体为大人,从其小体为小人""先立乎大者,则其小者不能夺也。此为大人而已矣。"(《孟子·告子上》)荀子虽然主张性恶论,以物欲为人之本性,认为"好荣恶辱,好利恶害,是君子小人之所同也。"(《荀子·荣辱》)但也不同意让物欲任意发展。因为,在他看来,只有节制自己的欲望,把欲望纳入一定的社会规范之内,才能显现君子人格的高尚,所谓"君子之能以公义胜私欲也"(《荀子·修身》)。汉儒、宋儒尽管对天理、人欲的具体涵义以及二者关系的阐发上比先秦儒家较为具体精细,特别是宋儒的程朱学派,更是把"存天理,灭人欲"提到了最高价值准则的地步,但是在通过节欲以养成君子人格,以达到圣人境界方面,他们与前代儒家的基本思路是一致的。

道家的人格理想,以"至人""真人"为标志,有别于儒家的"君子"、"圣人"。然而,在通过节欲途径以达到理想人格境界这一点上,二者却是异中有同。南宋陆九渊甚至说,天理人欲之分"不是圣人之言""其原盖出于老氏"①。纵观老、庄之论,不难看出,他们认为"私欲"深重的人,绝不会达到圣人、真人的人格境界。老子曰:"罪莫大于可欲,祸莫大于不知足,咎莫大于欲得"(《老子》第四十六章);庄子曰:"其嗜欲深者,其天机浅"(《庄子·大宗师》),又曰:"恶、欲、喜、怒、哀、乐六者,累德也。"(《庄子·庚桑楚》)因此,他们主张只有"寡欲""节欲",才能成为至人、真人。老子说:"圣人处无为之事"(《老子》第二章),庄子也说:"至人无为。"(《庄子·知北游》)所谓"无为",就是内无私欲,外无索取;对己无所求,对人无所争,"不从事于务,不就利,不违害,不喜求"(《庄子·齐物论》)。这种"至人"人格境界的基本特征是既自然,又自由,"游心于淡"是自然,"游心无穷"是自由。

可见,儒家和道家都把"节欲""寡欲"作为实现人格价值的基本

---

① 《语录上》,载《陆九渊集》,中华书局1980年版,第345页。

途径。

5. 节欲是对理想社会的建构：通过节欲缓和社会矛盾、消除社会争夺，形成和谐、有序的美好社会。

理想社会是人们价值追求的重要目标，在价值观念体系中处于重要地位。中国哲学的各派，都用浓墨重彩描绘了自己所追求的理想社会的蓝图。儒家的"德化"社会、道家的"至德"之世、墨家的"兼爱"乐园、法家的"法治"理想，就是中国古代哲人所设计的几种有代表性的理想社会模式。这种种理想社会的建构，尽管各家按自己的运思方式提出了不同的途径，但"节欲"几乎是各家认同的原则。

儒家认为建构德化社会（礼治社会）的关键环节是统治者要"子帅以正"即成为道德表率，并且"为政以德"即把道德原则贯彻于社会生活的各个领域。为此，他们要求统治者"克己复礼""存心养性"，要求社会成员"杀身成仁""舍生取义"。由于"礼"与"欲"、"心"与"欲"、"义"与"利"具有矛盾对立的性质，所以"寡欲""节欲""去利"就成为达到"以仁存心""以礼存心"的修养境界，进而实现德化社会的必然要求。如果说孔孟着重从人们的道德修养方面，申述"节欲"对德化社会的重要意义的话，那么，荀子则着重从社会群体的和谐和社会秩序的安定方面阐明了节欲的重要意义。他说，人皆有欲，但"物不能赡"，如果不予以节制，使人人都"从欲"而行，必然发生争夺，"争则乱，乱则离"，势必导致社会群体的崩解。因此，只有"制礼义以分之"，使人们的欲求各有"度量分界""各得其宜"，才能建构一个"群居和一"的美好社会（《荀子·荣辱》）。虽然荀子从"为群"的角度提倡节欲与孔孟从"为人"的角度，主张节欲视角有异，但在把节欲作为建构理想社会的重要方式上，他们的观点是一致的。

道家追求的社会理想是"至德"之世，这种"至德"社会的重要特征就是"素朴""自然"。具体表现如老子所云："使有什伯之器而不用""虽有舟舆，无所乘之，虽有甲兵，无所陈之。使人复结绳而用之。"（《老子》第八十章）如庄子所说："纯朴不残，孰为牺尊；白玉不毁，熟为珪璋；道德不废，安用仁义；性情不离，安用礼乐；五色不乱，孰为文采；五声不乱，孰应六律。"（《庄子·马蹄》）那么，怎样才能实现这种素朴、自然的社会理想呢？老庄提出必须节制人的欲望，减弱人的私求。老子曰："见素抱朴，少私寡欲"（《老子》第十九章），"无欲以静，天下将自定"（《老子》第三十七章）；庄子曰："同乎无欲，是谓素朴""同与禽兽居，族与万物并。"（《庄子·马蹄》）道家认为，通过节欲而建构的素朴、自然的至德之世，乃是一个平等、安宁的美好社会，人们"耕而食，织而衣，无有相害之心"（《庄子·盗跖》），"甘其食，美其服，安其居，乐其俗"（《老子》第八十章），无有争夺之事。他们都认为，节欲对于建构社会和谐秩序有重要价值。

墨家崇尚的"兼爱"乐园理想以满足人民的基本生活欲求、维护人民的生存条件为宗旨。为了保证劳动人民的物质生活，墨家坚决反对超出人的基本生存需要的一切奢侈耗费和华而不实的作为，竭力主张"先质而后文"。所谓"质"即朴素、实用的意思。墨子认为，人们生活的各个方面，包括衣食、住行、礼仪、器用等等，都不应追求奢侈、华美和修饰，而应以朴素、实用为原则。他提出的"节用""节葬""非乐"等主张，都是从"尚质"原则出发的。墨子曰："恶在事夫奢也。长无用，好末淫，非圣人之所急也"（《墨子间诂》附录《墨子佚文》）。不难看出，节欲也是墨家建构理想社会的重要原则。

法家希望建成一个法治社会，明确指出了"以法治国"（《韩非子·有度》）、"循法而治"（《韩非子·用人》）的口号。法治社会的主要特征是"农本"经济、专制制度、"法吏"文化、"缘理"生活。所谓"缘理"生活，就是遵循法律规范的生活。从韩非的论述来看，"缘理"生活的基本要求是"处实"（即重视实际内容，不求浮华）、"好质"（即重视质朴本质，不讲繁文）、"少欲"（即节制利欲之心，反对纵欲）。韩非说："有欲甚，则邪心胜；邪心胜，则事经绝；事经绝，则祸难生。"（《韩非子·解老》）在他看来，人们物欲横流，必然导致社会"失度量""祸害至"，形成社会动乱。法家显然也把"节欲"作为建成理想社会的必要条件。

儒、道、墨、法都认为"节欲"对于建构理想社会具有重要意义，这充分说明了中国古代思想家对"节欲"的社会价值是基本认同的。

以上从五个方面简要论述了中国传统节欲观的价值论意义，这五个方面可以概括为一点，就是确立和提升人的价值主体地位。价值需要的调适、价值标准的矫正、价值取向的引导、人格价值的升华和社会价值的建构，都是为了使人超越生物性、远离自然性，由自然的人变为社会的人，由自在的人变为自觉的人，由生存的人变为发展的人，从而保持其"天地之性人为贵"的价值地位。以中国古代哲人的思路，人的生理性需要和物质性追求尽管是必要的需求，但不是唯一的，更不是最高的需求。只有道德生活、精神境界、自由意志、美好理想（包括人格理想和社会理想）才是人之所以为人的根本标志。明末清初的王夫之指出，"食色之欲"并不能区分人与动物，只有道德理性才是人异于动物之所在。他说："彻底显出诚仁、诚知、诚勇，以行乎亲、义、敬、别、信之中，而彻乎食色之内，经纬则备，中心不贰，方是人所以异于禽兽。"（《读四书大全说》卷十）中国古代哲学家通过节欲以实现和提高人的价值主体性的思想，无疑有贬低人的生理欲求、压抑人的个性发展，进而阻碍生产发展和市场竞争的消极作用，更有限制劳动人民追求其正当物质利益以满足其生存需要的思想统治功能，特别是到了封建社会后期，"存天理灭人欲"竟演变成了"以理杀人"的残暴工具。然而，这种价值观念也包含着修炼道德品质、提升精神境界、培养高尚人格和协调社会关系的合理因素。特别是在物欲横流、道德沦丧、享乐至上、信仰失落的特定历史条件下，它的积极作用更为明显。因此，对于古代节欲观的价值论意义，应该进行辩证的分析，应该结合具体的历史环境和社会问题，作出具体的评价。

（2001 年）

隋唐时期的价值综合

隋唐时期，中国社会分久而合，中华民族盛运再临。历史结束了四百余年的动乱、分裂局面，出现了统一稳定的太平盛世。在这"玉树声沉战舰收，万家冠盖入中州"的时代，中华民族的价值观念又发生了新的演变。这次演变，并不是简单地否定魏晋，回归秦汉，由崇道移向尊儒，由"尚自然"转向"明纲常"，而是适应社会经济、政治、文化发展趋势的要求，反映新的社会主体的利益和需要，对儒、道、释三家的价值观念在新的历史条件下兼容并举，形成了以儒家价值观为正宗、三教鼎立的价值观念结构。实现南北方统一的隋文帝登极之初就明确提出："法无内外，万善同归；教有浅深，殊途共致。"（《历代三宝记》卷十二）唐高祖临朝不久，就下诏"三教虽异，善归一揆"（《册府元龟》卷五十），这就为隋唐时代的价值取向设定了轨道。然而，三教鼎立并不是三教平等，从总体上说，儒家的仁义道德价值观仍然处于中心的地位。三教鼎立的价值观念格局，大大开阔了人们的价值视野，拓展了人们价值追求和价值创造的领域，从而使价值观念多元交织，价值活动缤纷多姿，价值成果丰富多彩。

隋唐王朝三教并行、三教综合的文化方针，既是意识形态的建设方针，也是价值观念的建立方针。儒、释、道的思想体系中所包含的价值观念，都被统治者所兼容、接受和利用，以适应封建大一统的需要。当然，三教的并行和融合并不是在和平共处，相安无事的状态下进行的，其中充满了矛盾和斗争。在融合中碰撞，在碰撞中融合，就是三种价值观念的基本关系。于是，就形成了多维一体的价值取向。虽然不同君主由于不同原因在三者中各有偏重，唐武宗甚至一度灭佛，但就总体而言，多维的价值取向并行不悖，以不同的价值观念影响着人们的价值追求。

一 仁义道统中的道德之善

魏晋南北朝时期，儒家经学丧失了独尊的地位，儒家的纲常伦理、仁义道德价值观念也发生了动摇。随着隋唐统一局面的出现，统治者和思想家们不得不考虑立国治国的根本思想问题。他们认为三教各有所长，但治国的根本思想仍不得不以儒家为本，于是，在主张三教并用的同时，他们努力恢复儒家仁义道德价值观的正统地位。他们关于仁义道德价值的基本观点是：

1. 仁义道德是"治国"的根本。隋文帝信奉佛道，但还是认为孝是道德的根本，教化的基础，他说："《孝经》一卷，足以立身治国"（《资治通鉴》）。隋炀帝崇信佛道，但也认为应以儒学为治国之本，他说："问孝问仁，孔酬虽别，治身治国，老意无乖。"（《广弘明集·宝台经藏原文》）唐初统治者也企图重整纲常，以儒家道德价值观为唐王朝的正统价值思想，高祖李渊不斥佛道，而以兴儒为主，下诏设置州县乡学，收揽士人，立孔子庙，修孔庙碑，行奠孔礼，诏书云："沙门事佛，灵宇相望；朝贤宗儒，辟雍顿废。公王以下，宁得不惭。"（《册府元龟》卷五十）唐太宗李世民更是视儒学为王朝生死存亡的根本，为秦王时，开文学馆，优选儒士；即位后，开弘文馆，选天下儒，讲论经义，商讨政事。于国学立孔子庙堂，以孔子为先圣，颜子为先师。大征天下儒士为学官，凡能通一经以上者任用为官吏。他还亲临国学，听博士讲论，国学听讲生员多至八千余人。唐太宗深感南北朝时，儒分南北，学出多门，章句繁杂，异说纷纭，不能形成统一的儒学思想，于是命颜师古考定五经，令孔颖达撰《五经正义》，"颁其所定书于天下，令学者习焉"（《贞观政要》卷七）。他还两次下达诏书，褒扬古代名儒，以资劝导，作为示范。对于儒家的道德价值观念，他明确指出"尧舜之道，周孔之教"是国家的生命线，"失之必死，不可暂无"；并深深地为前代"儒道坠泥涂，诗书填坑阱"而伤怀，决心以"建礼作乐，偃武修文"为己任。他通过总结历史的经验教训，认识到弘扬儒家的仁义道德价值观念是维护唐王朝长治久安的关键。他说："周得天下，增修仁义；秦得天下，益尚诈力。此修短之所以殊也。盖取之或可以逆得，守之不可以不顺故也。"（《资治通鉴》卷一百九十二）虽然隋文帝、隋炀帝和唐高祖、唐太宗对仁义道德（包括忠、孝等）价值的论述是政治性的不是理论性的，是总体性的不是分析性的，但是作为最高统治者，又是开国君主，他们所表达的价值观念无疑会产生重大的影响。

2. 仁义道德是"王道"的准则。隋代著名儒家学者王通对仁义道德价值的思考显然比封建君主要深刻得多。他把道德和王道政治密切联系起来，认为"伊尹周公"所行的"王道"，其根本的准则就是仁政德治，任德不任刑。他说："古之为政者，先德而后刑，故其人悦以恕，今之为政者，任刑而弃德，故其人怨以诈。"（《中说·事君》）他认为"仁政德治"在三代达到了最高水平，两汉时的"七制之主"推行的是初级的王道政治，因为他们虽然达到了"以仁义"统天下的水平，但还未实现以"礼乐"治天下的最高境界。尽管如此，他们的政治仍然有很高的价值。他说："二帝三王吾不得而见也，舍两汉将安之乎？大哉，七制之主！其以仁义公恕统天下乎！其役简，其刑轻，君子乐其道，小人怀其生。四百年间天下无二志，其有以结人心乎！终之以礼乐，则三王之举也。"（《中说·天地》）在王通看来，"结人心"就是仁义在政治上的崇高价值。而且，这种价值的实现也不是高不可攀的，两汉七个君主可以做到，当代的君主自然也可以做到。从以仁义"结人心"的仁政，再达到以礼乐治世的王道，就实现了政治的最高理想。然而，无论"仁义"还是"礼乐"，其核心精神都是道德，分别在于，"仁义"之德的实际内容是给人民以实惠，使人民"怀其生"；"礼乐"之德，则是教人民树立起牢固的道德观念，使人民"悦以恕"。可见，王通认为仁义道德是仁政、王道的根本准则，也是评价一种政治是否有价值的评价标准。

3. 仁义道德是"人性"的本质。隋唐时期的一些儒家学者，继承了孟子的性善论思想，从人性的高度论述了仁义道德的价值。隋之王通，唐之韩愈、李翱，是其著名者。王通认为人的本性是善的，善的内涵即是仁义礼智信"五常"。"薛收问仁。子曰：'五常之始也。'问性，子曰：'五常之本也。'"（《中说·述史》）"子谓收曰：'我未见欲仁好义而不得者也。如不得，斯无性者也。'"（《中说·魏相》）这里，王通明确地认为"性"为"五常之本"，人性中本来就固有仁义道德，如果追求仁义就能得到仁义，就能成为仁义之人。韩愈提出，仁义道德是人的本质属性，他说："性也者，与生俱生也"，"所以为性者"是仁、义、礼、智、信五德。然而，他又认为由于在不同的人身上，五德的搭配及其所起的作用不同，人性有高下之分。上品性善，则"主于一而行于四"；中品可导而上下。"一不少有焉，则少反焉，其于四也混"；下品性恶，"反于一而悖于四"。尽管韩愈的人性论中包含着"五德为性"与"性有三品"的内在矛盾，然而，从价值论意义上看，他以"五德"具备为性的上品，依然是从人性角度高度肯定了仁义道德的价值。与韩愈有师生、朋友之谊的李翱与韩不同，他明确认为，人类具有善的本质，这是可以成为圣人的根本。他说："人之性皆善""性无不善""如不善者非性"。而这种性善的内涵，就是仁义道德。"夫性于仁义者，未见其无文也。……仁义与文章生乎内者也，吾知其有也，吾能求而充之者也"（《寄从弟正辞书》），他指出，如果人"不专专于仁义"，就失去了人之所以为人的本性，就与禽兽差不多。李翱不但从人性论上肯定了仁义道德之价值，还提出了实现这种价值的途径。他说，人性本善而"情有善有不善"，少数圣贤性情统一，性情同善；多数常人性善情恶，情性背离，因此必须通过"复性"过程，忘却与灭除邪妄之情，恢复人的本来善性，实现情、性统一的圣人境界，这就是道德价值实现的根本途径。人性问题本应属于本体论范围，但若与善、恶问题相连，就进入价值论领域了，王、韩、李以仁义道德为人之善性的观点，既是本体论意义上对人性的规定，更是在价值论意义上对仁义道德价值的高扬，仁义既然与人性同一，那么仁义之价值就是人本身之价值。这种价值思路乃是孔孟一派儒家的传统思路。孔子曰："民之于仁也，甚于水火。"(《论语·卫灵公》)孟子以仁为人固有的"善端"，甚至直接说："仁也者，人也。"(《孟子·尽心上》)都是把仁义道德视为人本身的价值标志。隋唐之儒也一脉相承，以仁义为人性的本质，以人性论仁义价值。

4. 仁义道德是"天道"的内涵。隋唐儒家，不但将仁义价值内化到人性的深度，还把仁义价值提高到天道的高度。我们仍从"文中子"王通说起，王通认为有一个统一的道，支配天地人的运动，是天地人不能违反的。这个道就是《易经》所谓的"三才之道"。那么，这个"道"的内涵是什么呢？"宇文化及问天道人事如何？子曰：'顺阴阳仁义，如斯而已。'"(《中说·问易》)他又说："大哉乎，君君臣臣父父子子兄兄弟弟夫夫妇妇！夫子之力也。其与太极合德，神道并行乎！"(《中说·王道》)就是说，仁义道德纲常伦理既是人道的内容，又是天道的内涵。这显然是将仁义道德价值规律化了。此外，王通还提出，道只存在于仁礼德行之中，离开了仁礼道德，道就无法存在。他说："至德，其道之本乎；要道，其德之行乎！"(《中说·王道》)"礼得而道存。"(《中说·魏相》)又说："非礼勿动、非礼勿视、非礼勿听。……此仁者之目也。……道在其中矣。"(《中说·关朗》)这种"礼得而道存""道在仁礼之中"的观点，显然又是将规律（道）价值化了。总之，在王通看来，天道与仁义、规律与道德是一而二，二而一的关系，规律体现于道德之中（"要道，其德之行乎！"），道德是规律的本质内容（"至德，其道之本乎！"）天道"顺仁义而行"，仁义"与太极合德"。这样一来，既通过仁义道德落实了本体和规律的内容，又凭借本体和规律（天道）提升了仁义道德的价值。这就为宋代理学家把道德价值本体化、规律化（即以仁义道德为"天理"）开启了思路。

5. 仁义道德是"道统"的核心。中唐时期的文学复古领袖韩愈在竭力反对佛、道两家的价值观念的同时，对儒家的仁义道德价值观赞扬备至。他在《原道》一文中提出，应该以仁义道德价值观取代佛、道的价值观念。因为，第一，仁义有特定的内容，是儒家特有的价值观念。佛、道都不谈仁义，他们所谓的"道德"既没有确定的内容也没有明确的性质。他说："博爱之谓仁，行而宜之之谓义，由是而之焉之谓道，足乎己无待于外之谓德。仁与义为定名，道与德为虚位。故道有君子小人，而德有凶有吉。"就是说，仁义是有确定性质和实际内容的道德，是正价值，而离开仁义的道德是空洞、宽泛的，可以是正价值，也可以是负价值。第二，仁义是天下认同的普遍道德，不是某一家的私言。他说："凡吾所谓道德云者，合仁与义言之也，天下之公言也。老子之所谓道德云者，去仁与义言之也，一人之私言也。"（《原道》）这就把仁与义说成了天下人普遍认同的价值观念。第三，仁义道德是儒家道统的核心。佛教禅宗自称有"以心传心"的"心法"，历代祖师，一脉相传。韩愈为了抬高儒家地位，也制造了一个"道统"，说儒家之道从尧始，经舜、禹、周文王、武王、周公而传至孔子、孟子，孟子死后"不得其传焉"。之所以不得其传，就是因为它受到了"火于秦，黄老于汉，佛于晋、魏、梁、隋之间"的破坏和干扰。韩愈认为，现在到了承续儒家道统的时候了，他自称是孟子以后唯一的道统传人。那么，儒家道统的核心是什么呢？韩愈提出就是"仁义道德之说"。总之，仁义是"定名"、仁义是"公言"、仁义是"道统"，就是韩愈对于仁义道德价值的新评说，也是唐代儒家对儒家价值观的新推进。

隋唐统治者、思想家的仁义道德价值观，辐射于立国、政治、人性、天道、道统诸多方向，从天道、人道、政统、道统几个方面全方位地高扬了儒家的仁义道德价值观。他们上承两汉，下开宋明，承前启后，继往开来，在儒家价值观的前后两个高峰期之间起了中介环节的作用。

二 天人交胜中的主体之能

天人关系问题，是中国哲学的基本问题之一，也是中国传统价值观的基本内容之一。在价值论的意义上，天人关系包括：天与人究竟相分好，还是合一好？无论是相分还是合一，作为主体的人应该处于何种价值地位？这两个问题是相互联系而又相对独立的。隋唐时代，特别是唐代中期，天人关系曾经成为争论的重要问题之一，其中蕴含的价值观念也颇有深义。

如上文所述，王通主张天人合一，而合一的交点则是仁义道德，天人之道相统一于仁、礼之中。这是以天人合一观念论证仁义道德的价值，或者说天人合一的价值内涵在于仁义道德。

韩愈在天人关系问题上的观点也是矛盾的。一方面，强调天道自然，主张天人相分，说："形于上者谓之天，形于下者谓之地，命于其两间者谓之人。形于上，日月星辰皆天也；形于下，草木山川皆地也；命于其两间，夷狄禽兽皆人也。"（《原人》）认为天、地、人，各有其道，而且更重视发挥人道的作用；另一方面，他又认为天是有意志的主宰，能干预人的行为，主张天人合一。他说："今夫人举不能知天，故为是呼且怨也。吾意天闻其呼且怨，则有功者受赏必大矣，其祸焉者受罚亦大矣。"（《原人》）这与董仲舒的天人感应并无二致。在这种相互矛盾的天人关系论中，韩愈对于主体人的能动性的看法也是矛盾的。他既肯定人的能动性活动的价值，认为"圣人"进行的一切创造都为人战胜自然以求生存奠定了基础；又对人的能力产生怀疑，认为"凡祸福吉凶之来，似不在我""贵与贱、祸与福存乎天"（《与卫中行书》）。"存乎天"者"吾将任彼而不用吾力焉"（《与卫中行书》）。这种自相矛盾的说法表明，韩愈对人的价值的肯定仅只就仁义道德上着眼，而不能从人的主体能动性上立论，显得很不全面。

在与韩愈的辩论中，柳宗元、刘禹锡力主天人相分，并由此引申，高扬了人的主体能动性价值。柳宗元、刘禹锡首先提出天与一切自然物一样，都是物，都统一于元气，天道则是自然界按照规律运行的客观过程。因此，天与人之间没有相互感应的关系。刘禹锡在《天论》中明确提出，天与人"实相异""交相胜""还相用"，即天与人本质不同，双方只是在作用和功能上相互超过，即所谓"天之能，人固不能；人之能，天亦有所不能也。"

柳宗元、刘禹锡的"天人相分"论，尤其是刘禹锡的"天人交胜"

论，包含着十分丰富的价值内涵。其核心在于它高扬了人本身的价值，对人在宇宙间的主体地位和人改造自然、治理社会的能动性作了高度的评价。其主要观点是：

1. "人，动物之尤者也。"刘禹锡认为，人是动物界中最优秀、最杰出的一类，其价值地位远越于动、植物之上，"人，动物之尤者也"，人的价值在于，人是"倮虫之长，为智最大，能执人理，与天交胜，用天之利，立人之纪"。就是说，人具有崇高的智慧，能运用自己的理性，改造自然，利用自然，建立社会纲纪，从而作为"倮虫之长""动物之尤""智最大者"，超出动物之上，产于宇宙之间。

2. "人之所能者，治万物也。"刘禹锡说："天之所能者，生万物也；人之所能者，治万物也。"《天论上》治万物包括改造自然和治理社会两大方面，从改造自然言，人能"阳而艺树，阴而揫敛；防害用濡，禁焚用光；斩材窾坚，液矿硎铓"；从改造社会言，人能"义制强讦，礼分长幼；右贤尚功，建极闲邪"。在治万物中，"人之能"得到了充分发挥，人的价值也有了充分的表现。刘禹锡在《天论》中对"人之能"的论述，继承和发展了荀子天论中赞扬人"骋能而化之"的观点，是对人的主体能动性的歌颂。

3. "人能胜乎天者，法也。"刘禹锡认为，人的主体能动性在社会治理方面表现得尤为突出，"生殖"与"法制"就是天道与人道区别的根本标志，"天之道在生殖，其用在强弱；人之道在法制，其用在是非。""法制"也是人能胜天的根本原因，"人能胜乎天者，法也"。如果"法大行"，"则是为公是，非为公非，天下之人蹈道必赏，违善必罚"，人的主体能动性得到了充分的发挥，人的价值才能得以实现。在这种情况下，人就会对自己的能动性和价值充满自信，认为"福兮可以善取，祸兮可以恶召，奚预乎天耶？"如果"法大弛"，"则是非易位，赏恒在佞，而罚恒在直，义不足以制其强，刑不足以胜其非"，人的能动性衰弱了，人的价值也失落了，"人之能胜天之实尽丧矣"。在这种情况下，人就会对自身的能动性失去自信，进而也对自身的价值地位表示怀疑。

认为"福或可以诈取，百祸或可以苟免"。总之，"生乎治者，人道明，咸知其所自，故德与怨不归乎天；生乎乱者，人道昧，不可知，故由人者举归乎天。"在刘禹锡看来，"法制"是人的能动性发挥程度的标志，也是人的价值地位的体现。

4. "宁关天命？在我人力。"从历史发展的角度考察人的能动性和价值，是柳宗元的一个重大贡献，柳宗元从天人相分出发，认为人是历史发展的动力。他说："变祸为福，易曲成直，宁关天命？在我人力。"（《愈膏肓疾赋》）"力足者取乎人，力不足者取乎神。"（《非国语·神降于莘》）"圣人之道，不穷易以为神，不引天以为高，利于人，备于事，如斯而已矣。"（《时令论》）这些论述，高度肯定了人的主体能动性，明确否定了天命的存在。那么，"人力"的具体表现是什么呢？柳宗元提出，"人力"是历史前进的动力。"惟人之初，总总而生，林林而居"（柳宗元《贞符》），每当遇到自然灾难和社会动乱时，人为了生存，就会找出相应的对策和办法。"强有力者出而治之""参而维之""持而纲之"，由此，解决了问题，克服了困难，推动了历史。尽管他把历史发展主要归功于"圣人"，但他否定天命，高扬人力的价值观念是十分可贵的。更为深刻的是，柳宗元提出人的能动性的发挥并不是主观任意的，而要受制于历史发展过程中所固有的客观之"势"。他以此观点分析了封建制在历史上兴衰的原因。认为封建制在殷周之时之所以不能"去之"，是"势不可也"；秦始皇废封建而行郡县，也是"势也"。这就把人的能动性置于正确的轨道之内，在"势"与"力"的辩证统一中，肯定了主体的价值。总之，儒家的天人合一说和天人相分说都蕴涵着深刻的人的价值观念，一般地说，"天人合一"说重在弘扬人的道德价值，先秦的孟子、《中庸》是如此，汉代的董仲舒是如此，隋代的王通也是如此；而天人相分说则重在弘扬人的能动价值，先秦的荀子是如此，唐代的柳宗元、刘禹锡也是如此。从运思路径上说，"天人合一"是通过赋予天以价值性（道德性）以提高具有仁义道德的人的价值地位，而天人相分则是通过否定天的价值性以提高具有主体能动性的人的价值地位。王通走的是第一条路径，而柳宗元、刘禹锡走的是第二条路径。比较起来，柳、刘的思路更为合理而思想也更为深刻，他们通过对"力"与"命"的矛盾对立的辨析和"力"与"势"的辩证统一的分析将人的能动性价值安置于对客观规律的认识的基础之上，从而使人的价值地位更为坚实，使"应然"（价值）与"必然"（规律）的关系更为合理。

三 涅槃境界中的精神之乐

隋唐统治者和思想家们对佛教价值观的认同和崇尚大体出于两个方面的考虑：一是佛教价值观中包含着有利于维护统治地位的重要因素；二是佛教价值观中有解脱人生精神痛苦的丰富内容。其第一方面的原因先置而不论，以第二方面言之，隋唐实现了统一，唐代又出现了盛世。然而，隋唐王朝的开创者和后继者，门阀衰落后的士族，处于激烈竞争中的寒门庶族，都不可能没有人生的失意和精神的烦恼，普通百姓就更不用说了，而当这种精神痛苦在现实中得不到解脱的时候，他们也会在超现实的宗教境界中以求超越。维护统治和拯救精神两个方面的主体需要和佛教从魏晋以来日趋兴盛的客观事实相结合，于是，佛教的价值观念就成了支撑隋唐时代价值世界的一根重要的支柱。隋唐时代，佛教形成了天台宗、法相宗、华严宗、禅宗、净土宗等诸多宗教，去异求同，概而观之，它们所宣扬的主要价值观念是：

1. "如幻即空"的世界。佛教认为世间的一切事物都虚幻不实，是空的。之所以空幻，是因为一切事物都由缘分而生，缘离而灭，缘是事物生成所需要的条件，条件具备了，事物就生，条件消离了，事物就灭。人们看到的日月星辰、山河大地、花草树木、飞禽走兽，以及人间的宫殿楼阁、锦衣玉食、荣华富贵、纸醉金迷、男欢女爱等等，都是虚幻而空的无常存在，都无实在的自性，"色即是空，空即是色，色不异空，空不异色"（《般若心经》）。法相宗甚至认为，不但"法"（物）是空幻的，"我"也是空幻的。这种空并非绝对的无，而是假有；这种空才是事物的真实，是"诸法实相"，现实生活中的人们由于看不到这种空的本质、空的实相，所以才起无尽的贪恋，才有无穷的追求，才要无限地占有，才求无数的价值。而一旦大觉大悟，就会"观"到事物虚幻不实的本质，从而也会停"止"对现实世界上一切事物的留恋贪爱。所谓"菩提本非树，明镜亦非台，本来无一物，何处惹尘埃。"隋唐佛教形成了诸多宗派，但都认为世界"如幻即空"，这既是佛教对世界万物的一种本体揭示，也是佛教给世界万物作出的价值判断。从价值观意义上说，佛教的"空幻"观念否定了现实世界的意义和价值，而把世界说成了非价值或负价值。这种否定世界客体对人的价值意义、与人的价值关系的观点是佛教提出超越价值观的重要根据之一。佛教正是通过对现实价值的否定而提出其超越性价值观念的。

2. "苦海无涯"的人生。佛教对现实人生的基本观点是"一切皆苦""苦海无边"，它认为人生是一个生、老、病、死的过程，贯穿这一过程的是一个"苦"字，"苦"是佛教基本教义"四谛"之一，本意为身心感受到逼迫而呈现的苦恼状态。有"三苦""八苦"之说，所谓"三苦"，其实指"苦"的三种属性，一是苦苦，即对于讨厌的东西而感到苦；二是行苦，即见世间事物的无常易变而感到苦；三是坏苦，即见美好的东西变坏而感到苦。这三种苦的属性是一切苦所共有的。所谓"八苦"就是人生的八种苦痛，《中阿含经》云："苦圣谛谓生苦、老苦、病苦、死苦、怨憎会苦（遇到所怨所憎的人的苦痛）、爱别离苦（与所爱的人别离的苦痛）、所求不得苦（求而不得的苦痛）、五阴盛苦（由色、受、想、行、识五阴而生的苦痛）。"这些苦痛涉及人生的自然过程，精神生活、物质生活等诸多方面。在佛教看来，这些苦痛并非是由外在的客观原因所引起的，它是随顺个人心理上的迷执而来。就是说，有情众生不悟世界的本质是由缘而起的空，却去执着地追求、索取、占有，必取之而后快，享之而后乐。然而，世间事物本无自性，而是假有之空，执着追求，无异于镜中摘花，水中捞月，不但毫无结果，反而使自己生种种颠倒梦想，受般般无尽苦恼。所以芸芸众生一生一世都陷于茫茫苦海之中。不仅如此，佛教还认为人的肉体可灭，但灵魂不死。这个形坏了以后，还会再有一个形；这一生完了以后，还会再有一生，这就是"生死轮回"，人的灵魂会不停地在地狱、饿鬼、畜生、修罗、人间、天这六种境地中轮回转生。人若不觉悟，就不能从轮回中解脱出来，而只能永远在生死的苦痛中流转。这样一来，人不但一生一世在苦海中，而且会生生世世处于生死苦海中，难以自拔。这就是佛教对于现实人生的价值评价。以"苦"评价现实的人生并非完全无据。人的现实的生活中，的确有种种的困难和苦痛，有无数的烦恼和忧愁，问题在于如何分析它产生的根源，怎样探求克服它的道路。按中国传统儒家思想，虽然也承认人间的苦痛、个人的忧患，但它认为，这些痛苦和忧患都有它产生的现实社会根源和个人原因，因此也就只能在现实社会中找寻消除它的途径，"苛政猛于虎"则实行"仁政"以正之，"暴君虐民"则实行"汤武革命"以革之，对"见利忘义"者则以仁义道德教之，对于"常戚戚"的"小人"则以"坦荡荡"的"君子"导之，如此等等。而且，为了解决"天下之忧"，个人则应承担受苦的责任，为了养成高尚之德，人生还应该受苦的磨炼，所谓"先天下之忧而忧，后天下之乐而乐"（《岳阳楼记》），所谓"艰难困苦将玉汝于成。"所以儒家对人生的看法是现实的，乐观的。佛教由此却以"苦"来否定人生的现实价值，或者说它认为现实的人生是负价值，由此，它企图以超现实的价值取代或转换现实的人生价值。于是，"苦海无涯"的人生价值观就成了佛教追求超越性价值的又一理论根据。

3. "常乐我净"的境界。既然世界是"空"，人生是"苦"，那么，就要改变现实人生，解脱现实之苦，实现价值取向的转变。为此，佛教提出"常乐我净"的涅槃境界作为人生追求的崇高目标。涅槃境界是一种超越性的精神境界，十六国时的僧肇在《涅槃无名论》中描绘涅槃境界的超越性特征时说："至人戢玄机于未兆，藏冥运于即化。揔六合以镜心，一去来以成体。古今通，终始同，穷本极末，莫之与二，浩然大均，乃曰涅槃。"又云："涅槃之道，存于妙契。妙契之致，本乎冥一，然则物不异我，我不异物，物我玄会，归乎无极。进之弗先，退之弗后，岂容终始于其间哉？"天女曰："耆年解脱，亦何如之。"这段貌似玄学话语的佛学妙文，高度概括了涅槃境界古今、始终、本末、去来、物我、进退浑然一体，统一无二的"玄妙"特征。隋唐时代的佛学对涅槃的理解和僧肇的观点是一致的。那么，涅槃境界的价值内涵是什么呢？这就是佛典所说的"常、乐、我、净"，"常"是永久，"乐"是安乐，"我"即自由，"净"即清静。涅槃境界就是永恒、安乐、自由、清静的境界。在这种境界，人就彻底断灭了生死诸苦及其根源（"烦恼"），而享受着永恒的和平、自由与欢乐。涅槃境界是和现实人生境遇完全对立的超越境界，是对无价值人生的转换，是人生真正价值的实现。佛教无论是强调出身的小乘，还是不强调出身的大乘，都把达到涅槃视为人生的最高理想，当作成佛标志。这种境界，实际上与死无别，佛教正是以死的极乐，来映照生之极苦，所以涅槃的价值，就是佛教对死的价值的崇尚，正是在此意义上，佛教把僧人的逝世叫作"涅槃"。

4. "极乐净土"的理想。佛教不仅把涅槃作为最高的人生精神境界去追求，而且还提出一个"极乐净土"的理想天国。"极乐净土"又称"极乐世界""安乐国""无量光明土""清泰国"等等。佛教言，这是阿弥陀佛的净土，位处西方，要经过十万亿的佛国才能到达。据《无量寿经》说，极乐净土以金银、玛瑙为地，光耀夺目，十分瑰丽。居民都过着丰衣足食的生活，一想吃饭，七宝钵立即呈现，钵中百味俱全，香美异常。关于极乐净土的社会结构和社会伦理，《大阿弥陀佛经》有较具体的描绘："君率化为善，教会臣下，父教其子，兄教其弟，夫教其妇，家室内外，亲戚朋友，转相教语，作善为道，奉经持戒，各自端守，上下相检，无尊无卑，无男无妇，斋戒清静，莫不欢喜。和顺义理，欢乐慈孝，自相约检。"这里有君臣、父、兄弟、夫妇、亲戚、朋友的人伦关系，似与儒家同，但却无尊卑上下，则与儒家异；这里以"善教"为活动内容，以"和顺义理""欢乐孝慈"为道德风尚，以"斋戒"

"清静"为生活规范，则又表现了儒、释融合的特征。佛教的极乐净土其实就是以宗教形式表达的一种社会理想，它是对充满着压迫、剥削、争斗、残杀、虚伪、欺骗的人间社会的一种超越。它尽管是很不现实的幻想，但却表达了佛教的社会价值观念，而且在这种价值观念的引导下，不少佛教徒为极乐净土所吸引而为之虔诚发愿。隋唐间的净土宗甚至提出，在末法时代唯有净土一门是解脱之路。创立净土宗的唐初高僧善导曾著有《观无量寿经疏》《往生礼赞》《净土法事赞》等著作，传布净土信仰，影响很大，使该宗在中唐以后广泛流行。九世纪时，净土宗传入日本，使"极乐净土"的理想广为传布。

5. "悲智双运"的道德。佛教最基本的道德原则是慈悲与智慧，它是大乘菩萨的两面德性。"慈悲"是对众生的平等如一的深切关怀，其中慈是把快乐给与众生，悲是拔除众生的苦恼，佛教常称"出家人慈悲为怀"，又倡导"大慈大悲"，表示彻底地拯救人类、超度众生，甚至要慈怀天下，悲悯虫鸟。"智慧"是对一切事、理的是非、邪正进行简择和作出决断的心灵作用，其中"智"侧重于心灵的照见、简择作用，"慧"侧重于心灵的决断、解了作用，通常合称为"智慧"，又称为"般若智"。在佛典中，常用诸多比喻以形容智慧的价值，如"智慧山""智慧海""智慧风""智慧灯""智慧火""智慧水""智慧剑"等等。佛教的智慧固然含有知、解的意思，但主要是指直观把握诸法本性为空的智慧。佛的本义在印度即为"智慧""觉悟"之义，所以佛教十分崇尚智慧的价值，倡导"大彻大悟"。慈悲和智慧合而言之，称为"悲智双运"。"悲智双运"的价值在于，第一，慈悲情怀可以拯救苦难，唤醒痴迷，自度度人，超越轮回之苦。第二，智慧心力可以观照真理，破除痴愚，断除烦恼，使人大觉大悟，看破红尘，了达生死，以得解脱。可见，慈悲与智慧两种德行都是达到涅槃境界的阶梯。相对于涅槃境界而言，悲智属于工具价值层次。佛学称慈为"舟"，所谓："慈舟不棹清波小，剑峡徒劳放木鹅"（《从容录》卷三）；称智为"楫"，所谓"凭智楫到彼岸"，清楚地表现了慈悲、智慧的工具价值特征。悲智二德既然是工具价值，所以在佛教中它具体表现于修持的准则和方法上，例如要求修习"戒、定、慧三学"，"戒"是清除贪欲，积习善行；"定"是清除瞋恚，安静身心；"慧"是清除愚痴，照见真实。佛家云：贪欲除则慈悲现，瞋恚除则真勇出，愚痴除则智慧生，又如提出修习"悲智六度"，即布施、持戒、忍辱、精进、禅定、智慧，前五者是慈悲之行，后者为智慧之行。再如天台宗的"定慧双修"，禅宗提出的"顿悟成佛"等等，无一不贯穿着慈悲与智慧的精神。佛教从"悲智双运"的道德价值中，还引申出"勇"（无畏）、"忍""仁""忠""孝""信"等德目，表现了隋唐时期佛教授儒入佛的倾向，特别是佛教对于"忠""孝"的认同，标志着它向儒家道德价值观念的靠拢和对儒家伦理精神的汲取。佛家的道德价值观念不但落实于修习原则和方法上，还体现在人格形象上，佛、菩萨都是"大慈大悲""大智大勇""大彻大悟"的人格典范，是世人学习的榜样。总之，隋唐佛教从世界是"空"、人生是"苦"的观点出发，提出了它"常乐我静"的精神境界观念，"极乐净土"的理想社会观念和"悲慧双运"的道德修养观念，作为与儒家并立并对儒家补充的价值观念体系，在隋唐时期发挥了重要的作用，对中华民族的价值观产生了深远的影响。

四　神仙世界中的生命之真

李唐王朝建立后，对道教格外青睐，武德八年（625），高祖李渊宣布三教中，道第一，儒第二，佛第三，从此道教青云直上。太宗李世民命令卢思道校订《老子》，刻石和五经同列，又令玄奘将《老子》译成梵文，传至国外。高宗令王公以下皆习《老子》，并诏尊《道德经》为上经。武则天一度停习《老子》，唐玄宗又加以恢复。下令全国无论士庶皆家藏《老子》，并尊《老子》为《道德真经》，《庄子》为《南华真经》，《列子》为《冲虚至德真经》，《文子》为《通玄真经》，成为官方指定的道教"四经"。习此四经者，可以参加科举考试，并设崇玄学，置博士、学士。玄宗亲自为《庄子》作注、作疏；还把卢鸿一、王希夷、李含光、司马承祯、张果等道士请到长安，加官封号，使道教更加春风得意。唐王朝如此崇尚道教，固然有自称老子后裔，含及同宗之谊的原因，更重要的是道教的价值观念符合了统治者的价值追求。和佛教以人生为苦，以涅槃为乐相反，道教以重视生命价值为宗旨，以长寿为乐，以成仙为至乐，以进入神仙世界作真人为理想，这就符合了人们的生存、享乐和精神超越的需要。当然，对于那些人生不得意者，道教也有解脱痛苦的功能。正由于如此，道教才在充满积极进取、热情浪漫的盛唐时代风行一时，渗透到社会生活的许多方面，影响着人们的价值观念。唐代道教的主要价值观念是：

1. 永恒生命的追求。《老子》书中本来就有追求"长生久视"的观念。所谓"以其不自生，故能长生"。《庄子》亦云："无劳汝形，无摇汝精，乃可长生"。道教吸取了这一观念，并以此作为基本的修养宗旨。唐初流行的河上公《老子注》认为，"常道"是"自然长生之道"，不是"经术政教之道"，把《老子》书中的"谷神不死"解释为"养神不死"，反复强调宝精、爱气、养神，以追求长生。初唐成玄英注老，提出老子的处弱守雌都可以归结为"静"，而"静是长生之本"。后来，李荣虽然认为"道"有"治国"功能，但也不放弃"长生"的修养目标，主张"长生"和"治国"双向同进，"理国者用之，则国祚长久；修身者用之，则性命长久"（《老子注》第33章），杜光庭则提出了修炼的最高境界就是成为"永超运数，无复变迁"的"真人"。唐代著名的道教理论家司马承祯在《天隐子》《坐忘论》等著作中，更是以生命的永恒作为道教的根本观念，他说："神仙之道以长生为本；长生之要以养气为根。"（《天隐子·序》）他的师弟吴筠十分强调肉体生命的重要，认为通过修炼，肉体可以成仙，可以长生不死，变化飞升。由此可见，追求生命的永恒，珍重生命的价值，乃是道教最基本的价值观念。在道教看来，生命本身无论以肉体长寿的形式存在还是以神仙不死的形式存在都是有意义的，有价值的。然而，由于普通常人的生命都是有限的，不可能万寿无疆，甚至也难以长命百岁，所以，道教主张通过修炼以延长肉体生命甚至超越现实的肉体生命，达到生命的永恒。道教的种种修炼术，如炼丹、服食、养气、采补等等都是为了实现生命永恒这一价值目标的。而这一目标的实现就是成为神仙，所谓"老而不死曰仙"。道教的这种观念，在唐代有很大影响，上至帝王将相，下至平民百姓，无不对"成仙"表现出如醉如狂的热情，致使对生命价值的贪婪变成了对自然法则的违抗。宗教的虚幻性决定了其价值观念的虚妄性，然而，其中包含的重视生命、珍惜生命的意识仍有着一定的积极意义。

2. 人生之乐的眷恋。道教追求生命价值的永恒，是与其对人生的看法密切联系在一起的。乐生恶死本是人的本能，然而，人之所以恶死，总是以人生有乐为前提的，所谓"好死不如赖活着"。道教的生命价值观，也是立足于乐生观念的。它不但不禁止饮食男女之乐，而且还有许多满足欲望的方式，炼金术可以点石成金使人发财致富，房中术可以阴阳相补使人满足情欲，斋醮可以为人避祸祈福，符箓可以使人吉祥平安。不仅如此，它还能凭借法术使人仕途通达，取得高官厚禄，享尽荣华富贵。道教信仰的"福禄寿三星"，就可视为人生喜乐的概括性象征。《云笈七签》记载了许多因道士点化而飞黄腾达的故事。例如卢杞少时甚贫，后遇"太阴夫人"，向"上帝"拜奏，问卢杞"欲求水晶宫住否？欲地仙否？欲人间宰相否？"卢大呼曰："欲得人间宰相"，后果为宰相。又，李石"未达时，颇好道"，游嵩山时，在荒草中遇一病鹤，伤一足，李石刺自己血以救之，白鹤谢曰："公即为明皇时宰相"，后果然做宰相。道教对人生之乐的许诺，使人们种种享乐的欲望得以满足（尽管是虚幻的满足），并且还可使这种生命之乐通过长生而延至永恒（尽管是虚妄的永恒）。于是，在享乐欲的驱使下，人们就热衷于对道教的信仰。例如太仆韦勤之所以崇信道教，也只不过是因为神仙的法力可以让他当上夏州节度使；纥于泉"大延方术之士"，十五年苦求龙虎丹，乃是为了"点化金银""多蓄田畴，广置仆妾"而已。由此可见，道教的人生价值观念与佛教完全不同。佛教是企图解脱人生之苦而追求涅槃的超越；道教是企图延续人生之乐而追求神仙的超越。涅槃解脱的是漫长的人生之苦，神仙延续的是短暂的人生之乐。

3."真人""仙境"的倾慕。通过修炼得道而长生不死之人，道教称为仙人。高大鹏说："对于中国人而言，从超越世界来的生命称为神，由凡人经过转化而成的超越生命则为仙。质言之，由天而人的是谓神，由人而天的是谓仙。"（《造化的钥匙》）仙人有"圣人""至人""真人"等称谓。其中"真人"是仙人中的品位较高者。唐代帝王就曾封庄子为"南华真人"，列子为"冲虚真人"，文子为"通玄真人"，庚桑子为"洞灵真人"。真人、仙人所体现的价值要素，一是生命价值，他们都是些长生不死者；二是自由价值，他们都是神通广大、精通法术、往来天上人间、自由闲散、无所不能、无处不至、无往不胜的人；三是道德价值，他们都具有布道施教、惩恶扬善、治病解厄、铲妖除暴、锄强扶弱、伸张正义的崇高品德。真人、仙人所凝结的价值，都是道的体现，道的化身，是道教价值观念的人格（神格）化。神仙所居住、往来和活动的世界，道教称为"仙境"。道教所说的仙境很多，如昆仑山、蓬莱、方丈、瀛州、华胥国、梯仙国、黄金阙、白玉京等等，此外由于道教徒常以名山胜地为修炼之所，所以许多名山幽洞也成了神仙聚居的仙山胜境、洞天福地，这些仙境，不在天上、方外而在人间。然而，无论在天界、在方外还是在人间，仙境都是优美瑰丽、玉栏桂阙、金台银楼、水秀山清、云舒烟媚、花木繁茂、鸾鹤徊翔、饮食精馔、美女如云的所在。神仙们在这里，又幸福，又自由，有万般意趣，有无限欢乐。唐诗人李贺《天上谣》诗云："天河夜转漂回星，银浦流云学水声。玉宫桂树花未发，仙妾采香垂珮缨。秦妃卷帘北窗晓，窗前植桐青凤小。王子吹笙鹅管长，呼龙耕烟种瑶草。粉霞红绶藕丝裙，青洲步拾兰苕春。东指羲和能走马，海尘新生石山下。"这是诗人笔下明净美丽的天界仙境。诗仙李白《梦游天姥吟留别》诗云："我欲因之梦吴越，一夜飞渡镜湖月。……青冥浩荡不见底，日月照耀金银台。霓为衣兮风为马，云之君兮纷纷而来下，虎鼓瑟兮鸾回车，仙之人兮列如麻。"这是诗人梦中的人间仙境。道教的仙境，虽然是宗教梦幻，但所映射的价值都是十分现实的。它表达了人们向往幸福、追求欢乐、热爱生命、酷爱自由的内心世界，也表达了人们关于美好社会的价值理想。

4. 忠孝道德的认同。道教的道德观念，不少是对道家思想的照搬，如清虚素朴、少私寡欲等等，但由于其生长在纲常名教占统治地位的汉代，所以就受到儒家伦理的熏陶，讲"大慈孝顺"。晋时则提出了"以忠孝和顺仁信为本"。到了唐代，在儒、释、道融合的背景下，道教进一步与儒学合流，吸取道德营养，传说中的吕洞宾常常告诫道士："孝弟忠信为四大支柱，不竖其柱而用心，椽瓦何能成得大厦？"又说："酒色财气四字一毫不犯，方可成道，浮名浊利，尤修仙的对头。"（《云巢语录》《道藏辑要》壁集三册）在唐朝佛道的争论中，忠孝问题也是双方辩论的重点问题之一。唐高祖武德四年，道士傅奕上疏废佛，列举的重要理由就是佛教违背礼教，不忠不孝，破坏伦理纲常，不利于齐家治国。他说："海内勤王者少，乐私者多，乃外事胡佛，内生邪见，剪剃发肤，回换衣报，出臣子之门，入僧尼之户，立谒王庭，坐看膝下，不忠不孝，聚结连房。……人家破家，人国破国。"（《广弘明集》卷十一，《对傅奕废佛僧事》）傅奕提出忠孝道德固然是为了排佛，但也可以看出道教对忠孝道德的认同。后来，吴筠在《玄纲论》著作中，进一步提出只要人们确能抛弃世俗情欲的牵累，诚心修炼，或者有大忠大孝的德行，再辅之以吐纳、良药，一定可以成神仙。如同在佛教中一样，道德在道教的价值系列中，并不属于目标的层次，而是处于修炼方式、成仙手段的地位。忠孝等道德规范在道教中具体化为许多戒律，要道士们遵守，并与其他修炼方式结合一起，成为进入神仙世界的阶梯，支撑神仙大厦的支柱。

5. 虚静心性的修养。道教虽倡言忠孝道德，但更重视修道、得道的手段，在这些手段中蕴含着他们的价值意识。唐代的道教学者和道士虽然也承认炼丹、服气、诵经、持戒等都是修炼的方式，但他们视这些"术"为低层次的修炼手段，而认为修养精神、修炼心性才是最高层次的修炼。唐初李淳风把修炼者分为三等，二、三等的"炼术"，第一等的"炼心"。重视精神、心性的修养是唐代道教的主流。道教的心性修养，就是要人清心寡欲，虚静无为。成玄英说："静是长生之本，躁是死灭之源。"（《老子疏》第四十五章）并推而广之，提出治国之道"须是淳朴，教以无为。"（《老子疏》第十章）李荣认为，治国、长生，都应坚持"虚极之理""虚寂之道"。唐玄宗提出，《老子》的大旨就是"虚静"，"理国则绝矜尚华薄，以无为不言为教""理身则少私寡欲，以虚心实腹为务""而皆守之以柔弱雌静……此其大旨也"（《道德真经疏·失题》），他还把虚静说成人的本性，"人受生，皆禀虚极妙本，是谓真性"（《老子疏》第十六章）。李约注《老子》，也认为《老子》是"清心养气安国保家之术"，道就是让人返归自然之性。他主张保精、复朴，使神不离身，气长在心，以此致无期之寿，得长生之道。杜光庭提出"世人修道，当外固其形……内存其神。"（《广圣义》卷十一）虽然炼形是必要的，但"炼心"更为重要，所谓"炼心""修心"就是使心清虚宁静。《内观经》还把修心概括为八个要素：虚、无、安、定、静、正、清、净。可见，唐代道教十分重视虚静心情的修养。虚静的价值实质是内除物欲，外斥功利，甚至也不关注儒家的仁义道德。"虚静"是一个否定性的价值观念，它是通过否定功利价值、远离世俗价值而表达道教的价值取向的。若以肯定性形式表达，"虚静"标志的大约是一种超越性的精神自由。道教既眷恋人生之乐，而又标榜虚静无为，似乎是矛盾的，其实并无矛盾，因为二者属于不同的价值层次，人生之乐乃至神仙之乐，是道教追求的理想，属于目标价值；而清虚无为乃是修道成仙的途径和手段，属于工具价值。二者是目标和工具的关系，在道教看来，必先虚静无为，然后才可得道成仙享永生之乐。"吃小亏占大便宜"，"无为而无不为""虚静"不过是为成仙而付出的代价罢了。当然，虚静本身也并非没有独立的意义，它作为一种心境和人生态度，可以唤醒痴迷，弱化进取，安定躁动，使人脱离名缰利锁，跳出欲火情海，实现精神自由，保养自然生命。

总之，在隋唐时代，儒家追求的是现实的道德和功业，佛教崇尚的是超越的自由和平等，道教珍视的是虚幻的长生和幸福，大唐盛世正是在这种多维交织的价值观念的导引下繁荣和昌盛的，也是在这些价值观念弊端的影响下走向衰落的。

（原载于《祁连论丛》1999 年第 3 期）

论唐代开放的价值视野

　　唐代是一个开放的社会。儒、释、道多维价值取向并行不悖，自由争论，各现风采，不仅有力地促使三教融合，而且造成一种开放的文化态势和价值视野，在社会生活的诸多方面和诸多领域，价值都表现了开放性的特征。人们的主体需要不但在广度上扩展了，在层次上丰富了，而且在表达上比较自由；满足需要的价值客体，不但在数量上增长了，范围上广阔了，而且在变动上比较快速。由此，主、客体的价值关系就呈现为纵横交织、上下流动、中外往来的"立体交叉桥式"的结构。于是，反映这种价值结构的价值观念也绚丽多姿，异彩纷呈，气象万千。

一　胡人刚健精神的融入

　　自魏晋南北朝开始的多民族冲突、融合的历史进程，至隋唐时产生了充分的社会文化效应。唐代的民族融合效应，首先表现在统治者对待少数民族的观念的改变上，《资治通鉴》卷一九八载，贞观二十一年（647）五月，唐太宗总结其成功要领的"五事"，其中之一是"自古皆贵中华，贱夷狄，朕独爱之如一，故其种落皆依朕如父母。"唐太宗以民族平等和民族和合观念取代了历史上的"贵华贱夷"观念，这是促进民族交往和融合的基本原因之一。其次表现在法律的应用上，《唐律疏议》规定："诸化外人，同类自相犯者，各依本俗法，异类相犯者，以法律论。"就是说，少数民族本族人相犯，即按他们固有的习惯法处理，不同民族之间相犯，按"唐律"处理。这种不同民族按不同法律治理的精神，表现了尊重少数民族和民族平等的观念。再次表现在吸收少数民族参加政权上，唐代统治阶级中就有不少的少数民族和各族的混血儿。唐建国时，汉化鲜卑贵族的支持起了举足轻重的作用，因之他们在统治集团中一直处于重要地位。据统计，唐朝宰相369人中，胡人出身的有三十六人，占十分之一。《唐书》还特辟专章为蕃将立传。最后表现在对胡人文化的坦然接受和大量吸取上，从而使胡曲、胡乐、胡舞、胡食、胡服、胡饰广为流布，汉族男女争相学习、仿效。《旧唐书·舆服志》云：开元以来，"太常乐尚胡曲，贵人御馔尽供胡食，士女皆竟衣胡服。"王建《凉州行》诗云："城头山鸡鸣角角，洛阳家家学胡乐。"李端咏胡腾舞诗云："环行急蹴皆应节，反手叉腰如却月。"日本僧人圆仁入唐，曾见"时行胡饼，俗家皆然"（《入唐求法巡礼行记》）。《安禄山事迹》言："天宝初，贵族士庶好衣胡服。"《新唐书·五行志》载，女子化妆亦染胡风，"圆鬟椎髻，不设鬓饰，不施朱粉，惟以乌膏注唇。"元稹《法曲》对唐人文化生活中的胡气描绘道："女为胡妇学胡妆，伎进胡音务胡乐。……胡音胡骑与胡妆，五十年来竞纷泊。"

由于民族平等观念和政治上、文化上对胡族的接纳，使盛唐时期"长安胡化极盛一时"（《贞观政要·慎所好》）。文化的核心是价值观念，唐人文化生活中的"胡气"，使胡人的价值观念融入了汉民族的价值意识。这些观念主要是：

1. 崇尚阳刚的雄健气概。胡民族本是游牧民族，他们在广阔的大草原上纵横驰骋，铁骑飞度；弯弓射雕，长戈驱兽；沐风栉雨，漂泊不定；肉食皮衣，豪饮高奏；放歌狂舞，摔打竞斗，形成了崇尚阳刚、卑视阴柔的价值意识，养成了豪爽刚健的英武气概，随着胡汉文化的融合，这种崇尚阳刚的雄健精神也随之注入了汉民族的价值意识和民族精神之中。王勃名句"海内存知己，天涯若比邻。无为在歧路，儿女共沾巾。"（《送杜少府之任蜀州》）大有"北间风俗"，"歧路言离、欢笑分首"的丈夫气概；李白高吟："边城儿，生年不读一字书，但知游猎跨轻趫。胡马秋肥宜白草，骑来蹴影何矜骄。金鞭拂血挥鸣鞘，半酣呼鹰出远郊。"（《行行游且猎篇》）洋溢着劲健英猛的粗犷气势。这种尚刚健的价值意识对唐人的女性审美观也有所浸染，尚健硕丰腴而不喜柔弱纤巧，正是对胡族尚活泼勇健的女性审美观的折射。

2. 淡薄礼法的自由精神。胡人的礼法观念比较淡薄，精神比较自由，和汉人比较，他们显得有些无拘无束。比如在婚姻关系上，他们没有汉族儒家伦理所设定的烦琐的清规戒律，"嫡妾不分""诸后并立"的现象所在多有。在男女关系上，交往也比较自由，"女儿自言好，故入郎君怀"的现象不在少数。大唐时期，此风贯于南北社会，离婚改嫁、夫死另配，习以为常，以致闺门失礼、婚外偷情、"相许以私"、"乘间欢合"之事，颇有发生。朱熹说："唐源流于夷狄，闺门失礼之事，不以为异。"（《朱子语类》）这种自由意识，还表现在女性的服饰和外出活动上。至于许多士人直言不讳，放言无忌，特立独行，自由放任的作风，也显然与胡人淡薄礼法观念的影响有关。

3. 轻视尊卑的平等意识。和自由精神相联系，胡人对尊卑等级也比较轻视，君臣、父子、夫妇之间不像汉人那样等级森严，单向服从，而是保留着原始道德中的平等遗风。这种意识的融入，对当时人们的平等观念无疑有所影响，盛唐时期平等观念是相当强烈的，杜甫写李白"天子呼来不上船，自称臣是酒中仙。"《酉阳杂俎》载李白命高力士脱靴，范传正李白墓碑中说李白"被酒于翰苑中，仍命高将军（高力士）扶以登舟。"李白也称自己"揄扬九重万乘主，谑浪赤墀青琐贤。"（《王壶吟》）"严陵高揖汉天子，何必长剑拄颐事玉阶？达亦不足贵，穷亦不足悲。"（《答五十二寒夜独酌有怀》）李白这种平等意识中，诚然有传统道家价值观念的深刻烙印，但是，胡族平等意识浸染后所形成的文化氛围，却给这种平等观念提供了表达发挥的条件。

二　外域重商观念的吸取

唐朝是我国历史上中外关系发展的重要时期，同许多国家都建立了友好关系。唐朝的中外交流，主要有四条途径，一是外国使者频繁来访。新罗、高丽、百济（均在朝鲜半岛）、日本、林邑（越南中南部）、真腊

（柬埔寨）、失密（克什米尔），分布在苏联中亚地区的康、安、曹、石、米、何、火寻、戊他、史，还有波斯、大食、拂菻（东罗马），都曾多次遣使入唐。二是外来宗教广泛传入。除佛教外，唐时的外来宗教有从波斯传入的祆教、摩尼教，从叙利亚传入的景教（基督教的一派），从大食传入的伊斯兰教。这些宗教的传教士来到中国的很多。三是外国留学生大量来华，高丽、百济、新罗、日本及吐蕃、高昌都有留学生到长安入学，进入国学的有八千多人。唐文宗开成二年（837），新罗派到唐的留学生就有两百多人，从唐穆宗到唐末，登科举的新罗学生有五十八人。四是外国商人纷纷入唐。中亚各国、阿拉伯、波斯、拜占庭、印度、尼泊尔、斯里兰卡、殊奈、仍建、拔拔力、日本及东亚各国都有商人来唐经商贸易。特别是阿拉伯和大唐的商业关系，依靠陆路和水路，维系着频繁的往来。陆上商队不绝于道，往返于丝绸之路。海道商船往来于波斯湾与中国交州、广州及沿海各港。由于中外经济、文化交流的发展，使长安成为当时世界上最繁荣的国际都市。各国使臣、僧侣、留学生、商人、乐工、画师、舞蹈家聚居长安，彼此交往。在长安一百万总人口中，侨民和外籍居民大约占百分之二左右，加上突厥后裔，其数量在百分之五左右。780 年，留居长安的回鹘人有千人，穿着唐式服装的外国商人二千人以上，787 年检括长安"胡客"（侨民），凡有田宅的达四千人。

通过中外的经济、文化交流，既使中华文化向外传播，又使外域文化大量涌入。于是，异域的财货、器物、衣食、习俗、信仰中所渗透的价值观念也对中国人有相当的影响。其中，最突出的除佛教价值观念之外，就是异域人特别是阿拉伯和波斯商人的重商观念。唐时波斯人入华以商人为多，侨居中国的也以商人为多。除长安外，居扬州者有几千人，至唐末黄巢攻占广州时，伊斯兰教徒和祆教徒、景教徒、犹太教徒丧生的达十二万人，其中以阿拉伯人和波斯人为最多。可见，阿拉伯人、波斯人在唐代的商人之众。波斯人重视商业、贸易，重商意识浓厚。716年有波斯商人鼓动玄宗往海南各地采购珠翠奇宝，"因言市舶之利"，竭力怂恿唐朝扩大对外贸易。唐政府受此观念影响，在广州设市舶使官职，专管对外贸易，市舶使的地位竟提高到可以和岭南节度使并立，合称二使。亲访广州的阿拉伯商人苏莱曼·丹吉尔在851年写的《中印游记》中，如实描写了唐时广州的商贸盛况。中国封建社会是农业社会，重农观念源远流长，根深蒂固，在唐代的中外经济、文化交流中，异域商人的"言市舶之利"的观念，对人们的重商意识是一种可贵的强化，唐代商业较前代发达，特别是国际贸易盛况空前，显然与重商观念的增强有关。当然，商业活动对朝廷和商界带来的利益，也使人们在实际活动中体会到了重商的意义。除重商观念上，异国的其他价值意识特别是各种传入的宗教信仰，也会给中华民族的价值观念中留下痕迹。

三 文艺多样风格的弘扬

文学、艺术的种类、风格的多样性与单一性的选择，也是一种价值观念。在唐代的开放价值世界中，诗歌、绘画、书法、音乐、舞蹈、雕塑、建筑等各类艺术的多样风格，占据着十分重要的地位。唐代统治者对文学艺术风格采取了兼容并包、宽容并重的态度，表现了一种开放性的文艺价值观念。

唐代是中国诗的辉煌时期，闻一多说："唐诗者，诗的唐朝也。"（《说唐诗》）唐代诗歌，创作活跃，诗人辈出，作品丰富，风格多样。从继承与发展看，唐诗兼采了前代之长，气象博大，雄浑壮美，风骨与声律兼备，质实与文华并茂，抒情与写景交融。承建安之风骨而成遒劲，接两晋之意境而出高妙，续宋齐之藻绘而有清丽，转梁陈之柔靡而为细腻。以演变历程言，初唐情思浓郁，开朗壮阔；盛唐气盛势飞，浑厚氤氲；中唐忧愤滞重，奇幻怪异；晚唐黯淡凄冷，幽美伤感。由风格类型论，司空图《二十四诗品》所列雄浑、冲淡、纤秾、沉着、高古、典雅、洗练、劲健、绮丽、自然、豪放、精神、含蓄、缜密、疏野、清奇、委曲、实境、悲慨、形容、超诣、飘逸、旷达、流动等风格，唐诗莫不具备。依个人风格说，陈子昂的清新刚健、高适的慷慨激昂、岑参的雄奇瑰丽、王昌龄的高远深沉、李白的豪放潇洒、杜甫的沉郁顿挫、王维的清幽空灵、白居易的平易厚实、孟郊的质朴自然、韩愈的刚劲险奇、李贺的幽峭秾丽、李商隐的绵邈绮丽、杜牧的雄姿英发……真可谓气象万千。

唐代书法也放射着璀璨的光芒。法度森严、刚正奇险的欧阳询，内含刚柔、萧散虚和的虞世南，遒丽端劲、法则温雅的褚遂良，劲健飞动的李邕，疏淡坚劲的孙过庭。特别是丰腴厚重、气势雄古的颜真卿，变化无穷、险劲清雄的张旭，精神风发、狂放飞动的怀素以及遒劲丰润、清刚严厉的柳公权，都是书法史上佼佼者。

唐代的画苑也异彩纷呈，阎立本、尉迟乙僧、吴道子、李思训、王维、张萱、周昉、韩干、曹霸、韩滉，各有千秋。

此外，气魄宏大的乐舞、繁华精美的雕刻、气势奔放的散文、清新隽永的游记，各现风采。

由此可以看出，文学艺术发展到唐代的确达到了高峰，各个领域，万紫千红，春意盎然，到处是一片"春来遍是桃花水"的美好景象，这表现了开放的视野，宽广的胸襟，高远的境界，其中蕴含着尊重多样性艺术风格的价值观念。风格即是人，风格的多样表现了人格的丰富、个性的独特。对多样性风格的尊重体现了对独特个性的崇尚。

四 人才才略事功的崇尚

唐代的人才价值观念，也不同于以往，重才略、重事功是其突出特点。传统儒家的人才价值观以重德行为标志，传统封建社会的人才价值观以重门第为核心，大都对才略、事功有所忽视。有唐一代，虽仍存门第之尊，但由于采取科举制度和抑制旧门阀世族的政策，在人才观念上表现了一种灵活、开放的姿态。把才略、事功置于比以往更重要的地位。唐初，太宗李世民谈到门第与人才的关系时说，南北朝时的旧门阀"才识凡下，而偃仰自高，贩鬻松槚，依托富贵。"他自称"平定四海，天下一家，凡在朝士，皆功效显著，或忠孝可称，或学艺通博，所以擢用。"并赞汉高祖"止是山东一匹夫，以其平定天下，主尊臣贵"（《旧唐书·高士廉传》）。这虽不是专门谈论用人标准问题，但却鲜明地表现了唐太宗重"才识""功效"不重家族门第的人才价值观念。武德九年（626），唐太宗在赏赐功臣、定勋臣爵邑时说："王者至公无私，故能服天下之心。……当择贤才而用之，岂以新旧为先后哉！"贞观六年（632），唐太宗与魏征论择人，太宗说："为官择人，不可造次。用一君子，则君子皆至；用一小人，则小人竞进矣。"魏征对曰："天下未定，则专取其才，不考其行；丧乱既平，则非才行兼备不可用也。"（引文皆见《资治通鉴》卷一九四）。后来，武则天当政时，也提出唯才是举的用人原则。唐代统治者重才略、重事功的人才观念，在实际用人实践中也得到了体现。例如，魏征少孤贫，为道士，曾参加瓦岗起义，归唐后又多次建议李建成翦除李世民，但由于魏征博学多闻，才华出众，性情耿直，有经国之才，太宗不记旧仇，委以重任。在重才略事功的价值观念指导下，大唐王朝才略之士极众，唐初如魏征、房玄龄、杜如晦、长孙无忌、高士廉等；玄宗时的名相姚崇、宋璟、张嘉贞、张说、韩休、张九龄；宪宗时的宰相杜黄裳、武元衡、李绛、裴度等，大都是比较了解世俗民情，比较讲求实际，思想开明，注重效率，富于革新精神的杰出人才，而且来自不同的阶层、地区、民族。不仅如此，唐代还颇多政、学皆备，文、武兼资之士。宰相褚遂良是唐初四大书法家之一，名相张说、张九龄、元稹是著名的诗人，刘晏、杨炎是著名的理财家，贞元宰相贾耽和元和宰相李吉甫是著名地理学家，历任德宗、顺宗、宪宗三朝宰相的杜佑是史学家。至于中下级官员中的文豪才士更是不胜枚举，杜甫、柳宗元、韩愈、刘禹锡、岑参不过是其中著名者。文武兼资之士，如李靖、裴行俭、李皋、刘仁轨、裴中立、高适、李勉、王翃、郗士美、马总、李郧、柳公绰、温造等等。

由此可见，唐代人才观念具有鲜明的开放性特征。它以才略、事功为价值标准，不拘一格选人才，产生了显著的社会效果，统治集团人才荟萃，文化领域英才辈出，共同创造了光耀世界、彪炳史册的大唐文明。

五　个体独特人格的认可

对个体价值是否尊重，对人的个性是否宽容，是衡量一个时代、社会开放与否的重要尺度。中国传统的儒家价值观，重群体、重共性，虽不否定个体价值和个性特征，但却对其重视不够。道家比较重视个体价值，崇尚"独有"之人，佛教禅宗尚自然适意，主个人顿悟，也有利于个性之发展。唐代三教并重，儒家未能独尊，故以其开放的人格意识为独特之士创造了宽松的精神氛围；同时，唐时国力强盛，气度恢宏，对异族文化和异域文化敞开大门，致使天竺之超脱思想，诸胡之自由强悍，融入了中华价值观念结构，从而也为个性的任意发挥和自由驰骋提供了广阔的观念空间。此外，唐代的统治者推行开明的人才政策，思想文化方面的禁忌较少，对知识分子常以"师友待之"，对狂傲不羁、特立独行之士比较宽容，这也为个体的独立和个性的发展提供了重要条件。因此，在唐代的人格价值观念中洋溢着重个体、重个性的浓厚气息。

这些特立独行人格的主要特点是：（1）充满自信。李白的"天生我材必有用""我辈岂是蓬蒿人""长风破浪会有时，直挂云帆济沧海"；杜甫的"致君尧舜上，再使风俗淳"，集中表现了知识分子充满着实现自己远大抱负的自信心。唐代知识分子在国家以科举取士，为寒门庶族广开入仕之门的政策感召下，对实现自己的理想多有自信。段文昌年轻时，落魄荆楚，穷愁潦倒，酒醉后，满身泥泞，趿鞋在江陵大街漫步，看到渠旁有一座高大住宅，他在渠中洗脚，向围观者呼喊："我做江陵节度使，必买此宅！"众人听此，无不大笑。谁料后来段文昌果然实现了自己的诺言，官至丞相。（2）狂傲不羁。李白诗云："我本楚狂人，凤歌笑孔丘。""安能摧眉折腰事权贵，使我不得开心颜。"杜甫年轻时，"饮酣视八极，俗物多茫茫"，狂吟"儒术于我何有哉？孔丘盗跖俱尘埃！"就是负才傲俗、藐视权贵、不畏权威的精神写照。像这种"戏万乘若僚友，视俦列如草芥"（苏轼《李太白碑阴记》）的狂傲之士，也不仅李、杜二人。罗隐仕途遇阻，契阔东归，与朝官韦贻范同舟，舟人告诉罗隐："此有朝官。"罗隐不屑一顾地说："是何朝官？我脚夹笔，可以敌得数辈！"此外，如刘希夷、王昌龄、祖咏、张若虚、贺知章、孟浩然、常建等亦皆"恃才浮诞""性度高廓"之辈。（3）敢于批判。唐代知识分子不但藐视权贵，而且敢于讽刺当权者，批判社会现实。杜甫的"朱门酒肉臭，路有冻死骨"，不但体现了对社会问题的深刻洞察力，而且表现了对不平等社会现实的强烈批判。白居易讽喻皇帝好色："汉皇重色思倾国；"（《长恨歌》）控诉朝廷对卖炭翁的掠夺："半匹红绡一丈绫，系向牛头充炭直"《卖炭翁》。刘禹锡讽刺永贞年间的保守官员的失势和自矜自己重回朝廷任职时吟道："种桃道士归何处？前度刘郎今又来。"《再游玄都观》张籍、王建也写了大量讽喻诗，揭露统治者对人民的压迫，同情劳动者的苦难。这绝非那些谨言慎行，看统治者眼色行事的腐儒所能企及的。此外，许多知识分子不检细行，放浪不羁，挥金如土，纵情诗酒，携妓漫游的生活作风，也从侧面表现了他们特立独行的个体自由思想。

在唐代较为宽松的政治环境中，社会对个体人格和独立意识的认可，在某种意义上有利于发挥知识分子的聪明才智和创造激情，从而使许多知识分子具有才识渊博、眼界开阔、思想活跃和一专多能的优点。当然，其中有些人狂放不羁到甚至沾染上无赖气的程度，独往独来到甚至变成了怪癖者的地步，豪迈浪漫甚至混迹于轻薄辈的行列，潇洒风流到甚至带有着酒色徒的味道，就成为有害于社会道德风尚和文明发展的"无行文人"了。

唐代是价值开放的时代，它在民族观念、中外观念、文艺观念、人才观念和独立人格观念等方面，都表现了"鲸吸百川""有容乃大"的开放态势，被国外汉学家赞为"世界大同主义"。唐代是价值综合的时代，它继承了魏晋时的自然适意和潇洒超越，发展了汉代的道德理想和功业意识，摄取了儒家的仁义崇尚、道教的生命热爱和佛教的精神超脱，可谓是"万善同归"。价值的综合和开放都是在国家统一的条件下实现的。汉代的统一形成了以三纲五常为核心的儒家价值观的独尊，而唐代的统一则形成了多元取向的儒、释、道三家价值观的并举和综合，之所以如此，其根本原因在于西汉是中央集权封建制度的建立和形成时期，社会需要高度的集中，以巩固新生的制度，而唐代则是中国封建社会的成熟和高度发展时期，社会需要把封建社会建立一千年以来所蓄积的各种潜力和能量予以充分释放。社会的不同需要就反映为汉与唐不同的价值观念，汉、唐封建统治者的政策不过是对社会需要的适应罢了。正由于汉、唐时期统治者的方针政策（例如独尊儒术、三教并用等政策）是与社会发展的客观需要基本适应的，所以在此政策指导下所建立的主导性价值观念就具有历史的进步性。从价值观念演变的规律来看，如果以汉代为"正"、以魏晋为"反"，那么唐代就是"合"，即它是一个肯定—否定—否定之否定发展周期的第三个环节。在这一环节中，既有对否定环节的继承，又有向肯定环节的复归，于是就具有了综合性的特征。在这一综合中，以前的诸多价值观念都被蓄积、被蕴含，也被展示、被挥发，由此而现出了博大、丰富和茂盛的风貌。从价值观念的功能上说，盛唐文明正是"万善"综合发挥作用的结果。然而，这一个否定之否定周期的"终点"（第三个环节），却是下一个否定之否定周期的"起点"（第一个环节）。作为"起点"，以后的价值观念都已在这里孕育、潜伏、萌芽，究竟哪一点被利用、被发展，哪一点被克服、被否定，则要看历史条件和主体的选择了。总之，唐代价值观念所具有的力度，将成为宋明时期价值观念演变的前导。"云端有路通高境，义利天人各一方"，越过盛唐的峰巅，中华民族的价值追求将转向新的方向。

（原载于《陕西史志》1999 年第 3 期）

关学精神论

　　关学是由北宋张载所创立的，至明清时代仍然流行于关中地区的理学学派。北宋中期，张载讲学关中，他的学术思想被称为"关学"，与周敦颐的"濂学"、二程的"洛学"、朱熹的"闽学"并称为宋代的四大学派，颇负盛名。他本人也被后世尊为理学祖师之一。张载之后，明清时代的关中学者尊张载为"关中士人宗师"，并在不同程度上都接受了张载的影响，继承了张载的学术旨趣，由此而形成了宋明时期理学中的一个相对独立的学派。尽管关学在传衍过程中，学术观点屡有变化，但其学术精神却大体有其前后的一贯性特征。关学的学术精神体现在学术使命、学术宗旨、治学作风、治学方式和学者品格等诸多方面。概而言之，约有数端：

一　"立心立命"的使命意识

　　关学创始人张载是一个有自觉的学术使命意识的哲学家，他提出的"为天地立心，为生民立命，为往圣继绝学，为万世开太平"的名言，是对自己哲学学术使命的高度概括。意思是说要以哲学揭示宇宙的本质和规律，来探索人生的价值理想和精神家园，来继承和发扬面临危机的圣贤之学，来设计一个永远美好的理想社会，从而为人们提供一个正确的世界观、人生观、文化观和社会观。张载的这四句名言表达了一个哲学家的崇高使命和远大志向，受到后代哲学家的赞赏和认同。关学的后继者们大都以这种使命意识来自励，无论他们在哲学思想上是否与张载一致，但在对自己学术使命的自觉上，皆不同程度地保持着张载的精神。

张载的弟子吕大临尽管有向"涵泳义理、空说心性"的洛学转化的趋向，但他仍保持着"以教化人才、变化风俗为己任"的学术使命感。明代关中硕儒吕柟青年时代即与友人相约"文必载道，行必顾言"，入仕为官后上疏力劝明世宗倡明圣学，他认为圣学的意义在于"上对天心""下通民志""太平之业，实在于此"，体现的正是张载"立心""立命""绝学""开太平"的精神。生活于明万历年间被时人誉为"关西夫子"的著名理学家冯从吾是关中书院的创立者，主持关中书院二十余年，培养弟子五千余人。他办学讲学的目的非常明确，"开天辟地在此讲学，旋转坤乾在此讲学，致君泽民在此讲学，扶正变邪在此讲学""千讲万讲，不过要大家作好人，存好心，做好事"。明末清初被尊为"海内三大名儒"之一的李二曲终生以"明学术，正人心"为自己的崇高使命，他说："大丈夫无心于斯世则已。苟有心斯世，须从大根本、大肯綮处下手，则事半而功倍，不劳而易举。夫天下之大根本莫过于人心，天下之大肯綮莫过于提醒天下人之心，然于醒人心，惟在明学术。此在今日为匡时第一要务。"他认为，学术乃是"生人之命脉，宇宙之元气，不可一日息焉者也"。

由此不难看出，有自觉的使命意识和强烈的学术责任感，是关学的重要精神。张载的"立心立命"，吕大临的"教化人才，变化风尚"，吕柟的"对天心""通民志""兴太平"，冯从吾的"作好人、存好心、做好事"，李二曲的"明学术，正人心"，都是对自己学术使命和治学志向的明确表述。正由于有这种自觉的使命感和责任感，关学学者们大都把个人的学术活动与国运民命、匡时救世紧密结合起来，以"主持名教，担当世道"（李二曲语）为己任，使自己既成为学者，也成为社会历史价值的承担者，从而去努力实现为学与经世、治学与做人的高度统一。

二 "崇礼贵德"的学术主旨

张岱年先生曾云："张载学说有两个最重要的特点，一是以气为本，二是以礼为教"。后来的关学后继者虽多未能发扬以气为本的思想，但却"大多传衍了以礼为教的学风"。关学的"以礼为教"，约有二义：一是崇尚古代的礼制；二是重视道德的教化。在礼制上，张载平生用心于"复三代之礼"，他曾"知太常礼院"，做过礼官，明庶物，察人伦，于"冠婚丧祭之礼"无所不精；退居横渠后，亲自"正经界、分宅里、立敛法、兴学校、成礼俗"。他认为，《周礼》是"的当之书"，推行"三代"的井田制可以实现"均平"理想。在德教上，张载认为"知礼以成性、性乃存，然后，道义从此出"（《横渠易说》）。并指出礼的本质即是"天理"："礼者理也，……知理则能制礼"。这就把"礼"和"德"贯通了，由"崇礼"引申到"贵德"。从这一认识出发，他提出了"民胞物与"的道德理想和精神境界。张载这种"崇礼贵德"的学术宗旨对关学有深远影响，后代关学学者都不同程度地认同和发扬了这种精神。张载弟子吕大临后来虽受洛学影响，但仍然没有改变关学"躬行礼教"的主旨，他"通六经尤邃于礼，每欲掇习三代遗文旧制，令可行，不为空言以拂世骇俗"（《宋史》卷三百四十）。他论选举、明兵制、行井田、制乡约、明教化，主张葆"赤子之心"，弘"孟子之义"。明代关学学者吕柟，著《礼问内外篇》，任国子监祭酒时期，以"四书""五经"及《仪礼》为教材，"礼以立之，乐以和之"，并把正心、修身、忠君、孝亲作为道德教育的基本内容，注意对学生的道德品行培养，要求学生严格按各种道德规范和礼节约束自己。他说："若无礼以提防其身，则满腔一团私意，纵横四出矣。"（《明儒学案》卷八）他认为从"正己"入手，通过改过行善功夫，就能达到张载所说的"乾坤便是吾父母，民物便是吾胞与，将己身放到天地万物中作一样看，故曰：仁者以天地万物为一体"的精神境界。（《明儒学案》卷八）与吕柟同时的杨爵，大力倡导"克己复礼之学"，认为"人若非礼则率意妄为"，从而把习礼视为把握人本性之善，制约人言论行为，完善人道德品节，实现为仁之道的重要途径和功夫。并把礼的内容和标准具体化，以适应不同地位和处境的人。后来，冯从吾在关中书院讲学时，也始终坚持德教为先的原则，提出"讲学即讲德",制定《书院会约》,规定了各种礼仪,着力于培养"粹然之养,卓越之识,特然之节"的真人品。他说:"学者须是有一介不苟的节操,才得有万仞壁立的气象。"明末清初的"关中三李"继承关学体统,进一步阐发了张载"以礼教人"的思想,李因笃主张理学应以经学为本,为人应以"圣人为规矩";李柏提出"当仁不让于师",要求人们在道德修养上艰苦磨炼,防微杜渐;李二曲提倡"悔过自新""为学修德",主张培养"真儒",他还从《礼记》中摘录关于儒者的论述,写了《儒行篇》,以作为"真儒"的行为规范,要求从学者。由此可见,从张载到李颙七百年间,"关学世所渊源,皆以躬行礼教为本","崇礼贵德"是关学源远流长的传统精神,虽然不同时期的关学学者,强调和着重的具体内容不同,但其以礼为制、以礼教人、以德为先、以德为本的思想主旨都是一贯的。"崇礼贵德"就恪守礼制的一面言之,无疑有着保守性的局限,但其重视道德价值,培养道德人格的精神却包含着积极的因素,至今仍有现实意义。

三　"经世致用"的求实作风

在宋代理学的濂、洛、关、闽四派中,关学是最具求实精神的学派。关学的创始人张载,建立了以气为本的哲学体系,其理论深邃、逻辑严密、分析细致,达到了很高的思辨水平。然而,张载为学却不尚空谈,而是"语学而及政,论政而及礼乐兵刑之学"(《二程粹言》卷上),有着鲜明的求实作风。早在青少年时代,张载即向邻人焦寅学习兵法,并曾想组织兵力对西夏作战,解除西北边患,二十一岁时上书延州知府范仲淹,提出"边议"九条。走上治学道路之后,他依然关心当时的军事、政治,不把"道学"与"政术"视为"二事"。在他三十八岁至五十岁的十二年为政期间,"躬行礼教""敦本善俗",建立了卓著的政绩。晚年回到故乡横渠镇著书讲学时期,一方面与弟子们读书论学、著书立说,另方面仍联系实际、关心时政、体察民情,并试验井田制。在他看来,治学讲学的目的是为社会服务,是为了培养合格的实用人才,"学与政"应"不殊心而得"。张载的这种"经世致用"的求实精神，也基本上为后代的关学家们所继承和发扬。

　　从宋末至清初，关学学者们无论是入仕为官，还是著书讲学，都表现了求实尚用的可贵精神。元朝统一后，朱子之学北传入关，为关学复起创造了条件，尽管当时的关学受到了朱学的影响，但仍然保持着张载的"实学"学风。杨奂、宋规、员炎、杨恭懿、同恕诸人治学总是从"志于用世"出发，"指陈时病""耻为章句"，其著述"往往有关名教"。明代关学中兴，学者们虽然受到朱、王二学浸染，但其实学之风持而不坠。吕柟、杨爵、马理、冯从吾这些代表人物，都不以"空谈性命"为尚，而是以"学贵力行""体用一原"为宗。吕柟认为学问应"从下学做起"统一起来。他说："今人把事做事，学做学，分作两样看了，须是即事即学，即学即事，方见心事合一、体用一原的道理"（《明儒学案》卷八），他还要求弟子们要"干禄念轻，救世意重"。杨爵提出，为学既要"慎思不怠"，也要"有睹有闻"，主张深入实际亲身体验、认识事物、应酬事态。冯从吾力倡"困而能学""学而能行"的习行学风，认为知识能运用于实践才是真学问，他以学射为例阐述学行结合的道理，说"学射者不操弓矢而谈射，非惟不能射，其所谈未必当。"明清之际，随着实学思潮的激荡，关学学者在这时代思潮的大合奏中，又一次高奏起"经世致用"的乐章。李因笃提出，研究经学的目的是通晓治国之道，有裨于国计民生。据此，他在自己的学术著作中结合现实，针砭时弊，陈献良策。例如，对于以科贡之法还是以选举之法选拔人才这一问题，他的看法是"天下必无无弊之法，善用之可也"。李柏针对夸夸其谈、华而不实的学风，倡导"石不言而自坚，兰不言而自芳，海不言而自深，乾不言而自刚"的笃实精神。李颙更是以"开务成务，康济时艰"为己任，提出"儒者之学，明体适用之学也"的重要思想。他说："明体而不适用，便是腐儒；适用而不明体，便是霸儒。既不明体，又不适用，便是异端。"（《李颙曲集》）又说："道不虚谈，学贵实效"；"立身要有德业，用世要有功业"。为了经世实用，他于政治、军事、律令、农田、水利、天文、地理无不广泛涉猎。他明确地把张载的"为天地立心，为生民立命，为往圣继绝学，为万世开太平"作为自己"立志""治学""做人"的崇高目标，指导自己的人生实践，使自己成了明清之际国内实学思潮中的重要代表人物之一。

"经世致用""开物成务"的实学精神是关学七百年来培育的优良学风，它不但在宋明理学中独具特色，也在整个中国的思想史、学术史上放射着光彩，是至今仍值得我们珍惜学习的优良传统。

四 "崇尚节操"的人格追求

关学学者大都治学与做人并重，努力把真理追求和人格追求相统一。他们不但在学术研究上作出了杰出贡献，而且在砥砺节操、锻铸人格方面为学人们树立了崇高的榜样。崇尚节操的精神也是由张载开风气之先的，张载中年时代正是王安石任宰相行新法之际，对王安石的新法，张载在政治上是基本赞同的，但由于他是北方学者，在"南北异乡，用舍异道"的风气盛行之时，他又不能不同"旧党"多有联系，而与"新党""语多不合"。加之其弟张戬（当时任监察御史）与王安石矛盾尖锐，使张载深感不安，觉得"时已失，志难成"。为了不卷入新旧党派之争，他毅然托病辞职，"谒告西归"，隐于"人不堪其忧"的穷乡僻壤，以讲学著述为生，"处之益安"，其高尚气节为时人所称道。

后来关学学者多能继此高风，明代吕柟、杨爵、冯从吾等人不但在学术上，弘扬道德、重视节操、倡"仁心""善心"之说，立"正己""正心"之本，而且身体力行，躬身践履，养成了高尚的道德品质和超群拔俗的气节。他们少年笃学，刻苦攻读，孜孜不倦，进德修业，志在圣贤。或以"文必载道，行必顾言"为准则（吕柟），或以"做天下第一等人，为天下第一等事"为鸿志（杨爵），或以"个个人心有仲尼"为箴言（冯从吾）。入朝为官时，刚正不阿，忠肝义胆，不畏权贵，直言敢谏，"直声震下"。吕柟先后因上疏武宗、世宗"亲政""兴礼""勤学"，几乎被权倾朝野的宦官刘瑾杀头，曾经被皇帝下狱、贬官；杨爵因上疏批评皇帝"任用非人，兴作未已，朝讲不亲，信用方术，阻抑言路"而被世宗两度入狱究治，在狱中数年，被毒打折磨得屡濒于死而素志不移，泰然自若，最终被削职为民；冯从吾任御史时，坚决与贪官污吏作斗争，冒死直谏指责神宗"朝政废弛"，两度被罢官，多次受宦官诬陷，而不改特然之节。任职地方时，他们勤政廉洁，不收贿赂，拒收馈赠，兴利除弊，秉公执法。如吕柟为解州判官时"善政犁然"，杨爵任河南监察御史时，反对朝廷横征暴敛，冯从吾在河南长芦负责监政时，严厉打击不法商贾及税吏。明代的关学学者大多走的是因"学著"而后为"官"，又因不愿与黑暗势力同流合污而"辞官"为"学"的人生道路。吕柟曾两度辞官还乡，杨爵一次辞官，一次被罢官，冯从吾曾三次辞官，一次被罢官。这种从因"学"而"官"到辞"官"为"学"的曲折道路，也是他们的崇高节操的突出表现。

明清之际的关学家们在天崩地解、朝廷更迭的历史风浪中，也表现了可歌可泣的民族气节和坚贞卓绝的人格精神。李因笃深感亡国之痛，矢志反清复明。被诏举为官时，力辞不赴，以死抗拒，后被迫受命不到一月，即以母老无依为由上书三十七次，终被获准回家养母。李柏在改朝换代之后隐居太白山中，躬耕田亩，攻读诗书，当朝廷由地方贡举他出仕时，断然拒绝。与黄宗羲、孙奇逢并称"三大儒"的李颙（李二曲），在极端艰难的环境中，自奋自立，"超然于高明广大之域""自拔于流俗之上"，安贫乐道，终生不仕，明亡之后，坚持强烈的民族气节不肯臣事清廷，与顾炎武交往论学，共图复明大计。康熙时，他被举荐为"博学鸿儒"，在官府的威逼利诱下，自称病笃，坚不就任，甚至以死相抗，绝食六日。此后屏居土室，反锁家门，拒不外出。康熙至陕时又欲召见，他以病恳辞不赴。

关学学者这种坚贞气节和高尚人格受到当时士人和后代史家的高度赞颂。例如赞吕柟为"真铁汉""真祭酒""当代师表""家之孝子，乡之善人，国之忠臣，而天下之先觉天民也"（《关学论》）；誉杨爵为"直节精忠，有光斯道"（《关学论》）、"万古清香雪里梅"；称冯从吾为

"关西夫子""直声震天下"；颂李二曲为"天之北斗，地之泰山""志操高洁"。清代黄宗羲在《明儒学案》中说：关学学者"多以气节著，风土之厚，而又加之学问者也。"诚哉斯言！

五　博取兼容的治学态度

关学学者虽学有宗旨、业有专攻，但却在治学态度和方式上遍览博采，不守门户，善于吸取各家之长，能够掌握多门知识。其一是由于他们的代表人物大都走的是"坚苦力学，无师而成"的学术道路；其二，与他们"经世致用"的求实学风相关；其三，是因为关学在历史上没有如程朱理学那样被作为统治思想受到封建王朝的大力扶植和着力推崇。张载作为理学的奠基人之一，曾被统治者封为"眉伯"，从祀孔子庙庭，但他的学术思想特别是"以气为本"的本体论并未受到封建统治者的赞赏。所以，从总体上看，关学是宋明时期的一个民间学术派别。

关学的博取兼容特征主要表现在两个方面。一是积极主张多方面探求知识，努力开拓广阔的学术领域。不少学者如张载、李复、韩邦奇、李颙、李因笃，不但提倡"博学""取众"，而且本身就是天文学家、地理学家、数学家、医学家、律吕学家、文学家、诗人。他们善于学习和掌握当世自然知识和人文知识的最高成果，并将其渗透于哲学、经学之中，建立起知识广博的学术体系。张载明确提出"惟博学然后有可得""学愈博则义愈精微""见物多，穷理多，如此可尽物之性"，大力提倡"取益于众"。杨爵也指出博学才能精通。李因笃提倡博学强记，他本人深谙经学、精于音韵、擅长律诗，颇通天文、历法、治河、漕运、盐政、钱法、史法诸术。李二曲主张广泛学习，认为"咸经济所关，宜一一潜心"，他的治学领域十分广博。二是能兼容各派学说，吸取不同学派的学术思想，在学派分野中往往保持一种中和性格。张载"少孤自立，无所不学"，苦心力索终于达到了"吾道自足，何事旁求"的程度，独创了别具特色的关学。张载之后，关学学者一方面保持其宗儒、崇礼、求实的关学传统，另一方面则出入于关学之外的其他学派。张载的亲炙弟子三吕和苏昞在张载去世后依附洛学，"及程门而进之"，使关学有了洛学"涵泳义理"的特点，但在学术主旨上仍"守横渠学甚固"（《河南程氏遗书》第十九），表现了兼容的态度。明代中叶，关学中兴，涌现出了一大批学人，其中高陵吕柟、三原马理、朝邑韩邦奇、富平杨爵、渭南薛敬之、长安冯从吾是其铮铮者。他们多受其他学派特别是受朱熹、王阳明之学的影响，既守关学的学旨，又蕴涵各家之长。吕柟的"仁心说"、冯从吾的"善心说"显然有着王学"良知说"的烙印，但他们又以关学来调停朱、王，溶解朱王。明末清初的李二曲在理学自我批判的时代思潮中对关学作了总结，其总结方式是按照"躬行礼教为本"的关学宗旨和"崇实贵用"的关学学风，将程朱陆王"融诸一途"，提出了富有特色的"悔过自新说"和"明体适用说"。

关学这种博取兼容的学术态度虽然会使"学统"不纯、"学绪"不贯、"学路"曲折，但却体现了兼容并包，不守门户，勇于吸收，善于融合的可贵精神。

关学从张载创立到李颙终结，历时七百年之久。它作为中国封建社会后期的一个独立学派，不但在学术思想上为中国民族的理论思维作出了突出的贡献，在哲学史、学术史上占有着重要的地位，而且在学术精神上形成了自己鲜明的特色。其重使命、崇礼教、求实用、尚气节、贵兼容的传统品格，尽管有着历史和阶级的局限，但其中蕴含的优秀精神，至今仍具有现实意义和宝贵价值。作为三秦大地上从事理论学术耕耘的新一代学人，应该从中吸取营养，应该在与时代精神的结合中对其改造更新，将它发扬光大。

（原载于《三秦论坛》1997 年第 2 期，
转载于《陕西史志》1999 年第 3 期）

"三秦文化"的结构及其特征

　　在认识和研究"三秦文化"的结构、特征时，必须对以下两个问题加以辨析。

　　1. 异同之辨。"三秦文化"作为一种地域文化形态，自然有着自己的特质和个性，以此和其他地域文化（如三晋文化、中原文化、巴蜀文化、西域文化等等）相区别。同时，它作为中华传统文化整体结构的有机组成部分，又和整个中华文化以及其他地域文化有着同一性和共性，由此而与中华文化整体相联系，这是一个地域文化与别的地域文化相互交融而形成的必然现象。在中华文化系统中，任何一种地域文化都是个性与共性的统一体，"三秦文化"也不例外。因此，在三秦文化研究中，既要考察它的个性特征，又要分析它与其他文化的共性。如果只孤立地着眼于其个性特征，那就会将它与中华文化割裂开来；而如果把三秦文化的个性特征混同于中华文化的共同性特征，那就失去了研究三秦文化的特殊意义。由于处于三秦地区中心的西安，自周、秦、汉以至隋唐，凡十二个王朝建都于此，历时一千多年，所以，三秦文化与整个中华文化的联系尤为密切。在这样的历史背景下，准确地把握三秦文化的特征，辨析它与其他地域文化的异同，就显得更为重要也更加困难。笔者认为，同中探异，异中求同，个性与共性相统一，殊相与共相相结合，是我们研究三秦文化的重要方法之一。

　　2. 古今之辨。"三秦文化"源远流长。它的产生、形成、发展、演变，经历了一个漫长的历史过程。在对三秦地域文化的特征，作静态的空间观察的同时，也要作动态的时间观察。三秦文化既是一支独具特色的传统文化，当然会具有它一以贯之的特征，这种特征历经周、秦、汉、唐、宋、明、清而不失其"常"。但是这种特征却不是凝固的，在几千年的历史沧桑中，由于景物易貌、民人迁移、制度沿革、朝代更替、"江山易主"，使它在不同的历史时期呈现着不同的风貌。自其不变者观之，三秦文化的一些传统因素至今仍深深地积淀在三秦父老的头脑中和生活中，古往今来，"情与貌，略相似"；自其变者观之，西周文采，秦汉雄风，盛唐气象，宋明义理，时风不同，世俗各异。更不用说近现代以来发生的剧烈变化了。因此，研究三秦文化，既要把握其地域特色，又要考察其历史演变。而且，作为传统文化形态的三秦文化，不但有它兴盛和衰落的历史，还有其精华和糟粕杂糅的结构。只有从历史演变的规律性上、历史与现实的结合点上，发掘、整理和研究三秦文化，才能得出科学的结论，获得积极的成果。

（原载于《陕西师范大学学报》1993 年第 4 期）

传统价值观的现代意义

发掘传统价值观的现代意义

在博大精深的中国传统哲学中，蕴涵着中华民族在长期历史实践中所形成的最基本的价值观念。这些观念仍具有积极的现代意义。

1. "人为至贵"的本位价值观是振兴人文精神的宝贵资源。中国哲学自古重视人的价值，认为"天地之性人为贵"，人是宇宙间的价值本位。在人与物的价值比值上，认为"人贵于物"，以人与神的价值地位言，认为"人重于神"，反对"人为物役"，也反对"引天而驱"。在时代呼唤振兴人文精神之际，中国传统的"人为至贵"观念，是很值得发掘的宝贵精神资源。

2. "见利思义"的道德价值观是进行道德建设的有益借鉴。中国儒家哲学极重道德价值，认为"义重于利"，道德价值高于物质利益价值。社会主义市场经济条件下的道德建设的关键是，处理好社会道德与物质利益的关系，引导人们树立正确的义利观。而"见利思义"的传统价值观，无疑会给我们提供有益的借鉴。

3. "群己和谐"的社会关系价值观是培育集体精神和促使社会和谐的重要营养。在处理个体与群体、自我与社会的关系问题上，儒家追求的理想是"群己和谐""群居和一"。这种观念，虽然有不重个体、不尚竞争之弊，但群体优先、崇尚和谐的精神，对现代社会仍有裨益。社会主义市场经济既要求自主意识、竞争意识，也需要互助精神、协作精神；社会主义道德既尊重公民个人利益，又提倡热爱集体、服务人民、奉献社会，把国家和人民利益放在首位；现代社会发展既要发挥个性特长，尊重个体自由，也需要形成团结友爱的和谐人际关系；人生价值取向也应该是自我价值和社会价值的统一。

4. "天人合一"的理想境界价值观是重建人与自然和谐关系的智慧源泉。在处理人与自然的关系上，中国哲人大都以实现"天人合一""万物一体"为最高的理想境界。在人对自然的掠夺和征服所造成的生态失衡、环境恶化已扩展为严重的全球问题的今天，"天人合一"价值观中所体现的中华智慧，定会为人类重建人与自然的和谐关系提供教益。

（原载于《光明日报》1997 年 10 月 25 日）

中国传统价值观的内在冲突
及其现代意义

中国传统哲学的价值系统是一种多元结构。先秦时，学派林立，百家争鸣，"各引一端，崇其所善"，价值取向不一。汉以后，独尊儒术，罢黜百家，严禁"杂反之学"，百家之学隐而不显，但这只是一种表面现象，统治者之所以提出意识形态一体化的政策，正说明了多种学说的现实存在。价值取向上的多元现象并没有也不可能由于封建统治者的"罢黜"而销声匿迹，它一直贯穿于封建社会的全过程。

从整体上看，这种多元取向的结构主要包括四个要素，一曰道德；二曰功利；三曰权力；四曰自然。儒家尚道德，墨家重功利，法家以权力法治为目标，道家以自然无为为理想。其中，儒家的道德价值观在汉以后的长期封建社会里基本处于主导地位，墨家的功利价值观和法家的权力价值观处于从属的"两翼"地位，而道家的自然无为价值观则处于与以上三家相反的补充地位。

传统价值观的结构既然是多元的，就必然存在着内在的矛盾和冲突，各个学派之间，不同取向之间，"各为其所欲焉以自为方"，相互诘难，相互批评。就学派言，儒墨之争、儒道之争、儒法之争；就问题论，义利之辨、德力之辨、义生之辨、德智之辨、理欲之辨、公私之辨、群己之辨、天人之辨，都是价值观念矛盾和冲突的表现。

在以道义为最高价值取向还是以功利为最高价值取向的"义利之辨"中，儒家主张"义以为上"，弘扬"正其义不谋其利，明其道不计其功"的重义轻利论；法家奉行"以功用为的彀""仁义爱惠之不足用"的狭隘功利论；墨家提倡"兼相爱，交相利"的义利统一论；道家则倡导"绝仁去义""绝巧弃利"的义利双弃论。

在以道德为价值目标还是以物质实力为价值标志的"德力之辨"中，儒家认为"以力假仁者霸""以德行仁者王"；"君子以德，小人以力"；法家鼓吹"多力而天下莫之能侵""德厚之不足以止乱"。而汉代的王充则认为"治国之道，所养有仁，一曰养德，二曰养力"，提倡"德力具足"，并指出"德不可以独任以治国，力不可以直任以御敌也。"

在以群体价值为重还是以个人价值为重的"群己之辨"中，儒家认为"人生不能无群""善群则生""以群则和"，崇尚"群居和一"之道，同时也指出"三军可夺帅也，匹夫不可夺志也""人人有贵于己者"。在重群的前提下，尊重个体的价值；墨家主"尚同"，法家倡"齐一"，强调群体价值，忽视甚至否定个体的价值；而道家则大肆鼓吹"贵己""贵独"，说"独往独来，是谓独有，独有之人，是谓至贵"，把个体价值置于至高无上的地位。

在重自然还是重人为的"天人之辨"中，儒家尚仁义道德，墨家兴"天下之利"，法家崇权力法治，都重人为，主张通过人的力量实现价值理想。而道家却认为，"自然无为"是最高的理想境界，人应该"道法自然""与天为一""与天为徒"，舍弃人为而顺应自然。由此，儒家批评庄子是"蔽于天而不知人"。

此外，在"义生之辨"中，既有孔孟"杀身成仁""舍生取义"的重义论，又有杨朱、老庄的"弃义全生"论，还有王夫之的"珍生务义"论；在"德智之辨"中，既有儒家的德高于智论，又有章学诚的"德、识、才、学"并重论，也有徐干、曹操的"明智为先""唯才是举"论，还有老、庄、韩非的智力无用论；在"理欲之辨"中，既有荀子的"以理制欲"论，又有程朱的"明理灭欲"论，也有王夫之、戴震的"理存于欲"论，还有《列子·杨朱篇》所代表的"恣情纵欲"论；在"公私之辨"中，荀子、韩非主张"公正无私"论，李贽提出"私为人心"论，顾炎武则倡导"合私成公"论。如此等等，不一而足。

可见，传统的价值观并非单一而是多元的，绝非同一而是充满矛盾和冲突的。这种内在的矛盾和冲突不但形成了传统价值论观点纷呈，丰富多彩的历史画面，而且也推动了价值观念的历史演变；不但给我们进行深入研究提供了繁多的历史资料，还给我们在新的历史条件下进行价值观的综合创新、选择重构留下了丰富的理论资源。

传统与现代不是隔绝的，传统不是一座凝固的冰山，而是一道流动的河水，它渊远而流长，奔流而不止。每一代人只能根据自己所处的历史条件和时代要求，扬弃（批判和继承）传统，而不能完全超越传统，更不能随意抛弃传统。在中国实现社会主义现代化的今天，面对多元的、包含着内在矛盾和冲突的传统价值观，我们的任务就是在马克思主义的指导下，运用唯物辩证法和唯物史观进行筛选和评判，扬弃和创新。

传统价值观中某些比较全面的、包含着辩证法的观念，我们可以择善而从。例如，墨家的义利观着眼于义利统一，主张在利（公利）的基础上"贵义"，在义的主导下"兴利"，把道德价值和物质利益价值较好地结合了起来，就很值得借鉴。又如，王充论述德力价值，既反对重德非力的片面性，也反对崇力废德的极端化，主张"德力具足"，兼顾道德价值和物质实力价值，也是比较全面的看法。我们可以利用传统价值观的辩证的形式和合理的内容，充实以新的时代精神，形成符合现代化要求的价值观。

传统价值观中的某些主张虽然从总体上看有片面性，但哲学家们在论述其价值取向时，也包含着不少真理颗粒，我们可以批判而取。儒家中某些人把道德价值推向极端，忽视了物质利益、科学知识、行政法律对人类社会发展的意义，显然是片面的，但他们对人的精神生活、道德人格、理想情操的重视至今仍有重大意义，很值得我们吸取。道家宣扬自然无为，忽视人改造自然、改造社会的能动性，无疑有消极性，但他们要人们尊重自然规律，协调人和自然的关系，不要违背自然法则去任意妄为，却是十分可取的。法家把权力、法律置于至高无上的地位，轻视甚至否定道德、知识、感情等价值意义，诚然有极大偏颇，但他们关于行政权力、法律法令的重要作用的论述也有其独见卓识，对我们进行社会主义法制建设还是很有启发的。

　　传统价值观体系中的各派观点，大都是有其"蔽"亦有其"见"，有其"短"亦有其"长"，我们可以在批判其局限或错误的同时，将各家各派的合理因素予以综合，形成兼备众长的价值观。儒家以重道德为优，墨家以尚功利为长；道家的宽容态度，法家的实干精神；儒、墨、法的崇尚人为，老庄道家的尊重规律，都有某种合理成分。我们兼取众长，综合而用，使各种合理因素在我们的社会主义价值观念体系中成为一个环节、一个侧面。这就能把各家的优点、长处集中起来，在价值导向中发挥积极作用。

　　传统价值观各派互相诘难，互相批判，给我们留下了宝贵的经验教训，使我们认识到，某家某派价值观的偏颇、失误在别派的批判中显得更为明显；而批判者如果把自己坚持的观点推向极端也会陷入谬误，这给我们留下了许多经验教训，以资借鉴。庄子深感儒家过分推崇仁义所造成的社会危害和人的真实本性的丧失，沉痛地提出"为之仁义以矫之，则并与仁义而窃之""彼窃钩者诛，窃国者为诸侯，诸侯之门而仁义存焉"（《胠箧》）。这种揭露的确十分深刻，但他由此而主张"绝仁去义""攘弃仁义"，完全否定仁义道德的价值，却矫枉过正了。明末何心隐、李贽等人有感于理学家们"存理灭欲"的僵化和迂腐，主张重视功利、尊重个性、扫荡奴性、珍爱至情，显然表现了十分可贵的叛逆精神，但由此而提出人性自私说，主张冲破道德藩篱，又走入"酒色财气不碍菩提路"的歧途，显然是另一种失误。这些价值观念矛盾冲突中的经验教训，很值得记取。

　　总之，传统价值观的多元取向和内在冲突给我们留下了择善而从、批判而取、综合而用的广阔天地，也给我们积累了丰富的经验教训。只要我们运用科学的方法，对其进行改造，实现转化，就会使这些历史成果在新的时代发挥重要作用，为我们建立既符合社会主义原则又包含民族优秀传统精神的新的价值观念服务。

（原载于《理论导刊》1991 年第 1 期）

传统价值观与当代社会

自然与人伦合一、知识与道德融合、宇宙法则与治世规范统一、"必然"原理与"应然"判断贯通是中国传统哲学的基本运思方式。这种运思方式的终极理论指向就是探讨价值问题和建立价值观念，从而使价值论成为中国传统哲学的核心，也成为中国哲学相异于西方哲学的重要标志。

中国传统哲学的价值论视界主要不在于探讨价值的一般原理，如价值的本质、特性、分类和评价等等，而着重于论述人应该追求什么价值，人应该怎样生活才有意义，即把树立正确的价值观作为思考的重点。中国古代的儒、墨、道、法各派哲学都提出了自己独特的价值观念，由此而综合建构了中国传统哲学的价值观念体系。这就是以人为本位，以道德为主导，以功利和权力为两翼，以"自然无为"为补充，以群己和谐、天人合一为真善美统一的理想境界的价值观念体系。在这一观念体系中，占主导地位的乃是由儒家所倡导的"人贵于物"的主体价值观、"义重于利"的人生价值观、"德高于力"的政治价值观、"群己和谐"的社会价值观和"天人合一"的理想境界价值观。

这些基本的价值观是在农业经济的基础上和在封建宗法等级制度条件下长期形成的，所以具有不可避免的历史局限性，例如强调人的等级差别、轻视物质利益、束缚个性发展、贬低法制功能、不尚竞争精神等等。这些偏颇显然不利于市场经济的要求和现代社会的发展，但是，它是中华民族在漫长的历史实践中概括和凝结而成的，其中所蕴含的理论精华和积极精神，作为中华文化的灵魂，对中国人的人生选择和人格塑造，对中华民族的文化心理建构和民族精神培育，对民族的凝聚和社会的发展，都发生过极其深远的积极作用，具有超越其历史条件的普遍性，至今，它不但对于价值哲学理论研究的深化有重要意义，而且对现代社会的发展也有其宝贵价值。

中国哲学中以人为价值本位，重视人的价值，认为"天地之性人为贵"的伟大思想，把人的价值提高到贵于物、重于神的主体地位，严于"人禽之辨"，力主"人能弘道"，反对"人为物役""从天而颂"。对于当代社会来说，它所蕴涵的精华不但有助于避免和克服把人变成神的附属、变为物的奴隶的价值异化，而且有益于弘扬人的能动精神，维护人的价值地位，培育民族的理性传统。以全球问题言之，自近代工业文明以来，人类创造了引以为豪的物质文明，拥有前所未有的物质财富，这本是值得庆幸的事，但遗憾的是物质财富和物质生活的追求却日渐使人沦为"被物役"的境地，因此，人的价值亟待复兴。就当代中国言之，现代化建设不但要求挖掘人的潜力，优化人的素质，也要求提高人的价值地位。在大力发展物质生产，不断提高物质生活水平的同时，要注意防止人在物欲横流中失落其价值。由此可见，中国传统哲学中"人贵于物"的观念及其所体现的人文精神至今仍有灿烂的光辉。

儒家哲学的人生价值观和治世价值观的共同特征是重视道德价值。在人生目标上认为道德价值重于物质利益价值，所以主张人应该把"成仁取义"的道德、价值追求置于首位，选择物质利益价值时要以道德为指导、为准则，"见利思义""见得思义""义然后取"，反对"见利忘义""为富不仁"。在治世原则上，认为领导层的道德表率作用和道德教化作用高于刑罚威力和行政强力，所以，要求治国者重视德治，"为政以德""导之以德""德主刑副"，反对"废德任力""苛政暴政"。这种重德观念尽管有轻利、贬法之嫌，但却对于培养高尚道德人格、促使社会道德建设、提高领导者的道德素质有积极意义。在今天，通过重新阐释赋予它新的时代内容，不但有助于矫正以个人主义、拜金主义、享乐主义为主要表现的唯利是图，不顾道义的价值观念倾斜，而且还能为我们建设精神文明、培育社会主义新道德提供宝贵的精神资源，也能为增进领导干部的道德自觉和反腐倡廉提供有益的历史借鉴。

在处理个体与群体、人与自然的关系问题上，儒家价值观的基本精神是追求和谐统一，即在维护群体价值优先的前提下，认可和尊重个体价值，并主张以"礼"为中介，"礼之用和为贵"，通过个体对群体的伦理认同和义务承担，形成群己和谐、"群居和一"的社会格局；在以人为价值本位的前提下，尊重自然万物的价值，珍爱人的生存环境，并主张以"诚"为中介（"天人合一存乎诚"），通过"尽心知性"和"参天地之化育"，达到"天人合德""天人合一""民胞物与""万物一体"，即人与自然友好相处，协调统一的理想境界。这种追求个人与社会、人与自然和谐统一的价值观念是中华民族对人类文化的伟大贡献。在建立持久和平和实现人类全面、协调、持续的发展已成为国际社会关注焦点的现代，在人对自然的主宰和征服所造成的生态失衡和环境污染已成为严重的全球问题的今天，这一东方古老的价值命题理所当然地愈来愈受到人们的重视、认同和赞扬。尽管我们无必要也不可能简单地向其复归，但弘扬它所包含的合理思想和价值指向肯定能为我们重建个人与社会、人与自然之间的新的和谐关系，点燃希望之光。

（原载于《理论导刊》1999 年第 12 期）

市场经济与传统义利观

市场经济是以追求物质利益的最大化为主要目标的经济运行方式，市场经济的主体是利益主体。市场经济的竞争是利益竞争。这种建立在经济主体利益基础上的经济模式，在其运行的过程中，必然会出现自我利益与他人利益、个体利益与群体利益、物质利益与社会道德的矛盾冲突。因此，为了保障社会主义市场经济的正常运行和健康发展，必须树立既符合市场经济本质特征的利益价值观，又要确立能够调节整合市场经济条件下利益矛盾、利益冲突的价值观念。

如果从建立重视物质利益价值观的需要来看，中国传统的义利价值观，特别是儒家的重义轻利的价值观，是不适应甚至不利于市场经济发展的。然而，如果从调节、整合市场经济条件下诸种利益价值冲突来看，中国传统的义利观却有可资借鉴的重要意义。

1. 儒家"义然后取""见利思义"的观念具有以道德价值指导利益追求的功能。儒家认为道义、道德价值高于物质利益的价值，主张"义以为上"，即以道德为至高的价值取向，这的确具有其偏颇性。但是，儒家在处理道德与物质利益（主要指私利）的关系上，提出以道德原则指导利益追求的主张，即"见利思义""义然后取"，反对见利忘义、唯利是图，却是十分可取的。现代市场经济并不是脱离道德的唯经济活动，它在肯定个人合理利益的同时，也强调社会公德和经济道德。尤其是我国的社会主义市场经济，明确提出要建立以集体主义为原则、以为人民服务为核心的社会主义道德。这种道德价值，不但不会妨碍市场经济的运行，而且有助于形成市场经济新要求的社会秩序和人文环境，促进市场经济的健康发展。在这种意义上，儒家以道义引导利益、以道德调节利益的"义然后取"观念，无疑具有强大生命力和现实的积极性。

2. 墨家的"兼爱交利""利国利民"观念具有以互利、公利价值调节利益冲突的作用。墨家的价值观以义利统一为特征，它提出"兼相爱交相利""利人即为"和"富国利民""兴天下利"等价值观念，反对"亏人自利"的行为。"兼相爱交相利"是互利原则，"利国""利民""利天下"是公利原则。在墨子看来，"互利""公利"就是"义"。市场经济是以追求利益为目标的经济，每一利益主体都以对自己有利为价值准则，于是在市场竞争中自我利益与他人利益、个人私利与社会公利就会产生矛盾和冲突，对这些利益矛盾如果不予以合理地调节，社会就会陷入无序甚至混乱。因此，确立在市场交往中的平等互利原则和公益原则，提倡在重视和增进个人正当利益的同时努力维护国家、集体利益，并将国家和集体利益放在首位，就是十分必要的。在建立这些价值理念时，墨家的"互利""公利"观念显然是可以借鉴的。

3. 法家的"明于公私之分"和"去私曲就公法"的观念具有以法律调节利益关系的意义。法家明确承认和肯定人的利益追求和私利观念，并认为对人的私利、私行、私心难以用仁义道德引导，因此主张用体现"公利""公义"原则和明确规定公私界限的"公法"去制约私利，调整社会上公私之间和个体之间的利益关系。在法家看来，义利关系就是"公法"与"私利"的关系。现代市场经济是法制经济，市场经济中有着复杂的产权、经营、交换和利益关系，必须对这些经济关系以及这些经济关系中主体的责任、权利和义务制定相应的法律规范和法制保障，才能保证市场经济的有效运行和健康发展。同时，也只有依靠市场经济的法律规范，才能使种种不能够用道德调整的利益矛盾和利益冲突得到强制性的调节，从而保障社会生活的正常有序。对此，法家的义利观可以给我们提供有益的启示。

总之，儒家以仁义道德之"义"导"利"的义利观、墨家以互利公利之"义"节"利"（自利）的义利观和法家以公义公法之"义"制"利"（私利）的义利观，其中都包含着一定的合理因素，只要对其具体分析、扬弃转化都可以为市场经济服务，都能够促进"把国家和人民利益放在首位而又充分尊重公民个人合法利益的社会主义义利观"的形成。

（原载于《人文杂志》1998 年第 1 期）

优秀传统文化是爱国主义
教育的宝贵资源

爱国主义是中华民族的光荣传统，它在不同的历史时期有着不同的内涵。在当代中国，爱国主义的主题是建设有中国特色的社会主义，爱国主义教育的根本宗旨是提高全民族整体素质，尤其是思想道德素质，为了贯彻这一主题和实现这个宗旨，应该从多方面收集教育素材，发掘教育资源，丰富教育内容。而中华民族的优秀传统文化就是其中一项十分宝贵的资源。

一　中华传统文化悠久连贯和博大精深的鲜明品格，能激发民族的自尊心、自豪感和自信心

远在五千年前，中华人文初祖轩辕就开始了伟大的文化创造，在此后漫长的历史过程中，中华文化以其恒久的生命力不断发展，绵延而不绝，连贯而不断，统一而不散。这种悠久历史性和连贯统一性在世界上是绝无仅有的，中华民族通过长期的辛勤劳动，创造了丰富繁盛的文化成就。无论是科学技术、史学、哲学、文学、艺术，都以其灿烂的成果和博大精深的内容在世界文化史上熠熠生辉，为人类作出了巨大贡献。虽然中国传统文化中也有落后腐朽的东西，17世纪中国文化发展缓慢，落后于西方，但中华文化的伟大成就是主要的，健康积极的内容是主导的。今天，了解民族文化这种历史悠久，连贯统一的品格和光辉伟大的成就，能大大激发广大人民的民族自尊心、自豪感和凝聚力，还能极大激励人们充满自信和更加自觉地振兴中华民族，延续民族文化命脉，使中华民族再度腾飞，再造辉煌。

二　中华传统文化"盛德大业"的价值取向，能引导人们致力于现代化建设事业和提高道德素质

任何一种文化都以其价值系统作为核心，中华文化的人生价值取向可以用"崇德广业""盛德大业"来概括，它要求人们把养成崇高的道德和建立伟大的事业作为人生追求的目标。《易经》说："易，圣人所以崇德而广业也""富有之谓大业，日新之谓盛德""可久则贤人之德，可大则贤人之业"；"盛德大业，至矣哉"！这种价值观念至今仍然是正确的，而且十分重要。建设有中国特色的社会主义，实现现代化，就是当代中国人民所从事的"大业"，做"四有"新人，提高民族素质，就是当今我们所要培养的"盛德"。了解传统文化的价值观，可以引导人们这样的"盛德大业"为人生的价值目标，把热情和力量凝聚到这个"盛德大业"上来，而这正是爱国主义教育的基本目的。

三　中华传统文化蕴涵的"自强不息"精神，能够激励人们积极进取，勇于开拓，艰苦奋斗，勤俭创业

中华传统文化历史注重"力行"，注重实践，倡导努力不懈，不断进步，战胜困难，夺取胜利的自强精神。《周易》云："天行健，君子以自强不息"，要人像天体运行那样，刚健有力，日复一日，不休止地前进。这种精神，一直鼓舞和激励着中华民族，不惧艰险，不怕困难，穷且益坚，用自己的艰苦劳动，去建功立业，靠自身的顽强斗争，去维护民族的尊严和国家的独立。历史上有杰出成就的民族精英，反抗外族侵略的民族英雄，勇于改革开拓的仁人志士，都是"自强不息"精神的光辉典范。在努力建设富强、民主、文明的社会主义现代化国家的新历史条件下，我们更要弘扬这种自强不息的精神，奋发有为，自力更生，艰苦创业。

四 中华传统文化重视人文精神的特征，能启示我们大力加强精神文明建设

中华传统文化的鲜明特点之一是重视人文精神和人文教养，提倡"观乎人文，以化成天下"。它要求人们培养伦理道德，它倡导人们讲文明，讲秩序，讲仁爱，讲奉献。一个民族要振兴，不能只有经济发展和物质追求，还应该有精神提升和价值追求，因此，我们在抓物质文明建设的同时，也要抓好精神文明建设。特别在大力发展社会主义市场经济的今天，弘扬传统文化的人文精神，重视国家和社会的人文导向，具有十分迫切的现实意义，当今社会上拜金主义、享乐主义、极端个人主义和不正之风相当流行，一些人理想目标淡化，集体意识薄弱，价值观念倾斜。所以，加强精神文明建设更具有重要性，在这方面，中华传统文化会给我们提供丰富的精神资源和深刻的经验启迪。

五 中华传统文化的"群居和一"观念，有利于人际关系和谐，增强民族的凝聚力

传统儒家文化对于个人与群体关系的基本观点是在承认和肯定个人价值地位的同时，强调群体的利益和价值，追求个体与群体的和谐关系。孙子倡导"修己安人"，孟子主张"兼济天下"，荀子崇尚"群居和一"，为此，他们要求人们以国家、民族、社会的利益为重，为了国家、民族、公众的利益，可以牺牲个人的利益以至生命，反对把个人私利置于国家、民族利益之上。范仲淹"先天下之忧而忧，后天下之乐而乐"的品质，顾炎武"国家兴亡，匹夫有责"的责任感，林则徐"苟利国家生死以"的牺牲精神，都是儒家这种观念的崇高体现。今天，为了中国民族振兴和社会主义祖国的繁荣昌盛，我们应该弘扬传统文化的"群居和一"精神和"先忧后乐"品德，大力倡导先人后己、大公无私、全心全意为人民服务的崇高品德，反对损人利己，损公肥私和以权谋私的行为，以树立集体主义原则，增强民族的凝聚力，促进人际关系的和谐，维护国家的团结统一。

总之，中华传统文化蕴含着民族精神的优秀精华，是我们进行现代化建设的巨大历史财富，也是我们进行爱国主义教育的宝贵资源。只要我们勤于发掘，善于利用，深入地研究，辩证地扬弃，这项资源是取之不尽，用之不竭的。

（原载于《理论导刊》1995 年第 1 期）

邓小平价值观与中国传统价值观

邓小平的价值观是在新的历史条件下，根据中国社会发展的客观实际和时代发展的客观要求，对马克思主义价值观的坚持和发展。同时也是在新的社会实践的基础上，以中国特色社会主义建设和实现现代化为目标，对中国传统价值观的批判和继承。价值观属于社会意识范畴，它既是对其所处历史时期的社会存在的反映，又与以前的价值观有历史继承性关系，这是唯物史观的基本原理。因此，研究邓小平的价值观，也应从它对当代中国社会存在的依赖性和对中国传统价值观的继承性二者相互结合、相互作用的角度来考察。那么，从历史联系性来看，邓小平价值观批判地继承了中国传统价值观中哪些积极因素呢？

一 "对人民负责"与"民为贵"

邓小平的价值观是以人民为主体的价值观。他一贯坚持"对人民负责""为人民造福""为了人民大众的利益"。在他看来，人民是"主人"、人民是"母亲"。这种以人民为主体的观念建立在两条历史唯物主义原理的基础上，一是就共产党和人民群众的关系而言，唯物史观认为共产党作为无产阶级政党，是无产阶级和人民群众利益的忠实代表，它从事的一切工作都是为了实现人民的利益。邓小平说："社会主义现代化建设是我们当前最大的政治，因为它代表着人民的最大的利益、最根本的利益。"[①] 二是就历史发展的动力而言，唯物史观认为历史是人民群

---

① 《邓小平文选》第 2 卷，人民出版社 1994 年版，第 163 页。

众创造的，因此共产党在一切工作中都必须相信人民、依靠人民。邓小平说："马克思主义向来认为，归根结底说来，历史是人民群众创造的。工人阶级必须依靠本阶级的群众力量和全体劳动人民群众的力量，才能实现自己的历史使命——解放自己，同时解放全体劳动人民。"① 正是人民是无产阶级政党的阶级基础和群众基础，人民是历史前进的动力和历史的创造者这种历史规律，决定了共产党必须坚持以人民为价值主体的立场。邓小平对"对人民负责""为人民造福"的价值主体论，正是共产党人价值主体观的充分体现。

虽然邓小平的价值主体观立足于唯物史观，体现了无产阶级及其政党的价值主体理论，但是它也是对中国传统文化中优秀价值观的继承、改造和发展。

几千年来，中国传统观念中就存在着"以民为本""民贵君轻"的进步思想。早在《尚书》中就有"天听自我民听，天视自我民视"的观点，并由此而引申出"敬德保民"的施政方略。春秋战国百家争鸣的时代，儒家竭力宣扬"民本"思想，孟子认为"民为贵，社稷次之，君为轻"，并由此而提出"得人心者得天下，失民心者失天下"的统治准则。荀子对"爱民"思想进行了充分发挥，他警告统治者，爱民不仅仅是为了人民，而是关系到统治者自身的安危和存亡。后来，汉代的贾谊，唐代的魏徵、柳宗元，宋代的叶适，元代的许衡，明代的薛瑄、归有光、吕坤，都继承发挥了传统的民本思想。尤其是明清之际的黄宗羲等人在猛烈批判封建专制的同时，把传统的民本思想发展到了新的高度。他指出，君权是社会不安定的根源，君主应以"天下万民为事"，而不应把臣民作为奴仆；国家应奉行"天下之法"，而不应坚持"一家之法"。这种观念，也体现了近代民主思想的某些特征，故对近代民主革命产生了深远影响。康有为曾用此思想来阐释西方的宪政文化，孙中山曾以此观念来论述民权主义。由此可见，中国古代的"民本""民贵"价值观源

---

① 《邓小平文选》第 1 卷，人民出版社 1994 年版，第 217 页。

远流长、影响深远。

中国古代的"民本""民贵"观念，虽然是从巩固封建统治、维护君主利益、防止因待民不善而危及专制政权的目的而提出，其理论基础也不是建立在人民是历史的创造者的基点上，而是建立在统治者的存亡安危对被统治者有强烈的依赖性的认识上。但是，它究竟在一定范围内和一定程度上肯定了民众的价值地位，看到了民众的巨大力量。因此，它是一种进步的价值观念，包含着民主思想的萌芽。到了近代，当西方民主思想传入中国的时候，一些进步的思想家、政治家就把它作为中国传统思想与近代民主意识的结合点。中国早期的马克思主义者，也曾从古老的"民本""民贵"思想中吸取营养，并赋予它以新的民主内容，借以弘扬马克思主义的人民主体价值观。

邓小平同志的价值观中的重民、为民意识也与中国传统的民贵、民本思想有着内在的渊源关系，并以唯物史观为指导，对其进行了批判性地改造，弃其糟粕，扬其精华，使其在新的历史条件下具有了新的含义。这批判、继承和转化包括三个方面，一是将"民本"意识置于唯物史观的基础之上，从人民是历史的创造者的原理出发，论证了人民是主体的历史必然性；二是将"民贵"观念从有利于统治者的价值指向转变为对广大人民有利的价值方面上；三是对"民"的概念进行了阶级规定，将其规定为无产阶级和广大劳动人民群众。经过这种改造，中国传统的"民本""民贵"观念中的积极因素被批判地继承发展为马克思主义的人民主体价值观。

二　"三个有利于"与"中国家百姓人民之利"

邓小平从人民主体论出发，提出了他的价值取向观和价值标准观。他说："我们评价一个国家的政治体制、政治结构和政策是否正确，关键看三条：第一是看国家的政局是否稳定；第二是看能否增进人民的团结，改善人民的生活；第三是看生产力能否得到持续发展。"又说：衡量我们一切工作是否做得正确、做得好，"判断的标准，应该主要看是否有利于增强社会主义国家的综合国力，是否有利于提高人民的生活水平。"① 这两段论述，精神是一致的，可以概括为"三个有利于"标准。任何一种价值评价标准，都具有价值导向功能，它直接指引着人们的价值取向，所以"三个有利于"既是邓小平提出的价值评价标准又是他所主张的价值取向。

"三个有利于"标准归根结底是对人民利益有利。生产力的发展和综合国力的增强，从社会主体的角度看，都是以人民利益的实现为归宿点的。

在中国古代，墨子曾经提出以"中国家百姓人民之利"为价值标准的观点。墨子曾说，他一生活动的根本宗旨是"富国""利民"。以"富国"言，墨子主张"内治官府，外收敛关市山林泽梁之利，以实仓廪府库"，即增强国家的经济实力；就"利民"言，墨子主张满足人们最根本的生存需要，即"及食之财"。他说"衣食者，人之生利也"。而要实现"富国利民"的价值目标，墨子提出"强力"劳动，他说人只有通过劳动才能创造出能够满足人类生存和发展需要的一切价值，所谓"赖其力者生，不赖其力者不生"。由此可见，墨子强调的是通过发展生产以增强国家经济实力，以满足人民生存需要的价值取向。

墨子把这种价值取向转化为评价标准就成为他著名的"三表法"的内容之一。墨子的"三表法"是先秦哲学中首次系统提出的衡量"是非利害"标准的理论。"何谓三表？子墨子言曰：有本之者，有原之者，有用之者。于何本之？上本之于古者圣王之事；于何原之？下原察百姓耳目之实；于何用之？发以为刑政，观其中国家百姓人民之利。"墨子的"三表法"既是判断认识"是非"的标准，也是衡量价值"利害"的标准。他说："是非利害之辨，不可得而明知也，故言必有三表"。（《墨子·非命上》）"三表"中的"观其中国家百姓人民之利"就是价值标准，而提出这一标准，在先秦诸子中是独树一帜的。

---

① 《邓小平文选》第3卷，人民出版社1994年版，第213、372页。

尽管墨子的价值标准中"利"的内涵还比较笼统，远远没有对"综合国力""发展生产力""提高人民生活水平"的明确表述；尽管由于囿于历史的局限性、认识水平的朴素性和作为小生产者思想代表的狭隘性，墨子的"中利"标准中，过分地突出了满足生存条件的衣食之需，过度地强调了节约的重要性。甚至反对文艺、反对娱乐，忽视人民的精神文化生活。然而，墨子价值标准中蕴含的"国富""民利"和"强力"劳动的观念，却是十分可贵的。

邓小平同志的"三个有利于"标准是马克思主义的价值标准论，是社会主义的价值标准论，是无产阶级及其政党所坚持的价值标准论，因之与墨子的"观其中国家百姓人民之利"的价值标准论有本质区别，然而，从历史渊源上看，我们不难发现二者内在的联系性。这表明，"三个有利于"标准继承和发展了中国思想史上的优秀价值思想，凝结着中华民族长期形成的价值智慧的精华。

三　"两个文明"与"正德、利用、厚生三事"

建设社会主义的物质文明和精神文明，是邓小平价值目标论中的重要内容。1979 年 10 月 30 日，邓小平在中国文学艺术工作者第四次代表大会上的祝词中明确提出了建设"两个文明"的任务和目标。他说："我们的国家已经进入社会主义现代化建设的新时期。……我们要在建设高度物质文明的同时，提高全民族的科学文化水平，发展高尚的丰富多彩的文化生活，建设高度的社会主义精神文明。"后来，他反复强调只有把物质文明建设和精神文明建设都搞好，才是有中国特色的社会主义。对于如何抓两个文明建设，邓小平一方面强调"两手抓""两手都要硬"的方针；另一方面提出要坚持物质文明和精神文明的统一。

"两个文明"的价值目标，其具体内容是什么呢？中共第十二次全国代表大会的政治报告中说："改造自然界的物质成果就是物质文明，它表现为人们物质生产的进步和物质生活的改善。""在改造客观世界的同时，人们的主观世界也得到改造，社会的精神生产和精神生活得到提高，这方面的成就是精神文明，它表现为教育、科学、文化知识的发达和人们思想、政治、道德水平的提高。"这是从哲学高度对物质文明和精神文明所做的解释，它说明物质文明和精神文明的发展和人们改造自然、改造自我的主体活动是统一的，是主体实践活动所凝结的两大成果，也是人类所追求的两大目标。虽然，在不同的历史时代，物质文明和精神文明的内容、形式、发展水平不同，但是在整个人类历史的轨道上，都有物质文明、精神文明的车轮在滚动。

中国古代虽然没有"物质文明""精神文明"的概念，但是却不乏关于"两个文明"的思想。早在春秋时代，《左传》一书中多次提到的"正德、利用、厚生"，可以说是关于物质文明与精神文明兼重统一的最早论述。《左传·文公七年》载，晋国郤缺对赵宣子曰："六府三事，谓之九功。水火金木土谷，谓之六府。正德、利用、厚生，谓之三事。"《左传·成公十六年》载楚国申叔时说："民生厚而德正，用利而事节，时顺而物成。"又《左传·襄公二十八年》载齐国晏婴言："夫民，生厚而用利，于是正德以幅之。"足见，以"正德、利用、厚生"为治国的三大政务，是春秋时代诸国思想家和政治家的共识。"正德"是端正道德，提高人们的精神修养；"利用"是提高技术，创制器物以便利人们使用；"厚生"是发展生产，丰富和充实人们的物质生活和精神生活，特别是物质生活。虽然三事没有使用物质文明、精神文明的概念，但其主要内容则与现代人们说的物质文明、精神文明相当，实在是比较全面的价值目标意识。后来，儒家重"正德"、墨家重"利用"、道家重自然无为，都没有全面地把"正德、利用、厚生"作为统一的整体予以重视和发挥，以致影响了生产的发展和科技的进步。邓小平反复强调建设中国特色社会主义，必须把物质文明和精神文明兼顾统一起来，而不能偏废，更不能以牺牲精神文明来换取经济的一时发展，这诚然是对马克思主义文明观和历史观的坚持和发展，但也显然继承和弘扬了中国古代"三事"说的优秀思想。当然，这种继承是通过充实、改造和更新的继承。

四 "讲求效益"与"明道计功"

重事功、重实效、重效益是邓小平价值观的突出特征。他认为，评价一切工作、一切言论、一切措施是否有价值，都应以它在实践中产生的实际效果为准则，而不能以人的主观看法、口头议论、思想动机为标准。他反复强调要"讲求效益""保证实效""考察实绩"，反对说大话、发空论、摆形式。邓小平所谓的讲效益不仅指经济效益，还包括社会效益；不仅指经济工作，还包括政治、思想、文化、艺术等各项工作。而效益的内涵是人民的利益、国家的繁荣、社会的进步和历史的发展。

动机和效果的关系是伦理学和价值论中的重要问题。动机论者重动机轻效果，效果论者重效果轻动机，马克思主义是动机和效果的辩证统一论者，认为动机是效果的指导，而效果是动机的实现，二者是互相依赖的；同时，二者又有矛盾，即好的动机不一定会取得好的效果。因此，主张从动机与效果的统一中去评价人的行为和社会活动。然而，由于动机是主观性的，效果是客观性的，因此，当动机相同的情况下，评价人的行为的价值就主要以效果如何而定。从这种意义上说，效果是高于动机的，这是唯物主义的基本原则。邓小平讲求实效的价值评价论并不是不考察动机，而是指在动机正确的前提下，对人的行为和工作的评价应以效果为标准。1978 年 12 月 13 日邓小平在《解放思想，实事求是，团结一致向前看》的重要讲话中说："今后，政治路线已经解决了，看一个经济部门的党委善不善于领导，领导得好不好，应该主要看这个经济部门实行了先进的管理方法没有，技术革新进行得怎么样，劳动生产率提高了多少，利润增长了多少，劳动者的个人收入和集体福利增加了多少。"这里，"政治路线已经解决了"就是指指导思想端正了，动机正确了。在这一前提下，对工作的评价，就必须以实际政绩、实际效益来确定其价值了。

关于对人的行为、人的活动进行价值评价是重动机还是重效果，在中国思想史上长期是有争论的，一般说来儒家思想家是重动机的，孟子有"大人者，言不必信，行不必果，惟义所在"之论，董仲舒有"正其谊（义）不谋其利，明其道不计其功"之说，就是典型的代表。法家是唯效果、唯功利论者，韩非说："夫言者行，以功用为之的彀者也。"而墨家则是动机与效果统一论者，在二者统一中，他们强调效果的重要性。墨子主张对人的行为进行评价时要"合志功而观"，即把动机（志）和效果（功）统一起来，但在二者的地位上他更强调效果，提倡"言信行果"的求实精神。后代一些受法家、墨家观念影响的学者针对儒家的唯动机主义，大力倡导事功、功利的价值。特别是汉唐以后，由于儒家学说日益贬斥事功和功利，把道德动机视为评价人和事的最高准则，大谈视人之"所为而察其心"（朱熹），导致了严重的空谈议论、不求实效的不良风气，引起了一些思想家的强烈不满。他们高举"事功""功利"的旗帜，对唯动机论者开展了激烈的批判。北宋李觏说："孟子谓'保必曰利'，激也。焉有仁义而不利者乎？"（《李觏集·原文》）南宋叶适说："正谊不谋利，明道不计功，此语初看极好，细看全疏阔。……既无功利，则道义乃无用之虚语尔。"（《习学记言》卷二十三）陈亮说："功到成处，便是有德；事到济处，便是有理。"（《致陈同甫书》）又说："人才以用而见其能否，安坐而能者，不足恃也；兵食以用而见其盈虚，安坐而盈者，不足恃也。"（《陈亮集·上孝宗皇帝第一书》）到了明末清初，这种重事功、重功利的观念更加流行。唐甄、颜元等都着力批判宋儒"不计功"的观念。唐甄说："心性无功，是有天地而不生万物也""贤而不致于用，吾见其不瓦砾若也。"颜元则针对董仲舒的唯动机论，明确提出了"正其谊（义）以谋其利，明其道而计其功"的口号，他认为，计功谋利是人类活动的基本原则，"世有耕种而不谋收获者乎？世有荷网持钩而不计得鱼者乎？"（《习斋言行录》）功用效果是判定德性优劣、学问得失的根本尺度，"德性以用而见其醇驳，口笔之醇者，不足恃！学问以用而见其得失，口笔之得者，不足恃！"（《习斋年谱》）他尖锐地指出："正谊便谋利，明道便计功，是欲速，是助长；全不谋利计功，是空寂，是腐儒。"（《习斋言行录》）由此可见，虽然在漫长的封建社会中，儒家的重动机轻效果、重道义轻功利的观念占据主导地位，但功利主义思想却源远流长，不绝如缕。

综观中国古代传统思想中"明道计功"的价值观念，我们不难看出，邓小平讲求实效、讲求效益的价值观在中华文化观中有着绵长的传统和深厚的基础。虽然邓小平讲求的功效、利益是以人民为主体的，是以有益于社会的前进发展为内容的，是以唯物史观为理论基础的，但在道义和功利、动机和效果、务虚与求实的关系问题上，他与中国古代的功利价值观有着内在的一致性。可以说，他的功利、效用价值观是古代的功利价值观在新的历史条件下的继承和发展。

总之，邓小平的"对人民负责"的人民价值主体论、"三个有利于"的评价标准论、"两个文明"的价值目标论和"讲求效益"的价值本质论，都可以在中国传统价值观中找到源头。尽管邓小平的价值观是在改革开放的新时期，在建设有中国特色社会主义建设实践中，代表无产阶级和广大人民的利益所提出的新价值观，它与中国传统价值观有着本质的区别，特别是它批判了中国传统价值观中君主本位、道德优先、动机至上、重义轻利的糟粕。但是，在批判糟粕的过程中，它也继承和发展了传统价值观中的合理性因素，并通过改造和转换，将其吸收，融汇到中国特色社会主义的价值观念体系之中，使其以新的时代内容焕发了生机。毛泽东说："中国现时的新文化也是从古代的旧文化发展而来""中国长期的封建社会中，创造了灿烂的古代文化。清理古代文化的发展过程，剔除其封建性的糟粕，吸收其民主性的精华，是发展民族新文化提高民族自信心的必要条件。"邓小平对中国传统价值观中合理性因素的批判继承，正是按这种辩证扬弃的思路所进行的价值观念铸造。

（原载于《西安建筑科技大学学报》1999 年第 1 期）

老子自然价值观的现代意义

"自然无为"是老子哲学的基本观点，也是老子价值观念的核心。老子曰："道法自然"（《老子》第二十五章）；又曰："道常无为而无不为。"（《老子》第三十七章）"自然""无为"是"道"的两种性状，"自然"是指不加强制、不假外力而自己如此的状态；"无为"是指顺任自然而不任意作为的状态。"自然"着重从运行状态言，"无为"着重从主体态度言，二者的含义其实是一致的。"自然"与"无为"两个概念可以说是二而一的。在老子看来，道的本质性状是"自然无为"，人要"尊道""贵道""法道"就是要把自然无为作为一种崇高的价值，并用自然无为的价值态度来对待事物、指引行为。老子的自然无为价值观在历史上曾产生过深远影响，其中所蕴含的积极意义至今仍有其重要价值。当今时代，经济全球化、科技信息化、管理法治化、价值观念功利化已成为潮流，由此而引起的种种社会问题和人生问题困扰着人们，在这种背景下，老子的自然价值观的丰富内涵会给我们以深刻的启示。

一 "惟道是从"的发展价值观

"惟道是从"是老子自然价值观的第一内涵，老子曰："孔德之容，惟道是从。"（《老子》第二十一章）孔者，大也，大德的形态，只是遵从道的法则。遵从道的法则，就是遵从自然本身的法则。在老子的哲学中，"道"既是宇宙本体又是万物的规律，作为规律的道也是人们行为的准则。因此，"惟道是从"就是要求人们在从事任何活动时都要遵循客观事物本身固有的规律，而不能主观任意地行动，更不能肆意妄为。

　　为什么老子要求人们在从事任何活动时都要遵循规律、"惟道是从"呢？首先，老子认为，"道"具有自己决定自己、自己安排自己、自己实现自己、自己为自己开辟道路的客观自在性。道的这种客观力量和秩序，既不是自由意志的表现，也不是神秘目的的作用，而是客观的自然展现，它不是人所赋予的，也不以人的意志为转移。老子说："道法自然""道常无为""天地不仁"，都表达了道的无意识、无意志的客观性质。这样的"道"当然不会在自己的发展过程中听从神的安排，曲从人的意志。那么，人要实现自己的目的，就不能去指令道、制约道，而只能遵循道、服从道。其次，老子认为道具有天然的公正性、均平性。道作为规律，对于万物的作用是一样的；万物作为道的产物和载体，对于道的意义也是同等的。老子云："天道无亲，常与善人"（《老子》第七十九章）；又云："天之道，其犹张弓欤？高者抑之，下者举之；有余者损之，不足者补之。""天之道，损有余而补不足。"（《老子》第七十七章）就是说，自然的规律是没有偏爱的，不会对自然界的万物厚此而薄彼；它通过自然的力量"损有余而补不足"，使万物达到均衡、平等。道作为规律对万物"一视同仁"，对于人也"平等相待"。所谓"天道无亲，常与善人"不过是说，善人之所以能实现自己的目的，乃是由于他自觉遵循规律去行动的结果，并非"天道"有意偏爱他。后来，荀子说："天行有常，不为尧存，不为桀亡。"（《荀子·天论》）刘禹锡云："霆震于畜木，未尝在罪；春滋乎堇、荼，未尝择善。"（《天论》）李白诗曰："草不谢荣于春风，木不怨落于秋天，谁挥鞭策驱四运，万物兴歇皆自然。"（《日出行》）都可以说是对老子"天道无亲"的注解。既然"天道无亲"，那么人不可通过"行贿"而获得天的恩赐，而只能通过"从道"以达到自己的目的。再次，老子认为，道具有必然性、普遍性。他说："天之道，不争而善胜，不言而善应，不召而自来，繟然而善谋。天网恢恢，疏而不失。"（《老子》第七十三章）道的运行完全是一种必然的一定如此的过程。它的作用的效果完全是无意的，它的作用的领域是广阔无限的。任何万物都受它的支配而毫无例外，一无所遗。

道的必然性和普遍性决定了人的作为既不可能回避道的支配，也不可能超越道的范围，而只能在道的作用下行动，或者"从道"，或者"违道"，二者必居其一。老子通过对道的客观性、公正性、必然性和普遍性的揭示，说明了人如果要达到自己的目的，实现自己的愿望，"惟道是从"是唯一正确的选择。

老子这种"惟道是从"的观念，表现了他尊重客观规律，服从客观规律的宝贵思想。人类在推动社会进步，促进社会发展的过程中，固然要发挥人的主体能动作用，但同时也必须遵循规律。尽管老子未提出关于社会发展规律的思想，而且在要求人遵循规律时过分强调"无为"的态度，但他的"惟道是从"观从哲学的高度，提示人们要树立规律意识，要把遵循规律作为一种重要的价值观念确立起来。近代以来，特别是 20 世纪中、后期，由于人们不断高扬主体性，发挥能动性，在社会发展问题上急功近利，而同时又忽视、违离客观规律，产生了诸多失误，造成了严重危机，在这种情况下，老子"惟道是从"的价值观念对于我们在新的世纪遵循客观规律，推动社会发展，特别是处理好经济发展与环境保护、当代人的需要与后代人的需要等关系，寻求人口、资源、经济、环境等要素之间的相互协调，具有极其重要的启示。

二 "万物自化"的生态价值观

"万物自化"是老子自然价值观的又一重要内容。老子认为，"道"是宇宙的本体和规律，自然万物都是由道生成和演化的，"道生一，一生二，二生三，三生万物"（《老子》第四十二章）。正由于此，所以自然万物从本质上是联系为一体的，它们在自然的整体之网上相求相应、相依相附、相辅相成，形成一个和谐的秩序。万物在这统一的秩序中生成、演化的特征是：

1. "自然"。"自然"即自己如此。老子认为，万物的本质、本性都是自然形成的，每一物的本质本性都是"道"的具体体现。他把万物各自体现道的那种本性称为"德"，他说："道生之，德畜之，物形之，势成之。"（《老子》第五十一章）正由于万物生于道而畜于德，所以才处于"莫之命而常自然"的状态。"常自然"的状态，正是物基于自然而呈现的最佳状态。自然万物都按自己的本性生存、演变，乃是由宇宙根本法则所决定的并且体现宇宙根本法则的"只能如此""应当如此"的状态。

2. "自化"。从万物存在的状态言，物皆"自然"，从万物演化的过程言，物皆"自化"。"自化"其实是自然的一种表现。老子认为，从每一物的演化而言，其力量源于自身、本于自性，是自生自长的过程，这是"自化"；从整体宇宙而言，万物之间虽然互依互动、相辅相成，有外在性关系，但就宇宙整体而言仍然是内在性的自我演化，这也是"自化"。"自化"是相对于"他化"而言的，在老子看来，由外力参与、外力干涉的"他化"是违背万物进化规律的，因而只会产生负的价值效应，只有排除干扰、废止干涉，让万物自化，才会形成自然万物的真正价值。而影响、妨碍万物自化的"他化"不是别的自然因素而是人的有为因素，因此，维护万物自化的条件就是人的"无为"。正是在这种意义上，老子提出"道常无为而无不为，侯王若能守之，万物将自化。"（《老子》第三十七章）并特别强调要用"无名之朴"来镇压人欲，让"万物自化。"

3. "自均"。万物"自然"存在、"自化"发展所形成的自然均衡的秩序，老子称为"自均"。"自均"即自然而然、自生自长的万物之间所呈现的均衡关系。在老子看来，自然界的万物，自存自在、自生自长、相依相续、互动互补，形成了一个进化之铄、关联之网，这个网络的各个环节之间是均衡和谐的，任一环节的断裂都会引起整体平衡的破坏，任一环节的失度都会引起整体和谐的损害。因此，自然之道总是在调整失衡，维护和谐。他说："天之道，其犹张弓欤？高者抑之，下者举之；有余者损之，不足者补之。天之道，损有余而补不足。"（《老子》第七十七章）又说："天地相合，以降甘露，民莫之令而自均。"（《老子》第三十二章）"损有余而补不足"乃是自然界维持平衡、达到"自均"

的方式。

　　"自然""自化""自均"既是天道的运行规律，也是天道所呈现的价值，从价值的意义言之，即是我们现在所说的"生态平衡"。"生态平衡"是自然万物所呈现的和谐之"美"，对于人类社会发展来说，又是有益之"善"。人类的生存和发展依赖于自然环境，这种关系决定了人类一方面要改造自然，使其能满足人的需要，另一方面又要保护自然，使其满足人类需要的能力能够不断持续、永远保持。老子的"万物自化"观念就是要求人们适应自然万物的本性、维护自然界的均衡秩序，使自然界在生态平衡、万物和谐的秩序中得以延续。为此，老子反对人的"有为"，主张"无为"，"无为"不是毫不作为，而是顺应万物"自然""自化""自均"的法则而为，决不去任意妄为，干预自然，即"以辅万物之自然而不敢为。"（《老子》第六十四章）辅助万物的自然发展而不妄加干预的价值态度，正是当代人类在处理人与自然的关系上，在实施可持续发展的战略目标时应该采取的正确态度。

三　"天下自正"的管理价值观

　　管理是处理人与人关系的活动，管理价值观就是关于什么样的管理才是好的管理的观念。广义的管理既包括人们对某个领域、某项事业的管理，也包括对整个国家的管理。老子关于管理的基本原则就是"无为而治"，然而这种"无为而治"的管理为什么是最好的管理呢？老子指出，这种管理的价值在于"天下自正"。他说："镇之以无名之朴，夫将不欲。不欲以静，天下将自定。"（《老子》第三十七章）又说："我好静而民自正。"（《老子》第五十七章）"静""朴""不欲"都是"无为"的内涵，管理者（包括统治者）自身若能做到清静、质朴、不贪欲，人民就会获得安宁，社会就会走上正轨。

　　为什么管理者推行"无为而治"，百姓就会自正，天下就会自定呢？

　　1. 统治者无贪欲，人民就会保持朴实的本性。老子认为，由于管理者私欲膨胀、贪得无厌，贵难得之货，掠有余之财，不断对老百姓进行剥削、掠夺，不但使老百姓的生活陷于贫困，而且使人民的自然朴实本性受到私欲的污染而发生异化。因此他指出，只要管理者做到"无欲""去甚，去奢，去泰"，人民就会自然朴实，也就不会为了私欲的满足而相互争夺。所谓"我无欲，而民自朴"（《老子》第五十七章）；所谓"不欲以静，天下将自正"（《老子》第三十七章）。

2. 统治者不干涉，人民就能安定地生活。老子认为，管理者和统治者对人民的过多干预、肆意干扰，必然引起社会的动乱和人民自然本性的丧失。所谓"夫天下多忌讳，而民欲贫；民多利器，国家滋昏；人多伎巧，奇物滋起；法令滋彰，盗贼多有。"（《老子》第五十七章）"忌讳""利器""伎巧""法令"都是统治者干涉百姓的手段和工具，统治者用这些手段和工具制约、管教、监督、惩罚人民，不但不会使社会形成良好秩序，反而会引起动乱和堕落。为此，老子提出："取天下常以无事"；"我好静而民自正，我无事而民自富"的管理原则，"好静""无事"就是不干涉，统治者不干涉，老百姓就会按他们的自然本性去自然而然地生活，达到"自正""自富"的理想状态。

3. 统治者重积德，人民就会心悦诚服。老子虽然主张统治者不贪欲、不干涉，但并不否认统治者、管理者的地位和职能。问题在于统治者如何去发挥自己的职能和作用。按照老子的观点，统治者治理天下最根本的条件就是"重积德"，他说"重积德则无不克"（《老子》第五十九章）。"重积德"的修养要求包括两方面的内容：一是爱惜精气。他说："治人事天莫若啬。夫唯啬，是谓早服；早服谓之重积德。"（《老子》第五十九章）"啬"即爱惜精气，蓄积能量，充实生命力。二是谦下不争。他说："江海所以能为百谷王者，以其善下之，故能为百谷王。是以圣人欲上民，必以言下之；欲先民，必以身后之。是以圣人处上而民不重，处前而民不害。是以天下乐推而不厌。以其不争，故天下莫能与之争。"（《老子》第六十六章）又说："不敢为天下先，故能成器长。"（《老子》第六十七章）又说，统治者应有平民意识，"以贱为本"（《老子》第三十九章）。统治者具备爱惜精力、谦下不争两种品德，必然会受到人民的拥戴，必然实现自己的管理目标。

　　无贪欲、不干涉、重积德的统治和管理方式，概而言之，就是"无为而治"。老子概括这种"无为而治"的特点是："圣人处'无为'之事，行'不言'之教；万物作焉而不辞，生而不有，为而不恃，功成而弗居。"（《老子》第二章）"圣人之治，虚其心，实其腹，弱其志，强其骨。常使民无知无欲。使夫智者不敢为也。为无为，则无不治。"（《老子》第三章）这种"无为而治"的价值在于："我无事而民自富，我无为而民自化，我好静而民自正，我无欲而民自朴。"（《老子》第五十七章）由于无为而治具有崇高的价值，老子称其为"以正治国"。

　　老子主张通过"无为而治"以实现"天下自正"的管理价值观念，其中蕴含着尊重被管理者的自主性、自觉性、自治性的精神，反对把管理视为对人的制约、控制、监督、惩罚的过程；反对管理者把自己的主观意志强加于人；更反对管理者把权力作为满足私欲、提升地位、强化自尊、扩大等级差别的资本和工具。这种精神，与现代管理学关于人性的诸多假设如经济人、社会人、复杂人、文化人皆不相同，老子的人性假设是"自然人"。以"自然人"假设为理论前提的管理理念可能是 21 世纪管理理念新的生长点。它的核心理念在于：适应人性，顺应人心。

四　"复归于朴"的人本价值观

　　老子崇尚自然，但并不否定人的价值，而且对人的价值大力弘扬。他说："故道大，天大，地大，人亦大。域中有四大，而人居其一焉。"（《老子》第二十五章）明确指出人是宇宙间伟大的存在之一。人作为伟大的存在，是儒道两家都承认的，但二者的不同在于对于人之所以伟大的价值标志何在，观点有异。在老子看来，人的伟大价值既不在于知识，也不在于道德，而在于人具有与宇宙万物共同的自然本性，这种自然本性是道的体现。他把这种自然本性称之为"素朴"。说："见素抱朴，少私寡欲"（《老子》第十九章）、"我无欲而民自朴"（《老子》第五十七章），"敦兮其若朴"（《老子》第十五章），并以婴儿为喻描绘素朴本性的特征："专气致柔，能如婴儿乎？"（《老子》第十章）"常德不离，复归于婴儿。"（《老子》第二十八章）"圣人皆孩之。"（《老子》第四十九章）"含德之厚，比于赤子。"（《老子》第五十五章）。

那么，为什么人的崇高价值在于保持素朴的自然本性呢？

1. 素朴的本性是养成安静和谐心境的先决条件。老子认为，由于人的素朴的自然本性中没有私智和利欲的浸染，因而不会去欺诈和侵夺，也不会去竞争和斗争，因此，心境会处于宁静、平和的状态，而这种状态仍是一种极美好的状态。他说："专气致柔，能婴儿乎？"（《老子》第十章）就是指婴儿所具有的那种由自然之气的凝集而形成的心平气和、宁静安定的心灵状态。王弼注云："任自然之气，致至柔之和，若婴儿之无欲乎？""至柔之和"的心境是自然之气的结聚，而只有无欲、无知，自然之气才会结聚。老子又说："我独泊兮其未兆，如婴儿之未孩。"（《老子》第二十章）王弼注云："皆使和而无欲，如婴儿也。"老子还说："含德之厚，比于赤子。……终日号而不嗄，和之至也。"（《老子》第五十五章）人的素朴本性会使人的心境达到最高的和谐，这种和谐体现了宇宙的恒久法则，所谓"知和曰常"（《老子》第五十九章）。

2. 素朴的自然本性是充沛生命力的不竭源泉。老子认为，人的素朴自然本性是生命活力的不竭源泉，是充沛的生命力的根本保障。由于保持自然素朴本性的人，不会为追求物质财富、声色犬马、名誉权位去耗费精力，损伤生命；不会受到"五色令人目盲；五音令人耳聋；五味令人口爽；驰骋畋猎令人心发狂；难得之货使人行妨"等等物欲文明的诱惑、激扰和伤害，因而永远能处于"知足""知止"的满足状态。这种状态正是生命力持久不衰的保证。老子说："其爱必大费，多藏必厚亡。故知足不辱，知止不殆，可以长久。"（《老子》第四十四章）他还以"赤子"为喻，称赞素朴本性所具有的强大生命力，"含德之厚，比于赤子，毒虫不螫，猛兽不据，攫鸟不搏。骨弱筋柔而握固。未知牝牡之合而朘作，精之至也。"（《老子》第五十五章）而且，老子所谓的"柔弱者生之徒"（《老子》第七十六章），"弱之胜强，柔之胜刚"（《老子》

第七十八章），"天下之至柔，驰骋天下之至坚"（《老子》第四十三章），都是对素朴本性的生命力的高度评价。

3. 素朴的自然本性是社会祥和的坚实基础。老子崇尚的社会是"小国寡民"的公社式的乐园。在这个社会里人民生活得祥和安乐，"甘其食，美其服，安其居，乐其俗"（《老子》第八十章）。而这种安乐祥和的社会必须有上下两个方面的保证：从统治者而言必须实行"无为而治"；从老百姓而言必须保持素朴本性。而且，民众的素朴本性是这种社会的坚实基础，因为保持朴素自然本性的人，才会做到"有什伯之器而不用""重死而不远徙""虽有舟舆无所乘之""结绳而用之"（《老子》第八十章），甘愿过简单质朴的生活，养成淳厚的民风。以此为基础，再加上统治者"虚其心，实其腹，弱其志，强其骨，常使民无知无欲"的"无为而治"，社会自然会安定祥和。可见，老子不但从个人的角度弘扬了素朴本性的价值，而且还从社会的视度阐明了素朴本性的意义。

总之，老子认为人的崇高而伟大的价值完全在于人具有素朴自然本性，正是这种素朴自然的本性体现了道的精神，因为道的本性正是"无名之朴"。然而，在老子看来，在他所处的时代，人的本性已经被物欲所异化，素朴的本性已经丧失，而素朴本性的丧失必然导致人的价值的失落。为了重新恢复人的价值，老子提出"复归于朴"的人性复归论。他说："知其雄，守其雌，为天下谿。为天下谿，常德不离，复归于婴儿。""知其荣，守其辱，为天下谷。为天下谷，常德乃足，复归于朴。"（《老子》第二十八章）怎样"复归于朴"呢？老子一方面要求个人按照道的原则进行修养；另一方面强调统治者要改变治世方略，变"有为""有事""有欲"为"无为""无事""无欲"，并对"有为"所创造的一切文化成果进行抛弃。只有如此，才会实现人性复归，重振人的价值。他说："不尚贤，使民不争；不贵难得之货，使民不为盗；不见可欲，使民心不乱。"（《老子》第三章）又说："绝圣弃智，民利百倍；绝仁弃义，民复孝慈；绝巧弃利，盗贼无有。"（《老子》第十九章）贤德、财货、圣智、仁义、巧利等等文明成果，莫不是奴役人民、异化人性的工具，对它们的绝弃、废除，必然为人性的复归开拓出广阔的道路。

老子"复归于朴"的人性论和价值观，尽管有脱离社会实际的空想性和妨碍文明进步的消极性，但他针对统治者用虚饰文明约束自然人性、用纵情物欲腐蚀纯朴心灵、用物质价值贬低人的价值所造成的严重危害所发的愤世嫉俗之言，包含着反对人性异化的深刻思想。在现代社会中，随着生产技术的进步和物质财富的迅速增长，人的物欲日益膨胀，"人被物役"的程度不断加深，从而使人文精神萎缩，人的价值降低。当此之际，老子的"复归于朴"的人本价值观所包含的智慧对于我们无疑有深刻的启迪。

（2001 年）

论法治与德治的结合

　　今年 2 月江泽民同志在广东考察工作时提出，党风廉政建设必须把法治与德治结合起来。今年 6 月他在中央思想政治工作会议上的讲话中又指出：道德规范与法律规范应该相互结合，统一发挥作用。这一重要而深刻的思想对于加强社会主义精神文明建设和党风廉政建设，具有十分重要的意义，值得认真思考和深入研究。

一　法治与德治的结合体现了社会意识形态发挥作用的基本特征

　　法律和道德都属于上层建筑，其思想层面则属于社会上层建筑中的意识形态领域。按照马克思主义唯物史观的基本原理，经济基础决定上层建筑，上层建筑反作用于经济基础。法律和道德作为上层建筑特别是意识形态的组成部分，其根本作用就是通过调整人们的社会关系，为经济基础服务。然而，社会意识形态诸形式在发挥其作用时，并不是各自孤立的、互不相干的，而是相互作用、相互联系的一个有机整体，共同作用于自己所赖以形成的经济基础。这是社会意识形态发挥作用的一个基本特征。在马克思和恩格斯看来，意识形态并不是各种具体意识形式的机械总和，而是一个由各种具体的意识形式——政治思想、法律思想、经济思想、哲学、宗教、教育、伦理、艺术等构成的有机的总体性的思想体系。正由于社会意识形态的这种总体性，决定了各个层次、各种形式的意识形态，都是紧密联系在一起、共同对经济基础发挥作用。恩格斯说："政治、法、哲学、宗教、文学、艺术等等的发展是以经济发展为基础的。但是，它们又都互相作用并对经济基础发生作用。"① 首先是意识形态诸形式之间"互相作用"，然后共同对经济基础"发生作用"。

　　法和道德在意识形态中是以直接和较直接的方式反映经济基础的，它们之间也以密切的关系相互影响。这种影响表现在，一方面，一些社会成员普遍认同和接受的道德标准，可以通过一定程序使之法定化，从而成为对社会成员的基本道德要求，而且执法、司法人员在执法和司法过程中，也必须遵守社会公德和职业道德；另一方面，道德风尚的形成、巩固和发展，要靠教育，也要靠法制，全体人民法制观念的增强、依法律己自觉性的提高和运用法律同违法犯罪行为作斗争能力的增长，都有助于形成扶正祛邪、扬善惩恶的道德风尚。社会主义的法律和道德都是建立在公有制为主体的经济基础之上的，都体现着人民的意志。这种共同的经济基础和共同的阶级意志从根本上决定了二者相互结合、共同发挥作用的可能性。因此，我们在坚持依法治国的基本方略的同时，也应该重视道德教化，把法治和德治结合起来。

二　法治与德治的结合体现了法律规范与道德规范相成互补的辩证关系

　　在社会生活中，人们形成的社会关系是多种多样的，因而调整社会关系的规范也是多种多样的。法律规范、道德规范、宗教规范、政治规范、文艺规范等等，都有调整社会关系的功能。每种规范的特征不同，决定了它们各自调整的社会关系的领域和范围不同，产生的社会效应也有别。因此，面对丰富而复杂的社会生活和交织而多变的社会关系，只有依据各种社会规范的特征来发挥它们各自的优势，使其相互补充、相辅相成，才能使社会形成有序而协调的发展态势，使人们生活和工作在和谐而稳定的正常秩序中。法律和道德，作为规范人们行为、调整社会关系的重要社会规范，也有各自的特征和作用范围。

---

① 《马克思恩格斯选集》第 4 卷，人民出版社 2012 年版，第 649 页。

法律是由国家权力机关所制定和保证实施的社会性规范，它的约束功能具有权威性和强制性，在形式和内容上具有明确性和逻辑性。而且，由于法律把社会成员的权利界限和义务责任用明确的条文规定下来，因而法律规范也具有可操作性。法律规范的这些基本特征既决定了它在规范人的行为和调整社会关系上的强制性作用，也决定了它在规范人的行为和调整社会关系上的局限性。这种局限性突出表现在它的调整范围和程度有一定的限度，对那些私人性较强的社会关系，如朋友关系、爱情关系等等，还有那些仅仅涉及思想意识领域中的问题，如认识、观念、信仰、情操等，法律是不宜干预的。而在法律"鞭长莫及"的领域，正是道德"大显身手"的地方。

道德规范是基于人们内心评价机制的行为准则，它既不是由国家制定的，也不是由社会组织制定的，而是在社会生活中逐渐形成的。因此，道德规范不具有以国家权力作后盾的强制性。它是通过教育、舆论、习惯和传统对人们发生作用的。在关系到人们之间利害冲突的问题上，该做什么，不该做什么，必须做什么，人们是按照社会所公认、所提倡的、自己内心深处所认同的标准进行选择和评判的。而且，道德不但对人的行为有要求，也对人的思想、观念、情操、信仰等意识有要求；不但可以制约人们的公共关系行为，也能够制约人的私人关系行为。由此可见，与法律规范相比，道德的调整作用在范围上广泛得多，在性质上深刻得多。凡是法律能调整的领域，道德都可调整，即使法律不能涉及的领域，道德也可以调整。或者说，凡是违反法律的，就是违反道德的，但是违反道德的，却不一定是违反法律的。然而，由于道德规范的非强制性、内在性特征，对于那些不顾道德，肆意破坏社会秩序和危及人们生命财产安全的违法犯罪行为，道德则无能为力，只能诉诸法律。

由此可见，法律规范和道德规范在规约人的行为和调整社会关系方面各有优势、各有局限。只有辩证地把握二者关系，以道德为法律的基础，以法律为道德的保障；以道德调整弥补法律作用之局限，以法律调整弥补道德作用之不足，法治与德治并举，道德规范与法律规范互补，才能形成包括内在与外在、自觉与强制、自律与他律、教化与惩罚等多种机能在内的辩证统一的社会调整系统，从而保障社会主义社会的有序运行和健康发展，引导人们端正思想、行为，提高素质。

三　法治与德治的结合是中国传统治国理念中的合理因素

在中国传统的治国理念中，德和法的关系是一个争论颇多的重要问题。大体说来，儒家重德教而轻法治，法家尚法治而贬道德，他们在德与法的关系上都存在这样或那样的偏颇。但是，涤除这些偏颇，我们不难发现，中国传统治国理念中也包含着德与法相结合的合理思想。例如：

1. 西周初年周公的"明德慎罚"意识。周公认为，从成汤到帝乙"罔不明德慎罚"（《尚书·多方》）。文王的英明也在于能明德慎罚，"惟乃丕显考文王，克明德慎罚"（《尚书·康诰》）。所谓"明德慎罚"就是在治国时，一方面要实行德政，另一方面要施用刑罚，行德政应大力弘扬（"明"），用刑罚应严谨慎重（"慎"）。这一观念虽然在"德"与"罚"之间强调要以"明德"为主，但却蕴含着德法结合的鲜明思想。

2. 春秋时期的"宽猛相济"观念。春秋时子产和孔子都提出过"宽猛相济"思想，子产云："唯有德者能以宽服民，其次莫如猛。"（《左传·昭公二十年》）孔子对此深表赞同，他说："善哉！政宽则民慢，慢则纠之以猛；猛则民残，残则施之以宽。宽以济猛，猛以济宽，政是以和。"（《左传·昭公二十一年》）所谓"宽"，就是发挥道德教化的作用；所谓"猛"，就是运用刑罚强制的力量。尽管在"宽""猛"的关系上，子产重"猛"而孔子重"宽"，侧重各异，但在主张德刑并举、德法结合上，两人的看法是一致的。

3. 战国时期管仲学派的德法并用思想。管子是春秋时人，到战国时，齐国一些学者继承和发展了管仲的思想，形成了管仲学派。今存《管子》一书，就是管仲学派的著作汇集。在德法关系问题上，管仲学派克服了儒、法两家的偏颇，主张德法并举，德法互用。他们一方面提出要重视实行以"礼义廉耻"（"四维"）为纲领的道德教化，认为"四维不张，国乃灭亡"（《管子·牧民》）；另一方面又强调推行法治，严格刑赏，认为"君臣上下贵贱皆从法，此谓大治"（《管子·任法》）。不仅如此，他们还比较深刻地论述了德与法互依互补、相辅相成的辩证关系，既说"仁义礼乐者，皆出于法"（同上），又说"法出于礼"（《管子·枢言》）；既云"群臣不用礼义教训则不祥"（《管子·任法》），又云"百官服事者离法而后不祥"（同上）。这种建立在德法相依相成的辩证认识基础之上的德法并举、礼法并用观显然是合理的。后来，荀子"明礼义以化之"与"重刑罚以禁之"的德法并重思想，也与此相类似。

4. 汉至宋明时期儒家学者的"德主刑辅"理念。西汉儒学总结和反思了先秦诸子关于德法关系的各种思想，并结合汉代的实际，明确提出"德主刑辅"的治世主张。贾谊首倡"夫礼者禁于将然之前，而法者禁于已然之后，是故法之所用易见，而礼之所为生难知也"（《汉书·贾谊传》）的礼法结合论，董仲舒继有"天道之大者在阴阳。阳主德，阴主刑，刑主杀而德主生"（《汉书·董仲舒传》）的"德主刑辅"论，由此而形成了儒家关于道德与法律关系的基本思想原则。后来，《唐律疏议》宣告的"德礼为政教之本，刑罚为政教之用"；韩愈主张的"德礼为先而辅之以政刑"（《潮州请置乡校牒》）；朱熹提出的德礼、政刑虽有本末、精粗之别，但作为治国之策应"相为终始""不可以偏废"等等观点，都体现了"德主刑辅"论的基本原则。"德主刑辅"尽管有道德为主、礼义在先的重德倾向，但其德刑结合的理念仍是十分清楚的。诚然，在中国传统的治国理念中，德治和法治其实都是人治的具体方式，而且它明显地存在着重德轻法的偏颇和以"刑"代"法"的局限，但是从以上所列举的关于德与罚、宽与猛、德与法、礼与法、德与刑等相辅相成的观点中，我们不难看出其中所蕴含的道德与法律、德治与法治相结合的深刻思想。人们常说儒家不重法，这不过是与法家比较言之。就儒家自身思想而言，他们十分强调法刑对于治国的重要作用。在他们看来，德与法对于治国的作用仅在主从之别，并非有无之异。连孟子也认为"徒善不足以为政，徒法不足以自行"（《孟子·离娄》）。因此，中国传统文化中的德法结合思想乃是宝贵的政治智慧，经过扬弃和改造，仍然可以作为我们建立法治国家的借鉴。

四　法治与德治的结合是加强社会主义精神文明建设的客观要求

社会主义精神文明建设是关系我国跨世纪蓝图的全面实现和社会主义事业兴旺发达的重大战略任务。党的十四届六中全会的决议指出：精神文明建设的主要目标就是在全民族牢固树立建设有中国特色社会主义的共同理想，牢固树立坚持党的基本路线不动摇的坚定信念；实现以思想道德修养、科学教育水平、民主法制观念为主要内容的公民素质的显著提高，实现以积极健康、丰富多彩、服务人民为主要要求的文化生活质量的显著提高，实现以社会风气、公共秩序，生活环境为主要标志的城乡文明程度的显著提高；在全国范围内形成物质文明建设和精神文明建设协调发展的良好局面。这一目标中所包含的每个层次的内容，如共同理想、坚定信念、公民素质、文化生活质量、城乡文明程度等，都不是仅仅依靠法治所能实现的，必须把思想建设、道德建设和法制建设统一起来，才有可能。特别是对于公民素质的提高，德治更是起着主要的作用。因为，其一，思想道德在素质的构成因素中处于主导地位，它决定着人的素质的发展方向，对素质的其他构成因素起着统率的作用；其二，人的素质的养成和提高，主要依靠潜移默化的熏陶、春风化雨的教育和个人自觉、自励的修养，而不是靠外在的强制。自律是素质养成的内在动力。

按照精神文明建设的目标来衡量，我国当前的精神生活和文化生活中，还存在许多严重的问题。例如，不少人理想淡漠、信仰失落、信念动摇、价值观念混乱，奉行拜金主义、享乐主义、极端个人主义的人生哲学，唯利是图，肆意追求物欲享受和个人私欲的满足；社会一些领域道德失范，一些人不顾社会公德，不讲职业道德，不修家庭美德，把个人利益置于社会、人民、国家利益之上，甚至损公肥私，化公为私，严重损害公众利益，污染社会风气；西方腐朽文化和生活方式侵蚀人们的精神世界和文化生活，粗俗、腐朽的精神产品和诲淫诲盗的文艺作品毒化青少年的心灵；腐败现象屡禁不止，少数干部甚至一些高级干部以权谋私，以钱买官，贪污受贿，贪赃枉法，生活腐化，道德败坏，作风庸俗，渎职误事，祸国殃民；刑事犯罪率居高不下，犯罪手段残暴，犯罪年龄小，犯罪危害严重，恶性案件增多。诸如此类问题的解决都不是仅仅依靠法律所能奏效的，必须把道德和法律紧密结合起来，统一发挥作用。特别要指出的是，道德比法律更具根本性。因为，在任何时代，对于社会秩序和社会稳定的维护，道德都是远比法律更为内在更为根本的约束。它不但是行为层面的约束，而且是思想观念的约束。我国当前精神生活中存在的种种问题，其根本在于一些人的思想观念失去了约束。因而在通过强化法治以制约人们行为的同时，更根本的是加强德治以提升人们的思想境界。

总之，法治与德治的结合既是一个理论问题，也是一个实践问题。我们既要在理论与实际、历史与逻辑、传统与现代等诸多关系中对其进行深入探讨，更要在社会主义精神文明建设、思想政治工作和党风廉政建设的具体实践中，努力探索二者结合的途径和方式。

（原载于《党建研究》2000 年第 11 期）

论当代中国价值观念的整合

当代中国正处于社会转型的过程之中，这种社会转型的主题是实现现代化。在这一转型过程中，人们的价值观念必然会发生深刻的变化。这种变化的内容集中到一点，就是原有价值观念的解体和新的价值观念的重建。而要重建新的价值观念体系，就必须对因变化而造成的纷乱、分散、无序、冲突的诸多价值观念进行整合。所谓整合，就是将多样的、散乱的诸多价值观念结合成一个有序的动态的功能性结构整体。"在整个历史上，整合与分化的动态相互影响伴随着生长与发展的过程"，但是，"在发展的各个阶段，一种趋势或另一种趋势往往会占上风。"① 如果说，改革开放初期即20世纪80年代价值观念在改革开放中发生分化是主要倾向的话，那么，到90年代，随着市场经济的建立和对法治社会的追求，价值观念的整合则成为主要趋向，因而也成为我们自觉地建设有中国特色社会主义的价值观念体系的必然要求。

一 价值观念整合的必要

要对当代中国的价值观念进行整合，首先必须认识当代中国价值观念的现实态势。从总体上说，中国社会目前正处于由传统农业文明向现代工业文明的转型时期。在这一大的时代背景下，分析中国当前的价值观念因素及其相互关系，可以看出当前中国的价值观念存在着一种新旧交织、中外杂陈、共殊重叠、主次冲撞的复杂面貌和散乱状态。

---

① ［美］E. 拉兹洛：《决定命运的选择》，生活·读书·新知三联书店1997年版，第137页。

1. 历时性价值观念的并存。从历史发展的视角看，中国长期处于农业文明时期，在世界历史的现代化进程中属于后发展国家，并且是在西方工业文明发展的刺激下、挤压下才开始向现代工业文明过渡的。这种历史的落差使原本以历时形态依次更替的农业经济、工业经济和信息经济以及农业文明、工业文明和后工业文明在中国社会中共时并存。与此相适应，那种以伦理本位为内涵的传统价值观、以科学为标志的近现代文明价值观和以消解主体、超越理性为特征的后现代文化价值观，同时存在于中国当代的观念世界中。不但它们之间相互碰撞，而且在发挥社会功能的过程中又异向拉扯。

2. 异源性价值观念的交织。从理论来源和文化渊源上看，当代中国的价值观念分别来源于三大源头，一是本土固有的历史悠久、积淀深厚的中国的传统文化；二是近代以来相继传入中国的西方文化；三是五四运动以后传入中国的马克思主义文化。源于中国传统文化的价值观念虽然经过五四运动及其以后的多次批判，但仍然在中国人的观念深处有重大的影响，至今仍发挥着重要作用；源于西方文化的价值观念虽然从近代以来经过中国人用自己的思维方式和价值意识多次阐释，但依然以其特有的个性特征溶入中国人的精神世界；源于马克思主义文化的价值观念，虽然经过以毛泽东为代表的中国政治家和理论家在与中国实际相结合的过程中，创造性地发展和转化，使其具有了鲜明的中国特色，但是与中国传统价值观和传入中国的西方非马克思主义价值观相比，仍有着自己的鲜明特点。这三大异源性价值观在当代中国的同在和交织、融合和分立，使价值观念的内容既丰富又复杂。

3. 异位性价值观念的碰撞。从中国社会主义社会意识形态的结构来看，马克思主义、毛泽东思想、邓小平理论是中国特色社会主义的指导思想，是当代中国意识形态的核心。但是，除了以马克思主义为指导的社会主义意识形态之外，还存在着非社会主义的意识形态，包括资产阶级意识形态、小资产阶级意识形态和从旧社会遗留下来的封建传统意识形态的残余。这些意识形态所包含的价值观念、价值取向是不同的。尽管社会主义意识形态在总体结构中占有主导地位，但是其他非社会主义意识也有其重大影响和作用，于是就形成了异位性价值观念之间的矛盾和斗争。此外，由于价值观念的内容丰富、层次和方面繁多，并非人们所有的价值观念都属于意识形态。除了意识形态领域的价值观念之外，还有大量的非意识形态价值观念。而非意识形态价值观念总是要受到意识形态价值观的支配和制约。于是，在意识形态价值观念与非意识形态价值观念之间，也存在着异位性的矛盾。

4. 共殊性价值观念的矛盾。从对价值观念的认同程度来看，当代中国社会既存在着人们普遍认同的价值观念，也存在着大量的只是由部分人甚至各个人持有的价值观念。人们普遍认同的价值观念是共同性的价值观念，而部分人、各个人持有的价值观念是特殊性价值观念。属于共性价值观念范围的有基于人类共同利益的全球性价值观念、源于中华文化共同传统的民族性价值观念和反映中国人民根本利益的社会主义价值观念，属于殊性价值观念范围的有以不同地域、不同民族的文化传统为渊源的价值观念和以部分人或个别人的利益为基础的价值观念。而由于共性殊性的区分是相对的，二者在一定条件下是可以转化的，所以某类价值观念在此一范围中属于共性观念而在另一范围内则属于殊性观念。例如，源于中华文化传统的价值观念在相对于每个中国人的范围内而言是共性观念，而在相对于全人类的价值观念而言则又是殊性观念。这种共性观念和殊性观念的差别（尽管是相对的）形成了二者之间的矛盾。

当代中国价值观念上的上述差异和矛盾使价值观念领域存在着分散、纷乱和震荡的现象，从而在价值取向上就出现了某种程度的混乱。如果不进行整合，就不能建构成一个有序的和谐的中国特色社会主义的价值观念体系，也难以使价值观念对社会的和谐稳定和协调发展发挥积极的有效作用。

二　价值观念整合的目标

当代中国价值观念整合的总体目标就是建构有中国特色的社会主义

价值观念体系。这种价值观念体系的基本内涵和逻辑结构是：

1. 以人民群众为价值主体的观念。价值主体是价值的元点，价值主体的确定是价值观念确立的前提。因此，在任何一种价值观念体系中，主体观念都处于逻辑起点的地位。马克思主义价值观与非马克思主义价值观的根本分歧就在于是否认为人民群众是社会和历史的价值主体，人民群众的利益和需要是一切价值的根本标准。社会主义社会解放生产力和发展生产力的目的就是满足人民群众日益增长的物质、文化需要。在邓小平同志提出的"三个有利于"的评价标准中，"有利于提高人民生活水平"是核心；在江泽民同志提出的"三个代表"的要求中，代表人民群众的根本利益是归宿。江泽民同志指出，邓小平总是把"人民拥护不拥护""人民赞成不赞成""人民高兴不高兴""人民答应不答应"作为评判一切工作的出发点和归宿，这充分表明了人民群众是价值主体的重要思想，也充分阐明了社会主义价值观念中主体观念的基本特征。它既不同于阶级社会中以剥削者、统治者为主体的观念，也不同于西方社会中流行的个人主义的主体观念。

2. 以劳动为价值本位的观念。劳动是社会主义价值主体的基本活动，在具备了相应的劳动对象和劳动资料的前提条件下，劳动是一切价值的源泉，社会所需要的一切物质财富和精神财富归根到底要靠人的劳动来创造。因此，社会主义社会的一切价值都可通约为劳动的价值。劳动既包括体力劳动也包括智力劳动，随着生产力的发展和劳动资料的复杂化，智力在劳动过程中的作用越来越重要，体力与智力的融合程度也越来越高。由于社会主义的本质是"解放生产力，发展生产力，消灭剥削，消除两极分化，最终达到共同富裕"，所以劳动就成为社会主义社会一切人的共同价值标准，成为社会主义社会的本位价值。以劳动为价值本位不但是对封建主义社会"官本位"价值观的破除，也是对资本主义"钱本位"价值观的超越，更是对马克思主义价值观念的坚持。在当代中国只有大力弘扬劳动价值，重提"劳动光荣"的口号，才能实现现代化的目标，也才能克服"官本位"和"钱本位"等价值观的流毒，消除"权力至上""金钱万能""享乐主义"等价值观的恶劣影响。

3. 以科技理性与人文精神的统一为工具价值的观念。劳动价值的优化和劳动创造价值的功能的强化，都需要劳动者素质的提高，而劳动者的素质构成包括两方面的要素，一方面是智能性要素，包括经验、知识、技术、能力等等；另一方面是品德性要素，包括情感、意志、道德、思想、积极性等等。前者要通过科技理性去提高，后者要通过人文精神去教化。因此，科技理性和人文精神的结合就成为当代中国工具层面的基本价值。固然，在科技和人文二者的关系中，可以把科技称为工具理性，把人文称为价值理性，然而相对于人自身的价值而言，相对于社会文明的目标而言，二者都属于工具价值的范围，因为它们都是支撑人的价值的两大支柱。

4. 以和谐为关系价值的观念。价值主体是关系性的存在，主体的劳动也是在关系中进行的，在不同的关系模式中，主体及其劳动的价值所发挥和达到的程度是不同的，因此"关系"对于主体就成了一种价值。社会主义社会的价值主体——人民和价值本位——劳动，处于两重关系之中，一是人与自然的关系，二是个体与群体的关系。在社会主义条件下，这两重关系的基本特征应是和谐，即人与自然的和谐以及个体与群体的和谐。这是因为，社会主义已经超越了资本主义条件下人以自然为征服对象和少数人把多数人作为剥削对象的关系模式。在实施可持续发展战略的今天，建立人与自然的和谐关系尤为必要；在以"消灭剥削"为社会主义的本质规定的要求下，建立个体与群体以及人与人之间的平等、和谐关系，势在必行。当然，和谐并非不要竞争，也并非否定一切矛盾，而是让差异、竞争、矛盾在和谐状态下存在和进行。在社会生活领域中，和谐的社会关系是建立良好的社会秩序的基础，而社会主义的道德、法律、纪律、公约等规范的价值功能就在于形成和谐的社会关系和建立良好的社会秩序。这必然要求在治国方略上把"依法治国"与"以德治国"结合起来。

5. 以现代文明为价值目标的观念。中国特色社会主义的现实价值目标是实现现代化，建设现代的物质文明、制度文明和精神文明。物质文明的价值内涵是发展经济，消除贫困，实现人民的共同富裕和国家的繁荣昌盛，以满足人民群众不断增长的物质生活和精神需要；制度文明的价值核心是进行政治体制改革，建设社会主义的民主政治和法治国家，以满足人民群众当家作主，管理国家，享有各种公民权利的政治生活需要；精神文明的价值内涵是发展科技、发展教育，繁荣文学艺术，端正思想道德，形成良好的社会风气，以满足人民群众日益增长的文化生活和精神生活需要。现代文明的价值目标是一个动态的发展过程，它的三大价值内涵的具体要求要以社会主义初级阶段为依据，并根据社会发展的进程，逐步提高。

6. 以人的自由而全面的发展为崇高理想的观念。中国特色社会主义的价值目标尽管十分雄伟，但它仍然是我们走向更伟大的宏远理想的一个"桥梁"和"中介"，我们的终极理想是实现共产主义。江泽民同志在党的十五大报告中说："我们现在的努力是朝着最终实现共产主义的最高纲领前进的，忘记远大的目标，不是合格的共产党员；不为实现党在社会主义初级阶段的纲领努力奋斗，同样不是合格的共产党员。"这就把中国特色社会主义的现实价值目标置于共产主义这个整体价值理想的内在结构之中。因此，共产主义理想应该成为中国特色社会主义价值观念体系的一个重要环节，并应置于崇高理想和终极关怀的位置。共产主义的理想不是一种主观的设想，而是一种"消灭现存状况的现实运动"，不是一种乌托邦式的空想，而是人类历史发展的必然趋向。它的价值内涵的核心就是人的全面自由的发展状态。马克思说："代替那存在着阶级和阶级对立的资产阶级旧社会的，将是这样一个联合体，在那里，每个人的自由发展是一切人的自由发展的条件。"① 从"人类解放"的视角来看，在共产主义社会，人终于走出了人类史前的"必然王国"

---

① 《马克思恩格斯选集》第 1 卷，人民出版社 2012 年版，第 422 页。

而进入属人历史的"自由王国。"

综上所述，我们可以把中国特色的社会主义价值观念体系概括为以人民群众为价值主体，以劳动为价值本位，以科技与人文的结合、人与自然的和谐、个体与群体的和谐为价值运行模式，以现代文明为价值目标，以人的自由全面发展为终极价值理想的价值观念体系。而价值观念的整合就是把现存的各种价值观念中的合理因素统摄、综合、安置在这一有序的结构整体之中。

三　价值观念整合的方式

当代中国社会的价值观念整合既是一种客观的历史进程，更是主体积极参与的自觉设计过程。从主体自觉设计来看，价值观念的整合必须通过以下的基本方式：

1. 用人民利益、历史规律和实践效果三者统一的标准评判和区分价值观念的是非和优劣。当代中国流行的各种价值观念中，有合理的、正确的、积极的，也有不合理的、错误的、消极的。在整合中首先解决的问题是评判和区分是非、优劣，而评判和区分的标准应该是人民利益的主体标准、历史规律的客体标准和实践效果的中介标准三者的统一。就是说，只有反映人民利益、符合历史规律、能取得良好的实践效果的价值观念，才是正确的合理的积极的价值观念，因而也是值得弘扬的价值观念；而不符合"三统一"标准的观念则是错误的低劣的消极的价值观念，因而也是应该摒弃的价值观念。人民利益是"善"的标准，客观历史规律是"真"的标准，在实践中产生良好效果是"真""善"结合的标准。只有"三位一体"的标准，才是判定价值观念正确与否的全面标准。

2. 在认同和存异的张力中保持普遍性、共同性价值观念与特殊性、个体性价值观念的协调。即使是正确的、合理的价值观念，也有共性与殊性的区别。如果一味"求同"，虽然呈现了价值观念高度统一的状态，但却扼杀了价值观念的丰富性和活力性；如果一味"求异"，虽然展现了价值观念的纷纭多姿、万紫千红的状态，但却消解了价值观念的共同性和凝聚力。在当代中国价值观念的世界中，共性与殊性在三个层面上存在着，因之也应在三个张力中保持其协调态势。一是全球性价值观（例如和平、平等、发展、保护环境等）与本土性价值观之间的张力；二是中华民族性价值观（例如中和、仁民爱物、尊道贵德等）与地域性、个体性价值观之间的张力；三是中国特色社会主义价值观念与个体性的非意识形态性的价值观念（例如个人的个性、兴趣、爱好、艺术风格等）之间的张力。只有在上述共性与殊性价值观念之间保持认同与存异的张力和协调，才会使整体精神与个体精神相成互补，使社会整体既充满活力又不因内部冲突而陷入失序、失范、失衡的混乱状态。

3. 用综合、转化的辩证扬弃方法处理好传统性价值观念与现代性价值观念、现代性价值观念与后现代性价值观念、外源性价值观念与民族性价值观念的关系。中国特色社会主义价值观念与传统性价值观念、外源性价值观念、后现代性价值观念，既不是完全等同的，也不是全部对立的，它应该而且可以吸取古今中外价值观念中的合理因素和积极成分。但这种吸取并不是现成地拿来和简单地拼接，而是要通过综合、转化的辩证扬弃方式对其进行整合。所谓综合，就是广泛吸取传统的、外来的、后现代的等各种价值观念的合理的积极的因素，将它们纳入社会主义价值观念的体系之中；所谓转化，就是通过重新阐释、赋予新意，使其具有时代特征和民族特色。对于中国传统价值观念而言，应对其进行现代性转化，对于外来价值观念而言，应对其实行民族性转化。例如，中国传统价值观中的群体本位、道德理想、人文精神、天人合一、自强不息、厚德载物、和谐关系、中和态度等观念，西方的个体自由、功利意识、民主精神、科学理性、法治观念、竞争态度等观念，都可以通过综合、转化而融入中国特色社会主义的价值观念之中。

4. 以高层次的价值观念引导和提升低层次的价值观念，以促使人的价值升华和社会文明的进步。人的需要是有层次的，在第一级层次上可分为物质需要和精神需要两大层次；在第二级层次上，可以把精神需要区分为知识需要（真）、道德需要（善）、审美需要（美）三个层次。因此，人们的价值观念也有层次区分。这就形成了不同层次的价值观念之间的矛盾甚至冲突。这种矛盾和冲突，在中国古代表现为义与利、理与欲之间的矛盾冲突（第一级层次内的矛盾冲突）以及德与智、善与美之间的矛盾冲突（第二级层次内的矛盾冲突）。在中国当代表现为道德与利益、精神与物质以及道德与知识、道德与审美之间的矛盾冲突。为了协调不同层次的价值观念之间的关系，并且通过协调关系来促进和推动人的发展和社会的进步，就必须以高层次的价值观念来引导、提升低层次的价值观念，即以义导利、以理导欲、以德导智、以善导真、以美导善，从而在日常生活中使人们做到"见利思义""义然后取"。通过这种整合，才能不断地把人们的价值追求提升到高层次，把人的生活提高到高质量，把人的素质提高到高境界，把社会文明提高到高水平，从而推动人的全面发展和社会的全面进步。人的发展过程表现在需要上就是高级需要不断超越低级需要的过程，反映在观念上，就是人的价值观念从低层次向高层次不断提升的过程，这实际上也就是人不断超越其动物性的过程。马克思说："吃、喝、生殖等等，固然也是真正的人的机能。但是，如果加以抽象，使这些机能脱离人的其他活动领域并成为最后的和唯一的终极目的，那它们就是动物的机能。"①

（2001 年）

---

① 《马克思恩格斯选集》第 1 卷，人民出版社 2012 年版，第 54 页。

中华智慧的世界意义

21 世纪的文化走向

20 世纪，匆匆退去，新的世纪，曙色将临。回首既往，瞻望未来，洞察 21 世纪的文化走向，对于我们认识社会变迁，把握历史发展，感受时代脉搏，提高文化自觉，都是十分必要的。根据 20 世纪百年风雨、百事浮沉中所蕴含的历史规律和蓄积的文化势能，可以预测，21 世纪的文化走向，大致会有如下特征：

文化的升值。当今时代文化已不再是一个独立于经济、政治的外在标帜，而已与经济、政治相互渗透、融合一体，成为综合国力的重要组成部分。因此，全世界不同种族、不同国家的人们都在关注文化问题，都对文化倾注了自己的热情，都着力于提高本民族的文化水准、增强自己国家的文化实力。文化将成为 21 世纪全球不同社会共同的话题，将会在社会历史发展中进一步升值。

文化的多元。凭借着近代工业革命的力量和经济、军事力量，西方文化不断向外扩张，使 19 世纪成为西方文化的世纪。到了 20 世纪，西方文化的内在弊端日渐暴露，西方文化一元独霸的历史格局终于解体。随着民族独立、冷战终结，世界文化出现了万紫千红、异彩纷呈、百花齐放、百家争鸣的多元化趋势。未来的世纪将是文化在多元化、多维化、多根系化的态势中，互竞、互动、互补、互渗的时代。

文化的交融。当前全人类正面临着工业化时代向信息化时代的转化，历史已进入全球化的过程。在这一历史进程中，经济和文化已冲破国家和民族的界限，相互交流、相互渗透、相互融通。尽管在交流的过程中会有摩擦、碰撞，甚至矛盾和冲突，但融合是大趋势。特别是东西方文化，将在日益增多的交流接触中孕育出新的花朵。然而，文化的交融并非如有些西方学者所说的会使文化的民族因素减弱或消失。反之，各民族，各国家的民族文化和传统文化中的优秀精华，会在交融中重新焕发生机，展现光彩。

中华文化的复兴。中华文化历史悠久、积淀深厚、博大精深，在古代灿烂辉煌，在近代饱受屈辱，新中国成立后特别是改革开放以来重放异彩。它所蕴涵的智慧对于补救西方文化的弊端，解决人类面临的全球性问题（如环境污染、生态失衡等等）具有独特的优势。随着中国社会的经济发展和现代化进程，随着文化重心的东移和西方人对东方智慧的再发现，中华文化必将在马克思主义的指导下，在有中国特色社会主义建设实践中，通过现代化的洗礼和充分吸收世界文化优秀成果，重新振兴，再度辉煌，为人类文化作出比以往任何时代更伟大的贡献。

（原载于《西安日报》1999 年 12 月 29 日）

中华智慧的世界意义

中国智慧不但哺育了地球上人口最多的民族——中华民族，而且也为人类的文明无私地奉献出了自己的珍藏。远在秦汉以前，中国作为世界文明发达最早的国家之一，就向极为辽阔的邻近地区扩散着凝结中华智慧的文明器物。秦汉以后，凝结着中国智慧的工艺器物、科学技术、思想典籍、文学艺术等，进一步不断地向四面八方传播。随着中外文化的交流，中华智慧的明珠照射寰宇；同时，它也努力汲取其他民族和国家的智慧营养，发展自身。在我们大踏步地迈向新纪元的时代，中华智慧的魅力又重新吸引着世界上更多人的目光。

一 科技智慧的影响

中华智慧向外传播始于实物器用。中国的丝织物、青铜器早在殷代便已成批向外销售。有人推测在公元 5 世纪，中国丝绸已成为希腊上层人物喜爱的服装，《旧约》中也两处提到了中国的丝。公元前五世纪时，印度、波斯、希腊对中国的各种称呼，音异义近，大抵都与丝有关。例如关于"支那"一词的来源，学者们或认为来源于中国丝的影响，或认为是对中国人智慧的称道。可见，作为中国文明的最伟大成果之一的丝，在外国人心目中已成了中国智慧的象征。

如果说实用器物中潜藏着智慧，那么，科学技术则直接表现着智慧。随着器物外传的增多和中外文化交流的频繁，中国的科学技术也逐渐向外传播。英国著名学者李约瑟曾在其皇皇巨著《中国科学技术史》中列举了中国向西方传播的 26 项机械与技术，并标出了西方在这些项目方面落后于中国的时间。这些项目包括龙骨车、石碾、水排、风扇车和簸扬机、风箱、提花机、缫丝机、独轮车、加帆手推车、磨车、弓弩、深钻技术、铸铁、造船和航运、火药、罗盘针、纸、印刷术、瓷器等等。他说："还有许多例子可以列举"。美国学者德克·卜德也在《中国物品西传考》中说："从公元前200年到公元后1800年这两千年间，中国给予西方的东西，超过了她从西方得到的东西。"①

在这些走在世界前列并推动了世界科技发展的成果中，指南针、造纸术、火药和活字印刷术"四大发明"，更是中华民族奉献给世界并改变了整个人类历史进程的伟大技术成果，它突出地反映和代表了中华民族卓越辉煌的科技智慧。

我国东汉时期（公元2世纪初），蔡伦发明了造纸术。从公元六世纪开始，我国造纸术传往朝鲜、越南、日本；公元751年，传到中亚细亚的撒马尔罕，以后又传到西亚的大马士革城。阿拉伯大批生产纸以后，源源不断地输往欧洲的希腊、意大利等地。1150年西班牙开始造纸，建立了欧洲第一家纸工厂，后来法国、意大利在十三世纪开始造纸；德国（1391年）、英国（1495年）、荷兰（1586年）、美国（1690年）都先后设厂造纸。至16世纪，纸张已流行欧洲。纸的生产为当时欧洲蓬勃发展的教育、政治、商业等活动提供了极为有利的条件，"纸对后来西方文明整个进程的影响，无论怎样估计都不会过分"②。

隋代初期（7世纪初），我国民间开始用雕版印刷，宋仁宗庆历年间（11世纪中期），刻字工人毕昇发明了活字印刷。我国雕版印刷大约在公元8世纪传到日本，12世纪或略早传入埃及，后来又传入波斯。活字印刷于14世纪传到朝鲜，13世纪欧洲开始接触中国印刷术，14—15世纪雕版与活字印刷开始流行于欧洲。1466年意大利办印刷厂，于是欧洲各国的印刷厂如雨后春笋一般建立起来。印刷术在欧洲的出现，把学术、教育从基督教修道院中解放出来，使学术中心由修道院转移到了各地大

---

① ［美］德克·卜德：《中国物品西传考》，孙西译，复旦大学出版社1985年版，第353页。
② ［美］德克·卜德：《中国物品西传考》，孙西译，复旦大学出版社1985年版，第358页。

学，从而为当时的宗教改革运动和反封建斗争提供了有力的武器，对资本主义生产方式的建立和思想文化交流起了巨大的推动作用。

　　我国至迟在唐朝已经发明了火药，起初用于炼丹，后来用于军事。唐末出现了称之为"飞火"的火炮、火箭，宋朝时，火炮、火箭已普遍用于战争。北宋末，出现了爆炸力、破坏力很强的"霹震炮"。南宋初，陈规发明了管形火器，它是近代枪炮的前身。宋、金时期，火药、火器传于蒙古人，阿拉伯人在与蒙古人作战中学会了制火药的技术和火药武器。欧洲人于 13 世纪从阿拉伯人的书籍中学得了火药知识，到了 14 世纪前期又从对回教国家的战争中学会了创造、使用火药和火器的方法。火药武器的使用，在欧洲城市市民反封建的斗争中发挥了极大的威力。

　　早在战国时期，我国人民已经发现了天然磁石吸铁和指示南北的特性，并据此制成了最早的指南针——司南。北宋末年（12 世纪初）朱彧的《萍洲可谈》一书中就有指南针用于航海的记载。宋代时，中国商船活跃于南洋、印度、波斯湾一带，在波斯湾一带航行的阿拉伯人先从中国人那里学会了用指南针指航，1180 年左右又从阿拉伯传到了欧洲。磁针罗盘的使用，推动了西方人的远洋航行，达·伽马、哥伦布、麦哲伦的航行，若没有指南针，是不可想象的。新航线的开辟和殖民地的建立，导致了世界市场的出现，从而促进了欧洲新兴资产阶级的成长壮大。

　　中国的科技智慧对世界文明的发展作出了巨大贡献，尤其是四大发明在欧洲产生了推动社会大变革的伟大效应。美国学者德克·卜德说，倘使没有四大发明，"我们将仍然生活在中世纪""我们的社会可能仍然处在封建制度的奴役之下"。马克思更精辟地指出："火药、罗盘、印刷术——这是预见资产阶级社会到来的三项伟大发明。火药把骑士阶级炸得粉碎，罗盘打开了世界市场并建立了殖民地，而印刷术却变成新教的工具，并且一般地说变成科学复兴的手段，变成创造精神发展的必要前进的最强大的推动力。"（《机器·自然力和科学的应用》）中国的科技智慧之兴，就这样地照亮了世界历史的进程。

二 哲理智慧的启迪

哲理是一个民族智慧的结晶。凝结着中华智慧精粹的哲学，也以其独特的光芒照射着人类理论的思维园地。这里我们且不说中国哲学自古以来对东西文化圈的长远而深刻影响，仅看看中华哲理在西方的传播和重大作用。

早在公元前5世纪，西方"史学之父"希罗多德在他的巨著《历史》中就称道，"东方是一切智慧的摇篮"，可是仅靠物品和技术，还不能尽窥中华智慧的神韵。于是西方人很早就有钻研中国哲理的强烈愿望。然而，在漫长的时间里，他们只能从口头流传和游记中了解中国人的思想观念。时至1593年，利玛窦才将"四书"译成拉丁文，寄回意大利。1626年比利时人金尼阁将"五经"译成拉丁文，在杭州刊印，成为中国经籍最早刊印的西文译本。17世纪60年代意大利耶稣会士殷铎泽和葡萄牙耶稣会士郭纳爵，两人合译《大学》，取名《中国的智慧》，又合译了《论语》。殷氏更将《中庸》译成《中国政治论》。1687年比利时教士柏应理在巴黎刊印《中国哲学家孔子》。从18—19世纪，《易经》《尚书》《诗经》《礼记》等相继被翻译为西文，在欧洲知识界和上层社会流传。

具有和欧洲完全不同气质的中国哲学智慧，经过耶稣会士的介绍，便成为启蒙运动者汲取精神力量的源泉。如伏尔泰所言："欧洲王公和商人们发现东方，追求的只是财富，而哲学家在东方发现了一个新的精神和物质世界。"

德国"千古绝伦的大智慧者"莱布尼茨（1646—1716年）是第一个认识到中华哲理智慧对于西方发展有重要意义的哲学家。他从二十岁起，研究中国哲学，直至垂暮之年还为阐扬中国哲学的真谛而呕心沥血。他说："东方的中国，给我们一大觉醒！""在实践哲学方面，欧洲人实不如中国人。"对于那些非议中国哲理的言论，他严加驳斥："我们这些后来者，刚刚脱离野蛮状态就想谴责一种古老的学说，理由是因为这种学说似乎首先和我们普通的经院哲学不相符合，这真是狂妄至极。"莱布尼茨不仅由衷赞美中国哲学，还积极吸取中国哲学思想的成果，他的"单子论"就有意识地吸收和融合了中国哲学，尤其是宋儒的精华，提出了与天道相似的"先定的和谐"观念和整体观念。他创制二进制算术，就受了中国《易经》的重大启示。他认为八卦的排列，在人类史上第一次提出了数学上的二进位思想，这是了不起的贡献，"能给一切数学以一道新的说明"。他的国家观是主张建立一个具有仁爱、正义、毅力和广博知识的开明君主治理下的统一国家，这显然也是受了儒家思想的启迪。

18 世纪是欧洲启蒙运动澎湃展开的时代，启蒙思潮的出现，固然有其深厚的经济和阶级根源，但也有先驱者的思想资料为其出发点，而来自东方的中国哲理智慧，也是启蒙运动者汲取精神力量的重要源泉，成为他们"借以鞭挞旧欧洲的巨杖。"

法国伏尔泰说：中国是"举世最优美、最古老、最广大、人口最多和治理最好的国家"，中国的历史记载"几乎没有丝毫的虚构和奇谈怪论，绝无埃及人和希腊人那种自称受到神的启示的上帝的代言人；中国人的历史从一开始便写的合乎理性。"他认为，孔子唯以德教人，要人们修身、治国，都必须遵循自然的规律——理性。这是和欧洲"神示宗教"完全不同的"理性宗教"。伏尔泰所主张的自然神论的基本特征，就是和天赋的自然道德相联系，以孔子的"己所不欲，勿施于人"的道德规范为准则，追求文明发展与理性进步的统一。不仅伏尔泰，狄德罗也称赞中国儒教"只需以理性或真理，便可治国平天下"的理性精神；霍尔巴赫尤其赞赏中国"将政治和伦理道德相结合"的"德治"主义。甚至雅各宾党人罗伯斯庇尔也在 1793 年的《人权和公民宣言》中主张以"己所不欲，勿施于人"的中国格言为道德原则。

德国黑格尔虽然轻视中国哲学，但也承认中国哲学的"基本原则为理性"。英国的休谟说"孔子的门徒，是天地间最纯正的自然神论的学徒"。

可见，启蒙学者们都通过吸取中国的理性和道德智慧，来铸造他们反对神权统治的武器，来建构他们以崇尚理性和道德为支柱的社会政治理想。法国学者戴密微高度评价了中国哲学对 18 世纪欧洲启蒙运动的影响，他说："从 16 世纪开始，欧洲就开始了文艺批评运动，而发现中国一举，又大大推动了这一运动的蓬勃发展。"

中国哲理对于欧洲的影响并不限于 18 世纪，从 19 世纪中叶开始，欧洲加速了同中国的文化交流和融合。19 世纪末至 20 世纪初德国又出现了一股"东方热"思潮。第一次世界大战后，欧洲出现了文化危机，不少知识分子再次把目光转向东方，希望在东方文化，尤其是在中国哲学中寻找克服欧洲文化危机的办法。在今天的工业发达的西方世界，中国哲学智慧对人们的吸引力不但没有减弱，而且日益增强。一些思想家痛感西方的社会弊病丛生，因此热切地希望到中国哲理中去探寻人生智慧的真谛。

三　文艺智慧的感发

文学和艺术是民族智慧的形象表现，在瑰丽缤纷的文学、神游形外的绘画、笔补造化的书法、气韵生动的雕塑和和谐典雅的建筑等艺术形式中，中华智慧也熠熠生辉，以它特有的风格和魅力赢得了世人们的赞赏，感发着外国艺术巨匠们的灵思。欧洲启蒙大师伏尔泰把东方称为一切艺术的摇篮，法国大作家巴尔扎克说："中国艺术有一种无边无涯的富饶性。"

早在中世纪，摩洛哥旅行家伊本·拔都塔就对中国的绘画大加赞美，他在自己的旅行记闻中说："中国人是全人类手艺最高明和最有鉴赏力的人民。……至于绘画，确实没有一个民族——不管是基督徒或非基督徒能赶得了中国人，他们在美术上的这种才能是非凡的。"马可·波罗也在他那著名行纪中盛赞中国宫廷的壁画"龙翔凤舞，前办车骑百戏，珍禽异兽，战事耕作，无奇不有"。中国绘画对西方人的吸引力不仅在其丰富多彩、神采飞扬，更重要的在其求"神似"、尚"气韵"、重"立意"的艺术风格和审美意境。西方美学家和艺术家对此特色十分倾慕，他们或将其阐释为"含有和谐和生命力的构思"，或将其理解为"精神和谐表现的激情"，或将其称赞为"生命运动体现出来的有节奏的生命力或令人精神高尚的节奏"。由于中国绘画独特的民族风格和这种风格所体现的卓越智慧，所以，从中世纪以来，许多外国艺术家仿作中国的水墨画，学习中国的画风。直至当代，在欧美的艺术沙龙里，中国传统绘画仍洋溢着旺盛的生命活力。正如苏联著名汉学家叶·查瓦茨卡娅所说："中国绘画的种种奇异特点似乎已经自然地融入当代欧洲艺术形象的体系之中。"

中国古代的艺术智慧也渗透于气韵生动的雕塑之中。秦代兵马俑的出世，轰动了整个世界。许多外国元首、学者、艺术家都给予了高度评价。新加坡前总理李光耀赞誉道：这是"世界的奇迹，民族的骄傲"。法国前总理布拉克说："不看金字塔，不算真正到过埃及；不看秦俑，不算真正到过中国。"丹麦首相安高·约思森发出了"真是到了神的地步"的感叹。法共书记乔治·马歇给予了"中国文明和人类智慧的奇迹"的评赞。秦俑不过是中国雕塑宝库中的早期作品，至于大同云岗、洛阳龙门、天水麦积山、敦煌莫高窟等"四大石窟"的雕塑和其他形式多样的雕塑艺术，更是丰富多彩，气象万千，光华万丈，它们所凝聚的高超智慧，所表现的创造才能，莫不使外国人叹为观止，倾慕备至。

文学是中国文化宝库中的灿烂明珠，早在 13 世纪初，马可·波罗就在他的行纪中介绍了中国戏剧。新航路开辟后，欧洲传教士联翩来华，中国文学被广泛介绍到欧洲，使西方文坛耳目一新。1732 年法国马若瑟翻译了元曲《赵氏孤儿》，这是第一部译成外文的中国剧本，不久，伏尔泰将它改编为《中国孤儿》，他说这部剧"是一个巨大的证明，体现了理性和才智最终必然凌驾于愚昧和野蛮。"到 19 世纪末有二十余种元曲被译成了法文和英文。1761 年，英国刊印了第一部中国小说《好逑传》，并附有《中国诗选》，后来被相继译为法文、德文。法国的伏尔泰，德国的歌德、席勒，英国的艾迪生、高尔德斯密士等文坛巨匠都是中国小说的热心读者。歌德从 1781 年读《今古奇观》（选译）、《赵氏孤儿》《诗经》（选译）起，至 1827 年共读完了《玉娇梨》《花笺记》《好述传》等中国作品。他以锐利、透辟的眼光指出，《好逑传》一定不是中国最好的小说，"中国人有千部这样的小说，他们开始创作的时候，我们的祖先还在森林里生活呢！"他对中西文学进行了深刻的比较，认为在中国文学中"一切都比我们显得更明理、纯洁和道德""一切都是通情达理的""外界的自然和人物总是同时生活在一起的"。尤其值得称道的是，他从1827年以后设法将中国抒情诗移植到德国，创作了《中德季日即景》，诗中浸染着他对孔子、老子哲理的向往和倾慕。19世纪以后，中国的唐诗、宋词和小说《三国演义》《水浒传》《西游记》《聊斋志异》《儒林外史》《红楼梦》等文学的瑰宝，都被愈来愈多地译为外文，在世界各地广泛流传。

四　对中华智慧世界意义的沉思

中华民族的科技智慧、哲理智慧和文学艺术智慧都曾对人类文化和人类智慧的发展作出过巨大贡献，发生了深远影响，其世界意义是显而易见的。然而，这种世界意义的内涵和特征是什么呢？

1. 中华智慧的世界影响在不同的历史时期具有不同意义。中华智慧的外传由来已久，然而，其在古代对于西方人的意义主要在认识方面，西方人通过了解中华文化，扩大了视野，获取了信息，认识到了世界的辽阔广袤和东方文明的光辉灿烂，克服了居于一隅而形成的狭隘观念。到中世纪后期，中华智慧的西传意义则发展到科技层面，四大发明为西方印刷、造纸、航海、军事技术工艺的发展提供了有力的杠杆，大大推动了经济、文化和军事的进步，特别是为通过航海途径向外扩张，开辟殖民地，提供了技术支持。这一切对结束中世纪的封建制度产生了重大作用。到了近代，主要是18世纪，中华智慧的理性精神成了西方启蒙思想家批判神权政治和宗教专制的重要武器，他们用中国理性精神鼓吹人的尊严，弘扬伦理价值，设计社会蓝图，使中华智慧在资产阶级革命中起了精神武器的作用。二战以来，中华智慧在西方的意义又发生了变化，针对西方社会由于高度发达的科学技术而产生的负面效应以及由于财富膨胀、物欲泛滥而形成的社会文化和精神危机，例如人自身精神的失衡与分裂；人与人之间关系的失衡与分裂；人与自然关系的失衡与分裂等等，西方明智深思之士希望从中华智慧中寻取疗救社会的药方，以清除社会弊病，于是中华的智慧中的"天人合一"观念和人文主义精神日益受到关注。一些学者甚至提出"21世纪是东方文化的世纪"。这表明，时至现代，中华智慧的世界影响已上升到人文精神的层次。中华文化及其所蕴含的中华智慧，是一个复合的多面体，在不同的历史时期它对西方世界的意义展现出不尽相同的特点。认识意义、技术意义、理性意义和人文意义，可以说是中华智慧世界意义的基本内涵和发展历程。

2. 中华智慧世界意义的发生是与别民族文化智慧相融合的过程。任何一种文化对另一种民族文化发生影响都不会是原封不动、毫无变化的，它必然要与别种文化发生交汇与融合，中华智慧也不例外。中华智慧传入西方，被西方文化所接受，在接受的过程中，西方人是按照自己的文化视角和价值坐标来理解和阐释中华文化的，特别是对于哲理智慧和文学艺术智慧，这种特点表现得尤为明显。18世纪的西方哲人们赞赏中国哲学的理性精神，已不完全是按儒家思想的本来含义作出的认定，而是把孔子的"以德教人""以法治国""己所不欲，勿施于人"的观点，阐释为"遵循自然规律"的"理性原则"而予以崇尚的。这种阐释本身就是中国哲学中的儒家思想与西方文化精神相融汇的表现。西方艺术家对中华艺术智慧中"求神似""重立意"的风格，以"和谐""生命力""节奏"等概念来阐释，已经使东方智慧染上了西方文化的风采。可见，不同文化交流中的融汇过程，是一种必然性的趋势，中华智慧的世界意义正是以其与别民族文化的融汇为前提的。

3. 中华文化的世界意义是以其统一完整的民族特质、民族风格为动力的。中华民族的传统文化源远流长，统一稳定，连贯不断，远在春秋战国和秦汉时期就形成了自己完整统一的系统，具有鲜明而稳定的特质和风格，这是世界上独一无二的。民族文化智慧的完整统一性及其独特的特质、风格，是它对外传播和产生影响的主体动力，当它与其他民族文化接触、碰撞的时候，其特质和风格就显示得十分鲜明，其对别种文化的吸引力、感染力、矫正力就发挥得相当充分。中华智慧对西方的影响虽然经过了西方人以自己的文化视角进行阐释的过程，但其原本特质并没有丧失，而恰恰由于这种民族原本特质的保持才使它发挥了补充西方文化缺陷、矫正西方文化偏颇的功能。正是在这个意义上，人们常说，越是民族性的文化才越有世界意义，越是主体性、自主性强的文化智慧，越容易对别种文化产生影响。

4. 中华民族文化智慧的世界意义的"极值"具有周期性。中华智慧对世界尤其对西方的影响并不是直线发生、不断增长的趋势，而呈现为一种波浪式过程，其中影响的最大值即"极值"，似乎表现为周期性出现的特点。在古代，以四大发明为代表的科技智慧和以儒学为代表的哲理智慧，其世界意义都达到了"极值"；到近代，19 世纪以后，中华智慧的影响日渐降低，西学东来，中国人民更多地向西方学习，这可以说是中华智慧世界意义的"低谷"期；二战以后，特别到了当代，中华智慧又越来越受到西方人的重视，随着西方高科技的飞速发展和物质文明的急剧增殖，西方社会危机、文化危机和精神危机日益严重，于是东方智慧的光芒就成为人们医治病态、解脱危机的希望所在，中华智慧世界意义的又一个"极值"就必然会出现。这种周期性究竟是文化、文明发展的偶然性，还是必然性？学术界看法不一。我认为，东方文化和西方文化在世界上的地位和意义的"极值"周期性是含有某种必然性的。但这种必然性周期并不表明东西文化的优劣，而是事物发展中矛盾两极转化规律在文化上的表现。无疑，把握了这种规律性，对于我们把握机遇，弘扬和发展中华文化，使中华文化重振雄风，再造辉煌，焕发新的生命力，是十分重要的。

（原载于《人文杂志》1994 年增刊第 2 期）

跨入新世纪的智慧圈

中华智慧在人类文明的舞台上，已经演出了一幕又一幕波澜壮阔的场面，在人类第二个千年即将闭幕的重大时刻，认真审视一下我们所面临的时代课题，不难看出，新世纪的智慧圈，将具有更为新奇的特征，蕴含着更为丰富的内容。潜藏于古老中国智德内核中的精髓，在时代燧石撞击下，一定会迸发出新的火花，照亮中华民族现代化的征程，指引我们达到理想的境界。然而，要使中华智德焕发活力，在新世纪发挥巨大功能，必须赋予它以现时代的内涵，以现代化为坐标系，对它进行新的阐释，这样，我们才能取得进入新世纪智慧圈的通行证。

一 综合智慧

所谓综合智慧，就是通过思维把构成事物的各个部分、各个要素按照事物的本来面貌联结起来，获得对事物整体特征和整体功能的认识和把握。宇宙万物皆都是由若干部分或若干要素按一定方式组成的整体。人的智力既能把事物整体予以分解，以取得对事物各个部分各个要素的知识；也能将分解开的要素重新联结，以取得对事物整体的把握。前者是分析性智慧，后者是综合性智慧。

古老的中华智慧中早就蕴含着十分丰富的综合整体观。无论是儒家、道家，都认为世界是一个整体，天和人、人和物、群和己、德和智都是一个整体。孔子说："吾道一以贯之。"就是说，他的思想是由一个基本观念统贯着的。《易传》说："观其会通"，就是要求观察事物与事物之间的统一关系。此外，惠施宣称"泛爱万物，天地一体也"；庄子声言

"生死存亡之为一体"，也表现了这种综合统一观。中国传统的综合智慧，最突出地表现在"天人合一"观念中，它把人和自然看成一个有机的整体，在这个统一体中，天与人互相依存，互相转换，双向调节，人依靠自然而生存，自然也有待于人的调整安排。人存在于天地中间，与天地息息相通，而不是绝对分离、绝对对抗的关系。这种天人合一的综合智慧在中医理论中体现得甚为鲜明，认为天地是一个整体，天人是一个整体，人的身体也是一个整体，身体各器官之间存在着不可分的密切联系。由天人合一出发，中国智慧还主张"人物合一"，认为人与万物是朋友，应和睦相处；"群己合一"，认为个人和群体是同胞，应休戚与共；"身心合一"，认为生理和心理相互影响，应身心同健；"德智合一"，认为道德与认知相互促进，应"仁智并举"，这些观念，虽然有对分析重视不够的缺点，但它所包含的积极内容是应该肯定和弘扬的。只要我们通过发扬中华综合智慧的长处，学习近代西方精密的分析智慧的优点，在新的历史条件下，进行思维方式更新，就会将中国的综合智慧提高到现代水平，在未来的时代，发挥它巨大的作用，开放出更新更美的智慧花朵。

二　创新智慧

创新智慧是指人们在创造发明和科学发现的过程中，能产生出新的成果的智慧，它是一种创造新事物或发现新规律的智慧。创新智慧需要智力，但它是不同于一般智力的一种更具个体性的拓新能力，它是人类智力的超常型。就是说，智商高的人未必创造力强，而智商相对较低的人也未必创造力弱。但创造力与智力并非全然无关，高创造力必定有中等以上的智力，或在某门、某几门学科方面的高智力。

中华民族是富有创新精神的民族，它既为人类创造了光彩夺目的物质文明、精神文明成果，也拥有重视创造，倡导创新的丰富思想。中国第一部诗歌总集《诗经》，就有"周虽旧邦，其命维新"的诗句。《周易》就既讲"变易"，又讲"日新"，所谓"穷则变，变则通，通则久"

"日新之谓盛德"。孔子要求"温故知新"，孟子主张"新子之国"，《曲礼》言"新法"，《大学》尚"新民"。汉武以后，尽管有"天不变道亦不变"的保守意识，但创新观念仍然绵远流长，不绝如缕，北宋哲学家张载不但主张"濯去旧见，以来新意"，而且高咏"芭蕉心尽展新枝，新卷新心暗已随。愿学新心养新德，旋随新叶起新知"的诗篇；南宋朱熹不但倡导"旧学商量加邃密，新知培养转深沉"的学风，而且还提出"学者不可只管守从前所见，须除了，方见新意。如去了浊水，然后清者出焉"的革新思想。不仅在哲学中，而且在科技、文学等领域，古代学人也力主创新。墨子早就反对"述而不作"，他说，古时候羿创作弓，伃创作铠甲，奚仲创造车，巧垂创造船。可见，创新是人类活动的固有素质，"人必或作之"。晋陆机要求文学作品应"袭故而弥新"，唐韩愈声言他的写作原则是"陈言之务去"。苏轼说书法能"自出新意"，则"一字千金"；袁枚说作诗"能落笔无古人"，则"精神始出"，曹雪芹以"新奇别致"为指导，创作《红楼梦》，"脂砚斋"以"开生面，立新场"评赞《石头记》。由此可见，那种认为中华智慧中只有守旧观念，而无创新意识的看法是不对的，中华文化中潜藏着卓越而丰富的创新智慧。当然，要使中国传统的创新智慧在现代化建设中发挥巨大功能，还必须赋予它以新的内容，注入新的时代精神。特别是要克服那些会导致创造力萎缩的"述而不作"的经学传统和"大一统"思维方式，用政治的民主、学术上的百家争鸣和思维的独立性为创新智慧提供适宜的社会文化环境。

三　实践智慧

新世纪实践智慧的基本特征之一是思想家与经营家、智者和行者、学术和技能的合二而一，"一身二任"。远的不说，以当代而言，许多国际级的著名人物，如美国西方石油公司董事长兼总经理阿曼·哈默，汽车大王福特，日本松下电器开创人松下幸之助，当代电脑巨子王安，欧洲最大电器企业——荷兰"菲利浦"王国创业者菲利浦兄弟等，无一例外地既是博士、学者、专家、发明家，同时又是第一流的管理、经营的实践家，集智、学和行、作于一身。

这种特征的智慧也可以从中华智慧中找到资源。我国许多思想家不但注重实践和实践能力的培养，如荀子认为"知之，不若行之，学止于行而止矣"，朱熹强调"躬行"。而且，不少哲人还主张知和行的统一，"通经"与"致用"的统一。墨子说："士虽有学，而行为本焉"；荀子认为圣人的标志就是既"明之"，又"行之"。汉代仲长统以"疾病"批评那些"知言而不能行"的人，认为"不能行"是一种毛病。北周颜子推以"春华""秋实"比喻"知"与"行"的关系，要人"春玩其华"以求智，"秋登其实"以利行。明代王阳明更明确主张"知行合一"，认为"真知即所以为行，不行不足为之知"，"知之真切笃实处，即是行，行之明觉精察处，即是知，知行工夫，本不可离"。在这些观念的陶冶下，使中华智慧没有走向闲暇从容的抽象思辨之路（如希腊），也没有沉入厌弃人世的追求解脱之途（如印度），而是执着于人间世道的实际探索，并将这种智慧风格渗透于中国文化、科学、艺术的各个方面。所以，有的学者认为中国智慧的特征是"实用理性"或"实践理性"。

中华智慧重视实践，强调知、行统一的精神，如果根据历史发展和社会进步的现实需要，充实扩展其内容，转换更新其视角，克服扬弃其缺点（如过分强调实践内容的道德性而忽视其科学性，过分崇尚实践主体的个体性而忽略其社会性等），就会和现代实践智慧贯通，为现代实践智慧的发展提供观念和精神的资源。

四 人伦智慧

所谓"人伦"，就是人与人之间的关系以及调节这些关系所应遵循的道德规范，人伦智慧就是关于人际关系和人伦道德的智慧。中国传统智德中最重要的内容正在于此。《尚书》以"父义、母慈、兄友、弟恭、子孝"为"五典"，《左传》以"父、母、兄、弟、子"为"五品"，《孟子》以"父子有亲，君臣有义，夫妇有别，长幼有序，朋友有信"

为"五伦"。汉代董仲舒把"仁、义、礼、智、信"作为"五常",即处理人际关系的五种基本道德规范。可见,"明人伦"是中华智慧的基本内容,也是中华智慧的突出特征。"智"在儒家思想中的基本含义,就是对人伦关系和人伦道德的自觉认识和明彻理解,南宋陈淳说,"智"就是知道,懂得仁、义、礼、智、信"五者当然而不昧"。

诚然,中国古代的人伦智慧中,有片面强调臣对君、子对父、妻对夫的绝对服从关系这种弊端,因而也有束缚人民精神自由的消极作用。但它肯定了人与人之间有相互依存的关系,主张人际关系的和谐,并提出"礼之用,和为贵",即用礼来保人与人之间的和谐关系。这无疑是深刻的大智大慧。

在现代社会,"五伦"自然不能包括人们的全部关系,出现了涵盖面更为广泛的"公共关系",而且随着人类社会的变化发展,各个时代人伦关系的具体内容和处理人伦关系的道德规范也会发生变化。但是,不管范围多么广泛,内容多么不同,人伦总是存在的,当今的社会和未来的社会都必须讲人伦,重人伦,追求人伦关系的健康和和谐。因此,中国传统人伦智慧的真谛和精华,也一定会为现代智慧提供宝贵的馈赠。正如费孝通教授说的,"现在必须讲人同人相处的道理""要建立一门科学,研究不同文化友好相处,和平共存,互相促进,共同发展。这是最高的目的。""这门课谁可以讲的最好呢?我想是中国人"。中国"最早从孔夫子开始",就"讲人和人怎么相处"。

(原载于《华夏文化》1995 年第 4 期)

中华智慧的世纪使命

　　21 世纪的帷幕正在拉开，新千年的钟声即将敲响，20 世纪正离开我们退入到历史之中。"此刻曙光才一瞬，来宵明月又千年"，一转瞬间，人类就迈步在新世纪、新千年的大道上。新的世纪，对于人类来说，既充满着希望，又面临着问题；对于中国来说，既提供了机遇，又提出了挑战。无论是希望还是问题，是机遇还是挑战，都需要人们运用穿越历史大时空的智慧去解读、去把握。在人类的智慧星河中，每个民族都创造了照耀自己历史道路的智慧星座，也都为整个人类智慧星河贡献了自己的光芒。这些跨越时空的智慧之光，将继续为新世纪的人类提供解决难题、开拓新境界的宝贵启迪。

　　中华智慧源远流长、博大精深，它像伟大的中华民族一样，也为新世纪、新千年的人类和中国肩负着神圣的历史使命。而这种历史使命，将在处理人与自然、人与人、现实发展与未来发展三大关系所构成的坐标系中充分地展现出来。

　　中华智慧的"天人合一"观念，包含着人与自然和谐相处的重要内涵。它要求人们既要有"自强不息"的奋斗精神，又要有"厚德载物"的宽广胸怀，不仅不应破坏自然，而且要竭力保护自然，爱护自然。"大人者，有容物，无去物，有爱物，无殉物，天之道然。天以直养万物，代天而理物者，曲成而不害其直，斯尽道矣。"（张载《正蒙·至当》）这种观念，必将为 21 世纪的人类提供解决生态失衡、环境污染、资源浪费等严峻问题的重要智慧资源，使我们这个星球，走出生存环境被严重破坏的困境。

　　中华智慧的"仁者爱人"情怀，体现着人与人和谐相处，互尊互爱互助的崇高道德。它主张"己欲立而立人，己欲达而达人""己所不欲，勿施于人"，在确立和实现自己价值的同时也要帮助他人确立和实现价值，不能把自己所不需要的东西强加于人；它认为自我与他人、个人与社会、国家与国家、民族与民族，应该形成一种"群居和一"的关系，建立一种"和为贵"的关系。这种道德观念对于协调人类从 20 世纪带入 21 世纪的种种矛盾和冲突，特别是对于反对那些从"单极"政治理念出发，企图把自己的价值观念强加于人、肆意干涉别国主权和内政的新霸权主义者，从而为人类在新世纪建构平等和谐的国际政治秩序，无疑具有重大的意义。

中华智慧的"生生不息"意识，蕴含着世代相继、持续不断的发展意识。它认为，既然"天地之大德曰生""生生之谓易"，那么人类社会也应该生生不息，前代人的发展不但不能阻断后代人的发展道路，而且应该为后代的进一步发展奠定基础、创造条件。时时刻刻要警惕人类发展链条的断裂，所谓"安不忘危""存不忘亡"，所谓"前人栽树，后人乘凉"。主张"耕三余一"，反对"寅吃卯粮"。这种意识与我们现代所说的"可持续发展"在本质是一致的，都内在地包含着代际公平的价值观。尽管现代的可持续发展是一个高度综合的问题，所涉及的范围甚广，但代际公平原则即现代人与后代人之间的公平，实乃可持续发展的原始涵义和基本目标。中国智慧中的"生生不息"观念，应用于代际，就是要保证前代人与后代人的生存条件的延续性。

由此看来，"究天人之际，通古今之变"的中华智慧，在处理天人关系、人际关系和代际关系的问题上，都蕴藏着可资汲取、可资借鉴的宝贵资源。概言之，其根本精神就是"和谐"，人与天和，人与人和，代与代和。这种和谐观念诚然有着"某种不确定的模糊性质"，但并不影响这种观念的世界观、价值观和方法论意义。通过重新解读和阐释，通过在文化融合中对西方智慧优点的吸取，特别是通过运用马克思主义实践哲学对其进行辩证地扬弃，它必定能在新世纪重放光彩，承担一份责无旁贷而又力能胜任的世纪使命。

（原载于《西安日报》2000 年 12 月 27 日）

中国传统价值观对解决全球问题的意义

人类即将走出 20 世纪，迈进 21 世纪。新世纪对于人类来说，既是充满美好希望的世纪，又是面临严峻挑战的世纪。日益严重的全球性问题如生态失衡、环境污染、资源枯竭、人口爆炸、南北贫富悬殊、东西矛盾冲突等等都在困扰着人类。解决或缓解这些关系人类存亡的问题，乃是 21 世纪人类的艰巨任务。为此，首要的问题无过于实现价值观念的转变，即改变那些引发全球问题的价值意识，树立新的价值观念。在这一问题上，中国传统文化中一些价值观念，将会成为宝贵的智慧资源。

当代的全球问题尽管复杂纷纭，但究其本质原因，无非是人与自然冲突加剧，人与人的矛盾尖锐，物质文明与精神文明失衡，科技价值与人文价值倾斜，增长追求与发展追求对立。而中国传统价值观的精华，正是在处理这些关系方面，具有其重要功能，显示着独特优势。

1. "天人合一"观念对协调人与自然关系的深远意义。在当代的全球问题中，就危机的深刻性、普遍性而言，非生态环境问题莫属。生态失衡、环境恶化，是引发其他全球性问题的重要原因，是穷国与富国共同吞食的苦果，也是威胁人类生存的最大危机，对此，西方一些学者尖锐地指出，如果生态、环境问题得不到圆满的处理，"自然界将同我们一起消失"。生态失衡和环境污染之所以产生，从价值观念言之，是由于近代工业文明以来，西方主流文化以追求物质利益价值为至高取向以改造自然、征服自然，奴役自然为满足物质欲望的基本途径，以拥有支配自然和其他物种生命的权力为确认和提升人的主体价值的根本方式。致使人与自然的关系日渐紧张，矛盾冲突日益严重，由此引发了生态平衡的破坏和自然环境的恶化。因此，改变以自然为对手的价值意识，树立人与自然和睦共处、和谐共荣的价值观念，以此来调整人与自然的关系，是恢复生态平衡，保护自然环境，摆脱生态危机的先决条件。对于这种新价值观念的建立，中国文化蕴含着宝贵的精神资源。中国古典哲学家大都标举"天人合一"之说。所谓"天人合一"，是在承认天人有别的前提下主张天人统一，人与自然和谐相处。《易传》云："大人者与天地合其德，与日月合其明，与四时合其序"；老子云："人法地，地法天，天法道，道法自然"；庄子云："天地与我并生，万物与我为一"；张载云："天人合一存乎诚"，又云："乾称父，坤称母""天地之塞吾其体，天地之帅吾其性，民吾同胞，物吾与也"；程颢云："仁者以天地万物为一体"。说法不同，其共同观点是：人是天地所生，是自然整体的一部分，人与自然的关系不应是冲突、敌对的关系，而应是和谐相依的关系。这种观念虽然有对变革自然、改造自然的重要性认识不够之弊，但对于维持生态平衡、保护自然环境，重建人与自然的和谐关系，无疑具有重要意义。E. 拉兹洛说："西方的主流文化认为，人是为了自己的目的才征服并控制自然的。正在出现的文化转变则唤起人们注意，人类是地球上生物圈中的自我维持和自我进化的自然系统中的一个有机组成部分。"① 中国的"天人合一"观念恰恰符合这种正在出现的文化价值观念的要求。

2. "以和为贵"观念对形成共处竞争意识的积极功能。20 世纪的大多数时间，人类是在冷战与对抗中度过的，两次世界大战东西军事对峙、超级大国争夺霸权、局部战争和地区冲突，都是矛盾和斗争的突出表现。尽管 80 年代以后，两极格局解体，"冷战"结束，东西方关系缓和，但对抗并未消失，世界不少地区仍被冲突所困扰。如果说生态环境危机是由人与自然的矛盾冲突所引发的话，那么战争与对抗问题则是由人与人的矛盾冲突所引发的。为了解决这一问题，改变对抗性政治思维，树立

---

① ［美］E. 拉兹洛：《决定命运的选择》，生活·读书·新知三联书店 1997 年版，第 77 页。

求同存异、共处竞争观念，乃是至关重要的。作为一种价值观念，求同存异、共处竞争要求人们重视统一与协调，尊重和谐与联系。中国儒家的"以和为贵"正是具有这种精神的价值观念。孔子说："君子和而不同，小人同而不和"（《论语·子路》）；有若说："礼之用，和为贵。先王之道斯为美"（《论语·学而》）；孟子说："天时不如地利，地利不如人和"（《孟子·公孙丑下》）。儒家所谓"和"，不是不承认矛盾对立，而是主张存异求和，在多样性的矛盾差异中实现统一；也不是绝对地排斥斗争，而是主张，争之以礼，在和谐有序的关系中开展竞争。在现代文明阶段，由于世界各国家、各民族、各地区相互联系更为紧密，如果不注重协调，"以和为贵"，我们这个共相互依存的世界就难以存在和发展。

3. "见利思义"观念对矫正物质文明和精神文明失衡的重要作用。在 20 世纪，现代化大工业的发展和科学技术的革命，大大推动了生产的增值和物质财富的积累，也大大提高了人们的物质生活水平和社会的物质文化水平。然而，工业化和技术化，本身却是"形而下"的世俗化过程，它追求的至上价值目标是物质利益和物质享受，因此，它使人类在过度的物质追求和物质享受中沦为物欲的奴隶从而使精神价值失落，道德意识淡薄，人格变态，人性扭曲。当代世界上出现的诸多问题，如恐怖活动、贩毒吸毒、犯罪严重、艾滋病流行等等无不与精神价值的失落有关。工业现代化所造成的物质文明与精神文明失衡现象，已经引起国际社会的关注，人们疾声呼吁：重建价值理性，复兴精神文明，认为"只有新的人道主义才能创造这种奇迹，才能决定人类的精神复兴"（《世界的未来——关于未来问题的一百页》）。对此，中国儒家的义利观也有其可取之处。儒家义利观虽然有重义轻利，忽视物质利益的倾向，但它要求人们在追求物质利益时必须以道义、道德为指导，做到"见利思义""义然后取"，反对"见利忘义""为富不仁""唯利是图"。而且，儒家的义利观还内在地包含着重视精神生活、崇尚道德价值的趋向。这些对复兴人类精神，提升社会道德，重建物质文明和精神文明的平衡，显然具有积极功效。

4. "正德利用厚生"观念是统合科技力量与人文价值的有益借鉴。自培根提出"知识就是力量"的口号以来，科学技术价值愈来愈受到人们的重视，人们普遍认为掌握了科学技术便会成为自然的主人。20世纪可以说是科学、技术、工业三驾马车载着人类狂奔的世纪。飞速的科技发展和科技革命，增长了人改造自然、生产财富、控制社会、创造文化的力量，也激发了人的潜在才能和创新智慧。然而，科技力量也有其负效应，它在增强人的主体力量的同时也会阻碍人的全面发展，在推动社会进步的同时也能扭曲社会生活，在控制自然的同时也会破坏自然生态。科技力量代表着一种"工具理性"，如果把它的价值绝对化，就会使其成为奴役人的工具，从而导致人文价值的失落和终极关怀的丧失。在技术万能论和科技崇拜论流行的今天，科技的盲目发展至少部分地造成了对人类的威胁。法国学者埃德加·莫林等人说："在文明的孕育下，新的野蛮将会再次迸发。我们今天应该看到，科学技术文明正在产生其特有的野蛮。"① 为了消除科技万能论、科技崇拜所产生的消极影响，就必须对科技价值与人文价值进行新的统合，即把科技发展与人文精神、人的全面发展以及人的终极关怀统一起来。在此方面，中国古代的"正德、利用、厚生"观念可以提供有益的启示。《左传》文公七年载："正德、利用、厚生，谓之三事"。成公六年载："民生厚而德正，用利而事节。"又襄公二十八年载："夫民，生厚而用利，于是乎正德以幅之。""正德"是实行德化，端正品德；"利用"指提高技术，便利器用；"厚生"谓有益生存，充实生活。春秋时代的智者们认为，只有将此"三事"兼顾和统一起来，才能治理国家，推进社会。以现代观念言之，正德、利用、厚生包含着追求人文道德、科技文明、物质生活全面发展的涵义。后来汉代哲学家王充提出的"治国之道，所养有二：一曰养德；二曰养力"的"德力具足"论，可以说是对"三

---

① ［法］埃德加·莫林：《地球·祖国》，生活·读书·新知三联书店1997年版，第95页。

事"说的继承和发展。尽管中国古代的"正德、利用、厚生"观念涵义还失之笼统、宽泛，但它所体现的精神完全可以启迪我们对科技力量和人文价值进行新的整合。

5. "生生之道"对树立可持续发展观念的宝贵启示。从社会发展观上反思全球问题产生的观念误区有二：一是把单纯的物质财富增长等同于社会发展，因此狂热追求物质财富的增长，不顾资源的限度，无视生态环境的承受力；二是只顾眼前的发展不考虑发展的可持续性，急功近利，不惜牺牲子孙后代的利益。为了纠正这种误区，1987 年布伦特兰报告提出了"可持续发展"概念。虽然这一概念的内涵十分广泛，而且颇多争论。但作为一种价值观念，其基本精神仍是明确的，就是要人类在社会发展问题上，立足现在，着眼长远，关怀未来，使发展成为"一种满足当代人需要，又不损害子孙后代满足其需要能力的发展"。这种价值追求无疑是合理的、积极的、美好的。中国古代的发展观虽然还没有可持续发展的完整思想，但它的一些智慧因素，仍然值得吸取。例如，《周易》提出的"生生之道"就是十分深刻的思想。《周易·系辞》云："天地之大德曰生""生生之谓易"。意思是说，天地的盛德在于常生万物，这种生成万物的过程生生不绝、持续不久、恒久不息，就是变易。孔颖达《周易正义》释："生生，不绝之辞，……后生次于前生，是万物恒生谓之易也。"来知德《周易集注》释"生生"为"始终代谢，其变无穷"。根据"生生之谓易"的天道，《周易》提出人道的"盛德"、治世的"大业"应该坚持"恒久"、持续的精神，所谓"可久则贤人之德""穷则变，变则通，通则久""日月得天而能久照，四时变化而能久成，圣人久于其道而天下化成"。为了达到"恒久其道"，《周易》要求人们"彰往察来""藏往知来""安不忘危""存不忘亡"。不难看出，《周易》"生生之道""恒久其道"中所体现的正是一种持续发展意识，它对于当今世界树立可持续发展观念、采取可持续发展战略，实在是一种宝贵的智慧资源。

全球问题所涉及的范围甚广，且都具有现代性特征，中国传统价值观念所蕴含的精华虽丰，但却属于传统意识。因此，要从中国传统价值观中吸取有助于解决全球问题的智慧资源，必须对其进行新的阐释或加以适当改造，必须抛弃其特定的历史性内容而弘扬其对当代仍有意义的普遍性涵义，而这的确是一项艰巨而复杂的任务。然而，只要我们以全人类在持续发展的共同利益为选择尺度，以辩证的分析为研究方法，那么，我们必定能从中华民族和世界各民族的传统智慧中吸取到有益的营养，并将其与现时代的价值智慧相结合，从而为人类点亮走出全球问题困境、迈向 21 世纪光明前景的智慧之灯！

（原载于《西安日报》1999 年 4 月 14 日）

世纪桥头看来人

——21 世纪的人格形象

"江山代有才人出，各领风骚数百年"，人是社会历史的存在物，具有鲜明的时代特征，不同的时代，人的整体形象和个体人格是不相同的。一个时代的人代表着这一时代的文化，创造着这一时代的文明，率领着这一时代的"风骚"。我们正处在 20 世纪与 21 世纪的交叉点上，站在通往新世纪的桥头，未来世纪正向我们招手，我们正迈步走向新的世纪，而将把 20 世纪留在背影之中。在这历史的关口，展望未来，新的人格形象已依稀可辨，虽然我们还不能具体描绘他的形神细节，但总体轮廓却可以宏观地勾画。

人格是个人的个性特征，它涉及个人活动的一切方面，构成个人的整体形象。人格具有主体性，每个人都能给自己的生命存在和人格形象赋予方向和意义。所以，美国哲学家贝克说："人格是一种具有自我决定能力的存在，是一种自由的存在。"这就是说，人格的成长和发展具有多种可能性，实现哪一种可能性，向着哪一个方向发展，主要取决于作为主体的个人依据自己对生活意义的理解，依据自己的价值观所做出的自主的选择。然而，人格自主选择的自由却不是绝对的，而是要受到一个范围的限制，这个范围就是作为人们生活环境的社会历史文化条件。因此，考察未来世纪的人格形象必须把人的自主性与受制性、人的"实然"环境和"应然"理想结合起来。

马克思曾经把社会的全面进步和人的全面发展作为人类社会历史运行的总体目标。而人的全面发展乃是在历史前进的过程中逐步实现的。

人类所处的每个时代都只是历史发展的长链条上的一个环节。每一时代的文化环境及其由这种文化环境所塑造的人格形象都具有自身的特点。20世纪是人类历史上变动最剧烈、最深刻的世纪，社会主义革命和民族解放运动的兴起、现代化大工业和科技革命的发展、现代化的社会变迁向全世界范围内扩展等重大历史事件和社会运动，一方面改变了人们的生存环境和世界图景，改变了人的需要和潜力，也开发了人的创造力，开拓了人类征服自然的道路。另一方面，科技革命和大工业发展也伴随着巨大的"负效应"，造成了相当严重的社会后果。其突出的表现是"科技世界"与人们的"生活世界"相分离，"物化精神"与"人文精神"相对应，这种"文化危机"，又造成了"人格危机"，人格精神在技术至上意识中消失，人被扭曲成片面的、分裂的人。对这种病态人格，马尔库塞称为"单向度的人"，存在主义者称为"无家可归的人"，弗洛姆称为"非生产性性格"。巨大的物质财富、强大的技术力量、病态倾向人格是20世纪留给未来世纪的三大遗产。而全球范围内的现代化运动，又要求社会成员在人格方面的顺应和调整，要求塑造与现代化相适应的现代健康人格，正如英格尔斯所云："先进的现代制度要获得成功，取得预期的效果，必须依赖运用它们的现代人格、现代品质。"于是，优化人的品质、锻铸健康人格，摆脱人格危机，又成为20世纪提给未来世纪的重大课题。

历史提出的课题，历史自身会给以解决。未来世纪的人格形象必然会在历史发展的矛盾辩证法中塑造出来。那么，从20世纪的文化、社会矛盾冲突和人格矛盾冲突的运动逻辑中去观照，未来世纪人格形象的特征是什么呢？以总体言之，可以说，21世纪的人格发展趋向是和谐人格。所谓和谐人格，就是各种相关因素、相关价值将整合为一个和谐的人格整体结构。具体地说，和谐人格的特征是：

一　天人合一的境界

未来人格在处理人与自然关系上的基本态度是使人与自然和谐相处，

从而达到天人合一的人格境界。人与自然的关系，概而言之，约有三重，一曰功利关系，在这重关系中，人对自然的态度是通过利用自然、控制自然、改造自然，以谋取人的生活资料，满足人的生存需要；二曰认知关系，在这重关系中，人把自然作为认识对象，通过探索自然的奥秘以获取知识，以满足人的求知需要；三曰审美关系，在这重关系中，人把自然作为审美对象，通过观赏自然景物以求得精神愉悦。从近代以来，人们重在功利和认知两个维度上确立了与自然的关系，由此而推动了科学的发展，技术的进步，生产的增值和物质财富的积累。然而由于这种态度的片面性和极端化，把人和自然对立起来，所以愈来愈导致了全球环境的恶化，如西方一些学者所指出的，环境问题若得不到圆满的处理"自然界将同我们一起消失"。因此，在 21 世纪的议事日程表上处理好人与自然的关系必将成为最迫切的项目之一。调整人与自然的关系，体现在人格上，就是未来的人必须以追求人与自然的和谐为崇高的人生目标和理想的人格境界。人与自然和谐的境界借用中国传统哲学的术语来表述就是"天人合一"。天人合一是中国古代哲人的理想人格境界，《易传》云："夫大人者，与天地合其德，与日月合其明，与四时合其序……先天而天弗违，后天而奉天时。"张载云："乾称父，坤称母""民吾同胞，物吾与也。"就是说在利用、改造自然的同时要热爱自然、保护自然、顺应自然法则，与自然万物成为和睦相处的朋友。在天人合一境界中，人与自然的关系将是全面性的、整体性的，即功利关系，认知关系和审美关系三位一体。人既要用天地之利，制天地之害，也要"析万物之理，判天地之美"，从而使自然成为人类的衣食父母和美丽家园。

二 群己和谐的美德

个人（己）与群体（群）的关系体现在人格形象上是一个道德问题。在古代的东方文化中（主要在中国文化中），处理个人与群体关系的基本道德准则是重群体价值和群体利益；强调个体对群体的义务和责任，要求个体对群体服从，中国古代的忠、孝、仁、义道德就是这种原则的具体表现。这种价值观念和道德准则，有益于群体的凝聚和社会的稳定，但却易导致对个体价值的贬低和对个性的抹杀。近代以至现代的西方文化极力主张高扬个性，尊崇个人价值，维护个人利益，其积极性在于开发了个人的潜能和创造性，但却产生了群体价值失落，群己关系紧张和个人利欲泛滥、自由主义蔓延、社会公德沦丧的严重恶果。以至于西方有的学者尖锐地指出，当代社会是"道德崩溃的时代"，最大的崩溃在于"公共道德的真正堕落"。根据这种状况可以预见，21世纪的人将在群己关系中寻求和谐，即把群体价值与个体价值、社会利益与个人利益、社会公共准则与个性自由统一起来，从而形成群己和谐的美德，美国社会学家亚米泰·艾特齐奥尼谈到21世纪人格变化的迹象时说："二十年来我们是一直以自我为中心的，非常非常重视个人，非常非常忽视'我们'。我们正在恢复的不是集体主义，而是'我'与'我们'之间较好地平衡。"群己之间的平衡和和谐，是整合了东方价值观和西方价值观的人格美德。

三　身心共健的素质

具有健康的身体素质和健康的心理素质乃是形成健康人格的基础，也是人们长期追求的一个理想。在20世纪伴随着科学技术的飞速发展，医药科技、医疗设备和保健措施都有了前所未有的进步，再加上营养条件和生活条件的改善，大大提高了控制疾病的能力，延长了人们的寿命，增强了人们的体质，改善了人们的身体健康状况。有的专家认为，近百年来在社会生活的种种变化中，没有什么比保健事业的成就更引人注目，更令人眼花缭乱了。然而，身体健康的增强并不等于在20世纪人们可以治愈一切疾病，可以抑制所有危害人类健康的因素，更不能保证心理精神也同样健康，恰恰相反，20世纪的人类在健康的天平上出现了严重的身心失调，西方发达国家的心理疾病、精神疾病极为普遍，已成为严重的社会问题，被人们称之为"健康危机"。这说明，人们将把身心共同健康的愿望寄托于未来的世纪，21世纪的人格不但会有比20世纪的人更为健康的体质，而且会大大提高心理健康的水平。人们会在形与神、身与心的和谐统一中，达到身体上、智力上和感情上的更佳发展状态。

四　情理统一的精神

人是具有理性的社会存在物，但人不仅具有思维、认知、智慧等理性特征，而且也有情欲、感情、直觉、意志等非理性因素。理与情、理性与非理性构成了人的精神的内在矛盾。不同的个人由于其精神在情与理二者中的倾向不同，会形成"理智型"或"情感型"两种不同类型的人格。人类精神经过古代理性与非理性的直观辩证统一和中世纪的宗教理性，到17、18世纪拓进到了真正理性的时代，理性成为判决一切的标准和权威，再经过19世纪错综复杂的转换，至20世纪出现了一种精神悖论：一方面理性、科学越益发达，另一方面，非理性精神倾向也日益强烈，使欧洲传统的理性精神受到挑战。于是，在哲学上形成了解决精神内在矛盾的两个极端：一个是生命及其存在至上的反理性主义；另一个是理性精神至上的泛逻辑主义。反理性主义冲击着人的理性精神，泛逻辑主义压抑着人的生命激情。哲学思潮的对立是人类精神分裂的反映，反过来又影响了人格的偏执发展，恰似一个魔圈，使人陷入困惑，那么，消除这一魔圈、摆脱这种困惑势必成为21世纪人格选择的时代课题，尽管精神的内在矛盾永远不会被消解，但是可以预见，未来世纪的人将在追求理与情、理性与非理性的对立和谐、辩证统一上取得重大进展，塑造出新的人格形象。

五　德智兼备的品格

德与智是人格的两大要素，德指道德、情操；智指知识、才能。如果在德、智两种要素中向某一方面倾斜发展就会形成道德型人格或智能型人格。由于人类至今还是在必然王国中活动，社会分工的存在使人们的活动往往是片面的局限在某一具体领域中，加之某些个体片面地发展自己的人格要素，所以德智兼备的人格至今都还为数不多。随着历史的发展和社会进步程度的提高，21 世纪的人将会朝德、智兼备的方向发展和塑造自己的人格，既克服向道德因素片面发展而忽视智能要素的"片面道德型人格"，又反对向智能方面极端倾斜而道德治丧、物欲横流的"片面智能型人格"。现代社会是尊重知识、尊重智能的时代，知识增值，信息爆炸，科技飞跃前所未有，然而这种片面发展和价值误导却把人们引向道德情操失落的人格误区，于是呼唤道德理性、呼唤人文精神成了 20 世纪末人们最洪亮的呐喊。这种呼唤必然在未来德智兼备、德才统一的人格建构中得到回应。

人格是由生理、心理、知识、道德、审美等多种因素构成的系统，自古以来人类就一直为塑造健康、完美的理想人格而奋斗，为防止和纠正残缺的、畸形的、片面的人格而探索。在新旧世纪之交的历史关节点上，人们反思历史上尤其是 20 世纪人格演变和人格塑造的经验教训，势必会以人的全面发展作为参照坐标，在天人合一、群己和谐、身心共健、情理统一和德智兼备的综合平衡中描绘新的人格形象，建构新的人格模式。当然，历史不会直线发展，人格诸要素的和谐平衡也不是绝对的。和谐人格的塑造乃是一个历史过程，是由相对走向绝对的过程。但是，我们完全有理由相信，随着时代的发展和社会的进步，人类在迈向 21 世纪的门槛时，会同时迈向健康人格的新天地，新的世纪定会为回答健康和谐人格这一人类永恒课题而写出新的历史篇章。

（原载于《金花》1996 年第 1 期）

后　记

　　我致力于哲学教学和研究凡四十年，前二十年以马克思主义哲学为主，后二十年以中国传统哲学为主。回顾四十年的治学历程，自感耕耘颇勤而自愧收获不丰。面对岁月的匆匆流逝，检点思路的雪泥鸿爪，虽无孤芳自赏之意，却有敝帚自珍之心。于是，将以往所写的学术文章，择要汇编，辑为两集。一为探讨中国传统哲学和传统文化中的价值观的论文。这些论文是我完成国家社科基金课题《中国传统哲学价值论》（1991年陕西人民出版社出版）以后，继续沿着这一方向进行研究的部分成果，依论题旨意将其分为中国哲学的价值思维、中国哲学的价值观念、中国文化的价值内涵、传统价值观的现代意义、中华智慧的世界意义五编，总冠其名曰《中华智慧的价值意蕴》。二为中国传统价值观论题之外的哲理文章。这些文章时间跨度较长，论域涉及稍宽，体例形式有别，篇幅长短不一，略依内容、体例，将其分为哲理刍言、哲史片言、哲学简言、文化建言、读书系言、教学感言六编，总冠其名曰《哲苑耘言》。两部文集中的文章，绝大多数曾在国内外报刊上发表过，只有少数取自手稿。由于写于不同的时期，文章难免烙有时代的印痕，也难免留有当时认识的局限，但为了如实反映自己学术思想的演进历程，除个别字句略有修改外，基本上保持原貌，以存其真。

　　"爝火不能为日月之明，瓦釜不能为金石之声，潢污不能为江海之涛澜，犬羊不能为虎豹之炳蔚。"（陆游《上辛给事书》）我的这些思痕墨影，比之时贤、后秀的高见卓识、妙语美文，既少创意，又乏文采，可谓卑之无甚高论。但"愚者千虑，必有所得"，它毕竟凝结着自己辛勤耕耘的汗水，记录着自己努力探索的心迹，更表达着自己独立思考的心得，其中不少篇章也曾受到学术界的认可和赞许。今将其收集起来，付之梨枣，公之于世，或能对茫茫学林有株木之增。而且，砖石一抛，必能引玉。平凡的见解，往往会以问题的形式拨动人们的思弦，开拓人们的思路，从而会在问题的回应和观点的碰撞中，引发出新的学术见解。这正是我出版这两册文集的愿望所在。

学海无涯，人生有限。在学术探索的征途上，未知之域尚多，未解之谜无穷。然而，青春背我，白发欺人，一转瞬间，当年的春华芳草已变为今日的秋水斜阳，只有珍惜时光，加倍努力，才可望在已有的基础上，有所前进，有所创获。于是，这些文章的结集对于自己也就有着温故而出新、继往以开来的鞭策意义。

这两册论文的编纂，并不是由我独立苍茫、独钓寒江所完成的，它还凝结着我的家人、同学、学生的辛勤劳动。老同学李忠云等同志，牺牲了不少休息时间，帮助校对了大量印稿，盛情可佩；研究生郭明俊等几位同学，在紧张的学习之余，也帮助校对了大部分文稿，热情可感。我的妻子毛改英，日日辛劳，往来奔波，在文章收集、目录编写、送稿取稿、校对审读等每个环节都付出了大量心血，深情可铭。假如没有他们的殷勤协助，这两册文集是难以成形的。在此，我仅以无声的文字铭记他们的高贵情谊，表达自己的衷心谢意。

赵馥洁

2002 年 6 月 1 日于西北政法学院